"十二五"职业教育国家规划教材
经全国职业教育教材审定委员会审定

高职高专经管类核心课教改项目成果系列规划教材

房地产经纪

（第二版）

殷世波　主编

王海燕　傅　玳
范小琪　周成学　副主编

叶宏伟　陈毅刚　周强龙　主审

科学出版社

北　京

内 容 简 介

本书是国家示范校高等职业教育改革最新成果和著名房地产经纪企业创新发展的结晶。

本书由初识房地产经纪行业、房地产经纪人员和房地产经纪机构、存量房经纪业务、存量房经纪业务延伸服务、新建商品房销售代理、房地产经纪服务合同与房地产经纪执业规范、房地产税费、存量房房源、客源管理及信息系统、房地产经纪企业管理九个项目组成。每个项目都有知识目标、技能目标、案例导入、实训项目和案例分析等，便于学生学习和提高实际应用能力。

本书注重理论与实践相结合，突出了实用性的特点，同时也全面贯彻课证融合，全书的框架体现出这一特点。本书既能适应高等职业教育改革，满足教学需要，又满足了房地产经纪行业的创新发展与实际工作的需要。

本书可作为高等教育房地产及相关专业的教材，也可作为房地产经纪人执业资格考试的参考用书，也是理想的房地产经纪企业培训教材。

图书在版编目(CIP)数据

房地产经纪/殷世波主编. —2 版. —北京：科学出版社，2014.11
（“十二五”职业教育国家规划教材·高职高专经管类核心课教改项目成果系列规划教材）
ISBN 978-7-03-042322-1

Ⅰ.①房… Ⅱ.①殷… Ⅲ.①房地产业-经纪人-高等职业教育-教材
Ⅳ.①F293.35

中国版本图书馆 CIP 数据核字（2014）第 251036 号

责任编辑：田悦红 龚亚妮 / 责任校对：柏连海
责任印制：吕春珉 / 封面设计：一克米工作室

科学出版社 出版
北京东黄城根北街 16 号
邮政编码：100717
http://www.sciencep.com

三河市骏杰印刷有限公司 印刷
科学出版社发行 各地新华书店经销
*
2008 年 8 月第 一 版 开本：787×1092 1/16
2015 年 5 月第 二 版 印张：25 1/4
2018年11月第六次印刷 字数：585 000

定价：59.00 元

（如有印装质量问题，我社负责调换〈骏杰〉）
销售部电话 010-62134988 编辑部电话 010-62132460（VF02）

序

改革开放以来，我国经济快速发展，经济总量不断增加，对从事经济活动的相关人才的需求空前高涨。社会对经济管理类人才的需求大体上可以划分为两大类。一类是从事理论研究，从宏观和微观角度研究社会经济发展和运行的总体规律，研究社会资源的最优配置及个人满足最大化等问题的学者。另一类是在各种经济领域中从事具体经济活动的职业人，是整个经济活动得以有效运行的基本元素，是在各自不同的领域发挥着使经济和各项业务活动稳定有序运行，规避风险，实现价值最大化的社会群体。从社会经济发展的实际情况来看，后一类人群应该是社会发展中需求数量最大的经济管理类人才。在上述两类人才的培养上，前者主要由普通本科以上的高等院校进行培养，后一类人才的培养工作从我国高等教育的现状来看，培养的主体主要为高等职业教育。

高等职业教育经过近年来的迅猛发展，已经占据了我国高等教育的半壁江山。特别是自2006年教育部、财政部启动的国家示范性高等职业院校建设工作和教育部《关于全面提高高等职业教育教学质量的若干意见》（教高［2006］16号）文件颁布以来，我国的高等职业教育迸发出前所未有的激情和能量，开放式办学、校企合作、工学结合、生产性实训、顶岗实习等各项改革措施深入开展，人才培养模式改革、课程改革、教材改革、双师结构教学团队的组建、模拟仿真的实验实训环境的进入课堂等项教育教学不断改革推进，使我国高等职业教育得到了长足的发展，取得了令人瞩目的成绩，充分显示出高等职业教育在我国经济发展中的举足轻重的作用和不可替代的地位。

我们依托上述大背景，同时根据技术领域和职业岗位的任职要求，以学生的职业能力培养为核心，组织了全国在相关领域资深的专家和一线的教育工作者，并与行业企业联手，共同开发了这套“高职高专经管类核心课教改项目成果系列规划教材”。这套丛书覆盖了经管类的核心课程，以职业能力为根本，以工作过程为主线，以工作项目为载体进行了教材整体设计，突出学生学习的主体地位是本系列教材的突出特点。

当然，我们也应该看到，高等职业教育的改革有一个过程，今天我们所组织出版的这套教材，仅仅是这一过程中阶段性成果的总结和推广。我们坚信，随着课程改革的不断深入，我们的这套教材也将以此为台阶，不断提升和改进，我们衷心地希望通过高质量教材的及时出版来推动教学，同时使本套教材在实际教学使用过程中不断完善和超越。

本套教材为全国财经类高职高专院校联协会和科学出版社的首次合作成果，是全国财经类高职高专院校联协会的推荐教材，适合全国各高职高专经济管理类专业使用。

周建松

2008 年 6 月 9 日

第二版前言

作为国家首批示范性高职院校系列教改成果之一的《房地产经纪》教材，自2008年8月出版以来，得到了众多高职院校房地产类专业、物业管理及部分工程类专业和房地产经纪行业专业人士的好评。全国几十家有房地产经营与估价专业的高职院校使用了该教材，反响较好，多次印刷，成为同类教材中销量最大的教材之一。同时也有众多读者和教材使用的院校提出了许多宝贵的意见，建议修订版应更加体现项目化教学改革、基于工作过程的任务导向教学改革等教改新成果。读者的厚爱和鞭策成为我尽快完成本书第二版的源源不断的动力和压力。

当前随着大数据时代的来临，被称为“数字海啸”MOOC（massive open online courses，大规模开放式在线课程）浪潮在2012年席卷全球后，MOOC作为在线教育的方式提供了一种全新的知识传播模式和学习方式，将真正实现“翻转课堂”，带来教育观念、教育体制、教学方式、人才培养过程等方面的深刻变化。MOOC的价值体现在它的社会性，更好地体现了以学生为中心的教育理念。随着清华大学、北京大学等名校纷纷加入美国Coursera，Udacity和edX三大在线学习平台，我国的教学模式、教学方法、教材呈现形式等将发生深刻的变化。同时，合作式学习等学习新模式在我国的兴起和传播也影响着教材的变革。本教材力图能够适应这种教育领域的重大变革，突出以下几个特点：

1. 突出实践教学。针对目前实践教学环节的薄弱，通过深化校企合作共编教材，凝练校企合作成果，解决理论与实践脱节的问题，提高教材质量。

十多年以来，我们与21世纪不动产、伟业我爱我家、易居、同策、汉嘉地产顾问等多家著名企业组建了数十个房地产订单班。在此基础上校企双方参照房地产职业岗位（群）的职业能力要求全方位完善教材实践教学体系。为强化实训项目，书中各项目里任务3的案例和实训项目主要由合作企业提供。同时增加了商业地产项目、房屋托管业务等新内容，以适应房地产经纪新业务发展的需求。

2. 强化“课证融合”，即课程内容与职业资格考试全面融合。每个项目都有相配套的全国房地产经纪人资格考试仿真试题，可上www.abook.cn上查询，便于学习者更好地通过相关的职业资格考试。

3. 注重运用现代信息技术创新教材呈现形式，将依托浙江省精品课程《房地产经纪》逐步建立动态、共享的课程教材资源库，教材形式将更加生活化、情景化、动态化、形象化。

4. 跨区域、跨学校联合编写教材。依托我校 2010 年联合四所院校在杭州发起成立的全国应用性房地产人才培养论坛和房地产职业教育网，联合了包括以浙江和江苏两省为主 9 所高职院校和部分本科院校参加编写。

5. 吸收了浙江省教育改革项目——高职经管类专业构建 “前校后店” 式实践（实训）基地建设研究部分成果，使教材能与教学模式改革紧密融合和配套。

本书由浙江金融职业学院、沈阳工程学院、浙江建设职业技术学院、浙江经济职业技术学院、杭州职业技术学院、杭州科技职业技术学院、扬州职业大学、江苏城乡建设职业学院、北京电子科技职业技术学院等院校联合著名房地产企业合作编写。浙江金融职业学院殷世波教授担任主编负责大纲编写和书稿定稿工作，并编写了项目一。项目二由浙江建设职业技术学院的王飞飞编写，项目三由浙江金融职业学院的傅玳编写，项目四由杭州职业技术学院的戴凤微编写，项目五由浙江金融职业学院的范小琪编写，项目六由浙江金融职业学院的赵巧英和杭州科技职业技术学院吕正辉合作编写，项目七由浙江经济职业技术学院的周成学编写，项目八由沈阳工程学院的王海燕编写，项目九由扬州职业大学的蒋英和江苏城乡建设职业学院的杜晓艳合作编写（部分内容根据北京电子科技职业技术学院戚瑞双的原稿改编）。21 世纪不动产、伟业我爱我家、易居、同策、汉嘉地产顾问等公司杭州分部提供了每个项目的案例和实训项目。

浙江大学经济学院高级培训中心主任、21 世纪不动产杭州区域分部董事长、杭州公众房网房地产代理有限公司董事长叶宏伟教授、伟业我爱我家杭州公司总经理陈毅刚、易居臣信公司周强龙总经理百忙之中担任主审，对本书提出了宝贵的指导意见。在此一并向相关的作者、合作企业表示衷心的感谢！

在本书的编写过程中，我们主要参考了 2013 年中国房地产估价师和房地产经纪人学会组织编写的全国房地产经纪人资格考试用书（张永岳、崔裴主编的《房地产经纪概论》和张秀智、叶剑平、梁兴安主编的《房地产经纪实务》第六版）。在此一并向相关的作者表示衷心的感谢！也感谢科学出版社多年以来的支持和所付出的辛勤劳动。

由于编者水平有限加之时间仓促，书中难免有疏漏不足之处，敬请读者批评指正。

2014 年 3 月

于杭州

第一版前言

改革开放以来，中国经济得以迅猛发展，在21世纪初催生了中国房地产业的空前繁荣，从事房地产经纪行业的人越来越多。为进一步促进房地产经纪行业的健康发展，2001年12月，中华人民共和国人事部、建设部联合颁发了《房地产经纪人员职业资格制度暂行规定》，决定对房地产经纪人员实行职业资格制度，随后组织国内一批专家编写了相应的执业资格考试辅导教材，这对房地产行业的健康发展产生了深远的影响。同时，大批高等院校，特别是高等职业院校都开设了房地产相关专业或房地产相关方面的课程，因此需要一批与其相适应的优质教材。

本书为适应高等职业教育改革和房地产经纪行业发展的需要，突出了“校企合作，工学结合”的特点。我们积极与行业企业合作开发课程标准，根据房地产职业岗位（群）的任职要求，参照相关的房地产经纪职业资格标准，改革课程体系和教学内容，融“教、学、做”为一体。我们与浙江最大房地产经纪企业之一的浙江裕兴不动产经纪有限公司开展了卓有成效的校企合作。他们组织了行业优秀专家参加本教材的编写，并提供了大量的真实案例，使得本书能够基于实务，基于流程和案例，反映最先进的科研成果，体现理论和实践的结合。

本书由浙江金融职业学院、北京电子科技职业技术学院、浙江经济职业技术学院、浙江建设职业技术学院和浙江裕兴不动产经纪有限公司联合编写。浙江金融职业学院殷世波负责大纲编写和书稿定稿工作，并编写了第一章。北京电子科技职业技术学院的戚瑞双、浙江金融职业学院的傅玳和浙江经济职业技术学院的周成学，承担大纲和书稿的整体修改及统稿工作。戚瑞双编写第九章和第一章第五节，傅玳编写第五章，周成学编写第四章，浙江建设职业技术学院的王飞飞编写第二章，浙江金融职业学院的赵巧英编写第三章，浙江金融职业学院的范小琪编写第六章，王锋编写第七章，浙江裕兴不动产经纪有限公司编写第五章和第六章的实务操作部分及第八章。另外，有关兄弟院校对本书的编写工作给予了大力支持。

在本书的编写过程中，我们主要参考了中国房地产估价师与房地产经纪人学会组织编写的全国房地产经纪人员执业资格考试指定辅导教材和其他参考文献，在此一并向相关作者表示衷心的感谢！

由于编者水平有限，书中难免有疏漏之处，敬请读者批评指正。

目 录

项目一

初识房地产经纪行业

知识目标

1. 了解经纪的内涵及相关概念，理解经纪的特点及起源。重点掌握房地产经纪的内涵、房地产经纪活动的基本类型、房地产经纪的特性和行业性质、房地产经纪的必要性和作用等，了解房地产经纪的产生与发展等；

2. 了解房地产经纪行业管理的含义、作用及原则，重点掌握房地产经纪行业管理的基本模式和行业管理内容等。

技能目标

1. 能运用所学房地产经纪基础知识对当地房地产经纪企业基本情况进行调查，初步了解房地产经纪企业开展的业务种类及服务内容；

2. 能对当地房地产经纪企业的房地产经纪人的主要工作内容进行调查，具备进一步学习房地产专业知识和进行房地产经纪业务操作的能力；

3. 能对当地房地产经纪业的发展现状、房地产经纪行业管理的基本模式、行业管理内容进行初步调查和分析。

案例导入

经纪人在西方国家是个非常活跃的群体，分布于各种商业和文体活动中。业务范围十分广泛，他们涉足的领域包括商品和证券买卖、劳动雇佣、房地产交易、融资借款、保险等一般商业活动，体育比赛、文艺演出等活动也离不开经纪人，形成了庞大的经纪人群体，诸如证券经纪人、房地产经纪人、体育经纪人、文艺经纪人等。例如，在体育界，美国著名拳王泰森的每次比赛，都是由著名体育经纪人唐金组织完成的。经纪人已成为美国人投资置业的重要顾问。据了解，在美国的二手房交易中，80%以上的交易是通过经纪人帮助他们完成的。假如委托人希望出售房屋，受委托的经纪人就会利用其丰富的房地产专业知识，从业经验以及掌握的及时的市场信息，详细地为委托人进行全面评估，对房产目前的价值进行评估：估算投资回报是多少，相关的税费是多少，手续如何办理。经纪人有义务以尽可能高的价格为委托人出售房屋。如果委托人下一步需要购置新房，经纪人可根据购房人的需要提供房地产市场的相关信息，如房屋应该选择哪个区域，各区域房屋的合理价位是多少，房屋的周边环境如何，多大的户型适合，如何办理贷款等实际问题。经纪人将努力为委托人寻找最适合房屋。如有必要，经纪人还将为委托人办理相关手续或提供服务。所有这些既专业又繁琐的环节都由经纪人全权负责，不仅可以为委托人节省大量的时间和精力，并且可以减少房产投资风险。经纪人由于其高水平的执业能力和专业水准，赢得了广泛的社会尊重与信赖。

在当今的西方发达国家，经纪业比较发达，经纪机构林立，业务范围广泛。在很多的西方国家，生产厂家的对外销售都是通过经纪人来完成的，经纪人在制造商与消费者之间建立了买卖关系。这些国家的国际分销系统机制发育完善，制造商可以通过委托代理方式与国际贸易中间人及他国进口中间人签订销售合同。这种业务一般都是通过本国出口商和他国进口商达成商品所有权交割协议的。在现代市场经济条件下，经纪业已经发展到了相当高的水平。

思考与讨论

1. 经纪有哪些作用？如何认识房地产经纪的作用？
2. 经纪有哪些特点？

任务 1　掌握房地产经纪基础知识

一、经纪

（一）经纪的内涵

经纪是经济活动中的一种中介服务行为，具体是指以收取佣金为目的，为促成他人交易而从事的居间、代理、行纪等服务业务的经济活动。

一般来说，可以重点从三方面深入理解经纪活动。

1. 经纪活动是一种中介服务行为

中介主要是指市场经济活动中众多为直接或间接促进市场交易而进行的经济活动总称。中介服务活动可以提高效率、降低交易成本，从而促进商品交易。中介服务根据其发挥作用的方向和途径可以分为三大类。经纪是中介中的一种特定活动。主要是为交易双方提供信息和专业服务来促成交易的完成。

2. 经纪活动是以盈利为目的通过收取佣金的方式取得其服务的报酬

佣金是经纪收入的基本来源，其性质是劳动收入、经营收入和风险收入的综合体。它是对经纪机构开展经纪活动时付出的劳动、花费的资金和承担的风险的总回报。国家保护经纪机构依法从事合法经纪活动并取得佣金的权利。

佣金可分为法定佣金和自由佣金。

法定佣金是指经纪机构从事特定经纪业务时按照国家对特定经纪业务规定的佣金标准收取的佣金。法定佣金具有强制力，当事人各方都必须接受，不得高于或低于法定佣金。自由佣金是指经纪机构与委托人协商确定的佣金。自由佣金一经确定并写入合同后也具有同样的法律效力，违约者必须承担违约责任。

经纪机构在签订经纪合同时，应将佣金的数量、支付方式、支付期限及中介不成功时中介费用的负担等明确写入合同。佣金的支付时间由经纪机构和委托人自行约定，但有法律规定的除外。经纪机构收取佣金时应当开具发票，并依法纳税和缴纳行政管理费。经纪机构可以在签订合同时预收部分佣金和费用，也可与委托人签订“专有经纪合同”。

3. 经纪活动包括居间、代理和行纪三种基本方式

（1）居间

居间是指经纪机构向委托人报告订立合同的机会或者提供订立合同的媒介服务，为撮合双方交易成功而收取委托人佣金的行为。居间是经纪行为中最早出现和广泛采用的一种基本形式。特点是经纪人在撮合交易成功之前与委托人之间一般没有明确的法律关系，经纪人员与委托人之间无长期固定的合作关系。

居间人是为委托人介绍订约对象或提供订约机会的人，其主要任务是在委托人与相对人之间为他们订立合同起媒介作用。居间人因从事居间活动付出了劳务，有权向委托人收取报酬。值得注意的是，居间人仅在委托人与第三人之间充当媒介，而无权在当事人之间的民事活动中表达自己的意志；居间人既不是委托人与第三人所订立合同的当事人，也不是任何一方的代理人，而是按约定为委托人介绍第三人，并促成委托人与第三人交易或签约的人。

居间活动一般具有下列特点。

① 居间活动是商业性质的服务，提供的是服务。当买卖双方在居间人的居间服务作用下成交时，享受此种服务的委托人或买卖双方都要支付一定的佣金。但居间活动本身

不是商品生产，所以不能提供实体性商品。

② 居间活动是非连续性的活动。一旦委托事项完成，委托关系也随之终止，不存在长期固定的合作关系。因此，要求居间活动尽力圆满完成委托业务工作事项，不留尾巴。

③ 居间活动主要是为委托方提供信息服务，具有一定的经营风险，居间人较易被委托人"甩掉"，从而在时间和精力上遭受损失。

④ 居间活动法律性强，活动内容和行为都要符合法律的规定，同时也受到法律的保护。在活动中违反了合同约定和法律规范，都要承担民事责任。

（2）代理

代理是指经纪机构在受托权限内，以委托人名义与第三方进行交易，并由委托人直接承担相应法律责任的商业行为。经纪活动中的代理，属于一种狭义的商业代理活动。其特点是经纪机构与委托人之间有较长期稳定的合作关系，经纪人员只能以委托人的名义按照合同规定开展活动，活动中产生的权利和责任归委托人，经纪人员只收取委托人的佣金。

（3）行纪

行纪是指经纪机构受委托人的委托，以自己的名义与第三方进行交易，并承担规定的法律责任的商业行为。

行纪与代理的不同之处有两点：一是经委托人同意，或双方事先约定，经纪机构可以以低于（或高于）委托人指定的价格买进（或卖出），并因此而增加报酬；二是除非委托人不同意，对具有市场定价的商品，经纪机构自己可以作为买受人或出卖人。

按照经纪活动服务市场不同，可以将经纪分为房地产经纪、保险经纪、证券经纪、期货经纪、文艺经纪、体育经纪、科技经纪等。目前中国对经纪活动的定义相对较宽泛，不同的行业有不同的特点，对相关经纪活动含义的阐述也略有区别，特别是对行纪行为是否属于经纪行为有较大争论。但是，不论何种行业的经纪活动，以收取佣金为目的，为促成他人交易而进行活动的这一特征却是共同的。

（二）经纪相关概念解析

1. 行纪、经销、包销

经纪活动与经销活动有本质的差别。经纪活动的主体对交易标的没有所有权，仅仅是为交易双方提供中介服务。收益主要是中介费（即佣金）；经销活动的主体直接参与交易，对交易标的有所有权，收益主要是通过买进价格和卖出价格的差额获得。行纪是指经纪机构受委托人的委托，以自己的名义与第三方进行交易，并承担规定的法律责任的商业行为。

行纪是一种极其特殊的活动，它的性质介于经纪活动和经销活动之间。一方面，从与交易标的的关系看，行纪与经纪活动相似的是对交易标的没有所有权；另一方面，从报酬形式和交易的"名义"来看，行纪与经销活动相似的是以自己的名义通过买进价格和卖出价格的差额获利。

包销是行纪的一种特殊形式。介于经纪行为和经销行为之间的行纪，可以采用更靠近经纪的形式，不仅不转移交易标的的所有权，而且仍以交易标的的所有者的名义进行销售，但是中介服务方面的报酬采用“佣金+差价”的形式。如国内房地产领域出现的“包销”。

从形式上看，行纪与自营（经销等）很相似。但是除经纪机构自己买受委托物的情况外，大多数情况下经纪机构都并未取得交易商品的所有权，它是依据委托人的委托而进行活动。从事行纪活动的经纪人员拥有的权利较大，承担的责任也较重。在通常情况下，经纪机构与委托人之间有长期固定的合作关系。

经纪、行纪、经销和包销的区别见表 1.1。

表 1.1　经纪、行纪、经销、包销的区别[1)]

概　念	同交易标的之间关系	收入的形式	同交易主体之间的关系
经纪	不占有交易标的	佣金	以交易标的的所有者的名义活动
行纪	不占有交易标的	佣金	以自己的名义活动，但受一定的限制
经销	占有交易标的	佣金	以自己的名义活动
包销 （行纪的特殊形式）	不占有交易标的	佣金＋差价	以交易标的的所有者的名义活动，但受到一定的限制

2. 佣金、回扣、信息费

（1）佣金与回扣

佣金与回扣有很多相似之处：都是商品经济发展的产物，在正常运作的条件下都能起到促进商品流通的作用。企业给付经纪人员佣金和给对方采购员一定的回扣目的都是为了促销。

但两者之间有本质的差别：佣金是经纪机构开展经纪业务所得到的合理合法的收入，它是由经营收入、劳动收入和风险收入构成的综合体。佣金以经纪合同为依据，由委托人支付给经纪机构而不是具体经办业务的经纪人员个人。只要经纪合同是合法的，佣金就是经纪机构正大光明的合法收入。而回扣是由卖方暗中转让给买方具体经办人的一部分让利，既不是风险收入，也不是劳动收入和经营收入。收受回扣属于违法违规行为。

（2）佣金和信息费

佣金和信息费都是用户为了获取某种服务或信息而支付的费用，是收集、加工信息所耗费的人力、物力的补偿。

但两者之间有明显的区别：首先，两者的性质不同。信息费是把信息作为商品出卖给需求者的销售收入。无论信息的用途和依托载体是什么，只要将信息售出即可获得信息费，它属于信息咨询行业。而佣金是对经纪机构开展居间、代理等经纪活动时付出的

1）中国房地产估价师与房地产经纪人学会编写，张永岳、崔斐主编《房地产经纪概论》（第六版），第 33 页，北京：中国建筑工业出版社，2012 年。略作改动。

劳动、花费的资金和承担的风险的总回报。委托人与经纪机构之间有一种雇与佣的关系。其次，两者作用的效果不同。收取信息费是因为提供的信息满足了需求者的需求，只要提供的信息准确、及时就达到了加速信息传播的效果。收取佣金是由于实现了委托人进行交易的具体目的。只有当目的实现了，一项经纪业务才算最终完成，其作用的效果应该是商品交易的成功，而不仅仅是提供信息。

（三）经纪的特点

经纪作为一种社会中介服务活动，主要有下列 5 个特点。

1. 活动内容的服务性

在经纪活动中，经纪机构主体只提供服务，不直接从事经营。经纪机构对其所中介的商品没有所有权、使用权、抵押权等，不存在买卖行为。经纪机构的自营买卖不属于经纪行为（对此问题仍有争议）。

2. 活动主体的专业性

由于各种不同的商品各自有着不同的特点，它们的市场运行规律也各有不同，因此，古今中外从来就没有出现过全能的经纪人。每一个经纪人一般总是专注于一类商品和某一种市场，从而形成各种不同专业的经纪人，如股票经纪人、房地产经纪人、保险经纪人等。这就是经纪活动主体的专业性。

3. 活动地位的居间性

在经纪活动中，发生委托行为的必要前提是存在着可能实现委托人目的的第三方，即委托人进行交易的对手。而经纪人只是为委托人与其交易对手所进行的交易发挥撮合、协助促成的作用。

4. 活动目的的营利性

在经纪活动中，经纪机构所提供的服务是一种服务商品，因此，提供服务的经纪机构有权向享受服务的委托人收取合理的佣金。佣金是经纪机构应得的合法收入。但经纪服务所获得的收入是根据服务的成果来最终确定的，活动的收入具有后验性。

5. 活动责任的确定性

在经纪活动中，经纪机构与委托人之间往往通过签订经纪合同明确各自的权利和义务。在不同的经纪方式下，经纪人员承担履行不同的法律责任和义务。在经纪活动中，明确的法律关系是双方诚实守信的基础。

（四）经纪的起源

经纪的产生和发展是商品生产和商品交换发展的产物，是社会分工的必然结果。最初的商品交换是分散进行的，没有固定的场所和时间。随着商品生产的发展，商品交换越来越频繁，于是出现了集市，把众多的买者和卖者集中在一起进行交易。但是在集市上，并非每一个人都对市场的情况了如指掌，都熟悉交易技巧。这就需要那些经常出入市场、了解市场情况、熟悉市场行情和交易技巧的人，在市场上充当交易的中介，公正、诚实地为交易双方牵线搭桥、提供服务，从而使交易快速实现。

到了近现代，社会分工日益发展，生产的社会化程度日益提高，市场迅速扩大，商品经济内在的供求矛盾日益突出。一方面，众多的生产者不能及时找到消费者；另一方面，众多的消费者找不到合适的商品。传统的商业形式并不能解决这一矛盾，因此，新的商业组织形式和经营方式不断涌现。一部分掌握各种信息和购销渠道的人为交易双方提供信息介绍和牵线服务，促成交易的实现，由此产生了人类经济活动的全新行业——经纪业。尤其是随着市场的细化和专业程度的提高、交易的难度和费用的提高，在一些专业市场上更需要那些具有专门知识和交易技巧的人为客户提供服务或代客户进行交易。经纪人员成为市场运营必不可少的部分，并通过提供服务获得经济收入。由此可见，经纪的产生和发展是商品生产和商品交换的产物，是社会分工的必然结果。

经过漫长的历史演变，经纪业务随着现代市场经济的发展而日趋完善。经纪活动涉及生产、流通、消费等环节，是商品流通的润滑剂，对加速商品流通、实现商品价值、促进社会再生产的顺利进行起着重要作用。房地产经纪也伴随着经纪业务的产生逐渐产生而不断发展起来。

二、房地产经纪的内涵与类型

（一）房地产经纪的内涵

房地产经纪是指以收取佣金为目的，为促成他人房地产交易而从事居间、代理等经纪业务的经济活动[1)]。按服务方式主要分为房地产居间和房地产代理两大类。

（二）房地产经纪的类型

1. 房地产居间

房地产居间，是指向委托人报告订立房地产交易合同的机会或者提供订立房地产交易合同的媒介服务，并收取委托人佣金的行为。

在房地产居间活动中，共有三方参与人：一方当事人为委托人，即委托居间业务与居间人签订居间合同的当事人；另一方为居间人，即房地产经纪机构，报告订立房地产交易合同的机会或提供订立房地产交易合同的媒介人；第三方为相对人，即委托人的交易方，居间成功后与委托人签订转让、租赁或其他合同的当事人。居间活动成功共签订两个合同：委托人与房地产经纪机构签订的居间合同，委托人支付居间人的佣金。委托人与相对人签订的转让、租赁等合同，双方根据合同承担各自权利与

1）根据 1999 年 3 月 15 日通过的《中华人民共和国合同法》的有关规定，行纪主要出现在普通商品的对外贸易领域，并不适用于房地产。

义务。

房地产居间是最典型的一种经纪活动。房地产居间是起源最早的房地产经纪方式。目前在中国居间仍是一种主要的经纪活动，但在西方国家中却是其早期的经纪活动。

（1）房地产居间活动的特点

① 房地产居间人必须“一手托两家”。房地产经纪人必须为委托人找到交易或其他活动的对方，报告订立房地产交易合同的机会或促成双方订立房地产交易合同。如房地产买卖居间，房地产经纪人既要找到卖家，有房源，又要找到买家，有客源，并且要做好居间搭配，进行公关协调，达到双方同意，才能获得房地产居间的成功，有机会拿到佣金。

② 只以自己的名义进行活动。房地产居间人只以自己的名义为委托人报告订约机会或替交易双方撮合交易，并不具体代表其中任何一方，因此，居间人没有代为订立合同的权利。如果经纪人代理委托人签订合同，这时经纪人的身份就不是居间人，而是代理人了。代理人与相对人签订合同只能以被代理人的名义，而不能以代理人自己的名义。房地产经纪人在居间活动中的法律地位与在代理中的法律地位是不一样的，居间人只以自己的名义进行活动。

③ 介入房地产交易程度较浅。房地产居间介入交易双方的交易活动程度较浅，只是向委托人报告成交机会或撮合双方成交，起到穿针引线、牵线搭桥的作用，其服务内容较为简单，参与双方交易过程的时间也比较短。

④ 服务的有偿性。房地产居间是一种有偿的商业服务。任何一种居间行为都是有偿的，只要房地产经纪人完成了约定的居间活动，促成交易双方成交，房地产经纪人就有权收取佣金。由于房地产的价值大，因此，房地产经纪人的居间佣金较高。

⑤ 房地产居间业务专业性强。房地产居间活动要求经纪人具有一定的房地产专业知识。房地产是一种特殊商品，交易双方投入的资金比较大，当事人对这种不动产的交易行为都比较慎重。房地产居间活动要求房地产经纪人具有丰富的房地产业务知识及有关法律和合同、税务知识；对当地社区环境、经济条件熟悉，能掌握市场行情；消息灵通，反应灵敏，判断力强，信义良好，诚实可靠，按职业道德准则办事。

⑥ 房地产居间活动范围广。房地产居间活动可以渗透到房地产经纪活动的整个过程，从房地产项目的筹划开始就可以涉足，在融资筹资、地块选取、规划设计、施工、销售各个阶段，都可以发挥牵线搭桥的作用。但目前中国房地产经纪还仅局限于房地产的流通领域，即房地产的买卖、租赁居间。

（2）房地产居间类型

在房地产流通领域活动过程中，更多渗透着房地产居间活动。为了适应房地产居间业务广泛性、大量性这种市场的需求，不同内容的房地产居间活动也逐步发展成为专业化操作的、相对独立的工作领域。

① 按所委托内容不同划分。根据经纪人所接受委托内容的不同，可分为指示居间和媒介居间。

指示居间是指居间人仅为委托人报告订约机会的居间；媒介居间是指居间人根据

委托人的要求将交易目的相似或相符的双方委托人以媒妁方式促成交易的行为。在房地产经纪实际活动中，这是两种相互结合进行的。房地产经纪人不仅向委托人提供房地产交易信息，包括交易的数量、交易行情、交易方式等，使委托人能够选择符合自己交易目的的房地产，而且为委托人提供订立房地产交易合同的媒介服务。无论何种房地产居间，房地产居间人都只是居于房地产交易双方当事人之间起介绍、协助作用的中间人。

② 按交易类型划分。房地产居间业务的范围相当广泛，几乎可以涉及房地产交易的各种类型，如房地产买卖居间、房地产租赁居间、房地产抵押居间、房地产投资居间、房屋置换居间、土地使用权转让居间等。但最主要的房地产居间业务是房地产租赁居间和房地产转让居间。

A. 房地产租赁居间业务。房地产租赁居间是指房地产经纪人为使承租方和出租方达成租赁交易而向双方提供信息和机会的居间业务。房地产租赁主要包括：新建商品房的期权预租、新建商品房现房出租、存量房屋的出租和转租。当前房地产租赁居间业务主要还是存量房屋出租居间。

B. 房地产转让居间业务。房地产转让居间是指房地产经纪人为使转让方和受让方达成交易而向双方提供信息和机会的居间业务。转让包括买卖、赠与、交换、遗赠等，但房地产经纪人从事的房地产转让居间业务主要是指房地产买卖居间。房地产买卖可分为新建商品房买卖和现房买卖、二手房的买卖。目前房地产买卖居间业务以二手房地产居间业务为主。二手房地产居间业务主要包括房地产委托出售和房地产委托购买两种。

2. 房地产代理

房地产代理是指以委托人的名义，在授权范围内，为促成委托人与第三方进行房地产交易而提供服务，并收取委托人佣金的行为。

要正确理解房地产代理必须注意以下两点：

1）房地产居间与房地产代理这两类不同的经纪活动，在法律性质上有明显的差异：在房地产居间业务中，房地产经纪机构可以同时接受一方或相对两方委托人的委托，向一方或相对两方委托人提供居间服务；而在房地产代理业务中，房地产经纪机构只能接受一方委托人的委托代理事务，因为各国家法律没有有关代理人可以同时接受相对两方委托人的委托代理业务的解释。

2）房地产代理是以房地产经纪服务委托人确定委托代理权限和房地产经纪机构接受授权的房地产经纪服务合同而产生的，属于委托代理。因此，房地产代理行为受到代理经纪服务合同规定的代理权限限制，合同未规定的内容，代理人无权处理。同时，房地产经纪机构代理客户与第三方进行房地产交易的行为属于商事代理行为，因此，与一般民事代理行为不同的是房地产代理必须具有从事房地产经纪业务资质的房地产经纪机构，房地产代理必须签订书面合同。

随着房地产市场的发展，西方一些国家（或地区）逐渐形成了一些主要的合同类型。如美国根据佣金分成不同主要分为五种类型合同，其中，独授权（exclusive selling right）合同（俗称“独家代理”）与美国房地产经纪业的多重房源上市系统（MLS）（即房地产经纪行业的信息共享和协作制度）相配合，极大地提高了房地产交易效率，成为美国最主要的房地产经纪方式[1]。这种房地产独家代理制度也逐渐成为大多数发达国家主流的房地产经纪方式。在独家代理制度下，卖方代理的房地产经纪人将委托人的房源信息提交给多重房源上市系统（MLS），买方代理人在该系统上搜索到房源后必须与该房源的独家代理房地产经纪人实现交易，而且双方需要对佣金的分配方式达成共识。

房地产代理服务相对房地产居间服务而言，房地产经纪机构与委托人之间的法律关系更清晰。因此在房地产经纪发展过程中，房地产代理逐步取代了起源更早的房地产居间而成为许多发达国家主流的房地产经纪形式。西方的经纪人实际上就是一个代理人。在我国代理也逐渐成为经纪活动中的一种重要形式。

房地产代理业务形式较多，根据不同的划分标准，可将其划分如下：

（1）根据服务对象分类

根据委托人在房地产交易中的角色——卖方（包括出租方）或买方（包括承租方）及服务对象的不同，房地产代理可分为卖方代理和买方代理。

房地产卖方代理是指房地产经纪机构（或经纪人）受委托人委托，以委托人的名义出租、出售房地产的经纪行为。房地产卖方代理的委托人为房地产开发商、存量房的所有者或是出租房屋的业主。卖方代理是最主要的代理业务。

目前，我国房地产买方代理业务的发展还不是很成熟，且这方面的业务主要集中在境外公司和个人在中国境内承租房屋的代理。从业务总量上看，房地产买方代理业务远远少于房地产卖方代理业务。

（2）根据代理业务客体的交易形式分类

根据代理业务客体的交易形式不同，房地产代理可划分为：销售代理、租赁代理、抵押代理、置换代理、房地产权属登记代理及其他代理业务。

其中，商品房销售代理是中国目前房地产代理活动的主要形式，一般由房地产经纪机构接受房地产开发商委托，负责商品房的市场推广和具体销售工作。在这一类代理活动中，常常又滋生出一些其他代理活动，如代理购房者申请个人住房抵押贷款。此外，随着房地产业的发展和房地产市场的拓展和成熟，房地产代理业务也会随之扩大。一些经纪机构开始全程参与房地产开发过程，代理筛选及聘请从设计师到物业管理公司等各类专业机构的活动。

在实际工作中，房地产经纪基本业务的类型还有多种划分方法。根据交易标的房地产所处的市场类型不同分为新建商品房经纪业务和存量房经纪业务（俗称二手房）及土地经纪业务[2]；根据房地产经纪活动所促成的房地产交易类型不同分为房地产转让经纪业务、房地产租赁经纪业务和房地产抵押经纪业务；根据房地产的用途类型不同可以将房地产经纪业务分为住宅房地产经纪业务、商业房地产经纪业务（如零售商业、办公、

1）中国房地产估价师与房地产经纪人学会编写，张永岳、崔斐主编《房地产经纪概论》（第六版），第35页，北京：中国建筑工业出版社，2012年。略作改动。

2）因在实际业务中土地经纪业务较少可忽略不计。

工业等）。这些内容会在以后的章节中展开阐述。

三、房地产经纪的特性和行业性质

（一）房地产经纪的特性

房地产经纪作为一种特殊商品的经纪活动，具有经纪活动的一般特性，如活动内容的服务性、活动主体的专业性、活动地位的居间性、活动目的的营利性、活动责任的确定性。除此之外还具有不同于其他经纪活动的两个特性。

1. 活动范围的区域性

由于房地产的位置不可移动，因此房地产市场具有明显的区域性特性。其房地产市场供求、交易方式都受到当地特定的社会、经济条件及地方政府政策的影响。房地产经纪人在一定时期内，只能专注于某一特定的区域市场（如某一城市，或某个城区）。房地产经纪机构一般是通过设立区域分公司或分店的形式服务当地市场。

2. 活动后果的社会性[1)]

经纪活动数量的增加和质量的提高，将加大房地产商品交换的范围，加快房地产商品交换的速度，增加房地产商品交换的数量，进而促使房地产市场更加活跃。由于房地产既是重要的生产资料又是生活资料，既是投资品又是消费品，房地产经纪活动引发的房地产市场波动对各行各业都有直接而重大的影响。因此，房地产经济活动的后果具有广泛的社会性。

（二）房地产经纪的行业性质

房地产市场的健康有序运行需要房地产经纪行业发挥不可替代的独特业务功能，并由此界定房地产经纪业的行业性质——中介性、信用性、专业性的服务行业。房地产经纪行业成员必须明确行业的服务性质及其特征内涵，能忠于职守，为履行促进市场流通、提高市场效率、维护交易安全的行业使命，有效地发挥积极作用。

1. 中介性是房地产经纪服务的市场立场

房地产经纪业是房地产业的重要组成部分。房地产经纪服务，是从事促成房地产商品有效、公平和安全交易所需要的支持服务。房地产经纪业的中介性是经纪业所具有的基本特点，是经纪业在房地产业这一领域的特殊表现。这种中介性表现在促成交易上，则是因为在信息集聚基础上提供的信息沟通为当事人提供了更多选择的空间，由此伴随的专业性咨询服务对交易行为产生了促进作用。

在市场经济条件下，房地产经纪人唯有坚持中介立场，才可能发挥解决交易信息不对称问题的市场功能。也就是说，房地产市场经济运行中人们对避免交易低效、市场失

1）中国房地产估价师与房地产经纪人学会编写，张永岳、崔斐主编《房地产经纪概论》（第六版），第 37 页，北京：中国建筑工业出版社，2012 年。略作改动。

灵的需要，界定了房地产经纪人的经营活动不能是拥有房地产商品所有权的卖（不是代理）与买的经济活动。因此，房地产经纪人必须认识到，中介服务是自己的根本职守，自己的经济活动必须以不取代交易当事人的任何一方为原则，这样自己的业务活动才能发挥促进房地产市场健康有序运行，推动经济与社会协调发展的积极作用。可见，房地产经纪业在市场上的中介定位决定了其行业的服务性质。换言之，房地产经纪业是以职守中介性为市场立场的服务行业。

2. 信用性是房地产经纪服务的事业本质

房地产经纪人在促成交易的诸多环节中为当事人提供服务，呈现出经常性民事活动的特点。房地产经纪活动关系到家庭重大财产的委托，涉及大笔资金的交易服务，具有很强的社会责任，因此房地产经纪服务的信用性，具有社会信用的特征。而且房地产经纪业，特别是居间业，是接受买卖双方的委托，房地产经纪业处于市场严重信息不对称的浪尖上，既肩负解决其问题的重任，又有利用此问题获利的便利，这就使得房地产经纪人在信用方面进一步或退一步，所导致的后果往往不只是量的大小，而是质的变化。

信用性对房地产经纪人和经纪企业来说，不只是企业品质的问题，而是事业本质的要求，具有对行业发展一荣俱荣、一损俱损的影响性。信用性事关房地产经纪人的社会责任、事业生命和发展基础。例如，对房地产经纪企业来说，不讲信用就可能导致事业的倒退、信誉的殆尽，甚至从此被迫退出市场。因此培植、维护信用性是房地产经纪业致力健康发展的重中之重，决不可掉以轻心。有志于房地产经纪事业的有识之士，必须致力于维护行业的信用性，为建设行业的诚信体系，身体力行，励精图治。所以说，房地产经纪业是以社会信用性为事业本质的服务行业。

3. 专业性是房地产经纪服务的功能基础

房地产交易是复杂性的商品交易活动，房地产经纪人必须系统地掌握房地产专业知识，熟悉行业所在地的法律法规、房地产市场运作流程与惯例、房地产金融制度及运作，具有扎实的房地产信息搜集、市场分析等专业技能，并具有相应的职业素质和能力，才能有效地发挥行业的市场服务功能。而且，其社会信用性，也必须以其专业的系统性为基础保证。也就是说，房地产经纪人只有依托其系统的专业知识，才能在交易过程的各个环节都严格把好安全关，才能有效体现房地产经纪服务的作用。由此可见，房地产经纪业是以系统专业性为功能基础的服务行业。

房地产经纪业中介性、信用性、专业性的行业性质，使得规范服务成为社会对房地产经纪行业的必然要求。一方面，房地产经纪服务必须符合房地产经纪的功能定位；另一方面，房地产经纪服务必须符合一定的程序与质量标准。

四、房地产经纪的必要性和作用

（一）房地产经纪的必要性

经纪活动具有传播经济信息、加速商品流通、优化资源配置等一系列独特作用，因此，经纪活动已成为市场经济活动中一个必不可少的组成部分。对于房地产市场而言，由于房地产商品及其交易的特殊性，房地产经纪活动更是其不可或缺的重要组成分。

首先，由于房地产价格昂贵，维持房地产这类存货的费用太高，在绝大多数情况下，经销商难以承受，因此房地产不宜通过经销商出售。

其次，房地产是不可移动的商品，无法像一般商品那样，集中到固定的市场展示、出售，其交易过程是要把购买者往房地产所在地集中，以达到认识和购买的目的。这对于房地产业主来说往往并不经济。而房地产经纪正是通过专业化分工来提高房地产交易过程中顾客汇集、商品展示等环节的效率，从而降低房地产交易成本的。

最后，由于房地产商品及其交易具有高度的复杂性，因此需要房地产经纪服务。房地产商品及其交易的复杂性表现在以下几个方面。

1. 房地产商品自身信息的复杂性

房地产商品自身信息包括房屋质量、房龄等物理信息，区域、环境等地理信息，另外，房地产商品作为一种不动产，其交易必然涉及产权关系，因此房地产商品自身信息还包括产权信息。房屋产权具有模糊性、非平衡性和错构性等特征。模糊性是指房屋产权的界定是相对的；非平衡性是指房屋产权结构的不稳定性；错构性是指物业产权所有人与使用者往往是分离的。房地产商品是非均质的商品，因此其物理信息、地理信息也是复杂的。

2. 房地产交易价格的复杂性

房地产商品具有空间固定性的特征，其区域性强，不能集中上柜展示。房地产的空间固定性还决定了房地产商品的单一性、强异质性，即没有两宗房地产是完全相同的，因此，房地产商品市场比价难，而且房地产的产出能力是以物理特征、地理特征和法律特征的综合因素为基础的，在任意一个时点上估算存量房地产的价值都会存在一定的困难。

3. 房地产交易专业信息的复杂性

房地产交易需要认知房屋的功能和品质、地段和环境、价值和产权以及当事人的心理和文化诉求等，涉及众多专业知识和能力，包括房地产专业知识、产权交易的法律知识、房屋质量的评估技术与能力、与人沟通和交流的技能、掌握房地产复杂市场行情变化的能力等多个方面。

4. 房地产交易心理的复杂性

房地产所有权带来的某些满足感在性质上并非是属于经济价值的，而是属于心理的。例如，置业是“购买一种生活方式”、“我看好就是值”等，是由个人偏听偏信偏好所至，同一件事对于不同的人，完全可能有大相径庭的看法。房地产交易中的这种个人偏好的心理信息，与买卖双方的个人经历、性格和环境有关，受当事人文化诉求、价值取向、情感需要等心理因素的影响。由于房地产的差异性和房地产商品的异质性以及当事人一般缺乏专业信息，难以了解市场比价，房地产交易不易受到社会、市场观点的平衡与约束，因此房地产交易心理变得更为多种多样、纷繁复杂。

房地产交易的复杂性，使得每一笔交易都需要耗费时日，需要懂得有关法律、财务及估价知识，需要训练有素的房地产经纪人员为买卖双方提供各种专业帮助。房地产买方大都需要融资，房地产经纪人员熟悉抵押贷款的各种规定，能帮助买主向金融机构筹措购房贷款。因此，在一些市场经济发达的国家，绝大部分房地产交易均经过房地产经纪人员的努力。如在美国，成交的存量房买卖总量中，约有 80%是通过房地产经纪人员的经纪服务完成的。当前，中国房地产市场中商品房和存量房的租赁与买卖，基本上都是市场自发行为，完全按市场机制运行，这必然会对房地产经纪人员的经纪活动产生大量需求。

（二）房地产经纪的作用

1. 沟通信息，促成交易

房地产交易中，买卖双方之间存在严重的信息不对称。因此，需要房地产经纪人搜集交易信息，沟通供需双方，提供专业咨询。房地产经纪人的中介地位和专业能力，使他们具有获得房地产商品交易信息的职业优势，他们的业务宗旨是沟通交易信息。房地产经纪人具有获得市场信息的职业优势，而其经济利益却有别于当事人。因此如果房地产经纪人不能坚守中介立场，而是运用职业便利做出超越中介的行为，则更易加剧信息的不对称，导致市场失灵。

借鉴美国等市场经济发达国家的经验，房地产市场信息不对称的问题，需要通过房地产经纪行业的自律管理与政府管理的相互配合、功能互补来得以较好地解决。这是在深层意义上对房地产经纪人沟通信息、提供咨询的使命的认识。

2. 降低成本，提高效率

在房地产交易中，当事人需要市场供求、对方诚信等信息，只有在了解对方和市场情况后才会作出决定。房地产又由于价值量大，交易双方搜寻信息的成本相当高，而且由于缺乏房地产知识而使交易的效率低下。因此房地产经纪业存在的第二个基本理由，也就是行业功能的另一个基本定位，就是通过为当事人提供专业服务，促成双方顺利、安全交易，以提高市场交易效率，从而为当事人省事、省钱。

在正常的房地产交易活动中，房地产经纪人能比较准确地把握市场供需，并根据物业现状对价格作出判断，运用法律知识为双方当事人制订相对完备的合同，减少或杜绝违约行为。这些专业服务可使双方当事人减少顾虑，较快促成交易，提高效率。当然，房地产经纪人不能为了快速成交而偏袒一方，甚至蒙骗、诱导当事人。这种对于当事人的不公平交易，即使一时成交，也会留下隐患，并且会损害当事人的利益，引发各方纠纷，实际结果是交易的低效，甚至是无效。

3. 公平交易，保障安全

房地产交易主要是产权的转让。由于房地产价值量大，在当事人的全部财产中占有相当大的份额，因此，房地产交易的安全关系到当事人的重大利益。目前，银行为房地产买卖提供主要的金融贷款支持，房地产交易的不安全也会增加银行风险，严重的情况还会危及社会稳定，从而具有社会风险性质。

追根溯源，在房地产交易中，利用交易信息不对称逐利，以及缺乏专业能力是导致交易风险的根本性隐患，因此，防范房地产交易不安全造成的相关风险，保护有关当事人的财产安全最有效的市场方式，就是依托经纪人坚守中介立场，发挥专业优势，规范服务程序。对居间业来说，必须在交易过程的各个环节，从接盘、房屋调查、客户查询，到签约、过户、登记，都严格把好安全关。公平买卖、交易安全是客户保护财产的基本需求，与实现全面建设小康社会时期“家庭财产普遍增加”的目标密切相关，从这层意义上来说，维护房地产交易安全是房地产经纪业的首要使命。房地产经纪人唯有以诚信为本，才会尽维护交易安全之职守，否则经纪人会失去客户的信任，殃及整个经纪行业的声誉，危害行业的发展。

4. 推动市场规范完善

一方面，经纪活动的参与，有助于专业市场发展，促使市场结构不断完善。另一方面，由于经纪业务的展开和发展，将增加对市场信息的需求量，并提高对信息的汇集、处理和传播的质量要求，从而在客观上推动市场硬件和软件的现代化建设。通过经纪活动，经纪人员可以积累大量的交易经验，并且能够加以归纳整理，经纪人员能把握交易的规律性特点，从而能够通过企业的委托业务，影响企业的行为从不规范转向规范。可见，在市场管理部门规范化管理的指导下，通过自身的努力，通过中介组织的协调，能够发挥推动市场规范化的作用。

五、房地产经纪的产生与发展

经纪的产生和发展是商品生产和商品交换发展的产物，是社会分工的必然结果。经过漫长的历史演变，经纪业务随着现代市场经济的发展而日趋完善。经纪活动涉及生产、流通、消费等环节，是商品流通的润滑剂，对加速商品流通、实现商品价值、促进社会再生产的顺利进行起着重要作用。房地产经纪也是伴随经纪的产生逐渐发展起来。下面简单介绍一下国内外房地产经纪业的产生与发展概况。

（一）中国房地产经纪业产生与发展的历史

1. 1949 年以前的中国房地产经纪业

中国是一个历史悠久的古国，在两千多年前就出现了经纪活动。在西汉，经纪人被称为“驵侩”；唐代，称经纪人为“牙人”、“牙郎”；到了宋元时期，出现了外贸经纪人，宋代称“牙侩”，元代称“舶牙”；明清时期，经纪人称“牙人”。明代还把牙人分为“官牙”和“私牙”，同时还出现了“牙行”，即指代客商撮合买卖的店铺。清代，在对外贸易中，经纪人被称为“外洋行”。清代后期还出现了专门的对外贸易的经纪人“买办”。在我国历史上曾把居间人称为“牙侩”、“牙郎”、“牙人”、“市牙”等，亦有“掮客”、“纤手”、“跑合人”之称。实际上，“掮客”不仅是旧中国时期对居间人的一种别称，更是对一般经纪人的俗称。

中国房地产经纪业的历史也源远流长，其兴起可以追溯到很早以前。早在宋代就有“典卖田宅增牙税钱”的记载。据元《通制条格》卷十八《关市》记载的内容，在元代就存在大量的从事房地产经纪活动的人，当时从事房地产经纪活动即房屋买卖说合的中介称为“房牙”。这一称谓沿用到清代。

1840年鸦片战争之后，在我国一些通商口岸城市（如上海）出现了房地产经营活动，于是房地产掮客应运而生。房地产掮客活动的范围十分广泛，有买卖、租赁、抵押等。在上海，房地产掮客大致分为两大类。一为挂牌掮客。以“房地产公司”、“房地产经租处”、“房地产事务所”挂牌。挂牌掮客一般在报纸上刊登房地产出卖或空屋出租出售广告，待顾客前来固定经营场所询问，成交收取若干佣金。第二类为流动掮客。没有固定的办公场所，而以茶楼作活动场所，交换信息，撮合成交，收取佣金。掮客对于活跃房地产市场、缓解市民住房紧张、促进住房商品流通起过一定的作用。

2. 1949年以后中国大陆房地产经纪业的发展

（1）1949～1977年大陆房地产经纪业逐步萎缩

20世纪50年代初，政府加强了对经纪人员的管理，采取了淘汰、取缔、改造、利用以及惩办投机等手段，整治了当时的房地产经纪业。随后直到1978年改革开放前，在这一时期房地产经纪活动基本消失了。

（2）1978～2000年房地产经纪业复苏和初步发展

随着社会主义市场经济的发展，各种居间活动又逐渐活跃起来，一些中介机构、经纪人事务所、中介人、经纪人大量涌现，为促进市场经济的发展起着不可忽视的作用。

1992年邓小平同志南行讲话之后，中国房地产市场得到了快速发展。特别是1995年1月1日《中华人民共和国城市房地产管理法》（以下简称《城市房地产管理法》）和1996年2月《城市房地产中介服务管理规定》（2001年8月5日修改）颁布施行后，房地产经纪行业的地位逐步为社会所承认。

深圳早在1988年就成立了“深圳国际房地产咨询股份有限公司”，仅1993年一年批准成立了近70家房地产中介服务机构。1992年5月，上海同信房地产信托咨询服务有限公司成立。1993年12月上海出现了首家房地产经纪机构——“新民经纪人事务所”。1995年前后，广州、深圳、上海等城市纷纷成立房地产经纪行业组织。中国房地产协会中介专业委员会于1995年成立。

（3）2001年至今房地产经纪业快速发展

2001年之后，房地产需求两旺，存量房市场兴起，商品房价格快速上涨，房地产买卖、租赁市场全面繁荣。房地产经纪行业进入快速发展时期。为了提高房地产经纪人员的素质，规范行业执业行为，2001年12月，人事部、建设部联合颁发了《房地产经纪人员职业资格制度暂行规定》，决定对房地产经纪人员实行职业资格制度。房地产经纪人员职业资格包括房地产经纪人执业资格和房地产经纪人协理从业资格。取得房地产经纪人执业资格是进入房地产经纪活动关键岗位和发起设立房地产经纪机构的必备条件。

2002 年 7 月，举办了首次全国房地产经纪人执业资格认定考试。为了更好地监督和管理房地产经纪企业和经纪人员的执业行为，2002 年 8 月，建设部发布《关于建立房地产企业及执（从）业人员信用档案系统的通知》，指出房地产信用档案的建立范围包括房地产中介服务机构和房地产经纪人、房地产经纪人协理。

随着房地产经纪业的发展壮大，全国性的房地产行业组织也应运而生。2004 年 7 月，经批准，中国房地产估价师学会更名为中国房地产估价师与房地产经纪人学会。

2004 年起，合富辉煌、富阳控股、易居中国、世联地产、中国房地产信息集团、21 世纪中国不动产陆续在国内外资本市场上市，产生了一批盈利能力强、综合实力雄厚的房地产经纪机构。

为加强和规范房地产经纪行业的全面管理，2011 年 4 月 1 日，《房地产经纪管理办法》正式实施。经纪行业的规范框架有了突破性的进展。

3. 1949 年以后中国香港房地产经纪业的发展

房地产经纪公司在中国香港被称为地产代理公司，房地产经纪行业被称为地产代理业。在中国香港，地产代理起着促进房地产市场兴旺活跃的重要作用，大约 70%的房地产交易是由地产代理促成的。

20 世纪五六十年代，中国香港的地产代理处于个人代理阶段，以独立个人的方式运作。1968 年是中国香港房地产经纪业发展的一个转折点。大型私人住宅——美孚新村，楼花、分期付款开始实施，吸引了很多人加入地产代理行业。

20 世纪 70 年代末至 80 年代初，地产代理公司已经遍布中国香港各区，其经营业务由专营楼花（未完工的物业）逐步扩展至现楼市场。中国香港房地产经纪业真正意义上由个人为主的经营方式向企业转化是在 20 世纪 80 年代初。中国香港的地产代理公司从那时开始引入了佣金制度，即员工为公司赚取的佣金越多，所分得的该笔佣金的比例就越高。而在新的佣金制度下，营业员底薪虽然较少，但佣金可能占收入的绝大部分。这种制度一直沿用至今，它强调佣金与实际工作业绩直接挂钩，从而使房地产经纪由一个具有相对稳定收入的行业转变成了一个高度竞争的行业。这种积极的收入分配制度导致了以后十多年中国香港房地产经纪行业的急速膨胀。与此相应，地产代理企业规模逐步扩大，并在全港纷纷建立分支机构。20 世纪 80 年代末，房地产经纪业开始逐步网络化、信息化，从事的业务更加多元化，其业务范围扩展到策划、咨询、物业管理等方面，并逐步拓展至中国内地及海外市场。

从 20 世纪 90 年代起，地产代理公司自发组织了一些地区性或全港性的商会或协会，房地产经纪出现了具有代表性的行业协会组织。20 世纪 90 年代是中国香港地产代理公司大力扩张的时期，不少公司已经成长为大型连锁集团，拥有遍布中国香港的分行网络，并朝着集团化方向发展。1995 年，中国香港首家地产代理公司在联交所挂牌上市交易，规模化之路又向前迈进了一大步。到了 1997 年，房地产经纪业无论是从业人员的数量，还是公司的数目，均达到顶峰。1997 年 5 月 21 日，中国香港颁布《地产代理条例》，这标志着房地产经纪被纳入了法制化管理的轨道，其运作更加规范、有效、专业。

1998 年以后，东南亚金融危机直接导致了中国香港房地产泡沫的破灭。亚洲金融风暴的爆发使中国香港地产业受到了很大的影响，中国香港的房地产经纪行业开始面临困境，一些企业出现亏损，因此，整个房地产经纪行业开始有所调整，以谋求更好的生存发展。其中，部分大型的地产代理商将目光转向中国内地，开设分支机构，谋求新的业务发展。

4. 1949 年以后中国台湾地区房地产经纪业的发展

第一阶段：传统时期（1970 年以前）

20 世纪 70 年代以前，台湾民间在出售房屋时，传统做法是由业主自行张贴“吉屋出售”的红纸条，或通过亲朋好友、左邻右舍提供资讯，寻找买主。这一时期，以介绍土地买卖居多。由于土地交易的金额庞大，一般由“土地登记代理人”或当地的知名人士或民意代表，多为兼职性质的土地掮客利用其人际关系撮合买卖。

第二阶段：中介雏形时期（1971～1980 年）

1971 年前后，台湾开始出现房地产介绍人的行业，从事代客买卖、租赁业务。随着房屋交易的增加，介绍零星户买卖的掮客大量出现。直到 1977 年，励行建设公司成立，并成为首家以“建设公司”为名义从事房屋中介买卖的企业。然而，这种中介雏形实际上已由个人“跑单帮”逐渐发展为有组织的中介机构。

第三阶段：零星户时期（1980～1985 年）

在此期间，零星住户（中古屋）的成交量约占整体房产市场交易的 64%，促使零星户销售业迅速发展，“零星屋代销公司”应运而生。这个阶段的从业人员大多具有房地产中介经验，他们促成交易的效率显著提升，为日后的专业经营打下了基础。

第四阶段：中介公司建立时期（1985～1991 年）

1984 年底，台湾“经济部”正式开放“房屋介绍公司”办理登记，为创办房地产中介企业提供了有力保障。1985 年 7 月，以店面形态运营的太平洋房屋成立，并引进日本三井的中介制度，推行房屋中介直营体制，引发了台湾房地产中介业的首次革新。同年 10 月，中信房屋中介股份有限公司成立，并成为第一家以中介为公司名称的企业。1986 年 5 月，由住商不动产和信义房屋建立了“大台北不动产中介联盟”（后于 1988 年改组更名为“住商不动产中介联盟”），开创了中介业加盟连锁经营的新页。1987 年 8 月，侨福房屋成立，并成为台湾首家美式中介公司。随后，国外中介经营业务陆续被引进台湾，这促使台湾中介经营范围多面发展，房屋中介公司纷纷登记注册，仅 1987 年就达 340 余家，台湾房地产中介业进入由暗变明、全面经营的新时期。1987 年 11 月，“经济部”在商业团体分类标准中增列了“房屋中介商业”类目，并准予成立公会。1988 年 3 月，确定“内政部”为房屋中介业的主管机关，从而使房屋中介业在主管机关及商业分类上，得到应有的归属与定位。1990 年以来，台湾房地产中介业的经营模式，由楼面式营业转向店面经营，由直营连锁发展到加盟连锁经营。

第五阶段：中介发展时期（1991~1996年）

从 1995 年起，台湾房屋中介业进入同业联盟时期，即由同业发起联卖制度，行业公会推动不动产资讯的流通化，编印出版不动产成交行情公报，借以交流信息，促进流通，推动行业发展。1996 年 6 月，信义房屋推出“成屋履约保证”，住商不动产宣告办理“不动产交易签证”。这些为保证交易安全建立了良好制度，并为同业相继推广，在行业中逐渐形成交易安全的保障机制。此间，加盟式的中介业者的队伍不断壮大，市场上逐渐形成直营与加盟两大模式，并开始重视提高服务质量。因此，注重品牌的店头经营式中介业者大举兴起，并成为行业的主要导向，树立了满足客户需求、提升自身专业形象的新趋势。

（二）西方国家房地产经纪业产生与发展的历史

西方各国在房地产交易出现的早期，就产生了从事房屋买卖中介的专业人员。但是，真正较为规范、完善的房地产经纪业，是近代才形成的。

纵观发达国家的房地产经纪业，一个普遍的特点就是这些国家相继建立了较为完善的房地产经纪制度。发达国家的房地产经纪制度，一般都以一定的法律形式，对有关专业人员资质认定、执业保证金、佣金制定、契约形态等方面的内容进行规定，并由有关政府主管机关进行监管。同时，还注重发挥房地产经纪行业协会在进行教育培训、建立执业规范、培养职业道德、实施信誉制度方面的作用。此外，发达国家的房地产经纪机构，大多形成了较为科学的经营运作和企业管理模式，这些都是非常值得中国房地产经纪业借鉴的。

1. 美国

（1）概述

美国的市场机制非常完善，行业协会在房地产经纪行业中的作用显著，政府和法律对中介机构的限制较少，整个中介市场比较活跃。

美国早期的房地产交易主要由律师和公证人为买卖双方做见证，并处理产权转让等具体事宜。后来，介绍房地产买卖的房地产经纪人逐步熟悉了房地产方面的法律以及产权转让程序，除了买卖居间外，他们都能代交易双方办妥产权过户。这样，房地产经纪人在房地产的交易中，渐渐取代了律师和公证人，成为房地产交易的中介环节。这种真正意义上的房地产经纪人的出现，大大地促进了美国房地产业的发展。1917 年，加利福尼亚州首先在这方面立下管理法案，后来各州政府也陆续立法以规范房地产经纪行业。尽管各州规定的具体条款有所不同，但基本精神是一致的，即通过规定房地产经纪人所应具备的各项资格、执照的颁发、执业行为的规范、相应的惩罚措施以维持其专业服务标准，保障消费大众的基本权益。

（2）美国房地产经纪目前发展状况

因为房地产经纪在整个房地产运行模式中处于一种很特殊的地位，房地产经纪虽然不是房地产市场交易的主体，但却是保证房地产交易成功的必要环节。房地产交易对中介环节具有很强的依赖性。在这一点上，美国的房地产经纪行业确实有可供参考的地方。

① 从行业管理上看。在美国，房地产中介业是相当发达的，从行业管理上看，美国全国及地方都有一些以提高会员的业务能力和保护公共利益为宗旨的房地产经纪人协

会。其中，成立于1908年的“全美房地产经纪人协会”（简称NAR）是最大的房地产行业协会，建立了高标准的职业道德规范。2012年超过100万人宣誓恪守该规范。该协会会员中有房地产经纪人、推销员、管理人员和估价人员等。同时，建立了房地产经纪行业的信息共享和协作制度，其核心是多重房源上市服务系统（MLS）。由于美国普遍实行独家代理方式，加上计算机信息技术的推广，大大提高了房地产经纪行业促进房地产交易的社会经济功能。

② 从人员教育培训来看。据保守估计，美国大约有200万人从事房地产中介这一职业，其中，高学历、高素质的人员占了很大比重。在美国，对房地产销售人员执照的核发有严格规定。销售员考试必须修完房地产原理，考试合格后，在会计、商业、公证、专业法律、产业管理、房地产估价、房地产经纪人、房地产贷款、办公室行政管理、房地产实务10门课中任选6门，在18个月内学完并考试，达到2门合格者才能取得销售员执照；而房地产经纪人则要修完房地产实务、法律规章、财务、估价、会计共5门必修课，并在商业、法律、管理、公证等课程中再选3门，才能取得经纪人执照。一般能通过考试的人只有20%左右。为保证专业水准和服务质量，房地产经纪人员每年还必须参加考试接受再教育，执照每4年申请重新换发。经过几十年的发展，美国已经形成一套完整的从学院培养到在职教育的房地产中介人才培养机制。

③ 从房地产中介的职能来看。早期，美国房地产市场交易主要由律师和公证人为买卖双方作见证，并处理产权转移事宜。后来，由于房地产经纪人的出现，他们不仅作为中介，还代为买卖双方办理产权转移等法律问题，从而在房地产市场交易中发挥了不可替代的作用。目前，美国房地产交易过程已经相当规范，具有一整套完整的流程。一宗交易中的参与者各自负有的责任划分得相当明确。

④ 从法律法规等制度来看。在美国，对房地产经纪人有严格细致的法律规定，这些法律包括代理法、契约法规、各州的执照法、各州的相关法律、联邦法及专业伦理法则等。其中，房地产执照法是规范房地产经纪人行为最严密的法规，它对于何种情形下经纪人必须持照都有详细规定。

2. 英国和法国

英国和法国的特点是法律详尽、执法严厉，政府对房地产交易活动管理严格。在英国，房地产的买卖、租赁等合同关系都必须由当事人双方委托的律师来完成。履行过程中发生的纠纷及争议，也是通过双方的律师来解决。在法国，律师在房地产交易活动中也起重要作用。与英国不同的是，法国半官方的公证处起关键作用，任何房地产交易都必须依法经过公证处公证，并由公证处依法提供有关土地房屋的法定规划文件，购买者必须熟知该规划文件才能做出是否购买的决定。

3. 日本

日本的房地产中介制度沿袭了美国的房地产经纪制度，它的特点是政府对房地产经纪业起着重要的规划、引导作用。20世纪30年代以后的60年间，世界房地产领域基本上没有出现大的波澜，但进入20世纪90年代后，日本的房地产泡沫再度震惊了世界。

日本的房地产泡沫对我国有极大的借鉴意义。

（三）我国房地产经纪业的现状及发展趋势

1. 发展现状

随着网络技术、信息技术的发展，信息集成技术、互联网技术也被引入服务业，一些服务行业产生了巨大的变化，因此我国提出了“现代服务业”的概念。2002 年 11 月，中共第十六次代表大会的报告中提出“加快发展现代服务业，提高第三产业在国民经济中的比重”，使得“现代服务业”成为我国产业发展政策中的一个正式提法。

（1）服务与现代服务业

所谓服务是指行为主体通过该项活动使另一个主体即服务对象获得某种利益。经济学对服务的定义主要有两种方法，一种是通过性质定义，认为服务具有三个本质的特点：非实物性、生产与消费的同时性和不可储存性。另一种是通过排他的方式来定义，即凡是不能划入农业和工业的产业活动即为服务，从事这种活动的产业部门即为服务业。

“现代服务业”是中国所特有的一个提法，在美国等地区称为“知识密集型服务业”。区别于“传统服务业”，“现代服务业”主要表现为现代经济和社会活动服务中的特定功能，这些功能只有随着现代经济和社会活动的发展才会产生，具有十分明显的时代特征，故可称其为“现代服务业”。具体来说，“现代服务业”主要指依托电子信息等高技术或现代经营方式和组织形式而发展起来的服务业。现代服务业的特征主要是知识密集、基于网络技术以及现代化的经营理念。既包括新兴服务业，如以互联网为基础的网络服务、移动通信、信息服务、现代物流等；也包括对传统服务业的技术改造和升级，如电信、金融、中介服务、房地产等。其本质是实现服务业的现代化。

（2）房地产服务与房地产经纪服务

依据中国产业结构的总体分类，房地产业属于第三产业。目前中国的房地产服务业有广义和狭义之分。狭义的是《城市房地产管理法》中所称房地产中介，仅包括房地产经纪业、房地产估价业和房地产咨询业。广义的包括为房地产经济活动提供信息咨询服务和事务代理服务的各类服务性机构，如经纪、估价、咨询、培训、软件和网络等。与其他经纪活动一样，房地产经纪活动是一种服务性的活动，因此房地产经纪业是一种服务性行业。同时，房地产业和经纪业作为知识密集型产业，在发展中与时代结合紧密，可以利用新兴的技术和管理理念对产业实施改造，具有现代服务业的性质。

目前在中国，特别是在经济较发达的地区，房地产经纪机构的数量已发展到较大的规模，形成了房地产服务业的主要部分。从机构数量和从业人员来看，与其他房地产服务机构相比较，最多的也是房地产经纪机构。在发展和完善房地产经纪业的过程中，必须重视其服务业的属性和特点。作为服务业，房地产经纪业所提供的商品不具有实物状态，而是一种具有动态过程的服务，具体体现为以下几点。

① 房地产经纪业服务质量的高低主要体现在这一过程是否快速和便捷，以及由房地产人员的服务态度给消费者带来的心理感受是否愉快等。

② 房地产经纪业作为一种服务性行业，具有生产与消费的同时性。这就要求房地产

经营每一个操作环节都必须体现较高的服务质量，同时要求房地产经纪人具备较高的人际沟通能力。

③ 服务业所特有的不可储存性对房地产机构的内部管理以及整个行业管理提出了较高要求，在规模控制方面必须加强决策的前瞻性。

与房地产业中的开发业相比，房地产经纪、价格评估、咨询、物业管理等更具有服务业的性质。作为中国房地产服务业的主要部分，房地产经纪业是服务业内的一个亚行业，即由房地产业与经纪业结合而产生的服务业内第二层次的行业。房地产经纪业兼有房地产业、经纪业的特点以及因两者结合而产生的独有特点。

房地产经纪服务作为一种房地产经营活动，与房地产开发相比较，具有以下特点。

① 投资小，风险小。房地产经纪服务机构不需要投入大量的资金，它们主要以其拥有的信息、技术、劳务等为各投资方、开发方、交易方提供中介代理或相关服务，因此经营风险较小。

② 专业性、技术性强。房地产市场是较为特殊的市场，房地产从开发到交易的各个环节中，涉及大量专业性、技术性较强的事务。从事房地产经纪服务的人员不具备必要的专业知识和技术技能，是根本无法处理这些繁杂的事务的，这样，也就促使房地产的社会分工进一步细化，由此形成诸如咨询、评估、经纪等方面的中介服务机构。

③ 独立性与附属性并存。房地产经纪服务是随着房地产开发和房地产交易的发展而发展的，它只充当房地产开发和交易的媒介，离开了房地产开发和房地产交易，它就没有独立存在的必要性。但是，房地产经纪服务机构又是独立存在的，它是在房地产市场发展过程中逐渐形成的独立的专门行业，发展房地产经纪服务，可以更加规范和繁荣房地产市场。

（3）房地产经纪机构发展规模

根据中国估价师与房地产经纪人学会的统计，截止到 2013 年 5 月，全国房地产经纪行业从业人员约 100 万人，房地产经纪机构 5 万余家。全国取得房地产经纪人资格的有 47668 人，其中 26821 人进行了注册，聘用了注册房地产经纪人的房地产经纪机构 21541 家 [1)]。

2. *发展趋势* [2)]

目前，房地产经纪业正呈现出由传统向现代加速的趋势。主要表现在以下几方面：

（1）信息资源、业务模式不断重组，业务领域向综合性、高附加值服务发展

传统的房地产经纪业主要利用其所掌握的房源信息和客源信息，通过供需配对促成交易。其信息整合的范围仅限于同一经纪机构内部。从发达国家和地区房地产经纪发展的经验来看，依托于快速发展的信息技术，房地产经纪行业可以通过建立全新的行业运行模式，采用最先进的信息技术，在更大范围内整合房地产市场及相关信息，

1）中国房地产估价师与房地产经马人学会编写，张永岳、崔斐主编《房地产经纪概论》（第六版），第 54 页，北京：中国建筑工业出版社，2012 年。略作改动。

2）张永岳、崔斐主编《房地产经纪概论》（第六版），第 58-59 页，北京：中国建筑工业出版社，2012 年。略作改动。

进一步提高其房地产市场流通的功能，并通过各类信息的深度加工，围绕房地产市场流通提供专业咨询、顾问等高附加值服务。例如美国房地产经纪行业很早就建立了多重房源上市服务（MLS）系统，该系统整合了全行业的房源信息，使房地产经纪人从房源竞争转化到服务竞争，更加注重针对委托人的需求提供一系列专业化服务。而在我国，许多房地产企业介入到房地产开发过程的前期，为开发商提供市场调查，投资咨询，产品定位，营销策划等咨询服务等。这些都表明房地产经纪业的生产服务内容在日益加强。

（2）行业知识和技术密集程度提高，专业化分工向纵深发展

传统的房地产经纪业主要集中于住宅市场。住宅市场以买卖为主的流通方式使得房地产经纪业并不太关注房地产使用过程中的问题，因此，从业人员主要需要掌握房地产交易，产权登记的法律和实务操作知识与技能，以及相关的建筑、金融、市场营销知识等。而为现代服务业的房地产经纪业更多地拓展到了种类繁多的商业房地产领域，大量涉猎写字楼、商铺、购物中心、仓储和工业房地产市场，为金融、商业、物流等企业提供房地产租赁、购置的咨询、代理服务。房地产经纪业的知识和技术密集程度大大提高，同时，专业化分工不断深化。

（3）以互联网为依托的新型房地产经纪业态发展迅速

目前，许多人了解存量房市场的第一步就是浏览各大房地产专业网站和知名门户网站的房地产频道，因此，网上门店已经成为房地产经纪人获取客源的一个重要渠道。房源发布的网络化不仅大大提高了信息发布的速度、降低了信息发布的成本，还为客户提供了24小时的全方位信息获取平台。

（4）企业规模扩大，现代企业制度成为龙头企业的发展根本

传统的房地产经纪业通常以单纯的知识、智力、劳务输出为主，企业规模以中小型为主，家族企业、小型合伙企业是房地产经纪业常见的企业类型。但是规模化房地产经纪企业必须具有雄厚的资金以及与之匹配的现代企业指导。从发达国家和地区的经验来看，一些房地产经纪业的龙头企业大多通过在资本市场上市，形成雄厚的资金实力和上市公司所必须具备的现代企业制度。因此，建立现代制度将成为房地产经纪业内龙头企业的发展之本。

任务2 房地产经纪行业管理

一、房地产经纪行业管理的含义与作用

（一）房地产经纪行业管理的含义

房地产经纪行为的有序进行和不断完善，离不开必要的行业管理。为适应房地产市场发展的需要，必须加快建立和完善房地产经纪行业的管理模式和发展路径。

房地产经纪行业管理是由有关政府主管部门、房地产经纪行业组织对房地产经纪活动的主体、运作方式等实施的管理，其目的在于规范房地产经纪活动，并协调房地产经

纪活动中所涉及的各类当事人（如房地产经纪机构、房地产经纪人员、房地产经纪活动服务对象）之间的关系。

房地产经纪行业管理是社会事务管理的一个组成部分，因此它的基本作用就是维护社会整体利益，即通过管理使房地产经纪活动能符合社会整体规范，并能最大限度地增进社会福利。

（二）房地产经纪行业管理的作用

具体来说，房地产经纪行业管理具有如下两方面的作用。

一方面，通过房地产经纪行业管理来规范房地产经纪服务活动，有助于提高房地产有效供给，提高房地产开发效益，可以进一步改善房地产特别是住宅的流通环节，以利于通过市场机制来促进房地产经济活动及其他相关经济活动的效益，从而促进房地产业的发展，提高居民住宅消费的总体质量水平。

另一方面，房地产经纪行业管理作为一种行业管理，可以协调行业内部各类主体之间以及行业与社会其他主体之间的关系，促进行业整体的高效运作和持续发展，维护和提高行业的整体利益。从发达国家和地区的实践情况来看，房地产经纪行业管理较好的地方，房地产经纪行业的经济效益较高，其从业人员的社会形象和社会地位也较高，整个行业的发展也比较快。反之，房地产经纪行业管理水平欠佳的地方，房地产经纪行业的经济收益就较低，其从业人员的社会形象和社会地位较低，行业发展的障碍也较多。

二、房地产经纪行业管理的基本原则

（一）营造良好的环境，鼓励行业发展

房地产经纪行业不仅在过去十几年的发展中，为我国房地产市场和房地产业的发展，乃至社会经济发展做出了重大的贡献，而且是未来房地产市场、房地产业进一步发展中必不可少的重要环节。房地产经纪行业是一个需要鼓励发展的行业。对房地产经纪行业的管理，应本着鼓励行业发展、促进行业进步的原则进行。行业管理模式的设计和行业管理措施的制定都应有利于营造良好的行业生存与发展环境，有利于建立行业自我更新、不断进步的发展机制。今后房地产经纪行业管理应着重提高从业人员的职业道德素质和专业水平，提高全行业的服务规范化程度，加强行业内的合作与交流，提高行业整体合力，加强行业与社会各界的沟通，改善行业公共关系和社会形象。

（二）遵循行业规律，实施专业管理

房地产经纪行业是以促成房地产交易、提高房地产交易效率、维护房地产交易安全为服务内容的行业。房地产商品的特殊性和房地产交易的复杂性都使得房地产经纪成为专业性极强的经纪活动。正如证券经纪、保险经纪一样，房地产经纪活动作为一种特殊商品的经纪活动，其特殊性远远大于它与各类经纪活动具有的共性。从我国证券经纪、保险经纪行业管理的经验来看，对从业人员专业知识要求较高的经纪行业，实施专业化

管理是必要的。从境外房地产经纪行业的情况看，专业化的房地产经纪行业管理是一种惯例。一般来说，房地产经纪业专业性强，规模比较大，专业化的管理将更加有利于房地产经纪行业的健康发展，也有利于其他各类小规模的经纪行业的发展。

（三）严格依法办事，强化行业自律

一方面，目前我国房地产经纪法规体系尚不健全，许多方面存在法律空白点，这使我国存在大量的政府超出法律许可范围实施管理的情况。国家和各地方立法机构应该加紧建设有关房地产经纪的法律法规体系，理顺房地产经纪行业管理的行政管理体系。这将能够从根本上解决房地产经纪管理“无法可依、有法不清楚”的问题。但是，在制定的过程中，也应当注意避免不同政府部门从各自局限的角度出发，制定互不衔接的行政法规和政策的情况。

另一方面，从境外市场经济发达的国家和地区来看，行业自律管理对竞争性行业具有很好的管理作用。在崇尚实现自我价值的现代社会，行业自律管理的基本规则由独立的民事行为主体以自愿遵守为前提，共同制定并认可，具有更广泛的社会基础。因此它虽然没有法定约束力，却有很强的内在约束力。比之政府的行政管理，行业自律管理不仅在管理权上具有更大的灵活性、机动性，更能适应行业快速发展的需要，而且更容易调动行业成员的主观能动性，可以在更广泛的层面上调动社会资源，这有利于节约政府资源，有利于提高房地产经纪行业管理水平，使房地产经纪行业在更大程度上增进社会福利。因此，在我国政府从“无限”政府向“有限”政府转换的大趋势下，房地产经纪行业管理应建立有利于促进行业自律的原则。

（四）顺应市场机制，维护有序竞争

对房地产经纪行业的管理应适应市场经济的要求，顺应市场经济发展的趋势。在市场经济体制下，企业是市场中的独立主体，会根据市场供求状况、行业竞争状况和企业自身条件进行行为决策。市场的供求机制、竞争机制会调节企业的行为。对于房地产经纪行业这种竞争性行业，情况更是如此。有关行业的规模、结构等问题，应通过市场选择来决定。房地产经纪行业管理主要应起到避免市场机制失灵、保证市场机制正常运作的作用。房地产经纪行业管理应有助于形成按照市场经济原则有序运作、不断发展的行业发展机制。

在这一原则指导下，房地产经纪行业管理应以维护房地产经纪行业及其相关市场有序竞争为价值取向。因为，市场机制运作以市场有序竞争为前提条件。要维护有序竞争，房地产经纪行业管理首先要保证行业的适度发展，要避免因信息不对称等因素的存在使房地产行业出现超出市场需求的盲目发展，避免因行业过度膨胀导致业内的恶性竞争。其次，房地产经纪行业管理应通过一系列制度坚决抵制不公平、不正当竞争，避免不公平、不正当竞争破坏行业发展的内在机制。

三、房地产经纪行业管理的基本模式

所谓管理模式，即由管理主体、管理手段和机制所组成的动态系统，不同管理模式

之间在系统组成要素（如管理主体、管理手段）、系统结构、运作流程上存在着差异。房地产经纪行业管理主要有以下 3 种模式。

（一）行政主管模式

在这种模式下，政府行政主管部门承担了房地产经纪行业管理的绝大部分职能，管理手段以行政手段为主，如进行执业资格认证、登记备案与年检、制定收费标准和示范合同、行政监督等。这种模式下的房地产经纪行业协会管理职能相对薄弱，一般只在教育训练、学术交流、评奖等方向发挥作用。目前我国内地和中国香港地区主要采取这种模式，但中国香港地区在法律手段的运用上比内地更成熟一些。

在中国香港，规范地产代理活动法律除了《地产代理条例》外，主要还有《地产代理常规（一般责任及中国香港住宅物业）规例》及《地产代理（裁定佣金争议）规例》，它们具有较强的适应性，对规范代理活动起到了有效的作用。

中国香港地区的地产代理监管局是专门管理房地产经纪行业的政府机构，主要负责颁发牌照和行政管理的工作。它是根据《地产代理条例》成立的一个财政独立的法定机构，其使命是提高地产代理业的服务水准，加强对消费者权益的保护，并鼓励公开、公正、诚实的物业交易。

中国香港行业管理的主要内容包括设定代理机构和地产代理人从事代理活动的基本资质；建立监察机构，对地产代理活动进行监督，调解地产代理人与委托人的纠纷，对违纪的地产代理机构和个人进行相应的惩处；推行书面代理合约，减少纠纷。此外，中国香港地产代理业还有中国香港地产代理商协会、中国香港地产代理专业协会等 5 个商会。但各商会对会员行为的约束力都较弱，主要是在行业教育、学术交流和与政府沟通上发挥作用。

（二）行业自治模式

这种模式中房地产经纪的直接管理主体是房地产经纪行业协会。行业协会不仅实施自律性管理职能，还受政府职能部门甚至立法机构的委托，行使对房地产经纪业的行政管理职能。在这种模式下，管理手段相对较为丰富，法律、行政、经济和自律等手段都有所运用。目前中国台湾地区就是采取这种模式。

台湾地区房地产经纪业的“同业公会”受政府行政主管部门委托，直接从事房地产经纪业的各项具体管理事务，而主管部门只是对其实行指导和间接管理。

“同业公会”进行行业管理的主要内容包括参与行业立法和组织实施。

首先，在执业立法方面，例如，目前台湾房地产经纪业唯一的专法“不动产经纪业管理条例”就是由主管机关委托公会承担起草的。此外，还制定了“不动产经纪营业员测定办法”、“不动产经纪人专业训练机构团体及课程认可办法”、“不动产说明书应记载及不得记载事项”、“不动产经纪业或经纪人员奖励办法”、“不动产经纪人员奖惩委员会组织规程”等 10 余项法规。其中，在主要立法文件“不动产经纪业管理条例”中规定“经纪业在办妥公司登记或商业登记后，加入登记所在地的同业公会后方得营业”。这种“业必归会”的原则为实施行业管理奠定了重要基础。

其次，在组织实施方面，行业发展的大事在主管机关指导下由公会操作，如台湾地区的房地产流通信息网络，从规划到实施，都是由公会组织操作，主管部门只是进行指导；行业管理的具体事务均由公会承担，比如培训行业队伍、指导企业自律、组织企业交流、协调企业关系等。

台湾地区房地产经纪业的管理，通过立法认定，制订多种细则，内容具体，易于操作，房地产经纪业主管机关依托“同业公会”来实施管理，使经纪活动逐步走向规范。

（三）行政与行业自律并行管理模式

在这种模式中，政府行政主管部门和房地产经纪行业协会都是强有力的管理主体，但两者的管理职能有所分工。美国房地产经纪业的行业管理即是这种模式。

经过长达一二百年的发展，目前美国房地产经纪业几乎渗透到房地产交易市场的每个角落。从事房地产经纪业务的人员超过200万人，仅房地产经纪人协会就有会员90万人，在房屋买卖中，有超过80%的交易是通过经纪人帮助完成的。这说明美国在这种模式下的经纪行业管理的效率是比较高的。目前，美国房地产经纪行业管理实践中，已经形成了政府行政主管部门和房地产行业协会之间明确的职责分工，建立了包括一般性法律规范、各州的房地产经纪人执业牌照管理制度、较为完善的行为准则和伦理道德规范在内的体系管理文件。

首先，美国各州政府多数都设有专门机构对房地产经纪行业进行管理。它们的主要职责是制定有关管理规则、管理房地产经纪机构的设立、房地产经纪人与销售员执业资格牌照发放、审定执业资格考试及教育训练的内容、审批从事执业课程教育的学校的资格、处理房地产交易客户的投诉等。各州政府还设有调查机构和专门的监察机构负责调查和处理违规执业案例。

其次，房地产行业协会在管理体系中扮演着重要角色，整个体系由全国、州和区域三个层次的房地产经纪行业协会组成，具体职责主要是促进房地产经纪人与立法机关、行政机关的协调、沟通，经纪人协会与房地产业其他行业协会的交流，是经纪人与立法、行政机关之间的桥梁。协会还负责经纪人之间的沟通、协调，提供培训教育机会，制定合同示范文本，受理消费者投诉，制定行业技术标准及职业道德准则并且提供房地产信息共享平台。由行业协会主导建立的联合销售制度，规定加入协会的经纪人必须共享信息，否则会被协会开除，这从客观上促使房源信息在全国范围内得以共享。通过这一系列手段，对房地产经纪业的执业规范、信誉、行业协作等方面进行有效管理。

再次，在美国，有关规范房地产经纪人的法律主要有“一般代理法规”、“契约法规”、各州的“执照法”、“联邦法”、“专业伦理法则”。这些法规并不只是针对房地产经纪行业的专业性法规，而是一般性的法律规范。执行原有的一般性法律就能规范房地产经纪行业从另一个侧面说明美国社会中一般性法律体系已经相当严密和完善。

在房地产经纪的运作实践中，美国还形成了包括个人信用保障制度、产权保险制度、房屋质量保证、过失保险制度、合同示范文本在内的一套对行业从业者及机构的保护机制，为房地产经纪业的规范运作奠定了坚实的基础。

以上三种模式的主要区别是管理主体及其因主体不同而导致的管理手段有所不同。就房地产经纪行业管理的内容来看，政府行政主管部门和行业协会这两类不同性质的主体，对不同管理内容的胜任度也是不同的。因此，双重主体的管理模式通常比单一主体的管理模式更能适应房地产经纪行业管理的多重要求，因而管理效果更好。美国又由于法律法规健全，使得房地产经纪业的发展与管理成绩更加显著。

四、房地产经纪行业管理内容

（一）房地产经纪行业管理的基本框架

作为对房地产经纪业这样一个特定行业的行业管理，房地产经纪行业管理基本框架具有很强的行业特征。

1. 房地产经纪行业的专业性管理

房地产经纪是围绕房地产所开展的中介服务活动。而房地产具有不可移动、价值高大、自然寿命长、受环境影响大等不同于其他商品的独特特征，这使得房地产经济活动具有很强的专业性。因此，房地产经纪行业管理也具有很强的专业性。这主要体现在以下几个方面。

首先，对房地产经纪活动主体实行专业资质、资格管理。从发达国家和地区的情况来看，很多国家对房地产经纪业的从业人员，建立了系统的教育和继续教育、资格考试、资格认定的制度，以保证房地产经纪业从业人员具备相应的专业知识和技能。同时，对房地产经纪机构实行专业的营业资质和牌照管理。

其次，对房地产经纪人员的职业风险进行管理。房地产经纪活动所涉及的标的是具有高额价值的房地产，因此，房地产经纪人员在职业活动中的一些失误，常常会给客户造成巨大的经济损失，从而也就给房地产经纪人员自身带来严重的民事法律后果。这种职业风险如果不能有效规避，会给房地产经纪业造成重大打击。所以一些发达国家和地区通过设立房地产经纪业赔偿基金、强制性过失保险制度等来规避房地产经纪业的职业风险。

最后，重视房地产经纪管理的地域性。房地产不可移动，使房地产市场具有明显的地域性，这决定了房地产经纪业的运作也不可避免地带有很强的地域特征，因此对房地产经纪业的管理也应注意不同地域的差别。

2. 房地产经纪行业的规范性管理

由于房地产经纪业属于服务业，它不提供实体性产品，而是提供具有使用价值的动态过程——房地产交易的居间或代理等服务，因此对房地产经纪的管理必须着重于保证服务过程的规范性。从发达国家和地区的经验来看，对服务过程规范性方面的管理，主要通过以下几方面的管理来实现。

首先，房地产经纪业执业规范。发达国家和地区一般通过立法来制定房地产经纪业的执业规范，如美国房地产经纪业的《一般代理法规》，中国香港房地产经纪业的《地产代理条例》等。

其次，房地产经纪收费。房地产经纪作为一种服务性行业，其所提供的服务不如实体产品那样容易进行价值判别，因此房地产经纪机构与顾客之间在服务收费问题上较易产生纠纷，特别需要行业管理的协调作用，收费管理的最主要方式是制定具有法律约束力的房地产经纪服务佣金标准（通常是指其相对于房地产交易额的一定比率）。

最后，各国（地区）房地产经纪行业管理主管部门都严令禁止房地产经纪机构赚取合同约定的佣金以外的经济利益，如房地产交易差价。

3. 房地产经纪行业的公平性管理

房地产经纪业是以信息为主要资源的服务业，信息自身的种种特点以及信息不对称所带来的种种后果都要求行业管理主体对房地产经纪行业实施公平性管理，以保证行业内部各机构及从业人员之间的公平竞争和行业与服务对象之间的公平交易。具体来说，主要有三个方面。

首先，行业竞争与协作的管理。信息的共享性、积累性、时效性，使得房地产经纪业内部容易产生不正当竞争，但同时又迫切需要开展行业内的广泛协作。因此，对行业竞争与协作的管理也是房地产经纪行业管理的重要内容，美国全美房地产经纪人组织所建立的“多重上市服务系统”是开展行业协作管理的典范。

其次，房地产经纪业的诚信管理。由于房地产经纪者与服务对象之间存在着较为明显的信息不对称现象，因此对房地产经纪的管理必须十分注重对房地产经纪业诚信的管理。很多国家的政府和房地产经纪行业组织，通过法律、行政、教育、行业自律乃至评奖、设立信用保证金等种种方法来对房地产经纪机构及执业人员的信誉进行管理。

最后，房地产经纪纠纷管理。由于房地产经纪业与服务对象之间的信息不对称，很容易引起双方对同一问题认识的差异性，从而导致房地产经纪纠纷。在一些房地产经纪业不够成熟的地方，房地产经纪人员素质良莠不齐，更催化了这种纠纷。所以关于房地产经纪纠纷的管理是房地产经纪行业管理的重要内容。从发达国家和地区的情况来看，建立常规的消费者投诉通道、明确仲裁和协调的主体、制定纠纷处理的法律性文件是纠纷管理的主要手段。

（二）我国现行房地产经纪行业管理的主要内容

1. 房地产经纪人员的注册登记管理

2004 年 6 月，建设部颁布了《关于改变房地产经纪人执业资格注册管理方式有关问题的通知》，将房地产经纪人执业资格注册工作转交中国房地产估价师学会。7 月，“中国房地产估价师学会”正式更名为“中国房地产估价师与房地产经纪人学会”，开展房地产经纪人执业资格注册工作。

房地产经纪组织内持有《中华人民共和国房地产经纪人执业资格证书》（以下简称《房地产经纪人执业资格证书》）的从业人员，其持有的资格证书必须经过注册登记方可使用，未经注册的持证从业人员不得代表该组织从事经纪活动。

房地产经纪人执业资格注册，由本人提出申请，经聘用的房地产经纪机构送省、自治区、直辖市房地产管理部门初审合格后，统一报中国房地产估价师与房地产经纪人学会注册。准予注册的申请人，由中国房地产估价师与房地产经纪人学会核发《中华人民共和国房地产经纪人注册证书》（以下简称《房地产经纪人注册证书》）。

房地产经纪人执业资格注册有效期一般为 3 年，有效期满前 3 个月，持证者应到原注册管理机构办理再次注册手续。在注册有效期内，变更执业机构者，应当及时办理变更手续。

中国房地产估价师与房地产经纪人学会及省级房地产管理部门应当定期公布房地产经纪人执业资格的注册和注销情况。

2. 房地产经纪人员的自律性管理

在市场经济条件下，对房地产经纪人员实行自律性管理更为客观和符合实际。自律性管理主要发挥行业内部组织的管理作用，强调自我管理，以行业内部人员为基础，组成行业组织，约定和实施对本行业的管理措施，进行自治性管理。2004 年 7 月，“中国房地产估价师学会”正式更名为“中国房地产估价师与房地产经纪人学会”，标志着我国开始开展房地产经纪行业自律管理。这也是我国房地产经纪人员管理的努力方向。

3. 房地产经纪行业年检与验证管理

为规范房地产经纪市场，促进房地产经纪行业健康发展，保障房地产经纪机构及房地产经纪人员的合法权益，根据《中华人民共和国城市房地产管理法》、《城市房地产中介服务管理规定》等法律、法规和规章，由房地产经纪主管部门会同工商行政主管部门定期对房地产经纪机构及房地产经纪人进行年检和验证工作，对不符合资质、资格条件的，逐步进行清理和整顿。这两项工作是加强行业管理、执行规范的重要措施。

房地产行政管理部门对房地产经纪行业的年检、验证工作实行定期、集中审查式的监督管理，具有时间固定集中、检查面广、检查内容全面等特点，具有其他监督管理方式不可替代的作用。概括地说，年检与验证管理是一种制度化的，兼备确认、检查、处罚及综合考察、评价等功能的监督管理，是行业管理体系中的重要组成部分。其具体的作用有如下几点。

首先，年检与验证管理有利于监督房地产经纪机构及时办理变更登记。房地产经纪机构在每年的经营活动中，一般都会有一些登记事项的变动，如机构名称、住所、法定代表人及从业人员的调动等。但一些房地产经纪机构登记事项发生了变化而没有及时办理变更登记，一方面造成违法，另一方面也使机构实际情况与所核准的注册登记事项不符。因此，通过年检与验证，对机构的登记事项的变动情况进行检查，督促房地产经纪机构及时进行变更登记，可以使房地产经纪机构实际情况与核准的登记事项相一致，是对登记工作的促进。

其次，年检与验证管理有利于房地产经纪机构的准确统计。机构有生有灭，是经济活动中的正常现象。根据法规规定，房地产经纪机构歇业、被撤销、宣布破产或因其他原因终止营业，应当向登记部门注销登记。但许多房地产经纪机构终止营业后并不注销登记。由于这些终止营业的房地产经纪机构名存实亡，使机构统计数字中出现了“水分”。

年检中，可以督促这些机构按规定办理注销登记，从而能使统计数据更加准确。

最后，年检与验证管理有利于对房地产经纪机构进行综合检查、分析和评价。对房地产经纪机构的日常监督管理或其他方式的管理往往只是在不确定的期间内，以个案或抽查方式进行的，而年检与验证则是在统一的时段内、依据统一的标准、针对所有的对象就其整个经营状况进行全方位的检查。这种监督内容和方式的全面性、集中性，使得房地产管理机关能发挥对机构的综合检查、综合评价和综合分析作用，使年检机关可以掌握一个地区房地产经纪机构的总体状况。通过对年检资料的汇总统计、分析，从而对机构的基本情况作出客观的、综合的考察和评价，发现带普遍性的问题，总结带规律性的经验。同时，有关年检与验证的统计资料数据，能够为各级政府经济决策提供参考和信息服务。随着统计制度的更加科学、完善，年检与验证的综合分析、评价功能作用变得越来越重要，这是其他任何监督管理方式都无法替代的。

目前，我国房地产经纪年检主要是每年检查房地产经纪组织经营业务范围、注册地点、注册资金、持证从业人员是否有变动以及在房地产经纪活动中是否遵纪守法，是否接受注册、备案等管理。对持有房地产经纪人执业资格证的人数低于规定标准的及其他不符合标准的，不予备案登记。房地产管理部门对房地产经纪机构进行年检后，公布年检合格的房地产经纪机构名单。年检不合格的，限期整顿，经限期整顿仍不合格的，撤销备案证书，不得再从事房地产经纪活动。

房地产经纪人执业资格和房地产经纪人协理从业资格证明定期由发证机关验证。验证应符合一定的条件，如经过一定量的培训并考试合格，完成一定的业务量，无违规、违法执业情况等。对验证合格的人员由验证机关核发证明文件或在原证明文件上注明。验证不合格或不参加验证的人员，不得从事房地产经纪活动。

中国房地产估价师与房地产经纪人学会以及省级房地产管理部门定期公布房地产经纪人员职业资格的注册和注销情况。

各省级房地产管理部门或其授权的机构负责房地产经纪人协理从业资格注册登记管理工作。每年度房地产经纪人协理从业资格注册登记情况应报建设部备案。

4. 房地产经纪行业纠纷的规避和投诉的受理

近年来，随着国家有关法律、行政性法规、规章和各地区地方法规的相继出台，中国房地产经纪行业的基本地位得以确定。然而相对于房地产经纪业迅速地大量参与市场经济活动并发挥很大作用的状况，现有的法律、法规尚不够完善，加上房地产经纪行业本身涉及面广、不确定性多的特点，使得房地产经纪行业成为产生社会矛盾和纠纷较多的一个经济领域。

从现实经济生活看，房地产经纪活动中常见的纠纷类型主要有以下几种。

（1）缔约过失造成的纠纷

主要是由于经纪人与委托人在签订合同前未进行最充分的协商，在合同中缺乏主要条款，或由于经纪人在缔约前未充分履行告知责任或故意夸大承诺，在订立合同时又故意对自身义务条款“缩水”，从而引发纠纷。由于目前很多委托人自身法律意识、法律知识缺乏，往往会造成双方在并未对各项主要事项达到一致的情况下签订了合同。而且这种合同通常是不规范的，事后通常出现合同无法协调双方对一些问题认识差异的情况，从而引发纠纷。

（2）合同不规范造成的纠纷

如由于房地产交易行为与经纪行为混淆、居间行为与代理行为混淆、权利义务不等、主要条款欠缺等，给经纪人角色错位、侵害委托人权益提供了条件。在目前经纪人员职业素质参差不齐的情况下，特别容易引发纠纷。

（3）服务标准与收取佣金标准差异造成的纠纷

由于目前有关管理部门对房地产经纪收费所制定的标准并无相对应的服务标准，而房地产经纪机构在与委托人签订经纪合同时，因疏忽或故意省缺服务标准的条款，在合同签订后的房地产经纪活动中常常会与客户产生纠纷。

房地产经纪纠纷是房地产经纪行业运行的社会成本。大量的房地产经纪纠纷不仅会降低社会的整体福利，还会影响房地产经纪行业自身的运行效率和发展前景。因此，有效规避房地产经纪纠纷是房地产经纪行业管理的重要内容。虽然，只有提高房地产经纪人员的职业道德，加强房地产经纪机构的自身管理才是避免房地产经纪纠纷的根本途径，但是，通过行业管理部门的引导和监督来规避房地产经纪纠纷也是一个不容忽视的重要手段。目前，中国房地产经纪行业主管部门主要可以通过以下手段来规避房地产经纪纠纷。

（1）明确签订房地产经纪合同的规范要求

首先，房地产经纪人员向当事人提供居间介绍、代理或具有委托事项的咨询服务项目，必须与当事人以书面形式签订房地产经纪合同。其次，房地产经纪人员承办经纪业务，必须以其所在房地产经纪机构的名义从事经纪活动。同时，建立房地产经纪人署名制度，即在签订房地产经纪合同时，由机构内取得《房地产经纪人员执业资格证书》的人员进行，并在合同中标明姓名、资格证书编号，以便房地产行政主管部门在备案中核对查询。最后，在签订房地产经纪合同时，应坚持贯彻遵守法律、平等互利、诚实信用、协商一致的原则。

（2）制订示范合同文本

房地产经纪行业目前之所以存在以上种种纠纷，其根源在于经纪人和委托人缺乏必要的法律、法规意识；一些经纪人员和委托人未掌握订立和履行合同的规则；经纪人员受商业环境和交易陋习影响，在职业活动中有意无意不遵守合同规则；甚至存在不讲求信用只谋求经济利益等情况。为了维护合同当事人的合法权利，减少合同纠纷，除了督促房地产经纪人员在职业活动中加强自律，遵守合同规则外，政府或者行业组织应当制订符合合同规则的示范合同文本，加以推广。示范合同文本既不干涉经纪活动的正常运行，又可以将合法的合同规则通过公开的途径进行示范，鼓励、督促合同当事人自觉把握自己的权利义务关系。这有利于合同当事人通过比较，改变交易陋习和不自觉的违规、违法、违约行为，同时，可以保护社会的弱势群体，避免其受到违反合同规则的恶意行为的损害。而且，示范合同文本也是政府管理机构与行业组织公开进行宣传，维护消费者利益、行业形象和政府的政策导向的有效手段。

（3）加强对房地产经纪合同的监督管理

对房地产经纪合同的监督管理主要包括房地产经纪合同的备案登记管理、固定格式合同的内容审查等内容。

首先，房地产经纪机构与当事人签订的各类经纪合同，应将合同文本按照签约时间、业务性质、履行结果等项目，及时进行分类编号，装订立卷，建立档案，妥善保存。在规定期限内，交由经纪机构备案登记所在地房地产交易管理部门备案。房地产交易管理部门收到房地产经纪合同后应在规定期限内对符合规定的予以备案。对签订的合同中有违规、违法内容的条款的，应要求其及时改正，否则不予备案。

房地产交易管理部门受理备案的房地产经纪合同，必须分类归档，妥善保存，并予以保密。未经批准不得私自接受查询、翻印；擅自泄露合同内容的，应承担由此造成的经济损失和民事责任。

其次，目前在房地产经纪行业中使用自行制作的合同文本占有很大的比例。而且，为了方便重复使用，很多经纪机构将这种合同制作成固定格式的合同文本。一些地方政府的房地产行政主管部门要求房地产经纪机构将这种固定格式的经纪合同提交房地产行政管理部门审查。这也是对合同的监督管理。

强化对合同制订及使用的监管，消除发生争议或纠纷的源头，是一项很好的措施。因此，房地产经纪行业主管部门应加强对经纪合同的监管，以避免利用合同恶意损害当事人的情况发生。对于为了自身的利益、目的、方便而制订的合同文本，以及有明显的增加交易障碍、妨碍他人实现交易、增加他人的交易或服务成本，以及恶意损害他人利益的合同条款，应当予以限制并责成重新修订。

（4）制订服务标准，明确服务要求和内容

房地产经纪行业的服务标准是房地产经纪人为委托人提供劳务服务的行为准则依据，也是房地产经纪人表现诚实信用方式的依据，又是房地产经纪人应当履行的合同义务。制订符合市场条件、行为准则、经纪人和委托人利益的服务标准，是维护经纪人与委托人的权益、维护市场交易规范的必要手段，有利于提高房地产经纪行业的服务水平，树立良好的企业与行业形象。由于劳务活动内容的不确定性，制订完全统一的服务标准不切合市场的实际，但制订服务要求和内容趋于一致性的基本标准还是可行的。房地产经纪机构可以根据基本标准并参照自己的条件、技能、信用程度、经营成本等方面的能力，附加具有特色的企业服务标准作为经营的手段和方式为委托人服务。

此外，对于已经出现的房地产经纪纠纷，房地产行政主管部门及其他相关部门还负有受理投诉、调节处理的职责。为此，房地产行政主管部门通常设置一些投诉通道，制定投诉受理程序，以便及时有效地引导当事人解决房地产经纪纠纷。对于违法、违规等行为的处理，也是维护房地产市场秩序，保障当事人合法权益的必要措施。

5. 房地产经纪收费管理

房地产经纪活动的服务收费也是房地产经纪行业管理涉及的一项重要内容。这项管理内容涉及两个方面，一方面是规定了房地产中介服务的明码标价制度；另一方面，规定了服务收费标准。在这两个方面，凡有违规行为，将受到相应的处罚。

明码标价制度是指房地产中介服务收费实行明码标价制度，房地产经纪机构依照合同约定向委托人收取服务费，并开具发票。

服务收费标准是指房地产经纪组织从事房地产的居间介绍、代理、咨询等服务性营业活动，必须按照相关标准约定收费项目和标准。根据我国目前的有关规定，各类房地产经纪活动的收费标准各不相同。

（1）房屋买卖代理收费

房屋买卖代理收费，按成交价格总额的0.5%～2.5%计收。实行独家代理的，收费标准由委托方与房地产中介机构协商，可适当提高，但最高不超过成交价格的3%。房地产经纪费由房地产经纪机构向委托人收取。

（2）房屋租赁代理收费

房屋租赁代理收费，无论成交的租赁期限长短，均按半个月至一个月成交租金额标准，由双方协商议定一次性计收。

（3）居间介绍代理房屋交换的收费

居间介绍、代理房屋交换的，按房地产评估价值的1%以下收取。

（4）咨询费

口头咨询费，按照咨询服务所需时间结合咨询人员专业技术等级由双方协商议定收费标准；书面咨询费，按照咨询报告的技术难度、工作繁简程度结合标的额大小计收。普通咨询报告，每件收费 300～1000 元；技术难度大、情况复杂、耗用人员和时间较多的咨询报告，可适当提高收费标准，收费标准一般不超过咨询标的总额的 0.5%。

此外，在房地产经纪活动中，禁止房地产经纪机构、房地产经纪人员通过隐瞒房地产交易价格等方式，获取佣金以外的收益。在目前的经纪活动中，还会出现这种“赚取差价”的行为，即从业人员不允许买卖双方见面，直接以代理人的身份单方与买方签约，或在交易过户环节禁止买卖双方进行交流。由于有的卖方直接报价为“净得价”，因而，一些从业者就会与卖方商讨“利益分成”的方法，业内也称为“明差”，即从业者若卖出高于该金额的价格，从业者与卖方双方以一定的利益比进行分成，这样就大大损害了买方的合法利益。因此，消费者在进行房地产交易时一定要对这些手段加以警觉。

6. 房地产经纪行业信用管理

房地产经纪行业信用管理也是房地产行业管理的一项重要内容。尤其在当前信用经济的大背景下，建立房地产经纪信用管理体系对于整顿房地产经纪市场，规范房地产经纪从业人员行为，提高行业诚信度和服务水平，促进房地产经纪行业的发展更显意义重大。目前，房地产经纪行业的信用管理是纳入房地产全行业信用管理体系中实施的。2002 年 8 月，建设部决定在全国范围内建立房地产企业及执（从）业人员信用档案系统（建办住房函 [2002] 521 号）。房地产信用档案的建立范围是房地产开发企业、房地产中介服务机构、物业管理企业和房地产估价师、房地产经纪人、房地产经纪人协理等专业人员。房地产信用档案的内容包括基本情况、业绩及良好行为、不良行为等。通过此信用信息管理系统的建设，可以为各级政府部门和社会公众监督房地产企业市场行为提供依据，为社会公众查询企业和个人信用信息提供服务，为社会公众投诉房地产领域违法违纪行为提供途径。全国房地产信用档案系统建设按照“统一规划、分级建设、分步实施、信息共享”的原则，由建设部统一部署，各级建设（房地产）行政主管部门负责组织所辖区内所有房地产企业及执（从）业人员信用档案系统的建设与管理工作。在此基础上，建设部组织建立全国资质一级房地产企业及执业人员信用档案（简称“一级房地产信用档案”）系统。资质二级（含二级）以下的房地产企业和执（从）业人员的信用档案（简称为“二级房地产信用档案”）系统，由地方建设（房地产）行政主管部门组织建立。

任务3 实训项目与练习

一、初步了解房地产经纪人的一天

（以我爱我家杭州分公司某门店为例）

（一）开店

1. 开门

① 提前15分钟上班。
② 打开店门后及时打开大门、窗户，及时去除屋内异味。
③ 打开空调、电脑，检查网络设备是否正常运转。
④ 考勤。

2. 清洁卫生

① 保持地面、墙面、桌面、电脑、键盘、鼠标、机箱、店面玻璃等整洁无污渍，并保持干爽。
② 最好用酒精棉对座机话筒进行擦拭，去除异味，保持清洁。
③ 检查、清洁门前三包区域，保持门前无垃圾无积水无障碍，并将电动车、自行车等摆放整齐。
④ 保持个人卫生，检查仪容仪表（领带、衬衣、工牌、发型等）。

3. 整理物品

① 保持办公桌物品的整齐摆放。
② 打开饮水机，备齐一次性水杯。
③ 将清洁工具收至隐蔽处。

（二）日常工作

1. 晨会

① 积极参与，认真聆听，做好记录。
② 总结前一天工作，做好当天计划，确定当天工作目标及工作重点。
③ 唱盘唱客（房源和客源分析）。

2. 查看 ERP 信息中心，了解业务动态、规章制度等

3. 查看最新、最优质的房源

4. 配对，约客户看房

5. 对已带看过的房源/客户进行跟进、维护

6. 信息开发

① 网络开发：拓展客户信息（发布房源）、拓展房源信息。
② 派单、贴条、社区驻守人字板、现场接待。

7. 笋盘开发

笋盘的概念（源于广东一带）：指物美价廉的房子，而且房东又诚心出售/出租。

8. 实勘/验房

实勘：实地勘察，了解房屋卖点，负责将房屋照片和具体信息上传到 ERP。
验房：实地勘察，了解房屋具体信息。

为什么要实勘/验房？
两者的共同点：都是指在没有客户的情况下，经纪人率先对房屋进行实地勘察，了解房屋卖点及具体信息，做到心中有盘。
两者的区别："实勘"需要负责将照片等重要信息上传 ERP，一般是指第一个进行验房的经纪人。

9. 房源/客源维护（跟进）

（1）普通房源/客源维护
房源：坚持每天维护 10 套房源，随时掌握业主卖房动态。
客源：根据客户分类方法对不同的客户进行维护，及时推房源（见表 1.2）。

表 1.2　不同类别客户的维护要求

类别	客户分级	分级标准	沟通频率
租赁	A 类	价格符合市场价，需在 7 天内入住的客户	每天沟通
	B 类	现在有住房，有合适的房源再改善的客户	3 天沟通一次
	C 类	有租房的需求，但价格不符合市场价	7 天沟通一次
买卖	A 类	需求明确，价格符合市场价格，有合适房源能约出来看房，并且看中就能马上下定	1～3 天沟通一次
	B 类	价格符合市场价格，但对房源有特定要求，不急于购买	3～7 天沟通一次
	C 类	对房源要求较挑剔，近期很难约看	7～15 天沟通一次

（2）已成交房源/客源维护
尚未完结的房源/客维护：及时告知业主客户过户、后续服务等进度。

成交的房源/客源维护：生日、过年过节的祝福。

重点是：用“心”沟通，不要将维护当作任务！

10. 带客户看房

11. 议价

12. 签约

13. 售后服务（陪同还按揭款、物业交割、水电煤过户等）

14. 完成当天工作日志，安排第二天的工作

（三）闭店

1. 清洁卫生

① 打扫店内外地面卫生、清空纸篓。
② 擦拭桌面及设备表面。

2. 离店准备

① 下班考勤。
② 将店内桌椅摆放整齐，用过的资料整理归位。
③ 关闭设备：电脑、空调、饮水机等。
④ 关紧门窗，关闭总电源，锁好店门。

二、实务操作

① 到当地的房地产经纪企业门店走访调查，初步了解房地产经纪企业开展的业务种类及房地产经纪人主要工作内容。

② 到当地的房地产交易市场和房地产管理部门走访调查，了解当地房地产交易情况。

③ 对当地房地产经纪业发展情况进行调查。

项目小结

项目一从案例导入入手，引入经纪的含义及相关概念解析，讲述了经纪的特点和起源等基本知识，并围绕以下重点内容展开了论述：1.房地产经纪的内涵、房地产经纪活动的基本类型、房地产经纪的作用等；2.房地产经纪行业管理的基本模式、行业管理内容等。

通过学习与实训能够掌握房地产经纪的内涵、房地产经纪活动的基本类型、房地产经纪的作用等基础知识，能运用这些知识对当地房地产经纪企业的业务种类和房地产经纪人工作内容等进行初步的调查或分析，具备进一步学习房地产专业知识和房地产经纪业务操作的能力；具备对当地房地产经纪业的发展现状等进行初步调查或分析的能力；掌握房地产经纪行业管理的内容，能对当地房地产经纪行业管理的基本模式、行业管理内容进行初步调查和分析。

项目二

房地产经纪人员和房地产经纪机构

知识目标

1. 了解如何取得房地产经纪人员职业资格；
2. 了解房地产经纪人从业中的权利和义务；
3. 了解房地产经纪机构设立的条件、基本程序；
4. 了解房地产经纪机构部门设置形式和岗位设置及岗位职责。

技能目标

1. 取得房地产经纪人员职业资格；
2. 成为合格的房地产经纪人员；
3. 能够设立一个房地产经纪机构；
4. 能根据企业的经营特点，分析判断房地产经纪机构的基本类型，经营模式和组织系统。

案例导入

陈先生在杭州某经纪公司买了一套二手房，前期手续等办理得都很顺利，这是本地一家知名经纪公司，操作规范，其服务品质都还令人满意。但是因为房龄有些偏高，银行贷款没能够按申请金额足额批下来，陈先生必须再补交两万块首付才行。不过因为在贷款前，房地产经纪公司已和徐先生打过预防针，提前告知了足额贷款的可能性较小，可能需要补交首付款，请陈先生做好准备，陈先生也表示可以接受，所以他便准备第二天去该经纪公司补交首付。第二天因家里有突发事件，没时间去经纪公司办理交款手续，于是就打电话给一直接待他的经纪人小李。说明情况后，对方说不如我去您那里取来帮您代缴。陈先生一听很高兴，觉得小王是经纪公司的工作人员，应该没什么问题，当天将这两万块钱交给了经纪公司经纪人李某。三天后，陈先生心想钱都交齐了，银行贷款也没有问题了，该办理过户手续了吧，于是打电话到公司去咨询。令他吃惊的是，对方工作人员的回答是："我们一直在等您来补缴首付款啊！"陈先生纳闷地将他把首付款交给他的经纪人李某一事讲述了一遍，谁知对方的回答让他大吃一惊，原来那位经纪人在拿到两万元定金的当天就提交了辞呈，不见了人影。后来，公司追查到李某家里，但李某已经将两万元挥霍一空，其父母将两万元钱还给了公司。至此，陈先生的损失虽然被追回来了，但终究是一场不小的惊吓。这件事情对经纪公司信誉也造成了较大影响。

思考与讨论

1. 本案中造成经纪公司信誉受到影响的原因是什么？
2. 经纪人除了具备专业知识和专业技能外，还应当具备什么样的职业道德？

任务 1　成为合格房地产经纪人员

一、房地产经纪人员的职业资格

房地产经纪人员的专业知识、职业素养、职业技能和职业道德水平，直接影响到其所提供的服务质量，应当取得房地产经纪的有关职业资格，这是对从事房地产经纪业务的人员的基本要求。为适应市场经济发展的需要，使我国的房地产市场健康稳定地发展，2001 年 12 月 18 日原国家人事部、建设部颁布了《房地产经纪人员职业资格制度暂行规定》和《房地产经纪人执业资格考试实施办法》。这两个文件对规范国内房地产中介市场，加强对房地产经纪人员的管理，提高房地产经纪人员的业务素质和职业道德，保护消费者的合法权益起到了十分重要的作用。

（一）房地产经纪人员的职业资格种类

房地产经纪人员，即在房地产经纪机构中直接执行房地产经纪业务的人员，应当是依法取得房地产经纪人员职业资格证书并经有关主管部门注册生效的人员，要在其执业资格相应的房地产经纪业务范围内从事房地产经纪业务，未取得职业资格证书的人员，一律不得以房地产经纪人员的名义从事房地产经纪业务。

《房地产经纪人员职业资格制度暂行规定》中规定，国内房地产经纪人员的职业资格分为两类：房地产经纪人执业资格和房地产经纪人协理从业资格。

1. 房地产经纪人执业条件

（1）执业条件

房地产经纪人是指依法取得《中华人民共和国房地产经纪人执业资格证书》，并经申请执业，经有关主管部门注册登记后取得《中华人民共和国房地产经纪人注册证书》，在房地产经纪机构中从事经纪业务的自然人。

（2）所承担的工作

① 房地产经纪人有权依法发起设立房地产经纪机构。

② 房地产经纪人可以加入某一房地产经纪机构，承担房地产经纪机构关键岗位的工作。

③ 房地产经纪人应指导房地产经纪人协理执行各种经纪业务。

④ 经所在执业的房地产经纪机构授权，独立开展经纪业务，并承担责任。

⑤ 经所在机构授权与客户订立房地产经纪合同等重要业务文件，并在合同等重要业务文书上签字。

（3）执业范围

房地产经纪人可以在全国范围内注册执业。

2. 房地产经纪人协理执业条件

（1）执业条件

房地产经纪人协理是指依法取得《中华人民共和国房地产经纪人协理从业资格证书》，并在省级房地产管理部门注册登记后，在房地产经纪机构中协助房地产经纪人从事非独立性房地产经纪工作的自然人。

（2）所承担的工作

① 协助房地产经纪人从事房地产经纪工作。

② 在房地产经纪人的组织和指导下从事房地产经纪工作（非独立性工作）。

房地产经纪人协理无权发起和设立房地产经纪机构，无权与客户订立房地产经纪合同等重要业务文书，无权在合同等重要文书上签字。

（3）执业范围

房地产经纪人协理只能在注册的省、直辖市和自治区内从业。

综上所述，取得房地产经纪人执业资格是进入房地产经纪活动关键岗位和发起设立房地产经纪机构的必备条件；取得房地产经纪人协理从业资格，是从事房地产经纪活动的基本条件。《中华人民共和国房地产经纪人执业资格证书》和《中华人民共和国房地产经纪人协理从业资格证书》是房地产经纪人职业资格的证明文件，未经合法取得的人，不得从事房地产经纪业务。

（二）房地产经纪人员职业资格考试

房地产经纪人员职业资格实行考试、注册和继续教育制度。房地产经纪人员资格考试分为房地产经纪人执业资格考试和房地产经纪人协理从业资格考试。

1. 房地产经纪人资格考试

房地产经纪人资格考试实行全国统一大纲、统一命题、统一组织的考试制度，由住房和城乡建设部、人力资源和社会保障部实施，原则上每年举行一次。

住房和城乡建设部负责编制房地产经纪人资格考试大纲，编写考试教材和组织命题工作，统一规划、组织或授权房地产经纪人资格的考前培训等有关工作。考前培训工作按照培训与考试分开、自愿参加的原则进行。

人力资源和社会保障部负责审定房地产经纪人资格考试科目、考试大纲和考试试题，组织实施考务工作；会同住房和城乡建设部对房地产经纪人执业资格考试进行检查、监督、指导和确定考试合格标准。

经房地产经纪人资格考试合格的，由各省、自治区、直辖市人力资源和社会保障部颁发由人力资源和社会保障部统一印制，人力资源和社会保障部、住房和城乡建设部用印的《中华人民共和国房地产经纪人执业资格证书》。该证书全国范围内有效。

根据《房地产经纪人员职业资格制度暂行规定》第九条规定，凡中华人民共和国公民，遵守国家法律、法规，已取得房地产经纪人协理资格并具备以下条件之一者，可以申请参加房地产经纪人执业资格考试。

① 取得大专学历，工作满六年，其中从事房地产经纪业务工作满三年。

② 取得大学本科学历，工作满四年，其中从事房地产经纪业务工作满两年。

③ 取得双学士学位或研究生班毕业，工作满三年，其中从事房地产经纪业务工作满一年。

④ 取得硕士学位，工作满两年，从事房地产经纪业务工作满一年。

⑤ 取得博士学位，从事房地产经纪业务工作满一年。

2. 房地产经纪人协理从业资格考试

房地产经纪人协理从业资格考试实行全国统一大纲，各省、自治区、直辖市人民政府建设（房地产）主管部门、人力资源和社会保障主管部门命题并组织考试的制度。

住房和城乡建设部负责拟订房地产经纪人协理从业资格考试大纲，人力资源和社会保障部负责审定考试大纲。

各省、自治区、直辖市人事厅（局）、房地产行政管理部门，按照国家规定的考试大纲和有关规定，在本地区组织实施房地产经纪人协理从业资格考试。

房地产经纪人协理从业资格考试合格的，由各省、自治区、直辖市人力资源和社会保障部颁发由人力资源和社会保障部、住房和城乡建设部统一格式的《中华人民共和国房地产经纪人协理从业资格证书》。该证书在所在行政区域内有效，即持证人员只能在该区域内从事非独立性的房地产经纪活动。

根据《房地产经纪人员职业资格制度暂行规定》第13条规定，凡中华人民共和国公民，遵守国家法律、法规，具有高中以上学历，愿意从事房地产经纪活动的人员，均可以申请参加房地产经纪人协理从业资格考试。

获准在中华人民共和国境内就业的外籍人员及港、澳、台地区的专业人员，符合《房地产经纪人员职业资格制度暂行规定》要求的，也可以报名参加房地产经纪人和房地产经纪人协理资格考试。

3. 房地产执业资格证书的补发与使用

遗失《中华人民共和国房地产经纪人协理从业资格证书》或《中华人民共和国房地产经纪人执业资格证书》的，应当向原发证机关申请补发。

《中华人民共和国房地产经纪人协理从业资格证书》和《中华人民共和国房地产经纪人执业资格证书》是房地产经纪人员职业身份的法律凭证，严禁伪造、变造、涂改、租用、出借、转让资格证书。

（三）房地产经纪人员职业资格注册

国家对房地产经纪人员实行准入制度，凡取得《中华人民共和国房地产经纪人协理从业资格证书》或《中华人民共和国房地产经纪人执业资格证书》的人员，必须经过注册才能以房地产经纪人员的名义从事房地产经纪活动。

2004年6月29日，原建设部印发了《关于改变房地产经纪人执业资格注册管理方式有关问题的通知》（建办住房[2004]43号），决定将房地产经纪人执业资格注册工作转交中国房地产估价师学会（2004年7月更名为中国房地产估价师与房地产经纪人学会），并以此为契机，将房地产经纪人执业资格注册与房地产经纪行业自律管理结合起来，大力推动房地产经纪行业诚信建设，建立房地产交易信息共享系统，制定房地产经纪执业规则，促使房地产经纪人员和房地产经纪机构为居民提供规范、诚实、准确、高效、便捷的服务。

1. 房地产经纪人注册

取得《中华人民共和国房地产经纪人执业资格证书》的人员，应经所在房地产经纪机构同意后，向省、自治区、直辖市房地产管理部门或其授权的部门（以下简称省级注册管理机构）递交注册申请，经省级注册管理机构初审合格后，上报中国房地产估价师与房地产经纪人学会审批。准予注册的人员，由中国房地产估价师与房地产经纪人学会颁发建设部监制的《中华人民共和国房地产经纪人注册证书》，房地产经纪人可以在全国范围内申请执业。房地产经纪人注册包括初始注册、延续注册和变更注册。申请注册的房地产经纪人员必须具备以下条件。

① 取得房地产经纪人执业资格证书。

② 受聘于在直辖市、市、县人民政府建设（房地产）主管部门备案的房地产经纪机构（含分支机构）。

③ 达到全国注册部门规定的继续教育合格标准。

④ 无规定不予注册的情形。

房地产经纪人执业资格注册的有效期为 3 年，自核准注册之日起计算。注册有效期期满后，需要继续执业的，应于期满前 90 日内申请延续注册。

房地产经纪人在注册有效期内变更受聘房地产经纪机构、受聘房地产经纪机构名称变更或者注册房地产经纪人姓名变更、身份证件号码变更的，应当申请变更注册。

有下列情形之一的，由原注册部门撤销房地产经纪人注册：

① 注册部门工作人员滥用职权、玩忽职守予以注册。

② 注册部门超越职权予以注册。

③ 注册部门违反规定的程序予以注册。

④ 注册部门对不符合注册条件的申请人予以注册。

⑤ 注册房地产经纪人以欺骗、贿赂等不正当手段获准注册。

⑥ 法律法规规定对注册应当予以撤销的其他情形。

有下列情形之一的，由全国注册部门注销房地产经纪人注册。

① 注册房地产经纪人受到刑事处罚。

② 注册房地产经纪人曾在房地产经纪活动或者相关业务中受到行政处罚。

③ 以欺骗、贿赂等不正当手段获准的注册或者不符合注册条件的注册被撤销。

④ 注册证书失效，并提出注册注销申请。

⑤ 法律法规规定对注册应当予以注销的其他情形。

通过资格互认取得房地产经纪人执业资格的，根据资格互认协议和对等、互惠原则，可以参照相关规定办理注册。

2. 房地产经纪人协理从业资格注册

取得《中华人民共和国房地产经纪人协理从业资格证书》的人员，可以通过所在房地产经纪机构申请房地产经纪人员职业资格注册。

申请注册必须明确从业所在的房地产经纪机构，每个房地产经纪人协理只能在一个房地产经纪机构从业，不得同时在两个或者两个以上房地产经纪机构从业。

申请房地产经纪人协理职业资格注册的人员，必须同时具备下列条件。

① 遵纪守法。

② 自愿遵守房地产经纪人员职业道德。

③ 取得《中华人民共和国房地产经纪人协理从业资格证书》，证书自核发之日起超过三年的，应附达到继续教育标准的证明材料。

④ 经所在房地产经纪机构考核合格。

⑤ 无不予注册情形的。

房地产经纪人协理从业资格注册由各省级注册管理机构负责。各省的房地产经纪人协理从业资格注册情况应报中国房地产估价师与房地产经纪人学会备案，并及时向社会公布注册信息，为公众提供便捷的查询渠道。

3. 房地产经纪人员的继续教育

房地产经纪人员应定期参加相应培训，提高自身素质。目前房地产经纪人继续教育主要包括三种，一是参加继续教育培训，二是参加相关活动，包括讲授继续教育培训课程，参加房地产行政主管部门或者行业组织主办的研讨会和经验交流大会等，三是撰写发表房地产经纪专业文章。

二、房地产经纪人员的权利和义务

（一）房地产经纪人的权利和义务

1. 房地产经纪人享有的权利

① 依法发起设立房地产经纪机构。房地产经纪人有权依照《中华人民共和国公司法》、《中华人民共和国合伙企业法》、《中华人民共和国城市房地产管理法》等法律设立房地产经纪机构。

② 加入房地产经纪机构，任职房地产经纪机构关键岗位。房地产经纪人可以受聘于房地产经纪机构，并在机构中受聘于重要岗位，例如店长等。

③ 依法开展经纪业务活动的权利。房地产经纪人可以在受聘的房地产经纪机构执行经纪业务。

④ 指导房地产经纪人协理进行各种经纪业务。房地产经纪人协理不能独立执行房地产经纪业务，房地产经纪人有权对房地产经纪人协理进行业务指导。

⑤ 经所在机构授权订立房地产经纪合同等重要文件。《房地产经纪执业规则》明确规定房地产经纪人可以在执行业务的房地产经纪合同等业务文书上签名。

⑥ 要求委托人提供与交易有关的资料。房地产经纪人有权要求委托人提供交易房屋的权属证书和委托人的身份证明等资料，以保证交易的顺利进行。

⑦ 有权拒绝执行受聘机构或者委托人发出的违法指令。对于从业过程中受聘机构或者委托人为自身利益而发出的违法指令，如隐瞒房屋的真实信息，订立阴阳合同等，经纪人有权拒绝执行。

⑧ 执行房地产经纪业务并获得合理报酬。房地产经纪人可以根据合同和有关规定，要求获得合理报酬。

⑨ 依法享有的其他权利。

2. 房地产经纪人应当履行的义务

① 遵守法律法规和行业管理规定。房地产经纪人要遵守法律法规，同时还应当遵守《房地产经纪管理办法》以及行业的规范性文件、自律文件。

② 遵守职业道德。房地产经纪人要有一定职业操守，遵守行业的道德规范，具有一定的职业良心、职业责任感和执业理念。

③ 不得同时受聘于两个或两个以上房地产经纪机构执行业务。房地产经纪人只

能受聘于一家经纪机构。

④ 尽忠职守、公平中介，维护当事人的合法权益。房地产经纪人应当在执业中尽忠职守，在合法诚信前提下，维护委托人的最大权益。

⑤ 向委托人披露相关信息，为委托人保守商业秘密，尽力完成委托业务。房地产经纪人应及时将服务中的信息传递给委托人，并为委托人保守个人隐私及商业秘密，在从业中尽其义务，努力完成委托业务，保障委托人权益。

⑥ 不得进行不正当竞争。房地产经纪人不得在从业中以不正当竞争行为损害其他经纪人利益，如采用虚假广告等手段，扰乱房地产经纪行业秩序。

⑦ 接受住房和城乡建设（房地产）行政主管部门和政府相关部门的监督检查。房地产经纪人应配合有关部门的监督检查，如实反映执业问题。

⑧ 接受职业继续教育，不断提高业务水平。房地产经纪人应不断学习，接受培训和继续教育，提高自己的服务能力和水平。

⑨ 指导房地产经纪人协理进行房地产经纪业务。房地产经纪人的职业能力和执业水平比房地产经纪人协理要高，因此在执业过程中，需要对房地产经纪人协理进行执业指导。

（二）房地产经纪人协理的权利和义务

1. 房地产经纪人协理的权利

房地产经纪人协理享有的权利包括：有权加入房地产经纪机构；协助房地产经纪人处理经纪有关事务并获得合理的报酬；依法开展经纪业务活动的权利；要求委托人提供与交易有关的资料；有权拒绝执行委托人发出的违法指令；请求支付成本费用的权利。

2. 房地产经纪人协理应当履行的义务

除了指导房地产经纪人协理进行房地产经纪业务的义务外，房地产经纪人协理应当履行与经纪人相同的义务。

三、房地产经纪人员应具备的素质与能力

（一）房地产经纪人员职业道德素质

作为一名合格的房地产经纪人，应该有良好的职业道德、丰富的专业知识，较好的心理素质和执业能力，同时要具备一定的礼仪修养，这是保证经纪业务顺利开展的关键因素，其中，职业道德是非常重要的职业素养。

目前房地产经纪行业从业人员素质参差不齐，有的利用客户对经纪公司的运作不熟悉，进行不法操作，损害客户利益，提高从业人员的职业道德素质显得非常重要。

道德是指人们在社会生活实践中所形成的关于善恶、是非的观念、情感和行为习惯，并依靠社会舆论和良心指导的人格完善与调节人与人、人与自然关系的规范体系。

职业道德是指人们在从事各种职业活动的过程中应该遵循的思想、行为准则和规范。职业道德是与一定的职业相联系的，因此在性质上具有专业性，即各种职业的主要规范要求各有不同，如医生的职业道德是救死扶伤。其次，职业道德在内容上具有一定的稳定性、连续性。由于同一职业的基本职业特征，是不随时代变化而改变的，因此职业道德的主要内容常常是可以世代相传的。社会主义市场经济的建设和发展，也必然要求建设和发展与此相适应的职业道德。

1. 房地产经纪人员职业道德的内涵

房地产经纪人员职业道德是指房地产经纪行业的道德规范，是房地产经纪业从业人员就这一职业活动所共同认可并拥有的思想观念、情感和行为习惯的总和。

房地产经纪人员职业道德的思想观念包括对涉及房地产经纪活动的一些基本问题的是非、善恶的根本认识，这种认识是指在房地产经纪人员思想观念中所形成的一种内在意识。从内容上讲，主要涉及三个方面：职业良心、职业责任感和执业理念。职业良心涉及对执业活动的“守法”、“诚实”、“守信”等执业原则、经纪人员收入来源、经纪服务收费依据和标准等一些重大问题的认识。例如严格执行物价部门规定的收费原则和收费标准，切实提供质价相称的服务，收费要适度，不得自立名目乱收费、随意和变相提高收费标准。职业责任感涉及房地产经纪人员对自身责任及应尽义务的认识。例如尽忠职守、公平中介，为委托人利益保守商业秘密等。执业理念主要是指对市场竞争、同行合作等问题的认识和看法。好的房地产经纪人员在执业中公平竞争，注重合作。

房地产经纪人员职业道德的情感层面涉及房地产经纪人员的职业荣誉感、成就感及在执业活动中的心理习惯等。例如对房地产经纪行业作用和地位的认识，在与客户及同行交往过程中的心理惯势等。一名优秀的房地产经纪人员应热爱职业，乐观、自信，热情为客户服务。

行为习惯是最能显化职业道德状况的层面。房地产经纪人员职业道德在行为习惯方面包括房地产经纪人员遵守法律、法规和行业规则以及在执业过程中注重仪表、言谈、举止等方面的修养。例如，从业于21世纪不动产的房地产经纪人员，统一着装，要求举止大方、得体，给人以稳重、专业的印象。

2. 房地产经纪人员职业道德的形成和作用

房地产经纪人员职业道德是一种在房地产经纪人员的思想、情感和行为等方面所形成的内在修养。从整个行业的角度讲，它是通过广大从业人员的长期实践摸索，有关管理者或研究者的总结、提炼以及一些杰出人物的身体力行，并经由行业团体的集体约定而形成的。对于具体的从业人员个体而言，职业道德是通过一定的教育训练、行业氛围的熏陶、社会舆论的引导而形成的。

房地产经纪人员的职业特点决定了提高房地产经纪人职业道德修养的必要性。首先，房地产经纪人掌握了委托人大量的信息资料甚至是商业秘密，要求经纪人必须为客户保守信息资料和秘密。若房地产经纪人不讲职业道德，不守信用，利用所掌握的信息资料谋取私利，则会给委托人造成极大的损失和损害。其次，房地产商品价值大，交易过程复杂，涉及很多专业领域知识，而顾客在这方面缺乏相关知识和经验，与房地产经纪人员相比较，存在着信息的不对称性。假如房地产经纪人弄虚作假，客户容易上当受骗，蒙受损失。另外，房地产经纪人与客户之间是“无连续性”关系，唯有良好的信誉才能赢得客户的信赖和合作，也是今后经纪人业务发展的基本条件。因此，房地产经纪人员必须要提高自身的职业道德素质。

房地产经纪人员的职业道德与房地产经纪的有关法律法规、行业规范有着共同的目的，即调节房地产经纪行业从业人员与服务对象以及从业人员之间的关系。法律法规和行业规范主要通过法律手段、行政手段及行业管理手段来约束房地产经纪人员。而房地产经纪人员职业道德则是指内化于房地产经纪人员思想意识和心理、行为习惯的一种修养，它主要通过良心和舆论来约束房地产经纪人员。职业道德一旦形成，会从房地产经纪人员的内心深处产生很大的约束力，并促使房地产经纪人员更加主动地去遵循有关的法律法规和行业规则，所以，房地产经纪人员职业道德对房地产经纪业的规范运作和持续发展将产生重大的积极作用。

3. 房地产经纪人员职业道德的基本要求

（1）遵纪守法

遵纪守法是每个公民的基本道德修养，作为房地产经纪人员，更应牢固树立这一思想观念，要学法、守法和用法，必须保证经纪活动的合法性。房地产商品价值相对高，它的交易实际上是通过产权的交易来实现的，过程比较复杂，涉及很多法律程序，并且房地产产权完全依靠有关的法律文件来证明其存在。因此，房地产经纪人在促使他人进行房地产交易时，必须严格按照法律法规进行操作，以保证交易活动的有效性和合法性。

（2）规范执业

政府相关部门对房地产经纪机构和从业人员进行管理，只有取得房地产经纪执业资格和资质，并遵循相关行业管理规定的机构和人员，才能从事房地产经纪活动，不得无照、无证从业和经营。例如，一些无证中介机构，非法从业，或部分素质较差，没有取得执业资格证书的无证人员从事经纪活动，损害消费者利益，影响了整个经纪行业声誉。房地产经纪人员必须认真贯彻党和政府的方针和政策，依法经营，不接受超越政策允许范围的经纪业务，在经纪活动的各个环节，如接受委托、签订合同、刊登广告、收取佣金等环节，都必须遵守有关的法律、法规的规定。另外，房地产经纪人在努力为客户服务时，要始终善于用法律保护自己的合法权益。例如，为了防范房地产经纪机构被委托人或客户甩掉，收不到经纪服务费的风险，可以采取收取定金，利用已经签订的房地产经纪合同向法院起诉，要求法院保护房地产经纪人或经纪机构的合法权益。无论是房地产经纪机构还是从业人员，都必须规范执业。

（3）诚实守信

诚，指的是真诚和坦诚。房地产经纪业是一个服务行业，房地产经纪人员在从事经纪活动过程中，必须以诚为本，本着实事求是的精神开展经纪活动，不隐瞒、不虚构事实，不串通一方恶意欺诈另一方，不乘人之危，讲究信用，严格按照合同条款办事。

“诚”即要有真诚之心，即真心以客户的利益为己任。这种利益的一致性主要体现在经纪机构的经营方式和服务费用的收取上。房地产经纪人在促成交易的过程中，首要考虑的是客户，为客户寻找最合适的交易对象。这就是一种真诚。同时，房地产经纪机构以佣金为唯一的收入来源，并且以成交作为收取佣金的前提，这就表明，房地产经纪人员的利益与客户的利益大方向一致，客户自然会相信房地产经纪人会尽最大的力量为自己寻找交易对象。所以，从“真诚”的角度出发，房地产经纪人员一定要树立“不成交不收费”、“佣金是唯一的收入”的观念。

诚实守信要求经纪人坦诚，即诚实地向客户告知自己的所知。由于房地产商品的综合性、复杂性，房地产交易涉及复杂的法律程序，房地产经纪工作会涉及很多的专业方面的知识。普通客户不具备这方面的知识经验，和房地产经纪人员之间存在着信息不对称的局面。此时，房地产经纪人员对各种不利或有利的信息都应当坦诚相告，在让客户自己判断的同时，做一个有经验且公证的“参谋”，而不能一味迎合。这样的交易不容易产生后续纠纷，同时，又可以树立房地产经纪人员和经纪机构的形象和品牌，为经纪工作的长远发展奠定基础。

信用是一切从事经济活动的单位和个人应具备的最起码的素质，是构成良好人际关系最基本的条件。房地产经纪业是以促成客户交易为服务内容的，良好的信用可以给经纪人员和经纪机构带来更多的客户，创造良好的品牌和收益。所以，要想培养自己的竞争优势，只有以信用取胜，房地产经纪人员应牢固树立“信用是金”的思想观念，一方面，要言必行，行必果；另一方面，要注意不随意许诺，避免失信。可以说，信用是房地产经纪人员的生命。

在经纪活动过程中，房地产经纪人员应重承诺、守信用，对承诺的约定要尽力而为，对不能履行的服务要据实相告，不能随意迎合。对于客户的服务要求，房地产经纪人要区分正当要求和不合理要求，对不合理要求应当在说明道理后，态度和蔼但立场坚决地拒绝；对客户正当合理的要求，还要注意分析、判断满足其要求的可能性，对于由于各种客观原因不能满足要求的，不要轻易承诺，要客观地向客户进行解释，争取客户的谅解。房地产经纪人员在提供房地产交易服务的过程中，要善言谈而不吹嘘，重服务而不自卑，恪守信用，保障经纪业务的顺利完成。

（4）尽职守责

房地产经纪人员应该敬业爱岗、尽职守责，以促成他人的房地产交易成功为己任，尽最大的努力去实现这一目标。

房地产经纪人首先要吃苦耐劳，有工作热情，在提供房地产经纪服务的各个环节中，一丝不苟、尽职守责。房地产经纪活动中的许多环节是必不可少的，房地产经纪人决不能为图轻松而省略，也不能敷衍了事，否则在交易过程中就会出现问题。

其次，替委托人保守商业秘密。一些房地产交易业务往往是客户的商业机密或个人隐私。除非客户涉及违法，否则经纪人员决不能将客户的机密散布出去，更不能以此谋利，应该替客户严守秘密，充分保护客户的利益。

再次，按现行的规定，房地产经纪人员都是以自己所在的房地产经纪机构的名义来从事业务活动的，因此房地产经纪人员对自己所在的机构也承担着一定的责任。这种责任一是要帮助公司实现盈利目标，二是要维护公司信誉、品牌。房地产经纪人必须做到在聘用合同期内忠于自己的机构，不随意“跳槽”或“脚踩数条船”，同时，在言谈举止和经纪行为上都要从维护公司信誉出发，决不做有损公司信誉、品牌的事情。

最后，房地产经纪行业对从业人员的专业知识和执业技能方面有较高的要求，因此房地产经纪人员要承担起自己的职业责任，还必须不断提高自己的专业水平。一方面要加强理论知识学习，另一方面还要不断通过实地考察和实践训练，与同行及相关人群交流来充实自己的信息量，提高专业技能。

（5）公平竞争，注重合作

竞争是市场经济的基本特征，通过竞争，优胜劣汰。房地产经纪活动中，也存在激烈的竞争。现代企业竞争理论指出，竞争并不排斥合作，合作中也包含着竞争。竞争与合作共同影响着事业的发展变化。

房地产经纪人首先必须不怕竞争、勇于竞争。这就要求房地产经纪人员要以坦诚的心态、公平的方式参与竞争。恶意降价、诋毁同行、散布假消息等实际上是不敢进行公平竞争的表现，这些不正当的竞争方式既是违法的行为，也是职业道德败坏的表现，对整个行业的发展会产生危害和阻碍。另外，合作也是企业经营和发展的基本方式。合作常常是房地产经纪人员和经纪机构提高市场竞争力的重要手段。通过合作，房地产经纪人员和经纪机构可以以他人之长补己之短，在做大业务增量的同时，提高自己的市场份额和收益。但是，在合作过程中也存在着竞争，房地产经纪人员必须不断提高自身的竞争能力，否则就会逐渐失去自身的合作价值，最后被淘汰掉。当然，在这个合作过程中，也要以公平的方式进行竞争。公平竞争、注重合作，是房地产经纪人员在经营过程中必须遵循的基本职业道德素质要求。

（二）房地产经纪人应具备的知识素质

房地产经纪人从业要求具备完善的知识结构。房地产经纪人员知识结构的一个显著特点是多学科知识的复合。房地产经纪人应该是通才，广博的科学文化知识是从事经纪业务的内在要求，是一名成功经纪人员不可或缺的素质。房地产经纪人员知识结构（图 2.1）包括三个方面：核心是房地产经纪的基本理论和实务；该核心的外层是与房地产经纪相关的专业基础知识，包括房地产专业知识、经济知识、金

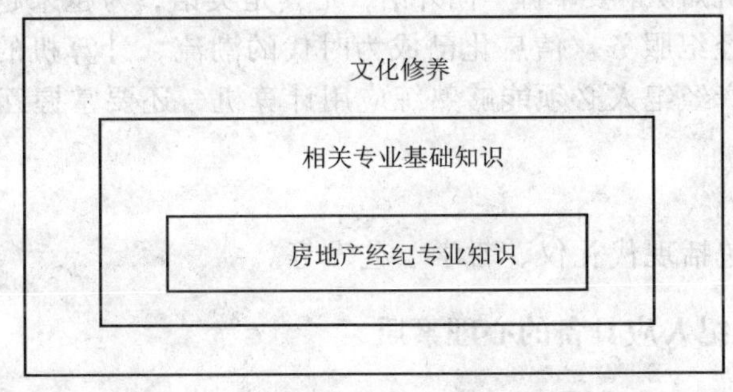

图 2.1　房地产经纪人员的知识结构

融知识、法律知识、建筑学知识、社会心理知识、科学技术知识；最外层是对文化修养产生潜移默化影响的各类文学、艺术乃至哲学等方面的知识。

1. 房地产经纪专业知识

① 房地产经纪专业理论知识。包括房地产经纪机构，房地产代理、房地产居间、房地产行纪等各种经纪形式。

② 房地产经纪实务知识。包括各种经纪形式的操作流程、特点、操作技巧，相关合同的签订、管理，所涉及的法律问题等。

2. 相关专业基础知识

① 房地产交易知识。包括房地产交易过程中的服务项目、环节、条件、交割程序及行业术语等。

② 房地产市场及营销知识。包括房地产市场发展状况、市场细分、市场调查、市场预测、市场经营策略、产品策略、定价策略、渠道策略、销售策略、对消费者情况的分析等。

③ 房地产商品知识。包括房地产商品的特点、性能、用途、户型、房龄、档次、区位、环境、价格、优劣等知识。

④ 房地产估价相关知识。包括估价的基本原则、基本方法、基本程序等。

⑤ 房地产基本政策与法律知识。包括房地产产业的相关政策和法律法规，例如土地管理法等。这方面的政策和法律法规正在不断完善中，应及时了解和掌握相关知识。

⑥ 房地产金融相关知识。包括房地产业相关的金融政策，各大金融机构的贷款政策、手续、流程等知识。

⑦ 建筑学方面知识。包括房地产建筑类型、建筑风格、房屋建筑构造、建筑装饰材料、建筑面积的测算、建筑工程质量评定的标准等知识。

⑧ 社会心理学知识。包括所在地区的人口总量、年龄结构、受教育程度、变化趋势、家庭结构、城乡人口比例、民族风俗、消费趋势、消费者心理学、广告心理学等知识。

⑨ 经济学知识。掌握经济学基础知识，便于把握房地产市场发展的规律性。

⑩ 外语、计算机知识。要掌握一门外语，尤其是英语，为越来越多的外籍人士来华工作、投资提供经纪服务。信息化已成为时代的潮流，计算机的普及和网络技术的发展，要求房地产经纪人必须能够熟练应用计算机，还要掌握互联网技能。

3. 文化修养

文化修养方面包括现代礼仪、哲学、艺术等。

（三）房地产经纪人应具备的心理素质

房地产经纪活动较为复杂，经纪人在执业过程中，会碰到形形色色的客户，经常面临拒绝和遭遇失败，要在这个行业坚持做下去，房地产经纪人员必须有较好的心理素质、较强的心理承受能力，要百折不挠。

1. 自知、自信

房地产经纪人首先要对自己了解，对自己的职业应该有充分而正确的认识，要对这一职业的责任、性质、社会作用、意义和经济收益等各个方面有全面和客观的认识。所谓自信，对房地产经纪人员而言，是指在自知基础上形成的一种职业荣誉感、成就感和执业活动中的自信力。自知是自信的基础，自信是事业成功的前提，要做好房地产经纪工作，首先要具备自知、自信的心理素质。

房地产经纪工作是一项服务工作，是与人打交道的工作，房地产经纪人员在工作中会遇到各种各样的人，因此必须学会与各种不同的人进行沟通，这就需要房地产经纪人具有充分的自信心。自信来源于自知，房地产经纪人如果能充分了解自己工作的社会意义，知道自己可以为客户带来效益，那么房地产经纪人员就会对自己的社会地位产生信心，从而不至于在客户面前自惭形秽。另外，房地产经纪人员自身的专业水平也是自信的重要保证。只要房地产经纪人员能够为客户提供专业的、高水平的服务，必然会赢得客户的尊重，所以房地产经纪人应当不断提高自己的专业水平。

房地产经纪人员要避免盲目乐观，在进行经纪活动时缺乏准备，或者胆怯懦弱，缺乏积极态度，对自己没有信心。可见自信也要有分寸，房地产经纪人要善于把握。

2. 热情、乐观、开朗

在人际交往中，热情、乐观、开朗的人使人容易接近，因而更受人欢迎。作为服务行业的房地产经纪业，为了促成交易，不可避免地要与各色人打交道，如果房地产经纪人本身不具备这种性格，就应该主动培养自己乐观、开朗、热情的气质。

首先，对待工作和客户要热情，要在心态上调整自己。在促成交易的过程中，被拒绝而导致失败的情形是常有的，几次业务的失败不等于这项工作的失败，要对自己所从事的职业保持乐观的态度。其次，积极乐观的态度可以振奋房地产经纪人员的士气。乐观还可以使房地产经纪人时刻保持冷静，准确分析形势，抓住机遇，获得交易成功。房地产经纪人员心态的另一个重要方面，是与同事、同行之间的关系。房地产经纪人员如果能够树立与同事、同行积极合作、公平竞争的心态，就不会因竞争而产生消极、悲观情绪，更不会产生妒忌、敌视之类的心理，乐观、开朗的气质也就容易形成。

此外，房地产经纪人在与客户打交道时，要善于控制自己的情绪，要向客户展示积极的一面，而不能将自己的不良情绪带给客户。对待客户要始终以春天般的笑容来面对。如果经纪人情绪不好，将它带到与客户的商谈中，为自己的情绪所左右，势必会破坏商谈的气氛，不利于交易成功。

3. 坚韧、奋进

促成房地产交易需要有坚持不懈的付出。在实践中，房地产经纪人员经常会遇到挫折，房地产经纪人员要以乐观的心态和坚忍不拔的精神来面对。要做到这一点，首先要认识到房地产交易的复杂性。一宗交易的达成经历反复和曲折是很自然的。因此，房地产经纪人员应视挫折为正常。其次，要树立吃苦耐劳的精神，才能不厌其烦地去化解种种挫折。房地产经纪人员还应具有积极向上的奋进精神，因为激烈的市场竞争造成了不进则退的局面。一方面，房地产经纪人员应充分认识到时代、环境在不断地发生变化，很多过去自己熟悉、掌握的知识、技能、信息可能变得过时、陈旧，因此要“与时俱进”，要不断地学习新知识、新技术，了解新信息。另一方面，房地产经纪人在业务上要有不断开拓的意识和勇气。市场需求瞬息万变，房地产经纪人切不可故步自封，只局限于自己所熟悉的领域，而要不断地开拓新市场，建立新的客户群，形成新的业务类型。

（四）房地产经纪人员应具备的礼仪修养

“推销之前先推销自己”，这是推销界的一句至理名言，房地产经纪人在开展经纪活动之前，也需要先将自己推销出去，让客户喜欢你，接受你。所以房地产经纪人员必须十分注重自己的礼仪和形象，第一印象往往是向客户推销自己、赢得信任的敲门砖。

1. 仪容和服饰

房地产经纪人员穿着合适的职业装，表现得干练、稳重、职业化，第一印象就能让客户对你产生信任感，放心将涉及标的金额至少数十万的房地产交易业务交给你。经纪人员直接和客户打交道，代表的是公司的形象，所以仪容和服饰很重要。

房地产经纪人员的仪容总体上应该是干净整洁、大方得体。首先是做好个人卫生工作，要经常洗澡，保持身体无异味；经常洗头，避免出现头皮屑；保持口腔卫生，口气清新；勤剪指甲，勤洗手，保持双手卫生。另外，要保持旺盛的精力，精神饱满，容光焕发。

房地产经纪人员的妆容应得体。男性房地产经纪人只要干净、整洁、大方，整体格调健康舒适即可。女性经纪人员应化淡妆，化妆风格应该和自己的气质相近，妆容应该表现出典雅又不失清新的职业女性格调，体现出成熟、干练而又亲切的职业形象，让客户感到你值得信赖。另外，女性佩戴首饰时，不宜戴得过多，最好不要超过三种。

2. 接待客户时的仪态

房地产经纪人员应当有优美的仪态，这能够反映出一个人的精神面貌。

首先，房地产经纪人员要有优雅的站姿，这是必备仪态。站立时，应将重心放在两个前脚掌上，双肩收拢且平直，挺胸收腹，眼光平视前方，面带微笑。站立或走路时，手臂应自然下垂或在体前交叉，右手放在左手上以保持向客户提供服务的最佳状态。不要把手插进口袋、抱在胸前或叉在腰间。女性站立时，双脚呈“V”字，双膝靠紧，两个脚后跟靠紧。男性站立时，双脚与肩同宽。

在接待客户时，房地产经纪人应当注意言谈举止。无论是在经纪公司，或者下属门店，或者售楼处，有顾客上门时，经纪人员应首先面带微笑地说："欢迎光临!"，然后询问以前是否来过，是否有同事已经接待过。房地产经纪人员与客户交谈时，应当注重与客户的目光交流，这既是符合国际惯例的基本礼仪，又是了解客户心理活动的重要方法。交谈时应自然地看着对方，不能避开客户的目光而四处游移，也不能瞳孔聚焦，死死盯住对方。

在引导客户看房或观看房屋模型时，应注意引导礼仪。经纪人应走在客户侧前方半步左右，用手势引领前进方向，并经常侧脸看着客户说："这边请"。千万不要说了一句"跟我走"，就自顾自地走在客户前面。带客户看房时，尤其是尚未竣工的新建商品房，应随时提醒客户注意安全。有些地方应自己先试踩后，再请客户通过。在行路时，要守交通规则，注意环境卫生，不能随地吐痰，也不要乱扔杂务，注意文明。在看房时，也要尊重客户的评价。

客户离开时，应当将客户送到门口，为客户拉开大门，然后将双手重叠放在身前，略为欠身，同时面带微笑地向客户道别。待客户出门后拐弯或直行数米后，自己再转身归位。如果接待客户的地方处于高层建筑内，应当将客户送到电梯口，客户进入电梯后，等电梯门关闭后再转身返回。

在接待客户，与客户进行交流过程中，房地产经纪人员要注重语言礼仪。主要包括声音要洪亮，问候和寒暄的时候态度要真诚，语气要亲切，语调要自然，要营造一种和谐、愉快的谈话氛围，保证交易成功。

3. 通信礼仪

房地产经纪人员与客户接触过程中，每天都会用到电话、电子邮件等通信工具，在使用这些通信工具时，要注意遵循一定的礼仪规范。

（1）电话礼仪

电话是房地产经纪人员与客户接触、交流时经常要用到的工具，因此，电话礼仪非常重要。首先，电话铃一响后，经纪人员应当立即去接电话。在国外，接电话有"铃响不过三遍"一说。接起电话后第一句话应该是："您好！××公司。请问有什么需要我为您服务的？"如果没能及时接听电话，应在接听电话后说："您好！××公司。对不起，让您久等了。请问有什么需要我为您服务的？"应记住，在接听电话时，要注意自己的态度和表情，要面带微笑，因为经纪人员接电话时的态度与表情对方完全可以在通话过程中感受到。如果是在办公室里接电话，尤其是有外来客户在场时，要注意接听时的仪态：双手捧起话筒，以站立的姿势，面带微笑的与对方友好通话。在通话途中，不要对着话筒打哈欠、吃东西、与他人闲聊，以免让对方感到你对他很轻视。

接下来客户可能会直接说出他要找的人的姓名，如果正是你自己，可以说："我就是。请问您是哪位？"如果经纪人员能够记住自己已经接待过的客户的声音，可以说："我就是。您是××吧？"这可以给客户一种愉快的感受。如果客户要找其他人，可以说："我去叫他（她）。请稍候!"如果客户要找的人不在，应礼貌地说："对不起！他（她）出去了。您需要留言吗？”然后应按对方的要求，用简洁的语言记录，同时，切记一定要记下对方姓名和联系电话。如果客户在电话中提出的是一些服务要求，应问清对方是否已经和本公司其他经纪人接触过，以避免重复劳动或引起内部矛盾，否则，应予以解答。

（2）传真礼仪

在给客户发送传真时，不可缺少必要的问候语和致谢语；发完后应当确认客户是否已经收到。在收到客户传真时，应当在第一时间采取适当方式告知对方，以免对方惦念。

（3）电子邮件礼仪

电子邮件应当认真撰写，主题要明确，语言要流畅，内容要简洁。

（五）房地产经纪人员应具备的职业能力

1. 收集信息的技能

信息是房地产经纪人开展经纪业务的重要资源，因此经纪人员只有具备良好的信息收集能力，才能获得大量的房地产经纪信息。收集信息的技能包括：对得到的信息进行鉴别、分类、整理、储存和快速检索的能力。此外，根据特定业务的需要，准确把握信息收集的内容、重点、渠道，并灵活运用各种信息收集方法和渠道，快速有效地收集到有针对性的信息。

2. 市场分析的技能

市场分析和预测的技能是指房地产经纪人员根据所掌握的信息，采用一定的方法对其进行分析，进而对市场供给、需求、价格的现状及变化趋势进行判断。对信息的分析方法包括数学处理分析、比较分析和因果关系分析等。对市场的判断包括定性的判断，如某种房源的供求状况，是供大于求，供小于求还是供求基本平衡？也包括定量的分析判断，如某笔交易因交易情况特殊而使其成交价格比正常市场价格高多少个百分点？还有定性定量分析结合的综合性分析。有确定性分析和不确定性分析，有整体分析和局部分析等。小至每一笔业务的进展，大至经纪人、经纪机构业务重心的调整，都离不开准确的市场分析，因此，市场分析技能也是房地产经纪人要掌握的职业技能。

3. 人际沟通的技能

房地产经纪行业的服务性决定了房地产经纪人要有人际沟通的能力，不断与客户、银行、房地产交易中心、物业管理公司等机构的人员打交道，需要有一定的沟通能力。房地产经纪人员需要通过与这些人员的沟通，将自己的想法传达给对方，使对方在思想上认同自己的想法，并在行动上给予支持。房地产经纪人员不仅要有良好的心理素质，还必须掌握良好的人际沟通技能。它包括了解对方心理活动和基本想法的技能、适当地运用向对方传达自我意思的方式（如语言、表情、身体动作等）的技能，把握向对方传达关键思想的时机的技能等。

4. 供需搭配的技能

房地产经纪人服务的最终目的是促成交易，要使供求双方在某一宗（或数宗）房源上达成一致。由于房地产商品具有个别性，房源特点各不相同，这就要求房地产经纪人准确把握买方的具体要求，并据此选择恰当的房源供其考虑。房地产经纪人员不仅要充分知晓这种搭配的具体方法，更要能熟练掌握，从而使之内化为自身的一种能力，这就是供求搭配技能。房地产经纪人需要把握客户需求，并进行深层挖掘，充分分析客户的需求，并以此来进行配对，配对时必须注意配盘的数量以及前后顺序。有些房地产经纪人在没有充分了解客户需求的前提下，盲目配盘，结果客户看了多套房源，也没有找到令自己满意的，导致对经纪人失去信心。例如商品房销售代理经纪人在售楼处接待了一组来访客户，经过十几分钟，甚至是几分钟的交谈，经纪人就必须准确了解他们的需求，并推荐恰当的房源。这组客户可能仅看了两套房源，就选中了其中一套。反之，顾客可能看了好几套房子都没有令自己满意的。所以在实际工作中，供求搭配技能较高的房地产经纪人，成交量高，每笔业务的进展速度也快，工作效率高。

5. 议价谈判的技能

在交易过程中，议价谈判也是非常重要的能力。客户可能会就佣金和经纪人讨价还价，这时候房地产经纪人可以巧妙回避这个问题，如经纪人可以提出佣金是参照物价局的收费标准执行的，经纪人个人没有打折佣金的权力，佣金是业务员的唯一的收入来源，所占比重少。经纪人会帮客户争取到理想价位，比佣金打折划算的多。另外就是房地产经纪人代表委托人与交易对家议价谈判。在议价谈判中，要坚持原则，不能轻易让步，牢牢把握博弈的主动权，将谈判引向有利于自己的方向。

6. 促成交易的技能

交易达成，是房地产经纪人劳动价值得以实现的前提，是经纪业务流程中的关键一环，因此经纪人应当把握时机。因为客户的某些犹豫是不必要的，如不具备专业知识而不能做出正确的判断，甚至是由于自身在心理或者性格上的不足引起的，如优柔寡断等。因此，房地产经纪人应能够准确判断客户犹豫的真正原因和交易条件是否成熟，如果交易条件已经成熟则能灵活采用有关方法消除客户疑虑，从而促成交易，这就是把握成交时机的技能。房地产经纪人如果能够把握成交时机，不仅能够提高自己的工作效率和经济收益，同时也能增进顾客的利益。所以一定要掌握这个技能。

（六）房地产经纪人员职业技能的培养

职业技能是房地产经纪人员熟练掌握有关房地产经纪操作方法，并将自己摸索出的一些技巧融入其中，从而形成的一种内化于房地产经纪人员自身的能力。作为房地产经纪人员，一定要重视自身职业技能的培训，在实践中认真学习总结，不断提高自身的职业技能。职业技能的培养，可以通过四个方面来完成。第一，要认真学习有关的操作方法。人们在经纪活动中已经总结了很多有效的实务操作方法，房地产经纪人员一定要认真学习，才能形成自己的职业技能。第二，要反复练习，不断实践。经纪人应当在实务操作中，反复运用已经学到的具体方法，最后才能形成自己的职业能力。第三，要形成日常工作习惯。无论对操作方法的学习，还是练习，很多都要借助良好的工作习惯来形成。如碰到同行交流会等学习机会，就细心倾听别人介绍的经验，认真记录下来，回去后仔细研读。良好的工作习惯不仅可以创造更多的学习渠道，也创造了大量的学习机会，有助于使各类外在的方法内化为自身能力。第四，要勤于思考，善于总结，在学习和运用操作各种方法时，必须不断体会其中的奥妙，才能将这些方法融入自身，而且，方法和技能本身也处于动态发展之中，房地产经纪人只有在实践中不断揣摩，才能不断改进有关方法，形成自己的技巧。

四、房地产经纪人员与房地产经纪企业的关系

房地产经纪产业是人才密集型产业，是人才需求量大、专业人才需要多的产业。作为房地产经纪企业人才主体的房地产经纪人员，其与房地产经纪企业之间有着较为特殊的关系，从而构成房地产经纪企业人力资源管理的一些特殊性。同时，明确房地产经纪人员与房地产经纪企业之间的关系也是建立企业薪酬制度和激励机制的前提条件。房地产经纪人员与房地产经纪企业之间的关系主要体现在以下几个方面：

首先，房地产经纪人员与房地产经纪企业之间有执业关系，决定了房地产经纪企业的人力资源管理必须遵守行业的相关规定。一方面，大多数房地产经纪人员从事经纪活动必须以房地产经纪企业的名义进行，同时房地产经纪业务由房地产经纪企业统一承接；另一方面，房地产经纪企业必须是由房地产经纪人组成的。根据一般规定，不论是设立房地产经纪公司、房地产经纪合伙企业、房地产经纪个人独资企业，还是设立房地产经纪企业的分支机构，都必须有规定数量的持有《中华人民共和国房地产经纪人执业资格证书》的人员和一定数量的持有《中华人民共和国房地产经纪人协理从业资格证书》的人员。由此可见，没有房地产经纪人员的加入，房地产经纪企业是无法成立的。这决定了房地产经纪企业人力资源管理必须符合房地产经纪行业管理中有关房地产经纪人员职业资格注册管理、职业道德等的相关规定。

其次，房地产经纪企业与房地产经纪人员之间有法律责任关系，这要求房地产经纪企业的人力资源管理必须遵守相关劳动法规的规定。由于房地产经纪业务一般是由房地产经纪企业统一承接的，房地产经纪合同是在委托人与房地产经纪企业之间签订的，因此，一方面房地产经纪人员在执业活动中由于故意或过失给委托人造成损失的，由房地产经纪企业统一承担责任，房地产经纪企业向委托人进行赔偿后，可以对承办该业务的房地产经纪人员进行追偿；另一方面，由于委托人的故意或过失给房地产经纪企业或房地产经纪人员造成损失的，应由房地产经纪企业向委托人提出赔偿请求，委托人向房地产经纪企业进行赔偿后，再由房地产经纪企业针对房

地产经纪人员的损失进行补偿。房地产经纪业务的特点决定了房地产经纪人员执业的流动性比较大，由经纪企业统一承接业务并承担法律责任有利于保护委托人、房地产经纪人员和房地产经纪企业三方的合法权益，也有利于促进经纪企业加强对其下执业经纪人员的监督和管理。

最后，房地产经纪企业与房地产经纪人员之间有经济关系，这决定了房地产经纪企业人力资源管理要有更加符合行业和地区特点的薪酬制度。由于房地产经纪业务是由房地产经纪企业统一承接的，房地产经纪合同是在委托人与房地产经纪企业之间签订的，因此，由房地产经纪企业统一向委托人收取佣金，并由房地产经纪企业出具发票。经纪企业收取佣金后应按约定给予具体承接和执行经纪业务的房地产经纪人员报酬，报酬的形式可以由经纪企业与经纪人员协商约定，可以是计件的也可以是按标的提成等。报酬的具体金额或比例由双方约定，但应符合当地当时提供同类服务的正常水平。

任务2　设立房地产经纪机构

案例导入

孙小姐，杭州市一名房地产经纪人员，从业两年后，与朋友李某共同出资100万元，准备开一家房地产经纪公司。首先是办理营业执照。公司名称要预先核准，为了避免重名，准备了3个公司名字，分别为杭州A房地产代理有限公司、杭州B房地产代理有限公司、杭州C房地产代理有限公司，最后核准的名字为杭州A房地产代理有限公司。后制订了公司章程和组织机构，申报各项材料后在银行开户打入100万元资金，并办理了验资证明。之前，两人在杭州某街租下一商铺作为经营场所，签了租期3年的租赁合同。两人准备了相关材料，到所在区域的工商登记机关进行设立登记，领取了营业执照。领取营业执照后，进行房地产经纪机构备案初始登记。持有申请表、申请报告、企业营业执照（复印件并核对原件）、营业场所的自有房屋产权证或租赁证（复印件并核对原件）、法定代表人任命书及身份证明（复印件并核对原件）、公司章程（加盖公章并核对原件）、公司管理制度原件（必须包括99号和46号文件）、验资报告副本原件、专职经纪人《杭州市房地产经纪人资格证书》（原件及复印件，不少于3名人员）、经纪人劳动合同原件、经纪人“三金”缴纳证明材料原件、原单位解聘证明（调令函）原件、经纪人工作简历等所需要的有关资料和证件，进行了备案登记，完成了公司的设立。

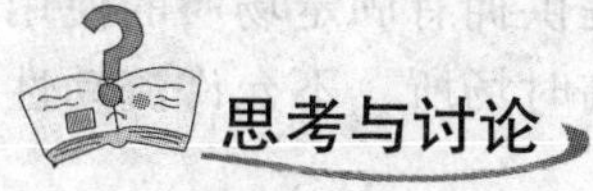

思考与讨论

申请设立房地产经纪机构的程序是什么？

【引例解析】

设立房地产经纪机构，应当首先由当地房地产行政管理部门对其人员条件进行前置审查，经审查合格后，再向当地工商行政管理部门申请办理工商登记。房地产经纪机构在领取工商营业执照后的30日内，应当持营业执照、企业章程、机构人员情况的书面材料到登记机构所在地人民政府建设（房地产）主管部门或其委托的机构备案。

一、房地产经纪机构设立

（一）房地产经纪机构的内涵和设立条件

1. 房地产经纪机构内涵

《房地产经纪管理办法》中明确规定房地产经纪业务应当由房地产经纪机构统一承接，服务报酬由房地产经纪机构统一收取，房地产经纪人不得以个人名义承接房地产经纪业务和收取费用，可见房地产经纪机构是房地产经纪业务运行的基本载体。

所谓房地产经纪机构，是指依法设立并到工商登记所在地的县级以上人民政府建设（房地产）主管部门备案，从事房地产经纪活动的中介服务机构。在房地产转让、租赁、抵押等经营活动中，以收取佣金为目的，为促成他人交易而进行居间、代理等相应服务的组织，包括公司制、合伙制、个人独资和房地产经纪机构设立的分支机构。

房地产经纪机构的特点是企业性质的中介服务机构，不具有任何政府授予的行政职能，是通过向市场提供专业服务来获取收益的经济组织。同时，房地产经纪机构固定资产所占比例少，主要依靠人力资源和信息资源进行运作。房地产市场具有很强的地域分割性，因此行业中既有大规模的房地产经纪机构，也有大量中小型房地产机构分布生存。

2. 房地产经纪机构的设立条件

房地产经纪机构是房地产经纪人员从事房地产经纪活动所必须依附的经济实体，应当具备相应的资质，办理营业执照和税务登记，在规定的业务范围内承接业务，其执业人员应具有相应执业资格。

房地产经纪机构的设立应符合以下条件：

① 有自己的名称和组织机构：经纪机构作为独立的法人，一般情况下只可使用唯一的名称，且该名称必须在设立登记时由工商行政主管部门核准。同时，必须有一定的组织形式、组织章程和健全的财务制度。

② 有固定的服务场所：经纪机构在申请设立时，必须提供拥有固定场所的使用权或所有权的合法证明，同时该固定场所应该是永久而非临时场所，不允许流动性地开展房地产经纪活动。

③ 有规定数量的财产和经费：一定数量的财产和经费是保证经纪机构依法开展经纪活动的必要条件，同时，也能在一定程度上保障房地产权利人在由于经纪机构

的原因而造成经济损失时，得到合理合法的赔偿。

④ 有符合规定数量的专业人员：设立房地产经纪机构应当具备足够数量的房地产经纪人和房地产经纪人协理，具体数量由各省、自治区、直辖市建设（房地产）主管部门制定。

房地产经纪机构的设立应当符合《中华人民共和国公司法》、《中华人民共和国合伙企业法》、《中华人民共和国个人独资企业法》等法律法规及实施细则和工商登记管理的规定。

3. 房地产经纪机构的权利和义务

（1）房地产经纪机构有以下权利

① 享有工商行政管理部门核准的业务范围内的经营权利，依法开展各项经营活动，并按规定标准收取佣金及其他服务费用。

② 按照国家有关规定制订各项规章制度，并以此约束在本机构中注册经纪人员的执业行为。

③ 房地产经纪机构有权在委托人隐瞒与委托业务有关的重要事项、提供不实信息或者要求提供违法服务时，中止经纪服务。

④ 由于委托人的原因，造成房地产经纪机构或房地产经纪人员的经济损失的，有权向委托人提出赔偿要求。

⑤ 经纪人可向房地产管理部门提出实施专业培训的要求和建议。

⑥ 法律、法规和规章规定的其他权利。

（2）房地产经纪机构有以下义务

① 依照法律、法规和政策开展经营活动。

② 认真履行房地产经纪合同，督促房地产经纪人员认真开展经纪业务。

③ 维护委托人的合法权益，按照约定为委托人保守商业秘密。

④ 严格按照规定标准收费。

⑤ 接受房地产管理部门的监督和检查。

⑥ 依法缴纳各项税金和行政管理费。

⑦ 法律、法规和规章规定的其他义务。

（二）房地产经纪机构设立的程序、备案和注销

1. 房地产经纪机构设立的程序

设立房地产经纪机构，应当首先由当地房地产行政管理部门对其人员条件进行前置审查，经审查合格后，再向当地工商行政管理部门申请办理工商登记。

需要跨省、自治区、直辖市从事房地产估价业务的机构应报国务院建设行政主管部门审查，经审查合格后，再行办理工商登记。

房地产经纪机构在领取工商营业执照后的 30 日内，应当持营业执照、企业章程、机构人员情况的书面材料到登记机构所在地人民政府建设（房地产）主管部门或其

委托的机构备案。

申请设立房地产经纪机构应遵循如下流程：

① 向所在地房地产管理部门申请核定房地产经纪机构成立的必备条件。

② 向所在地工商行政管理部门申办名称核准手续。

③ 向会计师事务所办理验资证明。

④ 向所在地工商行政管理部门申办营业执照。

⑤ 向所在地地方税务部门办理税务登记。

⑥ 向所在地物价部门申办收费许可证。

⑦ 在领取工商营业执照之日起 30 日内，持营业执照、章程、机构人员情况的书面材料到登记机关所在地人民政府建设（房地产）主管部门或其委托的机构备案。

2. 房地产经纪机构的备案

设立房地产经纪机构及其分支机构，应当在领取营业执照之日起30日内，向所在地直辖市、市、县人民政府建设（房地产）主管部门申请备案，方可经营。

申请房地产经纪机构备案应当符合下列条件：依法取得营业执照；具有符合规定数量的取得《中华人民共和国房地产经纪人执业资格证书》的专职人员；企业主要人员的合法身份证明、法律、法规和规章规定的其他条件。

房地产经纪机构申请办理备案应当提交的材料一般包括如下：

《房地产经纪机构备案登记表》、经纪机构营业执照、经纪机构房地产经纪人员职业资格和注册证书、法定代表人（执行合伙人、负责人）的身份证件等。

3. 房地产经纪机构的注销

房地产经纪机构的注销，标志着其主体资格的终止。注销后的房地产经纪机构不再有资格从事房地产经纪业务，注销时尚未完成的房地产经纪业务应与委托当事人协商处理，可以转由他人代为完成，可以终止合同并赔偿损失，在符合法律规定的前提下，经当事人约定，也可以用其他办法。

房地产经纪机构的备案证书被撤销后，应当在规定的期限内向所在地的工商行政管理部门办理注销登记。房地产经纪机构歇业或因其他原因终止经纪活动的，应当在向工商行政管理部门办理注销登记后的规定期限内向原办理登记备案手续的房地产管理部门办理注销。

二、房地产经纪机构的基本类型

（一）按照组织形式分类

1. 公司制房地产经纪机构

房地产经纪公司是指依照《中华人民共和国公司法》和有关房地产经纪管理的部门规章，在中国境内设立的从事房地产经纪业务的有限责任公司和股份有限公司。

有限责任公司是指股东以其出资额为限对公司承担责任，公司以其全部资产对公司的债务承担责任。股份有限公司是指其全部资本分为等额股份，股东以其所持股份为限对公司承担责任，公司以其全部资产对公司的债务承担责任。这种形式对投资经营者来说相对安全。

2. 合伙制房地产经纪机构

合伙制房地产经纪机构是指依照《中华人民共和国合伙机构法》和有关房地产经纪管理的部门规章在中国境内设立的由各合伙人订立合伙协议，共同出资、合伙经营、共享收益、共担风险，并对合伙机构债务承担无限连带责任的从事房地产经纪活动的营利性组织。合伙机构存续期间，合伙人的出资和所有以合伙机构名义取得的收益（合伙机构财产）由全体合伙人共同管理和使用。合伙人原则上以个人财产对合伙机构承担无限连带责任，但如果合伙人是以家庭财产或夫妻共同财产出资并把合伙收益用于家庭或夫妻生活的，应以家庭财产或夫妻共同财产对合伙机构承担无限连带责任。

3. 个人独资房地产经纪机构

个人独资房地产经纪机构是指依照《中华人民共和国个人独资机构法》和有关房地产经纪管理的部门规章在中国境内设立，由一个自然人投资，财产为投资人个人所有，投资人以其个人财产对机构债务承担无限责任的从事房地产经纪活动的经营实体。这种形式在设立要求和程序上比较简单，与其他形式相比，在资金、技术和社会信誉等方面要弱些，并且经营风险较大。

4. 房地产经营机构设立的分支机构

在中华人民共和国境内设立的房地产经纪机构、国外房地产经纪机构，经拟设立的分支机构所在地主管部门审批，都可以在中华人民共和国境内设立分支机构。分支机构能独立开展房地产经纪业务，但不具备法人资格。房地产经纪机构的分支机构独立核算，首先以自已的财产对外承担责任，当分支机构的全部财产不足以对外清偿到期债务时，由设立该分支机构的房地产经纪机构对其债务承担清偿责任；分支机构解散后，房地产经纪机构对其解散后尚未清偿的全部债务（包括未到期债务）承担责任。国内房地产经纪机构经国内房地产经纪机构所在地主管部门及拟设立分支机构的境外当地政府主管部门批准，也可以在境外设立分支机构。分支机构是否具有法人资格视分支机构所在地法律而定。分支机构撤销、解散及债务的清偿等程序按照分支机构所在地法律进行，但不应该违反中国法律。

（二）按业务类型分类

1. 以存量房经纪业务为主的房地产经纪机构

这类房地产经纪机构主要从事存量房的租赁和买卖经纪业务。房地产市场具有地域性特点，这个决定了目前有很多的小中介存在，并且业务以存量房的买卖和租赁为主。据有关数据统计，目前我国国内以存量房经纪业务为主的房地产经纪机构数量要大于以新建商品房经纪业务为主的房地产经纪机构，大量的存量房经纪业务是通过经纪公司来完成。例如21世纪不动产、北京链家、信义房屋、满堂红等企业就属于这类房地产经纪机构。

2. 以新建商品房经纪业务为主的房地产经纪机构

随着房地产市场竞争的加剧，很多房地产开发企业通过房地产经纪公司来进行新建商品房的销售和租赁代理服务，并且这一数据在逐步上升。这类机构主要提供代理服务，在北京、上海等一线城市开发商委托房地产经纪机构代理销售的比例相对较高。例如深圳世联地产、上海同策、上海新联康等企业就属于以新建商品房经纪业务为主的房地产经纪机构。

3. 以策划、顾问业务为主的房地产经纪机构

这类房地产经纪机构对房地产市场的研究和认识较为全面，层次高，有深度，主要为房地产开发商和大型房地产投资者提供营销策划、投资分析等咨询类服务，并承担相关房地产的代理销售式居间，主要着重于大型的国际酒店、写字楼、商铺、工业楼宇。目前主要是以境外来中国内地的房地产服务企业，例如如戴德梁行、仲量行、世邦魏理仕、第一太平戴维斯、高纬环球等。这类机构还有大量的房地产租售代理业务，侧重办公楼、综合性商业物业和高端住宅。

4. 综合性房地产经纪机构

这类机构涉足于房地产服务业的多个领域，如经纪、估价、咨询、培训等，是一种综合性的房地产服务机构。例如易居（中国）、中原地产、合富辉煌、富阳（中国）、伟业、我爱我家等企业。这类机构的特点有两个，一是服务范围全面，通常集房地产经纪、价格评估、营销策划、投资咨询、销售代理、物业管理顾问等功能于一体，有能力形成全方位的服务体系，为客户开展综合服务；二是跨区域经营较为普遍，它们一般采取全球化扩张策略，在世界上许多国家和地区设有分支机构，利用先进的科学技术服务手段以及强大的国际网络开展房地产综合服务，其执业标准、执业规范、专业人员素质、执业技术手段、执业运作经验和管理经验方面水准普遍较高。

5. 其他房地产经纪机构

除了上述几种类型的房地产经纪机构外，还出现了一些边缘性的房地产经纪机构，它们是其他行业涉足房地产经纪行业，或者房地产经纪行业与其他行业相结合后的产物，反映了房地产经纪企业的业态出现多样化的演变，例如物业服务企业涉足房地产经纪业而形成的管理型房地产经纪机构，互联网企业与房地产经纪企业联合而形成的房地产网络经纪企业等。

三、房地产经纪机构的经营模式

（一）房地产经纪机构经营模式类型

房地产经纪机构的经营模式是指房地产经纪机构承接及开展业务的渠道及外在表现形式。根据房地产经纪机构是否通过店铺承接和开展房地产经纪业务，可以将房地产经纪机构的经营模式分为无店铺模式和有店铺模式，根据经纪机构下属分支机构的数量及分支机构的商业组织形式，可将房地产经纪机构经营模式分为单店模式和连锁经营模式。规模化连锁经营模式又可以分为直营连锁经营模式、特许加盟连锁经营模式、直营和加盟混合连锁经营模式三种。

1. 无店铺模式

采用这种经营模式的房地产经纪机构并不依靠店铺承接业务，而是主要靠业务人员乃至机构的高层管理人员直接深入各种场所与潜在客户接触来承接业务。在我国，这类机构主要以新建商品房经纪业务或存量商业房地产租售代理业务为主，因为面向的客户主要是机构客户，数量有限，不可能通过店铺来等待客户，往往需要房地产经纪人员主动出击拜访。房地产经纪机构也有通过招投标等形式来获得这类客户的委托。

随着信息技术的广泛运用以及互联网的普及，人类传统的生产生活方式正在进行革命性的变革。由于电子商务在信息传播、发布房地产市场行情和出售物业的过程中充分体现了信息量大、覆盖地域广、传播速度快、节省人力财力等优势，所以基于互联网技术的无店铺经营方式正被越来越多的房地产经纪企业广泛采用。一些经济专家认为，基于现代信息技术的电子商务，会给房地产经纪企业带来无限商机。随着电子商务进入房地产领域，客户可以在世界任何地方上网浏览房地产经纪机构的分类信息资料，房地产经纪机构也可以随时按照客户的要求添加新内容，且配有物业的各种照片、图解，内容形象而直观，所以客户很快便可选中相对较为满意的目标。电子商务节约了约60%的实地考察费用，签订合同时间也平均缩短了两周到1个月左右。同时，由于网上信息是公开的，使得市场竞争的透明度大幅增加，从而有利于市场的公平交易，降低不动产的泡沫成分，合理使用和开发房地产资源。

2. 有店铺模式

这一类房地产经纪机构通常依靠店铺承接业务，通常是面向零散房地产业主及消费者，从事存量房买卖居间和房屋租赁居间、代理业务。

（1）单店经营模式

单店即只有一个店铺，它通常也是房地产经纪机构唯一的办公场所，没有下设的分支机构，这种经营模式对于资金等要素要求较低，所以比较适合资金实力有限、人员较少、控制风险和减少管理成本是首要要素的大多数小型房地产经纪企业所采用。同时，这种经营模式一般要求企业店面的选址要接近自身业务比较熟悉的区域。这种模式一般在一个城市房地产经纪业发展的初级阶段中会大量存在。但是由于规模小、从业人员素质不高、管理混乱等原因，采用这种经营模式的企业大都随着房地产市场的规范化、规模化、专业化和市场化而被淘汰。目前我国约有三分之一的房地产经纪机构采用这种模式。

（2）连锁经营模式

连锁经营形式是零售业在 20 世纪的一项重要发展，这种模式是指众多小规模的、分散的、经营同类商品和服务的同一品牌的零售企业，在总部的组织领导下，采取共同的经营方针、一致的营销行动，实行集中采购和分散销售的有机结合，通过规范化的经营实现规模经济效益的联合体。采用连锁经营方式的房地产经纪企业是通过广泛设立门店、在店内直接开展经纪业务，并将各店的房源和客户信息依靠网络实现整体的信息共享，以提高服务效率、降低经营成本。连锁经营根据门店的拓展方式不同，可以分为直营连锁经营模式和特许加盟连锁经营模式。

① 直营连锁经营：直营连锁经营是由同一公司所有，统一经营管理，具有统一的企业识别系统（CIS），实行集中采购和销售，由两个或两个以上连锁分店组成的一种形式。在房地产经纪行业中，直营连锁模式中所有的连锁门店都是由总部自己投资建立的，公司负担所有门店的成本开销，同时对门店的经营收入和盈利也拥有完全的索取权，公司对门店重大事项有完全的经营决策权。在直营连锁经营方式下，房地产经纪机构能够获得更多的信息资源，并借助网络实现信息资源共享、扩大有效服务半径，以规模化经营实现运营成本的降低。各连锁店之间虽然也可能存在利益竞争关系，但由于所有连锁店都为一个机构所拥有，整体上的利益还是一致的，可以通过内部的协调机制来解决。同时，因为各连锁店属于同一个所有者，管理权力绝对集中，在管理上相对容易，所有者的经营理念容易贯彻。缺点是在跨区域扩张时，直营连锁模式往往因为资金占用过多、人力资源缺乏和管理等问题出现危机。此外，直营连锁方式经营风险过于集中，不利于应对周期性的市场波动。目前采用这种模式的房地产经纪企业比较典型的有上海的上房置换公司和中原地产、北京的千万家房产和我爱我家、广州的满堂红等。这些采取直营连锁模式的中介企业，下属的连锁店铺均由总部全资或控股开设，营业收益均属于总部，经营者由总部直接任命。如在上房置换公司运作中，由公司层面做出门店的重要经营决策，由公司的管理中心对各连锁门店的业务流程进行集约化统一管理，由公司的科研培训中心对各连锁店的从业人员进行统一培训，由公司的网络中心对各连锁店统一布设“置换物业网络系统”的软硬件配置，由公司层面的档案中心对各连锁店收缴的客户资料提供统一的保管等。它的优点是所有权和管理权相对集中，使公司对于下属各连锁门店的管理更为直接有效，也利于实现规模效益。但是需要的投资额大、风险大，对环境的适应性和应变能力差。

② 特许加盟连锁经营：特许加盟连锁是将连锁经营与特许经营相结合的一种经营模式，它提供特许经营的方式来开设连锁店，而非像直营连锁经营那样由母公司直接投资并拥有各连锁店。特许经营起源于美国，是指特许者将自己拥有的商标（包括服务商标）、商号、产品、专利和专有技术、经营模式等以特许经营合同的形式授予被特许者使用。被特许者按照合同规定，在特许者统一的业务模式下从事经营活动，并向特许者支付相应的费用。特许经营在房地产中介行业中的应用也很广泛。

特许经营具有 4 个共同特点：（法人）对商标、服务标志、独特概念、专利、经营诀窍等拥有所有权，权利所有者授权其他人使用上述权利，在授权合同中包含一些调整和控制条款，以指导受许人的经营活动，受许人需要支付权利使用费和其他费用。特许经营是利用自己的专有技术与他人的资本相结合来扩张的一种商业发展模式，是技术和品牌的扩张而不是资本的扩张。特许经营的目的在于让加盟方因特许方的成功经验而能够在快速且有获利的情况下发展。采取特许加盟连锁模式的房地产经纪公司，是特许人向加盟店提供特许权，并给予加盟店以人员培训、技术支持等方面的指导和帮助，在“特许加盟合同”的框架内，加盟门店拥有独立的经营管理并自负盈亏。特许人不享有加盟店的所有利润，仅获取约定的加盟费和年金。一般而言，采取特许加盟连锁模式的特许人都有着国际背景和知名品牌，如 21 世纪不动产。特许加盟连锁经营之所以能够在全球范围内得到广泛应用和发展，主要原因在于这种经营模式在一定程度上结合了直营连锁和自由连锁的优点，在保证总部向分店输出的管理模式做到协调统一的同时，可以利用较低成本，迅速扩大企业规模，增加竞争优势，提高销售额和利润。对于特许人而言，可以不受资金的限制，迅速扩张规模，在当今经济全球化的趋势下，可以加快国际化发展战略。同时特许人还可能降低经营费用，集中精力提高企业管理水平；另一方面，对于那些资金有限、缺乏经验，但又想投资创业的人而言具有极强的吸引力，因为一旦加盟实行特许经营的企业，就可以得到一个已被实践检验行之有效的商业模式和经营管理办法以及一个价值很高的品牌的使用权，还可以得到特许人的指导和帮助，所有这些都将大大减低他的投资创业风险。但是每一家加盟连锁店都是独立拥有的，要求每一家加盟店都按统一的标准提供服务是有一定难度的。同时，对信息的控制也比直营连锁模式困难。因此，特许加盟连锁模式要求房地产经纪企业必须拥有科学、有效的管理模式和高水平的管理队伍。

③ 混合经营模式：这种模式是指直营连锁和特许加盟连锁经营的混合。直营和加盟混合连锁模式通常有两种形式：一种是以直营为主、加盟为辅，另一种是直营、加盟连锁并行发展。

前者以上海智恒房产为主要代表。上海智恒创建于 1993 年，截至 2005 年，智恒直营连锁门店达 150 家。2006 年，智恒引入特许经营加盟系统，以“直营+加盟”的双轨模式更合理地应对市场风险，发展加盟门店 50 家。由此可见，采用直营为主、加盟为辅的企业以直营连锁为主，同时也吸收加盟中介门店。对于自营门店，公司拥有完全的所有权和经营决策权；而对于加盟门店，则按照“特许加盟模式”，加盟门店在加盟合同框架下“自主经营、自负盈亏”。

后者以来自中国台湾的信义为主要代表，一般采取直营、加盟连锁并行发展的模式，基本是各占 50%。这类企业一般有国际背景，在局部细分市场上品牌影响力较强。其市场定位主要是在高档市场上从事各类房地产咨询、居间、代理服务。

混合经营机制灵活、交纳费用低，但它的弊端也很显著，如连锁店之间的整体性差，很难协调直营店和加盟店的管理与服务水平等。

我国房地产经纪企业发展的实践证明，上述各种模式都有各自适应的市场环境和优缺点。目前从实际来看，几种经营模式在我国都客观存在，而且从数量上看，特别是在一些中小城市，单店模式和小规模连锁模式仍然是市场的主体。随着市场的发展，特别是跨入21世纪后，尤其在上海、北京、天津等大城市，专业化程度成为行业竞争的焦点，而大规模中介企业具有专业化方面的优势，房地产中介服务业进入了规模化连锁模式时代。

（二）房地产经纪机构经营模式的比较

1. 单店经营模式与连锁经营模式的比较

单店经营模式与连锁经营模式各有优缺点，见表2.1。

表 2.1 两种模式运营优劣势比较

模式类型	专业化程度	规模经济要素	管理成本	决策效率	品牌吸引力
单店模式	低	无	管理层次少，管理费用低。监督成本少，可有效控制飞单现象	决策快，但决策人素质有限，错误决策可能性大	无品牌
连锁经营模式	有总部的技术支持，专业化程度提升有体制保证	门店间市场信息共享；广告、网络软硬件配置、人才招聘和培训集中进行	管理层次多、成本高；监督成本高；为控制门店业务安全性而采取统一管理，业务上移，可能导致运营效率的下降	决策时效性差一些，但决策人素质高，而且有决策系统支持部门，决策正确率高	有一定的知名度和品牌影响力。可保证交易安全性，在行业不规范时期，对顾客的吸引力相对较强

这两种经营模式为客户提供的服务价值以及对行业发展方向的影响和促进作用不同，适用于不同的市场发展阶段。在房地产经纪业发展的初级阶段，单店模式通常是市场主体；随着市场的进一步发展，专业化程度成为行业竞争的焦点，而大规模经纪机构具有专业化方面的优势，成为行业的领导者。经营模式的发展演进，是房地产经纪行业发展的需要，也是企业适应市场需求变化的需要。

2. 直营连锁和特许加盟连锁经营模式比较

直营连锁和特许加盟连锁经营两种经营连锁形式各有特点，表2.2是对两者的比较。

表 2.2 直营连锁和特许加盟连锁经营模式比较

特性 \ 连锁种类	直营连锁	特许加盟连锁
连锁经营组织与房地产经纪机构的关系	资产隶属	契约合作关系
投资情况及经济关系	房地产经纪机构投资，收入、支出统一核算	加盟者投资，独立核算，支付加盟费

续表

特性＼连锁种类	直营连锁	特许加盟连锁
总部对分店利润的分享	因承担全部费用，故分享其全部利润	总部因分担部分费用，故分担部分利润
连锁经营组织的经营权	非完全独立	完全独立
连锁经营组织的扩展	速度较慢	速度较快
企业形象的树立与维护	较容易	较容易
房地产经纪机构对连锁经营组织的管理	行政管理	合同约束与沟通督导
经营信息的传递	较好	较好
政策、活动的推行	容易采取一致行动	较易要求一致行动

这两种经营连锁形式存在着一定的差别，各有特点。随着房地产经纪服务业的发展，专业化程度将成为行业竞争的焦点，本土经纪机构要顺应市场，找到适合自己发展的经营模式。

一般来说，房地产经纪企业选择经营模式主要考虑三个方面：是否有店铺、企业规模、规模化经营的方式。

房地产经纪企业是否开设店铺主要是根据其所面向的客户类型决定的。一般而言，面向零散客户的经纪企业通常需要开设店铺，而面向机构类大型客户的经纪企业不一定要开设店铺。实践上也证明了这一点，目前从事存量房居间的企业大多有店铺，而从事商品房销售代理的企业通常不设店铺。但是，随着计算机信息技术和互联网的推广，即使是面向零散客户的经纪企业也有可能以网上虚拟店铺来代替有形店铺。如在一些特大城市已出现了主要为外籍人士进行房屋租赁代理的企业，它不设店铺而是在互联网上推出专业的网页甚至网站，受理准备入境的外籍人士的委托，为其提供存量房租赁代理服务。

经纪企业对企业规模的选择，首先要遵循规模经济的一般原理，其次要根据经纪企业的自身特点，着重考虑经营规模与以下三方面因素的匹配程度：信息资源、人力资源和管理水平。首先，房地产经纪企业以信息为主要资源，如果没有充足的客户信息和房源信息，那么过多的店铺或机构部门就会被浪费。其次，房地产经纪企业以提供专业性服务为主要经营范围，人力资源是企业最重要的要素之一，主要包括业务人员和企业管理人员，因此房地产经纪企业经营规模的大小必须与其已拥有及可能拥有的人力资源实力相适应。最后，管理水平决定着经纪企业在规模扩大时能否保持乃至提高其整体服务质量和水准，所以也是经纪企业在选择经营规模时必须充分关注的。管理水平一方面取决于人力资源中企业管理人员的数量和素质，另一方面还取决于经纪企业是否建立了有效并相对稳定的管理模式，好的管理模式可以保证经纪企业避免因管理人员人事变动给企业管理带来的不稳定。

与任何企业一样，每一个房地产经纪企业总是不断谋求由小变大的发展。当一个城市的房地产经纪市场发展到一定程度，或者房地产经纪企业发展到一定规模时，规模化经营方式的选择尤其重要。无店铺的经纪企业规模化运作时，需要考虑企业内部部门的扩张和结构更新或设立分支机构。有店铺的经纪企业规模化运作的主要方式是连锁经营。从实践来看，连锁经营具体模式的选择，首先要考虑的因素便是企业的资金来源和抗风险能力。如果企业资金实力较强，资金运作能力和抗风险能力较强，经纪企业可以采取开设分公司、全资子公司或直营连锁店的方式；如果企业不想承担较高的扩张成本，又想以较低的风险迅速扩张，则可以采取与他人合资成立经纪公司或特许加盟连锁经营的方式。

小资料

北京某知名房地产经纪有限公司成立于 2002 年，注册资本达三千万元人民币，是京城知名的以房地产租售服务为经营对象的大型房产经纪综合服务商。目前，在北京共拥有几十家直营分店，400 多名专业经纪人。该房地产经纪有限公司采取的是直营连锁模式，公司总部将其所拥有的 60 多家门店按地域划分进行统一管理。例如，对各连锁门店的业务流程实施集约化统一管理，由公司的培训中心对各连锁店的从业人员开展统一培训。培训中心由公司资深人事组成专业的讲师团，对新进员工及在职人员进行定期与不定期培训。另外公司的 ERP 业务系统（企业资源管理系统）和独立宽带网将各连锁店业务进行联网，实现了各门店办公、业务、客户服务信息化流程化，各连锁店收缴的客户资料第一时间录入业务系统，实行全员共享。完全的经营决策权，使公司对下属各连锁门店的管理更为直接、有效，这也是直营模式的一大特点。

四、房地产经纪机构的组织系统

（一）房地产经纪机构的部门设置

不同类型的房地产经纪机构，由于经纪活动内容不同，在部门设置上会有较大差异，但各类房地产经纪机构内设置的部门主要包括四类：业务部门、业务支持部门、客户服务部门和基础部门。房地产经纪机构可以根据自身的情况选择需要的某些具体部门形式，以保证经营活动顺利开展。

1. 业务部门

业务部门一般隶属于公司总部的业务部门和分支机构（主要是连锁店）构成。

（1）公司总部的业务部

有连锁店的经纪机构中，其业务部门的主要工作是业务管理和负责规模、资金较大的业务项目。没有连锁店的经纪机构中，业务部是直接从事经纪业务的部门。公司总部的业务部门可以根据需要进行不同的设置。

① 根据物业类别不同进行设置。不同的物业类型在交易中要求不同，可以根据房地产类型不同设置住宅部、办公楼部、商铺部等，每个部门负责各自类型的房地产经纪业务。

② 根据业务类型不同进行设置。很多房地产经纪公司根据业务来进行分类，例如可以划分为置换业务部、租赁部、销售部等部门。

③ 根据业务区域范围进行设置。例如根据业务覆盖区域不同可以划分为东区、西区、南区、北区业务部等。

（2）连锁店（办事处）

在连锁店（办事处）必须有一名以上取得房地产经纪人执业资格的房地产经纪人，否则不得从事房地产经纪活动。

2. 业务支持部门

业务支持部门主要是为经纪业务开展提供必需的支持及保障的部门，包括交易管理部、评估部、网络信息部、研究拓展部、办证部等。房地产经纪公司可以根据自身规模等来调整设置。

① 交易管理部：房地产经纪机构要对所属经纪人的行为承担法律责任。交易管理部门主要负责对房地产经纪人与客户签订的合同进行管理，维护经纪机构的利益。

② 评估部：评估部主要对某些需要提供价格意见的业务出具参考意见，不具有法律效力。

③ 网络信息部：房地产经纪信息是房地产经纪机构的重要资源和无形财富，它反映了房地产经纪活动并为房地产经纪活动服务，一些大型房地产经纪机构都采用计算机系统对信息进行管理。网络信息部的主要职责就是负责信息系统软件的管理和维护。

④ 研究拓展部：研究拓展部负责市场调查分析、原业务调整方案的制定、新业务品种的研究等工作。

⑤ 办证部：办证部负责为客户到房地产交易中心办理房地产权证过户、合同登记备案以及协助客户办理有关商业贷款、公积金贷款申请手续等。

3. 客户服务部门

客户服务部门既有对客户服务以及受理各类客户的投诉，同时也包括对经纪人业务行为的监督。作为一个服务性行业，售后服务非常重要，这直接关系到房地产经纪机构的形象和今后的发展。对经纪人行为的监督则是保证经纪人在提供服务时能够严格按照公司要求提供规范服务，维护经纪机构的利益。

4. 基础部门

基础部门主要是指一些常设部门，如行政部、人事部、财务部等。这些基础部门也是一般公司常设的部门。

（二）房地产经纪机构的岗位设置

1. 岗位设置的基本原则

企业根据“因事设岗，因岗设人”的基本原则，以公司业务流程为基础，在对业务流程进行细致分析的基础上定编定员，保证每一个岗位都有明确清晰的功能，能够充分发挥自己的作用。房地产经纪机构在设立岗位时，应该明确该岗位具体应该做哪些工作，包括工作职责、主要目标、任职条件、培训需求、职业规划。否则可能造成岗位设置重叠、工作相互推诿和效率低下的后果。其次，企业岗位设置时应注意工作内容的丰富化原则。工作丰富化是指工作内容的纵向扩展，使员工所做的活动具有完整性，增强员工的自由度和独立性，增强员工的责任感，及时提供工作反馈，以使员工了解自己的绩效状况，并加以改进，要有利于员工的成长。

2. 主要岗位及工作内容

（1）销售序列

① 销售员岗位。直接上级：案场销售经理（房地产代理机构）或是连锁店经理（房地产居间机构）。主要工作内容及职责：全力完成公司下达的各项工作指标；遵守公司制定的一切规章制度，对同事的不良行为不包庇，不纵容；积极参加公司对员工的各项专业知识方面的培训并争取取得优良成绩；培养良好的团队合作精神，提高工作效率；爱护公司财产，看到他人的破坏行为及时阻止；接待客户热情、周到，保证自己的服务让客户满意，遇事不与客户争执并及时向上级汇报；妥善保管销售手册并确保其内容不外泄；主动配合公司做好针对所在销售个案的调研工作；认真做好客户登记并确保资料的准确性；认真填写各类表单，确保内容和数据的准确性；高资历销售员主动提携帮助浅资历销售员，完成团队及个人指标；严格遵守公司保密制度，维护公司利益；贯彻实施部门制定的关于公司稽核发现问题的改进计划；个案销售结束后主动、积极配合市场部做好各类市场调研工作。

② 案场销售经理岗位。直接上级：销售副总经理。主要工作：负责整个案场的管理工作，协调与甲方及施工单位在销售过程中的关系；严格执行各项案场工作守则及作业流程；具有高尚品质、良好的职业道德及行为准则；对公司忠诚，杜绝各种不良习气及损害消费者与公司利益行为的发生；具有良好的沟通及协调组织能力，对内做好带头表率、上传下达，关心下属员工，为其解决工作中遇阻的问题，培训案场人员团队精神；具备全面广泛的专业知识能力；熟悉房地产政策、法规，房地产市场发展趋势，本市各区房产地域分布；积累有丰富的房地产知识，能从专业的角度分析产品的特征、特性；具有敏锐的判断力及商务谈判技巧；具有一定的业务培训能力及管理能力；带领团队按时完成公司布置的业绩指标任务，在工作中协助上级领导依据实际情况调整原有的工作程序、管理制度，使各项工作更趋于合理化、规范化；项目前期做好市场调查分析，配合相关部门制定合理的企划计划与销售计划；统一销售口径，组织小组人员进行产品训练；做好项目筹备工作；项目中建立完整的项目销售档案及客户档案；能主动、积极配合领导完成各项工作；制定周、月工作计划并每周、月进行总结；协助发展商处理订金、合同、按揭等工作；反馈客户意见及市场动态；销售经理对所有案场工作人员有上岗考核、业务评定、建议停职或推荐调升的权利；完成销售任务后协助做好个案结案报告，并带领销售员做好公司交办的新任务。

③ 连锁店经理岗位。直接上级：销售副总经理。主要工作：根据公司的授权负责该连锁店业务的运营及管理；执行公司的有关业务部署；负责对连锁店人员的管理和工作评估，并及时将有关情况报告给公司的有关部门。

④ 销售副总经理岗位。直接上级：总经理。主要工作：负责领导各个案场销售经理的工作，对各个案场实施宏观管理、控制；负责销售员及各种资源在各案场中

的调配；负责组织各项目的前期谈判和准备工作以及项目营销方案的审定；负责销售员、案场经理的佣金发放、审核等工作。

（2）研发序列

① 项目开发岗位。直接上级：所在部门的部门经理。主要工作：针对各种渠道得来的信息进行项目跟踪，与潜在客户进行初步洽谈，形成某种意向后提交给上级。

②市场调研岗位。直接上级：所在部门的部门经理。主要工作：分为专案市调、热点楼盘市调、开发市调。

③ 信息管理岗位。直接上级：所在部门的部门经理。主要工作：负责管理公司内部初期的商机信息及收集工作。

④ 专案研究岗位。直接上级：所在部门的部门经理。主要工作：针对房地产市场情况，包括供求情况、交易情况、政策法规等进行总体研究，并撰写研究报告。

（3）管理序列

① 部门经理岗位。直接上级：分管副总经理。主要工作：具体负责房地产经纪机构内各部门的工作计划制定、工作安排；监控各部门的工作进度；考核本部门的工作人员。

② 副总经理岗位。直接上级：总经理。主要工作：参与机构整体工作计划的制定；协助总经理分管房地产经纪机构内某一个或几个方面工作。

③ 总经理岗位。主要工作：负责房地产经纪机构的全面管理，包括组织制定和调整机构经营模式、内部组织机构、内部管理制度和任免各岗位的工作人员等。总经理对董事会（有限责任公司或股份责任公司）或投资人（合伙企业）负责。

（4）业务辅助序列

① 办事员岗位。直接上级：所在部门的部门经理。主要工作：经办产权登记、抵押贷款代办等业务有关的相关事务。

② 咨询顾问岗位。直接上级：所在部门的部门经理。主要工作：在一些规模较大的房地产经纪机构内，为提高服务质量，还专门聘请具有专业知识和经验丰富的人员为客户提供信息、法律等方面的咨询。

（5）辅助序列

主要包括会计、出纳，较大规模的房地产经纪机构内通常还有秘书、接应台服务生、保安、司机、保洁员等岗位以辅助机构运转。

小 资 料

某房地产经纪公司的销售代表岗位职责要求：主要负责通过电话，网络，带看三种方式完成业绩指标；综合素质高，工作态度端正，有执行力、迅速反应、立即行动的工作作风；热爱销售工作，有责任心，踏实肯干，勇于挑战高薪；吃苦耐劳，有良好的交际能力和抗压能力，适应外出门店周边小区带看的工作环境；标准流利的普通话，能基本听懂各主要大地区方言。

工作任务——房地产经纪机构的初始备案

案例采用引例中的背景资料：孙小姐，杭州市一名房地产经纪人员，从业两年后，与朋友李某共同出资100万元，准备开一家房地产经纪公司。首先是办理营业执照。公司确定了名称，制订了公司章程和组织机构，申报各项材料后在银行开户打入100万元资金，并办理了验资证明。之前，两人在杭州某街租下一商铺作为经营场所，签了租期3年的租赁合同。两人准备了相关材料，到所在区域的工商登记机关进行设立登记，领取了营业执照。领取营业执照后，进行房地产经纪机构备案初始登记。

操作步骤：

1）领取营业执照之日起30内办理备案。

2）准备好杭州市房地产经纪机构备案登记申请表，申请报告、工作简历表、经纪机构网上签订合同申请表等表格，并填写完毕。

3）准备好相关材料，需要携带的资料包括①备案申请表及申请报告，原件/1份；②营业执照（正本，经营范围内主营为房地产经纪、房地产经纪机构名称中应当表述为“经纪”字样），复印件并核对原件/1 份；③营业场所的自有房屋产权证或房屋租赁备案证；复印件并核对原件/1份；④法定代表人身份证及任职文件（原件/1 份）及身份证明（复印件并核对原件/1 份）；⑤房地产经纪机构章程，原件/1份；⑥房地产经纪机构管理制度《含杭房局[2003]46 号和杭房局[2005]99 号文件中关于房款监管和规范经纪行为的有关规定》，原件/1 份；⑦注册资金验资报告，复印件并核对原件/1份；⑧三名以上专职房地产执业经纪人资格证书（全国房地产经纪人或杭州市房地产经纪人），复印件并核对原件/1 份；⑨房地产经纪机构与专职经纪人签订的劳动合同及为其缴纳的社会保险证明 原件/1份；⑩经纪人原房地产经纪机构解聘证明，原件/1份；⑪本人签章的经纪人工作简历，原件/1份；⑫经银行确认的房款监管账户及账号清单（可以备案后办理），原件/1 份；⑬经纪机构网上签订合同开户申请（可以备案后办理）原件/1份。

4）往相关部门提交资料申请备案：杭州市平海大厦三楼办证大厅（下沙：杭州经济技术开发区金沙大道600号西楼4楼433室；之江：杭州五云中路1号B楼一楼办证大厅；滨江：江南大道87号建设土管大楼八楼）。工作人员对资料核对查收。

5）自受理之日起十个工作日完成备案，杭州市房地产经纪机构备案证书，有效期两年。

任务3 实训项目与练习

一、21世纪不动产和公众房网经营模式案例

（一）21世纪不动产经营模式

21 世纪不动产体系是两个美国房地产传奇人物——经纪商巴特莱尔和费舍尔于

1971 年在美国加州创立的，迄今已有 30 年的历史。由于这两位当地市场上杰出的房地产经纪人敏锐地觉察到特许经营的巨大威力，果断地决定采用特许经营的方式复制自己的成功经验，创立了金色的 21 世纪品牌（CENTURY 21®），从此创造了房地产中介行业的一个传奇。21 世纪采用的是特许经营模式，是全球最大的特许经营服务商，21 世纪品牌使用为有价值使用，需缴纳一定的加盟费以及保证金，并定期缴纳品牌使用费。

与其他经营模式相同，特许经营模式遵循着“吸收顾客——保留顾客——继续成长”的循环模式，最终占领更大的市场份额。在 21 世纪不动产的辞典里，特许经营被概括为“一种获得并保留顾客的商业战略，在现在和未来的消费者心目中建立真实可认知的品牌形象的市场营销系统；建立可以满足顾客的产品与服务的分销渠道。”而作为商业战略的特许经营的目的则是组成协作网络，形成一种团体力量，从而获得更大的市场份额。

21 世纪不动产已经成为房地产中介行业的一个传奇，成为全球领先的房地产综合服务提供商之一，在全球多个区域取得令人侧目的业绩。

在 21 世纪不动产已经进入的、正式运营的区域市场，在企业规模和成交额方面，21 世纪不动产在 90%的区域处于当地市场前三名的领先地位。

21 世纪不动产的区域加盟商均为当地唯一的特许授权商，一般为当地有影响力的开发商或上市公司等，具有良好的企业背景和雄厚的资金实力。例如，济南三联集团，上海新锦江集团、广州珠江地产、山东鲁银集团、天津永泰集团等都是 21 世纪不动产加盟商。

21 世纪中国不动产体系正在通过规范的品牌管理和运营支持、系统的培训服务和 IT 平台、强大的资源整合和衍生业务发展，吸收更多的加盟店，培养更多的经纪人，推动和支持加盟店业务的规范发展，实现国际化品牌落地生根。21 世纪中国不动产未来的发展目标是：在全国建立 60 个区域分部、吸收 4000 家门店、培养 30000 名经纪人。

（资料摘自 21 世纪不动产网站）

小资料

21 世纪不动产杭州区域门店加盟条件：有志在不动产中介行业长远发展，渴望获得成功；接受特许经营模式，认可 21 世纪的理念和使命；加盟的目的是为了不断地扩大市场份额，促进中介业务的不断增长并获利；有团队合作精神，能够与其他加盟成员友好合作；有（希望有）专业的形象和优质的不动产中介服务；一般要求 50 平方米以上的营业面积，5 名以上的经纪人，具备专职管理人员（店长或店主）；具备一定的资金能力；持有工商营业执照和相关的资质证书。

（二）公众房网经营模式

杭州公众房网成立于 1998 年，是浙江省最早的房地产中介品牌。公司业务主营二手房买卖、房屋租赁、一手房销售代理、房产权证代办、抵押贷款等相关延伸服务产品。公众房网是行业中多个业务模式的探路者；杭州二手市场的奠基者；最早提出向大众公开服务的倡导者。2010 年 3 月公众房网成功启动企业改制和品牌升级，重新步入快速发展的新阶段。截止2012年5月，公众房网已拥有20余家门店，300余名经纪人。公众房网采用的是直营连锁经营模式。直营连锁是指连锁公司的店铺均由公司总部全资或控股开设，在总部的直接领导下统一经营。总部对各店铺实施人、财、物及商流、物流、信息流等方面统一管理。直营连锁作为大资本运作，利用连锁组织集中管理、分散销售的特点，充分发挥了规模效应。公众房网采用直营连锁经营，总部对各分店拥有所有权，对分店经营中的各项具体事务均有决定权，分店完全按总部意志行事。直营体系执行力强，局部优势明显，相对于21世纪的特许经营模式，直营连锁经营的发展更易受到资金的限制。到2013年6月，杭州公众房网已经发展至拥有26家门店的品牌中介。

二、实务操作（模拟组建房地产经纪公司）

王小姐和朋友准备在杭州组建一家房地产经纪公司，按照以下流程进行公司设立操作。

（一）工商注册前的准备工作

1. 信息核准

首先了解房地产机构设立的必备条件和流程，做好相应准备工作。

2. 公司命名

王小姐与朋友为公司准备了“杭州××房地产代理有限公司”的名称，后面办理注册时要进行名称核准。

3. 公司选址并租赁办公场所

经过多番考察和比较，并与房东进行谈判，王小姐和朋友选中了杭州××小区的商铺作为门店，并签订了3年合同，同时对门店进行了装修，具备房地产经纪公司特色。

4. 明确了经营范围

以二手房的租赁与买卖业务为经营内容。

5. 制订了公司章程和组织机构

制订了公司章程，包括总则，经营范围，权利与义务，机构的产生及规则等内容，同时确立了公司的组织机构为企业。

6. 资金准备

根据经营范围等准备好注册资金，并打入开户银行，办理验资证明。

（二）申办营业执照等

准备好所有上述材料，向杭州市工商管理局申办营业执照，税务部门办理税务登记，向物价部门申办收费许可证。同时与公司受聘的 5 名房地产经纪人签订劳动合同等，准备好相关材料，确认只在本公司受聘。同时填写好杭州市房地产经纪机构备案登记申请表、申请报告等资料。

（三）备案登记

营业执照办理完 15 天后，王小姐和朋友携带相关资料到杭州市平海大厦三楼办证大厅进行公司的备案登记，准备的材料包括了①备案申请表及申请报告原件 1 份；②营业执照原件和复印件 1 份；③房屋租赁备案证原件和复印件 1 份；④法定代表人身份证及任职文件（原件 1 份）及身份证明原件和复印件 1 份）；⑤房地产经纪机构章程原件 1 份；⑥房地产经纪机构管理制度原件 1 份；⑦注册资金验资报告原件及复印件 1 份；⑧房地产执业经纪人资格证书原件及复印件 1 份；⑨房地产经纪机构与专职经纪人签订的劳动合同及为其缴纳的社会保险证明原件 1 份；⑩经纪人原房地产经纪机构解聘证明原件 1 份；⑪本人签章的经纪人工作简历原件 1 份；⑫经银行确认的房款监管账户及账号清单（可以备案后办理），原件 1 份；⑬经纪机构网上签订合同开户申请（可以备案后办理）原件 1 份。

工作人员对资料核对查收，部分资料核对原件后返还。

自受理之日起十个工作日完成备案，王小姐和朋友领取了杭州市房地产经纪机构备案证书，有效期两年。

项 目 小 结

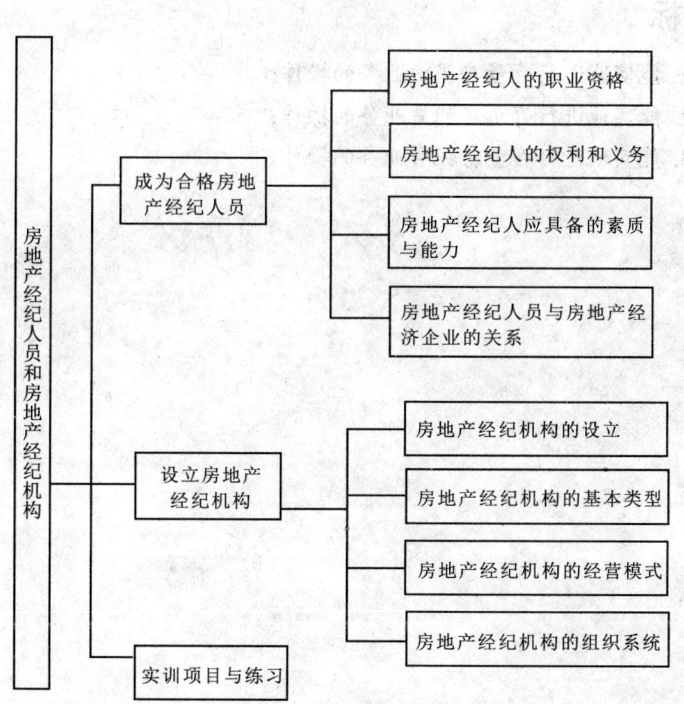

项目三

存量房经纪业务

知识目标

了解存量房的概念、类型及流程。

技能目标

1. 能实地进行存量房买卖业务的操作；
2. 能实地进行存量房租赁业务的操作；
3. 能实地进行存量房托管业务的操作。

案例导入

客户甲因为新购买位于杭州下城区某楼盘的复式商品房住宅，为支付购房首付款和装修费，于2014年1月委托某房地产经纪公司A店出售其位于杭州上城区的另一宗物业。该物业是20世纪90年代初建造的多层住宅楼（共6层）的二楼，房型为二室一厅，建筑面积为54平方米，朝向东南，5年前装修，权属为个人产权。该物业以110万元在房地产经纪公司A店挂牌出售。

客户乙是初来杭州工作的技术人员，他希望在上城区交通较为方便的区域购买一处面积不一定大，价格限定在120万元以下的房屋。乙于2014年2月委托该房地产经纪公司A店为其推荐合适房源。

A店的业务员接到上述委托后马上在电脑中进行初步配对，发现客户甲的房源比较适合客户乙，希望通过经纪业务活动，使客户乙购买客户甲的住宅。

业务员首先与客户乙联系，向其推荐了客户甲的住宅，实地看房后客户乙相当满意，对价格也没有太多异议。然而进入实质性谈判阶段时，客户双方都提出了特殊要求：客户甲要求客户乙补贴其房屋2万～3万元的装修费，并尽快付款；但客户乙要求签约后延期一个月交款。这些条件的提出使得谈判陷入僵局。

业务员没有气馁，一起对客户的要求进行了认真的分析，分别找到了每位客户需求的关键所在的突破点，分别是：客户乙肯定是要购买客户甲的房屋了，突破点是房款付款时间和装修补贴问题，坚持只补贴1万元；客户甲愿意将住房卖给乙，但希望其尽快付清房款，因为他要用这笔房款支付其新购买房屋的首付款和装修费。

分析清楚上述事实后，业务员准备对甲乙双方实行各个击破，业务员首先做甲方的工作，给他分析装修价格的补贴计算方法，并站在其立场上分析应尽快出售房屋防止老房型再跌，说服他将装修费再做一些让步，尽快地促进交易；然后又做乙方的工作，经过多次协商，乙答应看到预定合同即付款。

通过业务员分头做工作，又经过近一个月的谈判，在甲乙双方方分别让步后终于在2014年3月初步达成协议，签订了有关交易合同，完成了这笔业务，并为经纪机构获得了可观的中介费用。

思考与讨论

1. 上述业务是属于何种房地产经纪业务？
2. 上述经纪业务的操作流程如何？
3. 在业务员们促成交易过程中对你有哪些启发？

任务1　熟悉存量房交易

一、存量房概述

存量房是指已被购买或自建并取得所有权证书的房屋，相对于增量房而言。增量房是指房地产开发商投资新建造的商品房。存量产是在房地产二级市场上进行产权交易的房地产，卖房人具有完全处置权，俗称为“二手房”。根据房地产的性质，存量房可以分为以下几类：

① 商品房：指开发商开发，未享受任何优惠政策的，产权清晰的市民自有的房地产，包括住宅、商业用房以及其他建筑物。

② 已购公房：即在房屋改革过程中，已经购买为私人产权的原公有住房。

③ 经济适用房：指由开发商开发，但享受了土地及其他相关优惠政策的且产权清晰的市民自有住房。

二、存量房交易

存量房交易是一种专业性很强的行为，具有特定的法律意义，其主要内容包括存量房转让、存量房租赁和存量房抵押。房地产经纪活动的最终目的就是要促成存量房交易。房地产经纪人员只有熟悉存量房交易基本流程及相关的法律关系，才能顺利地促成房地产交易，完成房地产经纪业务。图3.1所示为房地产经纪业务与存量房交易的关系。

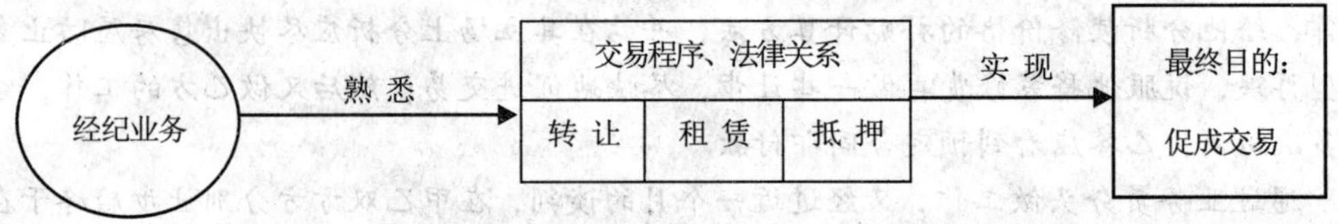

图3.1　房地产经纪业务与存量房交易的关系

（一）存量房转让

存量房转让的实质是房地产权属发生转移。房地产转让时，房屋所有权和该房屋所占用范围内的土地使用权同时转让。

买卖、交换、赠与是存量房转让的主要方式，其中存量房买卖是最基本的形式，见图3.2。存量房转让方式不一样，其操作的具体流程也各不相同。

1. 存量房买卖基本流程

存量房买卖是指通过办理房屋权属转移登记取得房屋所有权证的房屋的再次买卖。根据存量房的性质，分别阐述买卖基本流程。

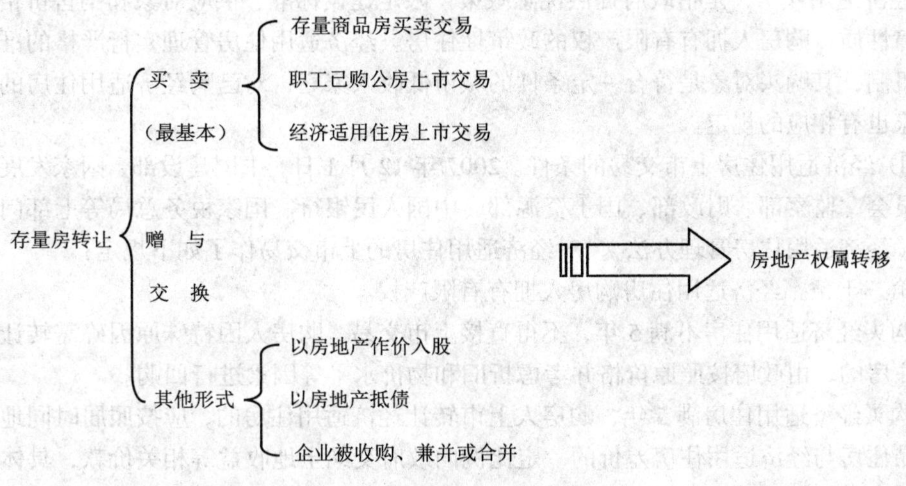

图 3.2　存量房转让形式

（1）存量商品房交易基本流程

存量商品房买卖的一般流程如下：

第一步，购房人或卖房人通过中介、媒体等渠道寻找交易对象。

第二步，交易双方签订房屋买卖合同。

第三步，办理产权转移登记过户手续。

房屋买卖双方持房屋买卖合同，到房屋所在地房地产产权管理部门办理房屋产权和土地使用权转移登记，换取新的房产证。

（2）已购公房上市交易基本流程

公房也称公有住房、国有住宅，指由国家以及国有企业、事业单位投资兴建、销售的住宅，在出售之前其所有权归国家拥有。在房屋改革过程中，很多公房按房改成本价出售给了单位职工。所以，已购公房即职工按房改成本价购买的公有住房。

公有住房的建设用地大多是以划拨的方式取得的，原单位未支付土地出让金，职工购买时的房改成本价里也没有包括土地出让金。职工将所购公房再转让时，需要按规定补交土地出让金，其交易程序相比一般二手商品房的交易复杂。

已购公房上市交易基本流程如下：

① 卖方先取得所购公房上市交易的资格。房屋所有权人持房屋所有权证、身份证明等资料，到房屋所在地的房地产管理机构申领《已购公有住房上市出售申请表》和《已购公有住房上市出售征询意见表》。房地产管理机构根据审查并做出批准或不予批准的书面决定。

② 买卖双方达成交易协议，签订买卖合同。

③ 买方办理房屋所有权证。买方持买卖合同、卖方的房屋所有权证到土地行政管理部门申请办理土地出让手续，并按规定补交土地出让金。然后到房地产权属登记部门办理新的房屋所有权证。

（3）已购经济适用住房上市交易条件与基本流程

经济适用住房，是指政府提供优惠政策，限定建设标准、供应对象和销售价格，具有保障性质、购房人拥有有限产权的政策性住房。经济适用住房管理实行严格的准入和退出机制，其购买对象是符合一定条件的城市低收入家庭，对已购经济适用住房的再交易国家也有相应的规定。

① 经济适用住房上市交易的条件。2007 年 12 月 1 日，中国建设部、国家发展和改革委员会、监察部、财政部、国土资源部、中国人民银行、国家税务总局等七部门联合发布《经济适用住房管理办法》，对经济适用住房的上市交易作了如下规定：

第三十条　经济适用住房购房人拥有有限产权。

购买经济适用住房不满 5 年，不得直接上市交易，购房人因特殊原因确需转让经济适用住房的，由政府按照原价格并考虑折旧和物价水平等因素进行回购。

购买经济适用住房满 5 年，购房人上市转让经济适用住房的，应按照届时同地段普通商品住房与经济适用住房差价的一定比例向政府交纳土地收益等相关价款，具体交纳比例由市、县人民政府确定，政府可优先回购；购房人也可以按照政府所定的标准向政府交纳土地收益等相关价款后，取得完全产权。

……

第三十三条　个人购买的经济适用住房在取得完全产权以前不得用于出租经营。

另外，各地还根据当地经济社会发展水平、居民住房状况和收入水平等因素对当地经济适用住房的上市交易作了更具体的规定。下面列出了杭州市和长沙市对经济适用住房上市交易的规定。

杭州市 2013 年 8 月公布的《关于规范杭州市区经济适用住房上市交易和回购管理的实施意见（试行）》中规定：

经济适用住房购房人在签订购房合同（含预售合同）之日起满 5 年后，可通过补交土地收益等价款取得完全产权。经济适用住房上市交易，是指经济适用住房购房人在取得完全产权后，可采用买卖、赠与等方式处置该住房的行为。

上市交易政策的适用范围是：在 2004 年 9 月 1 日前已签订购房合同（含预售合同）的，上市交易时按照《杭州市区经济适用住房上市交易计缴土地出让金等相关费用办法》（杭价服〔2004〕43 号）的规定标准计算相应的费用。其余经济适用住房上市交易时均按照本实施意见的规定执行。

土地收益等价款的补交范围和标准是：经济适用住房购房人按照经济适用住房价格购买的面积部分，在取得完全产权时，需补交土地收益等价款。按照市价格主管部门核定的商品房价格购买的面积部分，不列入补交土地收益等价款的范围。

长沙市 2012 年 12 月公布的《长沙市经济适用住房上市交易管理办法》，对经济适用住房的上市交易规定如下：

第四条　经济适用住房上市交易，必须按有关政策规定取得完全产权，并由市住房保障部门对购房人是否已缴纳土地价款（退还货币补贴资金）取得完全产权、政府是否行使优先购买权等情况出具书面意见。

第五条　购买经适房满五年（从取得全额购房发票之日起计算，下同）并取得经适房产权证的，产权人在补交土地价款后，可以上市交易，政府可优先回购；也可分别由市房屋权属登记部门和市国土资源部门重新核发房屋所有权证和土地使用权证，土地性质由划拨转为出让，取得完全产权。

综上可以看出，经济适用住房上市交易的条件主要包括以下两点：

a. 购买经济适用住房满 5 年。

b. 按照届时同地段普通商品住房与经济适用住房差价的一定比例向政府交纳土地收益，或者按照政府所定标准向政府交纳土地收益，然后取得完全产权。

② 经济适用住房上市交易的基本程序。已购经济适用住房上市交易基本流程如下：

第一步，卖方先取得所购经济适用住房上市交易的资格。

a. 房屋所有权人持房屋所有权证、身份证明等资料，到房屋所在地的房地产管理机构申领《已购经济适用住房上市出售申请表》和《已购经济适用住房上市出售征询意见表》。

b. 房屋所有权人按照规定标准向政府交纳土地收益。

c. 房地产管理机构根据审查并做出批准或不予批准的书面决定。

第二步，买卖双方达成交易协议，签订买卖合同。

第三步，买方办理房屋所有权证。

买方持买卖合同、卖方的房屋所有权证到房地产权属登记部门办理新的房屋所有权证。

2. 存量房交换的基本流程

存量房交换的主要含义是存量房地产产权的互换。目前阶段，房地产交换还包括公房与公房的交换、公房与私房的交换，不同交换形式的流程并不完全一致，但总体来讲，都要经过以下几个基本步骤：

第一步，换房人通过房地产中介等渠道寻找交换的房源。

第二步，交换双方签订公（私）有住房差价换房合同。

第三步，到房地产登记机构进行换房合同登记备案和审核。

第四步，交换双方支付差价款和相关税费。

第五步，产权交易过户或办理公房租赁变更手续，领取房地产权证或公房租赁证。

3. 存量房赠与的基本流程

存量房赠与可以分为生前赠与和遗赠两种。

（1）生前赠与基本流程

第一步，赠与人与受赠人签署赠与书、受赠书。

第二步，赠与双方持赠与书、受赠书到公证机关进行公证。赠与书、受赠书经公证机关公证后有效。

第三步，赠与双方持公证后的赠与书、受赠书、房地产权证等资料到房地产登记机构办理赠与登记过户、领证等手续。

（2）遗赠基本流程

第一步，房地产权利人生前订立遗嘱，承诺将其自有的房地产在其死后全部或部分赠送给受赠人，此遗嘱须经公证机关公证后才生效。

第二步，房地产权利人死亡，遗嘱生效，受赠人表示接受赠与。

第三步，受赠人持有关合法文件到房地产登记机构办理过户登记领证手续。

（二）存量房租赁

存量房租赁实际上是房屋流通的一种特殊形式，它是通过房屋出租逐步实现房屋价值，从而使出租人得到收益回报的一种房地产交易形式。存量房租赁和存量房买卖是存量房交易行为中最常见的两种形式。

房屋租赁主要有房屋出租和房屋转租两种方式。

1. 存量房出租的流程

存量房出租是指房屋所有权人将存量房出租给承租人居住或提供给他人从事经营活动或以合作方式与他人从事经营活动的行为。其一般流程如下：

第一步，出租方或承租方通过中介等渠道寻找合适的承租人或出租房源。

经纪人在从事房屋租赁经纪活动时，首先要确认出租人和承租人是否具备合法条件，并出具相应的证明文件。

出租人的条件主要是出租的房屋必须是其所有的房地产，以房地产管理机构颁发的房屋产权证为凭。对于出租房屋，如果设有抵押的，应有抵押权人的书面同意材料；如果属共有房屋的，应有共有人的书面同意材料；如果是售后公房，须经过购房时同住成年人的同意。

承租人方面，如果是个人须具备合法有效的身份证件；如果是单位则须提供工商注册登记证明。

第二步，签订房屋租赁合同时，可参照示范文本，也可由租赁双方自行拟订合同。合同中特别应明确出租房屋的用途，不得擅自改变原使用用途。

第三步，将租赁合同及相关材料到租赁房屋所在地的房地产登记机关申请办理房屋租赁合同登记备案。

第四步，领取租赁证，缴纳相关税费。

图 3.3 是存量房出租基本流程的示意图。

2. 存量房转租的流程

存量房转租是指房屋承租人在租赁期间将承租的存量房部分或全部再出租的行为。存量房转租的基本流程如下：

1）原承租人取得原出租人的书面同意，将其原出租的存量房部分或全部再出租。

2）原承租人与承租人签订房屋转租合同。

3）持转租合同和原房屋租赁证到房地产登记机关办理房屋转租合同登记备案。

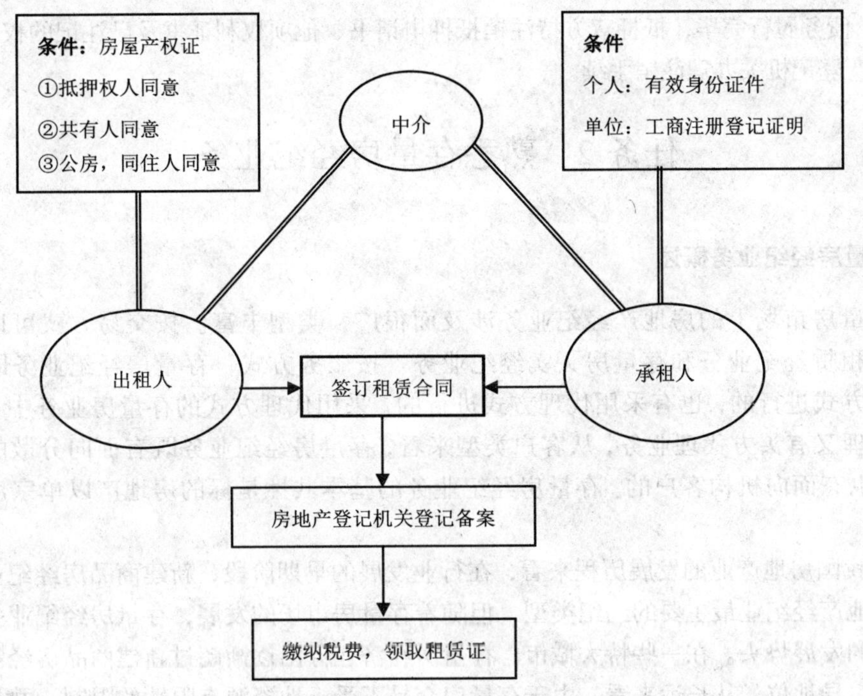

图 3.3　存量房出租基本流程

4）领取经注记盖章的原房屋租赁证，缴纳有关税费。

当然，房屋转租必须具备一般房屋租赁的必要条件，另外还必须符合以下几点：

① 转租必须取得原出租人的书面同意。

② 转租合同的终止日期不得超过原租赁合同的终止日期。

③ 转租合同生效后，承租人必须同时履行原租赁合同的权利义务。

④ 转租期间，原租赁合同变更、解除或终止的，转租合同随之变更、解除或终止。

（三）存量房抵押

存量房抵押是指债务人或第三人以不转移占有的方式向债权人提供存量房作为债权担保的法律行为。在债务人不履行债务时，债权人有权依法处分该抵押物并就处分所得的价款优先得到偿还。

存量房抵押的一般流程如下：

1）债务合同成立，债务人或第三人将自己依法拥有的房地产作担保。

2）签订抵押合同。

这时，抵押权人必定是债权人，而抵押人是债务人或第三人，债务不能履行时，抵押权人有权依法处分抵押物。

3）抵押双方持抵押合同、权利证书到登记机构办理抵押登记手续。如贷款购买商品房的，可在申请办理交易登记的同时申请办理抵押登记手续。

4）抵押权人保管房地产他项权利证明，抵押人保管已注记的房地产权利证书。

5）债务履行完毕，抵押双方持注销抵押申请书、他项权利证书及已注记的权利证书到房地产登记机关办理注销手续。

任务 2　熟悉存量房经纪业务

一、存量房经纪业务概述

存量房市场上的房地产经纪业务涉及面很广，类型丰富。按交易方式可以分为存量房租赁经纪业务和存量房买卖经纪业务。按服务方式，存量房经纪业务既有采用居间方式进行的，也有采用代理方式进行的。采用代理方式的存量房业务中，既有卖方代理又有买方代理业务，从客户类型来看，存量房经纪业务既有面向分散的个体客户，也有面向机构客户的。存量房经纪业务的基本共性是标的房地产以单宗房地产为主。

从我国房地产业的发展历程来看，在行业发展的早期阶段，新建商品房经纪业务曾经是房地产经纪业最主要的经纪类型，但随着存量房市场的发展，存量房经纪业务显现出更快的发展势头。在一些特大城市，存量房经济业务已逐渐超过新建商品房经纪业务而占据主导地位。从长远来看，由于存量房交易不受土地资源有限性的限制，并且随着社会经济发展而更趋活跃，因此，存量房经纪业务的增长空间更大，将成为房地产经纪的主要业务。

二、存量房经纪业务操作流程

房地产经纪人从事经纪业务，必须履行一定的规范流程。这一方面是对委托人负责，通过规范运作保障交易双方当事人的利益，避免发生纠纷；另一方面也是经纪人防范自身风险、保证自身利益的有效途径。通过规范流程，经纪人可以保证信息的标准性、合法性，为经纪机构的规范化、信息化管理打下基础。房地产经纪机构开展存量房经纪业务操作流程如图 3.4 所示，具体包括以下几个步骤：

（一）客户开发与接待

1. 客户开发

房地产经纪公司应该通过各种媒介，开发潜在客户和接待上门客户。客户开发是经纪人达成交易的关键，经纪人必须遵循“客户至上”的原则，想方设法去开发客户。当然，一些信誉好的经纪公司也会有客户找上门来，但这只是来源的渠道之一，而且是被动的。必须培养主动寻找客户的技能。经纪人寻找客户可以从以下两个方面着手：

（1）与客户候选人积极联系

客户候选人只是潜在的客户，要把潜在的客户变成显现的客户还要做大量的工作，这也是开发客户过程中最关键的一环。与客户联系的方法可以用电话、信函。如果客户

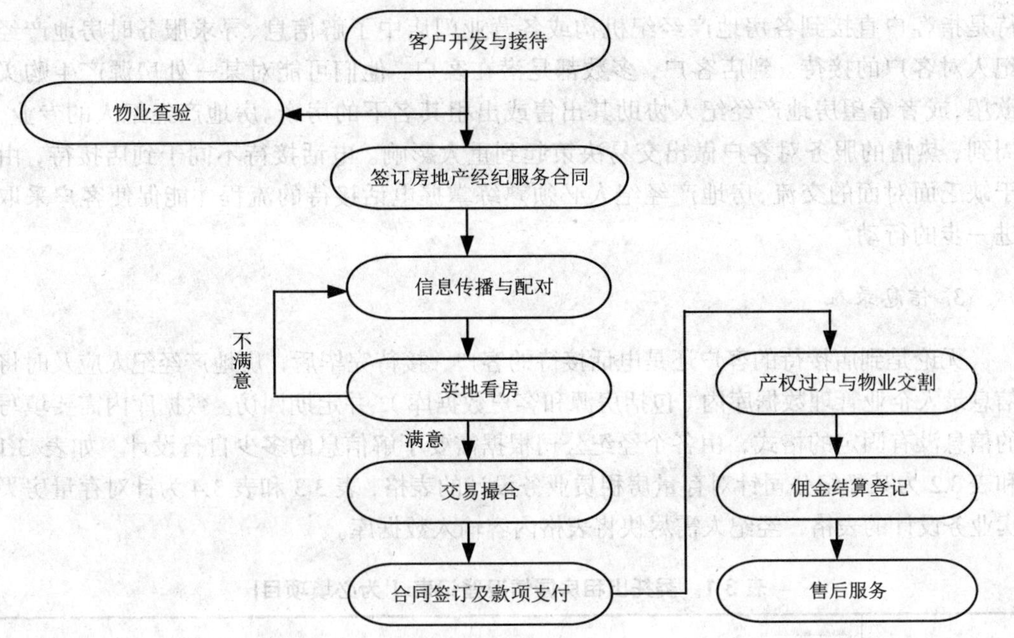

图 3.4 存量房经纪业务操作流程

候选人过去并不熟悉，一般要求经纪人登门拜访，当面会晤。开发新客户是一门艺术，有许多技巧需要经纪人在实践中去摸索。

在客户开发过程中，有三个原则应当遵守，即信誉第一、真诚服务、耐心细致。

信誉是经纪人得以生存和发展的根本。长时间以来，社会对经纪人一直有偏见，加上前些年经济秩序比较乱，交易行为不规范，人们对经纪人有防范心理，因此，更应该以信誉立足社会，用真诚感动客户，靠耐心细致发现机会，把握住商机。

（2）在竞争中争取更多的客户

在当今竞争激烈的商业社会，必须不断开发新客户才能有生存的空间。要搜集新客户的信息，可以采取以下几种方法：

① 直接拜访法。即先以电话或信函联系后登门拜访。

② 介绍拜访法。即通过亲戚、朋友、同学等介绍，然后再进行拜访。

③ 计划拜访法。由于熟人介绍容易取得信任，此法效果颇佳。

④ 其他方法。通过扩大自己的交际圈，如参加各种俱乐部、社会团体、同乡会、同学会、行业协会等，以增进人际关系。

2. 客户接待

客户接待流程与客户沟通是房地产经纪人工作的第一步，也是房地产经纪人与客户联系的关键一步，而接待水平是否专业，将决定客户是否会与房地产经纪人建立初步的信任关系，进而愿意委托房地产经纪人代理交易业务。客户接待最根本的目的是与客户沟通，了解并记录客户需求，确定客户意向，并力求尽快满足客户的要求，实现交易。到店接待与电话接待是房地产经纪人日常工作中最常见的接待方式。到店接待是指客户直接到各房地产经纪机构或各营业门店中了解信息、寻求服务时房地产经纪人对客户的接待。到店客户，多数都是潜在客户，他们可能对某一处房源产生购买欲望，或者希望房地产经纪人协助其出售或出租其名下的房产。房地产经纪人的专业、周到、热情的服务对客户做出交易决策起到重大影响。电话接待不同于到店接待，由于缺乏面对面的交流，房地产经纪人必须熟练掌握电话接待的流程才能促使客户采取进一步的行动。

3. 信息录入

无论是到店接待的客户还是电话接待的客户，接待完毕后，房地产经纪人应及时将信息录入企业管理数据库内（包括房源和客户数据库），并定期回访。数据库内需要填写的信息没有固定的格式，由各个经纪公司根据需要了解信息的多少自行设计。如表 3.1 和表 3.2 为某经纪公司针对存量房租赁业务设计的表格，表 3.3 和表 3.4 为针对存量房买卖业务设计的表格，经纪人需尽快将表格内容输入数据库。

表 3.1　委托出租房屋情况登记表 [*为必填项目]

房屋坐落：	[ ] *		
住宅户型：	[ ] 室 [ ] 厅 [ ] 卫 [ ] 厨 *		
面　　积：	[ ] 平方米 *		
租　　金：	[ ] 元/月*		
房源地址：	[ ] *		
联 系 人：	[ ] *	联系电话：	[ ] *

补充信息 [为了能使您的房屋尽快出租，请填写以下内容]

物业类型：	□高层住宅　□小高层住宅 □多层住宅　□别墅 □排屋　□公寓 □商铺　□写字楼 □其他
楼层状况：	第 [ ] 层/共 [ ] 层 [地下请用负数表示，如地下一层为"－1"]
房屋朝向：	[ ]
公交路线：	[ ]

续表

基础设施：	□水　□电 □煤气/天然气　□暖气 □有线电视　□防盗门 □阳台　□宽带
房屋配置：	□汽车库　□车位 □电话　□热水淋浴器 □空调　□彩电 □冰箱　□洗衣机 □家具　□其他
装修情况：	○高档　○中档 ○一般　○毛坯
详细说明：	"详细说明"请不要超过 500 字。

表 3.2　委托求租房屋情况登记表 [*为必填项目]

住宅区域：	＿＿＿*		
住宅户型：	＿室＿厅＿卫＿厨 *		
求 租 价：	＿＿＿元/月*（左右）		
联 系 人：	＿＿＿*	联系电话：	＿＿＿*

补充信息 [为了能使您尽快租赁房屋，请填写以下内容]

住宅类型：	□高层住宅　□小高层住宅 □多层住宅　□别墅 □排屋　□公寓 □商铺　□写字楼 □其他		
住宅面积：	□60 平方米以下　□60～90 平方米 □90～140 平方米　□140～200 平方米 □200 平方米以上（含上限）		
楼层要求：	＿＿＿层	朝向：	＿＿＿
成新度：	□6 成新　□7 成新 □8 成新　□9 成新 □全新		

续表

装修情况：	□高档　□中档 □一般　□毛坯
基础设施：	□水　□电 □煤气/天然气　□暖气 □有线电视　防盗门 □阳台　□宽带
房屋配置：	□汽车库　□车位 □电话　□热水淋浴器 □空调　□彩电 □冰箱　□洗衣机
	□家具　□其他
看房时间：	□下班后　□休息日 □随时
详细说明：	“详细说明”请不要超过 500 字。

表 3.3　委托出售房屋情况登记表 [*为必填项目]

房屋坐落：	*		
住宅户型：	室　厅　卫　厨 *		
建筑面积：	平方米 *		
售　　价：	万元/套*		
房源地址：	*		
产权性质：	○已购商品房　○私房 ○房改房　○房卡房 ○经济适用房　○集资合建房 ○已购公房　○经济解困房 ○其他		
联 系 人：	*	E-mail：	
联系电话：	*	身份证号：	

补充信息 [为了能使您的房屋尽快出售，请填写以下内容]

住宅类型：	□高层住宅 □小高层住宅 □多层住宅 □别墅 □排屋 □公寓 □商铺 □写字楼 □其他
楼层状况：	第 层/共 层 ［地下请用负数表示，如地下一层为“-1”］
房屋朝向：	建成年份： 年*
公交路线：	
基础设施：	□水 □电 □煤气/天然气 □暖气 □有线电视 □防盗门 □阳台 □宽带
房屋配置：	□汽车库 □车位 □电话 □热水淋浴器 □空调 □彩电 □冰箱 □洗衣机
	□家具 □其他
装修情况：	○高档 ○中档 ○一般 ○毛坯
三证情况：	□齐全 □不齐* 产权证编号：
详细说明：	“详细说明”请不要超过500字。

表3.4 委托购房房屋情况登记表 [*为必填项目]

住宅区域：	*		
住宅户型：	室 厅 卫 厨 *		
求 购 价：	万元（左右）/套*		
联 系 人：	*	联系电话：	*

补充信息 [为了能使您尽快购买住房，请填写以下内容]

住宅类型：	□高层住宅 □小高层住宅 □多层住宅 □别墅 □排屋 □公寓 □商铺 □写字楼 □其他		
住宅面积：	□60 平方米以下 □60～90 平方米 □90～140 平方米 □140～200 平方米 □200 平方米以上（含上限）		
楼层要求：	层	朝向：	
成新度：	□6 成新 □7 成新 □8 成新 □9 成新 □全新		
装修情况：	○高档 ○中档 ○一般 ○毛坯		
贷款需求：	□需要 □不需要		
看房时间：	□下班后 □休息日 □随时		
详细说明：	“详细说明”请不要超过 500 字。		

（二）物业查验

由于房地产商品的特殊性及其权属内容的复杂性，房地产查验就成为房地产经纪人签订正式房地产经纪服务合同的前期准备工作。房地产经纪人要对接受委托的房地产的权属状况、文字资料、现场情况等进行查验。查验的主要内容包括如下几项：

1. 房地产的实物状况

包括房地产所处地块的具体位置和形状、朝向、房屋建筑的结构、设备、装修情况、房屋建筑的成新度。

2. 房地产的权属情况

（1）房地产权属的类别与范围

房地产权属是否清晰，是能否交易成功的必要前提。对权属有争议的、未取得房地产权证的、房屋被司法或行政部门依法限制和查封的、依法收回房地产权证等的产权房，都不得转让、出租、抵押，因而涉及此类物业的房地产经纪业务，房地产经纪人不能承接。

（2）房地产他项权利设定情况

即是否设定抵押权、租赁权？如果有，权利人是谁？期限如何确定？诸如此类的情况对标的物交易的难易、价格、手续均会产生重大影响，必须事先搞清楚。

3. 房地产的区位状况

包括标的房地产相邻的物业类型、周边的交通、绿地、生活设施、自然景观、污染情况等。

（三）签订房地产经纪服务合同

房地产经纪人接受委托人的委托，应签订房地产经纪服务合同。房地产经纪服务合同的当事人双方既可以都是自然人或法人，也可以一方是自然人另一方是法人。自然人必须具有完全民事行为能力。为规范房地产经纪行为，各地市相关部门依据有关规定制定了相应的示范合同文本。在委托房地产经纪业务时，经纪公司既可采用示范合同文本，也可以参照示范合同文本，由双方当事人自行拟订。目前，中国房地产估价师与房地产经纪人学会发布的房地产经纪服务合同示范文本有四种，即《房屋出售委托协议书》、《房屋出租委托协议书》、《房屋承购委托协议书》、《房屋承租委托协议书》。在经纪服务合同中，委托人与房地产经纪机构对服务内容质量和数量进行了明确约定，也要对佣金标准与客户协商一致。房地产经纪服务合同具体内容详见项目六。

（四）信息传播与配对

经纪人受理委托业务以后，要进行信息传播，以吸引潜在的交易对象。信息传播的主要内容为：委托标的物和委托方的信息（主要在委托销售商品房时）。传播方式：通过报纸、电视广告、经纪机构店铺招贴、人员推介、网络、邮发函件及运用信息高速公路及互联网技术进行信息的采集及传递。

在接到新客户（房源）后，就需要进行房源（客源）配对。过去大多数房地产中介公司以手工登记管理为主，这种方式使查询相当繁杂，难于快速查询到满足客户需求的房源（客户）信息，无法保证高质量的信息服务。特别对于通过电话咨询房源信息的客户来说，更是无法快速有效地提供房源信息。目前很多房地产中介公司开始使用房地产中介管理系统，利用信息技术快速进行房源（客户）配对。房地产中介管理系统可以根据客户需求的面积、价格、类型等条件自动配对房源；也可以根据房源的基本情况自动配对客户。

（五）实地看房

当客户对经纪人推荐的房源初步满意时，需由经纪人引领客户实地看房。经纪人应为双方接洽看房事宜，向出租人预约上门看房时间，与求租人一起现场看房，解答、协调双方的细节问题。如果经纪人数据库中没有合适的房源，经纪人应将该委托意向通过其信息网络对外发布，直到为委托方寻找到合适的房源为止。

（六）交易撮合

房地产交易能否顺利达成，房地产经纪人的撮合是一个关键的环节。交易撮合时的操作要点主要包括三个：首先，分析交易双方的分歧点，区分是主要问题还是次要问题，房地产经纪人要主导解决双方的分歧，不能让双方自行协调；其次，要依照公平、公正的原则和市场惯例解决分歧；最后，当分歧较大时尝试将双方分开进行协调。

1. 租赁业务撮合

房地产租赁业务是房地产经纪人的主要业务之一。租赁房屋的承租方，往往是短期居住或办公行为，对房地产经纪人而言，客户群具有很大的流动性。如果该客户是你的长期客户，有可能由于更换居住地而需要经常为其代理住房承租服务。有些出租方是以出租房产获得收益的投资客，为他们代理房产出租，要为他们寻找租赁客户。房地产经纪人在进行租赁业务撮合时，要注意以下几个要点：

第一，房地产经纪人要十分熟悉和了解市场租金的变化。如果是承租方独家，当出租方赞许房子的优点时，应该提出房地产经纪人的专业看法，并站在中间人的立场，协调出租方和承租方的分歧，尽量为房地产委托人寻求更多的优惠。如果是出租方独家代理，当承租人对房屋横加批评时，也应该以房地产经纪人的专业角度，婉转地说明房子的优势所在。在租赁双方对租金有较大分歧时，房地产经纪人应从租金支付方式、租金折扣、提供充分的家具和其他设备等方面，尽量促使租赁双方从对方角度考虑，折中缓和双方的分歧，最终在租金价格、租金支付等方面上达成一致。

第二，房地产经纪人要从多个角度撮合双方，包括房源紧缺、位置与交通情况、配套设施情况、周边环境、居住人口素质等。需要注意的是，无论房地产经纪人寻找何种理由，都应该寻找客观真实的，最好是租赁双方都很在意的方面，切忌为了促成交易而编造不实情况。

最后，与租赁双方协调租金交纳方式和佣金标准。房地产租金通常按月交缴，也有约定按季或年交缴，租期内租金可以不变，也可商定每年递增比例或随行就市。写字楼租金是否包含空调费和物业管理费应特别注意，水电费通常由租户承担等。

2. 买卖业务撮合

买卖业务的撮合主要包括以下三个方面：

第一，做好回访前的准备。具体包括预估看房结果、准备说服方案或准备备选方案以及准备用于记录的纸笔等。

第二，确定客户看房结果。一般情况下，客户的看房结果有不同的反映。有些购房客户在看房过程中就表示十分喜欢该物业，接受售房者的条件，愿意签署房屋买卖协议。这是最理想的状况。但通常情况下，由于购买房产是客户的一项重大支出，买方要花很多时间进行考虑，征询亲属、朋友、公司股东的意见后才能最后决定。

第三，注意撮合中常见问题的处理。在撮合过程中最主要的问题就是价格的磋商。

在价格的磋商上一般会出现价差，购房人希望以较低的价格购买，而业主则希望以较高的价格出售。房地产经纪人应该积极协调二者的价差，说服购房人在业主的角度上分析其要价的理由，也要说服业主站在对方的立场上分析其出价的根据。房地产经纪人应该分析双方的价格心理底线，耐心地与售房方和购房方分别进行协商，最终使二者达成一致。

第四，分析客户行动，引导购房人签署购房确认书。购房人完成购房行动不是一蹴而就的事情，房地产经纪人撮合买卖成交也是一个缓慢的过程。房地产经纪人应该细心地观察购房人的行为，从中获得购房人拒绝还是同意购买的蛛丝马迹。例如，购房人向房地产经纪人询问“房价还可以再降 1 万元吗？”、“售房者最晚搬出房屋是哪天？”、“我们想在 10 日内完成搬迁，可以吗？”等问题时，就表明购房者愿意购房。一旦购房人发出希望签署购房确认书的信号，房地产经纪人应该及时把握，试探性地引导购房人签署确认书。房地产经纪人此时应该告知定金的数额，并与购房人讨论关于购房的一些细节问题。

第五，购房人如果对房源十分满意，房地产经纪人可以让购房人签订买房确认书，并交纳一定金额的定金。定金不得超过法定标准。收到客户定金时，应取得买方一份书面指示，用以发放定金给卖方；或建议买方直接将定金交给卖方，此时应持有卖方房地产证原件并代为保管。也需提醒买方在卖方权利状况不明确时定金宜交房地产经纪人代为保管，同时告知保管期不会过长及无利息支付。签订正式买卖合同时卖方可能要求支付首期房款或称之为大定，约十万左右。

（七）合同签订及款项支付

实地看房后，有些客户对房源不满意，此时经纪人需要重新为客户配对房源。有些客户对房源基本满意，但对某些问题难以与售房者达成一致，例如成交价格、合同条款等，此时需要房地产经纪人以专业的身份和经验协调双方的认识，解决双方的矛盾，使双方达成交易共识。经纪人作为中介人应该参与签订买卖合同全过程。在此阶段，经纪人除了要为双方签订合同提供具体的信息资料外，还要在双方有分歧时做一定的协调工作，直到双方签约成交。

在买卖双方签订购房合同时，要求买方交纳一定数额的定金，并由经纪公司代为保管。定金的数额没有明确规定，有些公司收取总房价的 10%，有些是一万元或者两万元，但根据我国法律相关规定收取的定金不能超过房价的 20%。当交易达成后定金可抵充购房款。若此后卖方悔约，则应双倍返还定金；若买方悔约，卖方不退还定金。

交纳定金后，经纪公司通常要求买方在约定时间内将剩余房款等存入中介公司指定账户，由公司“代为保管”。而经纪公司则应在房屋过户后将购房款交付卖方。

（八）产权过户与物业交验

房地产是不动产，其交易行为的生效必须要通过权属转移过户、登记备案来实现。在这一阶段，房地产经纪人要协助交易双方办理权属登记（备案）工作，如告诉登记机关的工作地点、办公时间、必须准备的材料等。

物业交验是交易过程中容易暴露问题和产生矛盾的一环。房地产经纪人应在交易合同所约定的交房日之前，先向转让方确认交房时间，然后书面通知受让方。物业交接时受让方（买方）要核对物业实际情况是否与合同约定相符，如房屋质量、设备、装修规格等。这时经纪人必须充分发挥自己的专业知识和经验，协助受让方进行核对。

（九）佣金结算

房地产交易过程完成后，房地产经纪人应及时与交易双方进行佣金结算，金额和结算方式应按合同约定来确定。

存量房租赁经纪业务服务佣金可以以年租金按比例提取，商业习惯中也有提取相当于一个月或半个月的租金作为佣金的。

存量房转让经纪业务一般以房屋的成交价按一定比例提取。提取佣金的方法主要有以下三种：

① 在成交前提取佣金。这种情况不太多。这种佣金相当于信息咨询费，每笔佣金的数量也不大。一般的做法是经纪人可以要求委托人预付部分佣金或提供保证金，其余的在成交后支付。

② 在买卖双方成交后提取佣金。这是一种较普遍的方式。在这种情况下提取佣金，对经纪人来说风险较大，因此，经纪人应该与委托人事先签订书面的房地产经纪服务合同。

③ 根据口头协议在成交后提取佣金。这种方式是业余经纪人常采用的。这种做法虽然简便，但风险大，经纪人容易被抛弃。

（十）售后服务

售后服务是房地产经纪机构提高服务、稳定老客户、吸引新客户的重要环节。经纪业务的售后服务内容可包括三个主要方面：第一是延伸服务，如作为买方经纪人，可为买方进一步提供装修、家具配置、搬家等信息咨询服务；第二是改进服务，即了解客户对本次交易的满意程度，对客户感到不满意的环节进行必要的补救；第三是跟踪服务，即了解客户是否有新的需求意向，并提供针对性的服务。如购买了二居室住房的客户，一段时间后又要买更大的住房等。这样做，既能为客户提供最大的便利，也有助于今后业务的进一步开拓。

虽然存量房经纪业务流程大致包括以上几个方面，但不同的业务对象在具体操作时略有不同，例如商业地产项目，在出租或转让时可能会涉及转让费的问题。而即使是同一业务对象，不同的经纪公司在具体操作时也会有所不同。例如我爱我家房地产经纪有限公司的存量房经纪业务流程大致包含以下几个步骤：

① 求租/求购客户接待操作。

② 出租/出售客户接待操作。

③ 客户配对操作。

④ 物业勘察操作。

⑤ 邀约带看操作。

⑥ 回报议价操作。

⑦ 合同签订操作。

⑧ 租赁/买卖业务售后服务操作。

⑨ 客户维系操作。

对这几个步骤的具体操作见本项目任务三的房地产经纪业务实务操作部分。

三、存量房托管业务

（一）存量房托管的含义

存量房托管是房屋产权所有者对房屋使用权以契约形式让渡给房屋经营单位，房屋经营单位再对房屋使用权商业化的一种过程，包括日常管理、招租、承担房屋中途空置期风险等。业主（或委托人）将房屋委托给受托方并签订委托合同，受托方将按照业主的协议为其寻找租客。合同期内，由房屋经营单位代收房租、水电费、煤气费、物业管理等费用并按合同约定将租金打入业主或业主指定银行账户，受托方承担中途租客退租风险。受托方靠收取业主的管理服务费和经营中的增值盈利，依靠自身的专业房屋管理经验来抵抗各种风险，从而达到业主与受托方互惠互利，共同增值的目的。房屋托管，不仅解决了空置房产的维护和管理问题，还充分利用了空置房产，确保了空置房产的保值、增值。同时，对资源的合理利用以及旅游业的发展都起到了重要作用。

（二）存量房托管业务服务对象

1. 平时工作繁忙的人士

此类房东的年龄介乎于30至45岁间，正处于事业的打拼期，时间对他们尤为宝贵，平时少有空闲，而将空闲时间留给家人才最有意义。

2. 长期在外的离岸人士

此类房东多因工作暂时离开房产所在地而在外工作。房子可以选择交给亲戚朋友代为打理，选择亲朋一看对方有没有时间，再看对方是否擅长打理，打理不好出现问题双方情面上都过不去，请亲朋打理还要欠一份人情。

3. 不想受租房琐碎滋扰，重在生活质量的人士

此类房东的基业已稳，平时多有空闲时间，但都多少有过不太愉快的出租房打理经历，有的甚至宁愿空着也不愿出租。他们更注重心情，不想受租房的事打扰，愿意把时间花在健身、旅游、陪家人享受生活上。

4. 不擅长打理出租房的人士

此类房东多属第一次出租，不了解租房相关注意事项，不太懂挑选房客。对于一些装修好、配置新的物业错选房客会带有无法估量的损失。

（三）存量房托管业务服务内容

① 卫生清洁。
② 协助办理房屋验收交接。
③ 定期查验房屋状况。
④ 代为催收租金、水电等。
⑤ 代为转交租金。
⑥ 代购物品。
⑦ 代办房屋租赁登记证。
⑧ 设施维修。

（四）加入托管业务的条件

不同经纪公司对加入托管业务的条件略有不同，以杭州我爱我家房地产经纪有限公司为例，加入托管业务必须满足以下条件：
① 房屋产权清晰。
② 房屋托管委托期限：最短 1 年，最长 5 年。
③ 需提供至少 1 个月的免租期。

所谓的免租期即不用向业主支付租金的时间，免租期可以是前 6 个月租期中的任意一个月。之所以需要业主提供免租期，主要是在这段时间内需要为业主寻找客户、办理入住的手续、进行房屋清洁以及应对租客变更后所产生的空置期。由于房屋托管需要提供免租期，因此杭州我爱我家房地产经纪有限公司对加入托管业务的业主免交中介费。

任务 3 房地产经纪业务实务操作

一、存量房买卖经纪业务操作案例

（一）求购客户接待操作

王先生是杭州本地人，原来与父母同住，现在打算结婚需要在杭州求购一套二居室住宅，2013 年 3 月 25 日王先生走进我爱我家委托置业顾问（居间人）为其寻找合适的房源。

客户接待是置业顾问树立良好的第一印象，建立与客户之间相互信任关系的第一步，是准确录入信息的第一关。

1. 接待准备

1）保证工作装穿戴整洁，无异味，头发面容干净，女士可化淡妆。

2）接待台面只放置电脑显示器、电话、名片架、便笺纸等，忌客户信息本胡乱放置桌面，接待台面杂乱不堪。

3）店内环境干净、整齐。

2. 客户到达门店后，置业顾问主动开门迎接客户

1）起立并且面带微笑迎接。

2）致欢迎辞："您好，欢迎光临我爱我家!"。

3）客户进入店堂后，自然地将客户引导进入接待台前的客户座位。

4）客户入座后，同店同事配合倒水、递杯，水温适中，水位七分满左右。

3. 自我介绍

1）询问客户称呼。

2）作自我介绍，主动递上名片，例如："王先生您好，我是我爱我家置业顾问李××。您可以称我为小李。这是我的名片。"

4. 问明来意

1）用合适的询问语言判断客户来意，例如："王先生，您需要了解些什么信息吗？"

2）询问来意是对客户需求的第一次探询，在谈话氛围允许的情况下，获取客户基本信息及需求越多越好。忌客户反感后依然提问不断。置业顾问的态度要亲切、诚恳。

3）获得客户信息后，及时在客户信息本上记录。

信息要点主要有：姓名、移动电话、固定电话、来意、区域范围、价格范围、年龄判断、职业判断、方便的看房时间等。

例如：

姓名：王××　　手机：13711111×××　　办公室电话：883998××

来意：求购　　区域范围：杭州市下城区武林广场三公里范围内

年龄：30～35岁　　职业：企业白领　　看房时间：晚17:30～21:00及双休日全天

5. 签订委托

1）初步寒暄过后，双方需要确定委托关系，则需要签订委托协议。

2）对于求购客户应该签订《求购委托协议书》，并对客户提出的关于协议条款的疑问给予满意的解释。

例：我爱我家《求购房屋委托协议》

求购房屋委托协议

编号：0000001

□求购

委托方（以下简称甲方）：王×× 身份证号：353800197209093456

受托方（以下简称乙方）：杭州我爱我家房地产经纪有限公司

甲、乙双方本着自愿、平等、诚实信用的原则，经双方共同协商，就甲方委托乙方按下列条件居间求租/求购房屋事宜达成如下协议。

一、求购房屋需求（见表 3.5）。

表 3.5 求购房屋需求表

区域范围	建筑面积	户 型	楼 层	装修	建筑年限	建筑类型	价格范围
环城北路一带	50～80 平方米	2 室 1 厅	3～5 层	中档装修	不限	□多层□高层□小高层□排屋□别墅√均可	总价 150～200 万

二、委托期限与方式。

□ 非独家委托，期限自委托日起至房屋交易成功时止。

√ 独家委托，期限自委托日起至 2013 年 7 月 31 日止，在此期间甲方不能同时委托其他中介机构从事与乙方相同的活动。甲方同意乙方在需要时可委托第三方或与第三方共同完成委托的事务。

三、甲方代理人承诺：具有甲方求购房屋的书面委托书。

四、甲方（包括关联方）承诺：

在乙方居间服务过程中，不得做损害乙方权益的行为（如：与乙方经纪人带看的出售方交换联系方式，私下签订买卖合同，经第三方居间签订买卖合同等）。在乙方为甲方找到合适的房源并协助签订《房屋买卖合同》、《房屋转让合同》或《房屋买卖意向书》后视为中介成功。甲方应即时向乙方预付相关规定的各项税费以便乙方代缴，同时按杭州市物价局相关标准和成交房产的总价一次性支付乙方中介费。

五、乙方承诺：积极为甲方寻找合适的房屋，并促成成交，保证不赚取非法差价，保证所发布的信息与出租方/出售方提供的信息一致。

六、中介服务费：见背面附件《房屋经纪收费明码标价表》。

七、违约条款：

1. 本合同委托期限内，甲方与乙方介绍的客户（或利害关系人）另行成交的，应支付违约金__________元。

2. 乙方未如实、及时地书面报告订立合同的机会和交易情况，乙方应向甲方支付违约金__________元。

八、关联方：包括甲方配偶、父母、子女、代理人及看房随行人员。

九、协议生效：本协议一式三份，甲、乙双方各执一份，经双方签字或盖章后生效。

十、纠纷处理：本协议在履行过程中发生争议，协商不成，甲、乙双方同意提交杭州仲裁委员会仲裁。

其他条款：无

甲方（签字）：王×× 乙方：杭州我爱我家房地产经纪有限公司

代 理 人（签字）：无 代表人：总部 门店 李×× 置业顾问

联络地址：杭州市定安路××号 电话：8701××××

电话：137×××××××× 签约时间：2013 年 4 月 2 日

3）在委托协议书客户联的背面有明码标价的中介佣金标价表，可以提醒客户阅读。

单独办理房屋产权过户、代办按揭等委托事项。收费标准实行市场调节价，由房屋经纪服务机构与委托方协商确定。

4）在以上协议的门店联后附有《客户服务确认书》，置业顾问每次带看房服务时应带上此联，在“时间”、“带看房屋地址”、“置业顾问”处填写完整后，请看房客户和房主分别在“客户签名”、“房东签名”处签字确认此次服务已经完成。如果看房人不是客户本人，而是客户的亲戚、朋友等关联方，则在“关联方/代理人”一栏签字。

例：我爱我家《客户服务确认书》

客户服务确认书

√求购 □求租 客户姓名 王××

经出售方同意，居间方杭州我爱我家房地产经纪有限公司

（____总部店）将下列房屋（见表 3.6）推荐给求购方，并按照下列时间与地点带求购方（包括关联方）实地察看房屋。求购方接受居间方的居间服务，并确认：在此次带看房屋前，求购方没有经任何一家中介代理机构或个人带看下列房屋。

表 3.6 带看登记表

带看时间	房屋地址	客户签名		房东签名
		求购/求租方	关联方/代理人	
2013 年 4 月 2 日	环城北路××号 1 幢 1 单元 101 室	王××	无	张三
年 月 日				
年 月 日				
年 月 日				
年 月 日				
年 月 日				
年 月 日				
年 月 日				

求购方承诺：

1. 在带看服务前，同意出示有效证件并签订本服务确认单。

2. 不做任何损害居间方利益的行为，若有交易意向和居间方联系，由居间方出面商谈。

关联方：是指与求租/求购方关系密切的人员，包括配偶、父母、子女、代理人等以及看房随行人员。

置业顾问 李××

（二）挂牌客户接待操作

张三在杭州某小区有闲置二居室住宅一套，高档新装修，张三计划 120 万出售该物业。张先生走进我爱我家某门店，挂牌出售。

1. 接待准备

1）保证工作装穿戴整洁，无异味，头发面容干净，女士可化淡妆。

2）接待台面只放置电脑显示器、电话、名片架、便笺纸等，忌客户信息本胡乱放置桌面，接待台面杂乱不堪。

3）店内环境干净、整齐。

2. 当客户到达门店，置业顾问主动开门迎接客户

1）起立并且面带微笑迎接。

2）致欢迎辞："您好，欢迎光临我爱我家！"。

3）客户进入店堂后，自然地将客户引导进入接待台前的客户座位。

4）客户入座后，同店同事配合倒水、递杯，水温适中，水位七分满左右。

3. 自我介绍

1）询问客户称呼。

2）作自我介绍，主动递上名片，例如："张先生您好，我是我爱我家置业顾问李××。您可以称我为小李，这是我的名片。"

4. 问明来意

1）用合适的询问语言判断客户来意，例如："张先生，您需要了解些什么信息吗？"

2）询问来意是对客户需求的第一次探询，在谈话氛围允许的情况下，获取客户基本信息及需求越多越好。忌客户反感后依然提问不断。置业顾问的态度要亲切、诚恳。

3）获得客户信息后，及时在客户信息本上记录。信息要点主要有：姓名、移动电话、固定电话、来意、区域范围、价格范围、年龄判断、职业判断、方便的看房时间等。

5. 签订委托

1）初步寒暄过后，双方需要确定委托关系，则需要签订委托协议。

2）如客户来意是出租或出售物业，应该签订《出租/出售委托协议书》，并对客户提

出的关于协议条款的疑问给予满意的解释。

例：我爱我家《出售房屋委托协议》

出售房屋委托协议

编号：0001111111

□出售　√出租

委托方（以下简称甲方）：张三　身份证号：36257××××××××××××××

受托方（以下简称乙方）：杭州我爱我家房地产经纪有限公司

甲、乙双方本着自愿、平等、诚实信用的原则，经双方共同协商，就甲方委托乙方按下列条件居间出租/出售房屋事宜达成如下协议。

一、房屋基本状况：

1. 房屋坐落：杭州环城北路××号1幢1单元101室；建筑面积：$60m^2$；建成年份：约2000年；房屋所有权证编号：杭×字×××号；户型：2室1厅1卫；权属：√私房 □房改房 □其他

2. 楼层：4层；朝向：南北向；装修状况：高档装修，附属设施：设施齐全。

3. 抵押情况：√无　□有；租赁情况：√无　□有（租期至____年____月____日）。

4. 挂牌总价：人民币 壹佰贰拾 万元（小写 1200000 元）

5. 税费承担：√各自承担 □净价 □其他___

6. 其他：无

二、委托方式与期限：

√非独家委托，期限自委托日起至该房屋交易成功时止。

□ 独家委托，期限自委托日起至______年____月____日止。在此期间甲方不能同时委托其他中介机构从事与乙方相同的活动，同时甲方将可享受独家委托代理的各项优惠政策。甲方同意在乙方需要时可委托第三方或与第三方共同完成甲方委托的事务。

三、甲方/甲方代理人确认：

1. 甲方确认：具有出租/出售房屋的权利，无权利纠纷，并经共有权人一致同意出售上述房屋。

2. 甲方代理人确认：甲方及共有权人一致同意出售上述房屋，无权利纠纷，同时具有甲方书面授权委托书。

3. 甲方/甲方代理人对其所提供的房屋信息的真实性、准确性负责。

四、甲方（包括关联方）承诺：

在乙方居间服务过程中，不得做损害乙方权益的行为（如：与乙方经纪人带看的购买方交换联系方式，私下签订买卖合同，经第三方居间签订买卖合同等）。在乙方为甲方找到合适的买家并协助签订《房屋买卖合同》、《房屋转让合同》或《房屋买卖意向书》后视为中介成功。甲方应即时向乙方预付相关规定的各项税费以便乙方代缴，同时按杭州市物价局相关标准和成交房产的总价一次性支付乙方中介费。

五、乙方承诺：

积极为甲方寻找合适的买家，并促成成交，保证不赚取非法差价，保证所发布的信息与出租方/出售方提供的信息一致。

六、中介服务费：

见背面附件《房屋经纪收费明码标价表》。

七、违约条款：

1. 本合同委托期限内，甲方与乙方介绍的客户（或利害关系人）另行成交的，应支付违约金________元。

2. 乙方未如实、及时地书面报告订立合同的机会和交易情况，乙方应向甲方支付违约金________元。

八、关联方：

包括甲方配偶、父母、子女、代理人及看房随行人员。

九、协议生效：

本协议一式三份，甲、乙双方各执一份，经双方签字或盖章后生效。

十、纠纷处理：

本协议在履行过程中发生争议，协商不成，甲、乙双方同意提交杭州仲裁委员会仲裁。

其他条款：无

____

____

甲方（签字）：张三 乙方：杭州我爱我家房地产经纪有限公司

代 理 人（签字）：无 代表人：总部 门店 李×× 置业顾问

联络地址：杭州环城北路××号1幢1单元101室

电话：137×××××××× 签约时间：2013 年 4 月 2 日

除了协议最后的“甲方签字”处由客户签名外，其他部分均由置业顾问填写。为了保证“委托方”、“身份证号”填写准确，置业顾问应用合适的语气请客户出示身份证（军官证、护照），据此填写。

3）在委托协议书客户联的背面有明码标价的中介佣金标价表，可以提醒客户阅读。

6. 即时勘察

1）委托协议书的签订，意味着委托成立，此时为了确保信息真实性，有利于房源推荐，置业顾问小李向房主张三提出即时勘察物业的要求，并向张三说明提前勘察物业有利于置业顾问熟悉房源信息，有效配对，促成早日成交。

2）征得张三的认可后，小李对杭州环城北路××号1幢1单元101室进行了即时现场勘察。核实了该物业地址、装修情况、户型结构等基本情况，征得房主的允许后，审核产权归属。用数码相机拍摄物业内、外图片。

注意：向户主说明核实房屋所有权证能够保证交易准确性与安全性，排除由于信息登报失误，导致交易失败的情况，从而取得房主配合。房屋所有权证的审核要点主要是产权人、建筑面积、土地性质、共有权人、抵押记录、产权获取方式等。

3）小李绘制了该物业的户型图。在户型图上应标明墙体、门、窗的位置，标注朝向、物业名称，如图 3.5 所示。

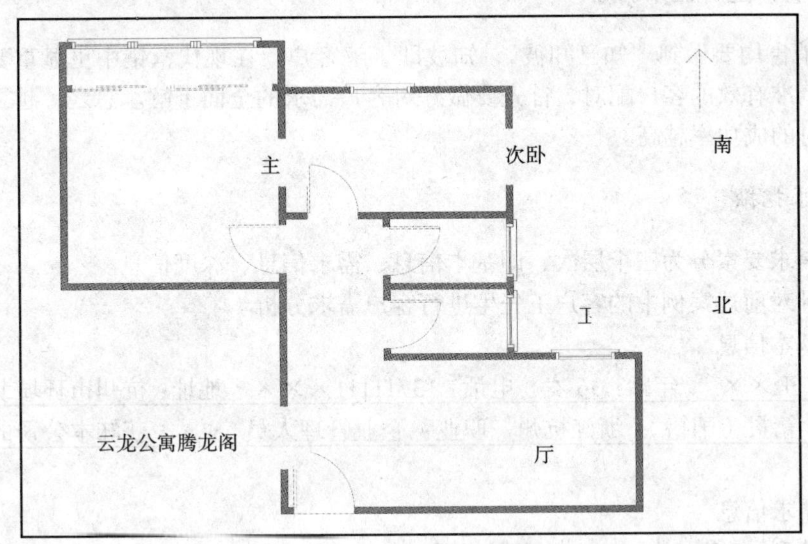

图 3.5　物业户型图

4）小李还调查了该物业所在小区的小区情况，并绘制了小区平面图（见图 3.6），在图中注明小区名称、位置、通道、花园、楼幢等。

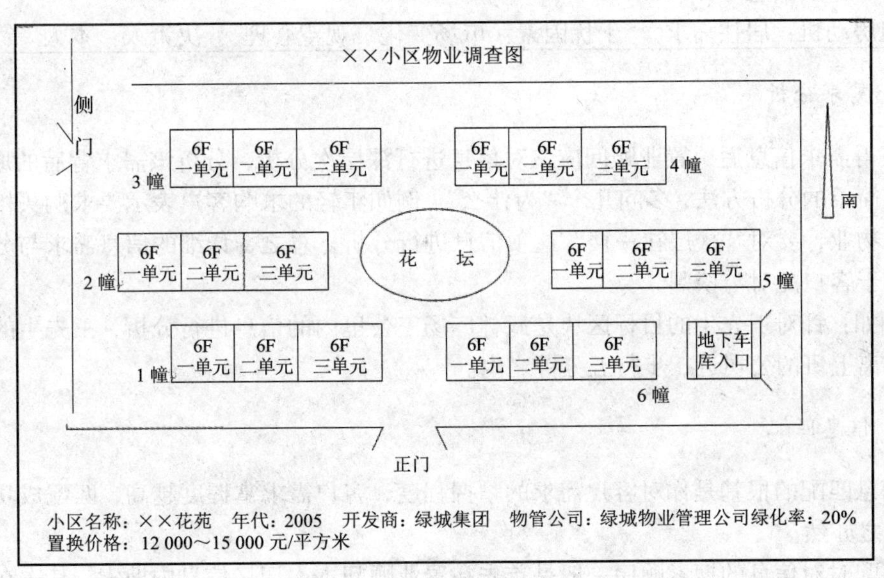

图 3.6　小区平面图

7. 送客出门，信息录入

张三离开时，小李主动起立并且送至店门外。客户离开以后及时根据 ERP 系统要求将该房源信息录入 ERP，将拍摄的物业图片、物业户型图和即时勘察后的物业评价一同录入 ERP 中。

（三）客户配对操作训练

任何销售均要做到“知己知彼”，知彼即了解客户，在现代营销中更显重要。要取得命中率精准有效的客户配对，首先要做好对客户需求的全面了解。总之，越了解你的客户，配对的成功率越高。

1. 需求挖掘

客户需求要素分为三个层次，即基本信息、需求信息、深度信息。

下面针对前述案例中的客户王先生进行客户需求分析。

（1）基本信息

姓名：王×× 年龄：36 岁 电话：13711111××× 地址：杭州市环城北路××号 籍贯（国籍）：浙江杭州 职业：企业管理人员 获知本公司的途径：广告 等。

（2）需求信息

所需房型：2 室 1 厅 所需面积范围：50 平方米至 70 平方米 价格承受：100～120 万 满意程度：比较满意 购房原因：结婚自住 目标区块：武林广场三公里内 付款方式：首付五成。

（3）深度信息

租房动机：居住需求 干扰因素：市场变化、观望心理 决策人：本人 等。

2. 需求分析

获得需求信息后，置业顾问应该对信息进行深层次分析，分析该需求背后的原因。一个很简单的分析方法，多问几个“为什么”。例如年轻的求购客户表示要求购买楼层在一楼的物业，要对“楼层在一楼”这项信息进行分析。总之，详细的信息需求与分析非常有利于客户配对与谈判。

例如：针对王先生的目标区块是武林广场三公里内的信息进行分析，王先生的目的是为了离上班的公司近，步行五分钟之内。

3. 信息匹配

信息匹配的根基是你对客户需求的掌握程度，客户需求掌握度越高，匹配成功率越高，反之亦然。

匹配时对信息的搜索顺序一般是首先在置业顾问本人记忆信息中搜索，其次在所在门店信息中搜索，再次在本公司记录信息中搜索，如果以上途径失败，可以尝试在本公司信息系统之外的外围网站中搜索符合配对需求的信息。

小李在本店房源中，发现房主张三位于杭州环城北路××号 1 幢 1 单元 101 室的物业与王先生的需求非常匹配，于是在当天马上联系张三，开始看房。

信息匹配成功后，要及时勘察与带看，忌拖拉、推延。

4. 客户分类

获得客户需求后要对客户进行有效的客户分类，比较好的方法是把客户的购买力、决策权利、需求缺口这三个指标作为客户分类的考量。

客户分类的目的是对不同客户倾注不同程度的关注度，所以根据客户分类的不同，需要及时制定与这个客户相符合的客户跟进计划。

客户王先生具备一定的经济实力，承受能力强，有急迫的需求，有决策权，是重点客户，应该每天跟踪两次。

（四）物业勘察操作训练

物业勘察的作用是对房源建立直观全面的认识，有利于推荐与带看。

1. 物业现场勘察

物业勘察的方式多种多样，最常见的是物业现场勘察。如果遇到房主不配合等不可抗拒因素导致现场勘察失败时，可以采用电话勘察等方式。总之，物业勘察的目的是对物业有直观认识，为向客户推荐该物业做好准备。

2. 为带看做准备

信息核实：核实信息系统中登入的信息的真实性。面积登入是否有误差，产权归属是否清晰，房龄核实，采光情况等。

权属审核：审查物业权属状况，主要是物业权属的类别与范围、房地产其他权利设定情况、房地产的环境状况，包括标的物业相邻的物业类型、周边的交通、绿地、生活设施、自然景观、污染情况、房屋抵押等；检查房屋结构和设备、上下水系统和供电系统是否正常，物业环境是否清洁等。

（五）邀约带看操作训练

邀约带看由“邀约”与“带看”两个部分组成，“邀约”阶段着重突出物业的优势，这些优势在“带看”阶段得到证实与强化。

1. 邀约技巧

邀约时要注重优势突出，首先把物业的优势亮出来，引起客户的关注以后，再向客户介绍该物业的其他信息。

向王先生邀约的时候，可以首先说明该物业离王先生的公司非常近，步行五分钟之内能够到达，可免除早高峰堵车之苦。单价 2 万/平方米，市中心地段性价比极高。

2. 邀约误区

1）夸大其词。向客户介绍时，不切实际地夸大物业优点，看房时得不到体现。

2）胡乱承诺。为了促成看房，应对客户的要求，作兑现不了的承诺，为谈判设置障碍。

3）不守时。没有确定明确的看房时间，例如约定在“明天下午”看房。邀约时间应确定到几时几分见面，并且确定标志性约见地点。

4）房主与客户约见在同一地点见面。一般而言，房主在物业中等待，客户与置业顾问约见在物业附近的标志性地点。

3. 清楚客户的看房目的

置业顾问在引导客户看房的过程中，要充分运用对物业的熟知，指导、介绍、解释客户所提出的各种问题。看房的目的有两项：

1）物业房型、面积结构、采光景观。

2）设施配套、家庭装潢、周边学区。

4. 看房工具包

看房前准备看房工具包，其中包括：笔记本、笔、鞋套、名片、计算器、税费计算表、指南针、两份以上购房意向合同、《看房确认书》。

5. 看房设定

置业顾问应在客户看房前，进行看房设定，设定看房时间、看房路线、看房重点，使看房过程顺利、自然，以保证客户看房的满意度。

（1）看房时间设定

1）上午看房——针对东边套房源。

2）下午看房——针对西边套房源。

3）晚上看房——采光略欠，浑水摸鱼。

（2）看房路线设定原则

1）避免看房路途中的不利因素。

2）展现小区的有利面。

3）不宜在物业中停留时间过长。

（3）看房数量设定

1）通常情况下，看房数量以三套为宜。

2）为带看安排一个好坏对比突出的带看顺序，用辅助房源衬托主打房源。

（4）看房结束要点

1）《客户服务确认书》签字确认。

客户服务确认书

√求购　□求租　　客户姓名 王××

经出售方同意，居间方杭州我爱我家房地产经纪有限公司

（______总部店）将下列房屋（见表 3.7）推荐给求购方，并按照下列时间与地点带求购方（包括关联方）实地察看房屋。求购方接受居间方的居间服务，并确认：在此次带看房屋前，求购方没有经任何一家中介代理机构或个人带看下列房屋。

表 3.7　带看登记表

带看时间	房屋地址	客户签名		房东签名
		求购/求租方	关联方/代理人	
2013 年 4 月 2 日	环城北路××号 1 幢 1 单元 101 室	王××	无	张三
年　月　日				
年　月　日				
年　月　日				
年　月　日				
年　月　日				
年　月　日				
年　月　日				

求购方承诺：

① 在带看服务前，同意出示有效证件并签订本服务确认单。

② 不做任何损害居间方利益的行为，若有交易意向和居间方联系，由居间方出面商谈。

关联方：是指与求租/求购方关系密切的人员，包括配偶、父母、子女、代理人等以及看房随行人员。

置业顾问 李××

《客户服务确认书》是置业顾问对该客户进行过此项服务的证明，所以需要谨慎对待，认真填写。

2）获得本次看房的结果，根据获得的客户反馈，制定下一步是谈判或是继续配对。

小李获得的看房结果是，王先生对本套物业基本满意，但是希望价格能够降到 115 万。小李制定的下一步目标是，与房主张三谈判，希望能把价格降到王先生的期望价格。

3）一送到底，防止客户走“回头路”。

（六）回报议价操作训练

1. 促使客户下定的主要原因

1）物业与客户需求相符合。

2）客户非常喜爱产品的各项优点（包括大小、价格、环境、学区配套）。

3）业务员能将产品及大小环境的价值表示得很好，客户认为本产品价值超过“表

列价格”。

2. 在议价过程中应遵循的原则

1）对“表列价格”要有充分信心，不轻易让价。

2）不要有底价的观念。

3）一定要在客户携带足够现金能够下定，能够有做买卖决定的权利的情况下进行，否则别作“议价谈判”。

4）让价要有理由，让价是非常困难的，而且杀价越往后难度越大额度越小。

5）制造无形的价值（风水、人文、名人效应等）。

3. 抑制客户有杀价念头的方法

1）坚定态度，信心十足。

2）强调产品优点及价值。

（七）签订合同操作训练

当全部谈判要素双方都能够达成共识时，即可进入签订合同阶段，忌拖拉、推延。租赁、置换两种居间业务的谈判要素略有不同。

租赁谈判要素：价格、租期、押金额度、付款方式、设施装修、是否同意转租、是否同意合租等。

置换谈判要素：价格、交房时间、设施装修、首付款额度、余款支付方式等。

1. 材料准备

合同数份、黑色签字笔数支、印泥、合同附件数份、复印机无故障、税费计算准确等。

2. 约定时间和地点

与客户、房主、签约工作人员、收款工作人员约定签约时间与地点，并提醒其需要携带的证件物品。

1）房东需要携带：房屋权属证书、土地使用证书、身份证明（身份证、护照、军官证、警官证）、户口本、婚姻证明。

2）客户需要携带：身份证明（身份证、护照、军官证、警官证）、户口本、婚姻证明。

3. 签订合同的原则

完善仔细、速战速决。

4. 合同文本

详见项目六的任务一中的房地产经纪合同内容，合同签订完毕后，要及时收取服务佣金及代收税费。

（八）售后服务操作训练

1. 钱款交割

1）协助房主还清贷款，撤销房屋抵押。

2）协助客户办理贷款手续。

3）协助买家将房款打入制定监管账户（若按揭，需陪同签署按揭合同）。

4）协助尾款、首付款交割。

2. 陪同买卖双方过户手续

置业顾问应陪同买卖双方到房地产产权交易中心办理产权过户手续。

办理过户手续时，卖方需要带上身份证、户口本、房产证、契证、结婚证（单身的需要单身证明），买方需要带上身份证，并提交下列材料：

1）登记申请书。

2）申请人身份证明。

3）房屋所有权证书或者房地产权证书。

4）证明房屋所有权发生转移的材料。

5）其他必要材料。

3. 物业交割

房主、客户、置业顾问三方根据合同中填写的物业附件，清点屋内设施，并且试用设施，抄清楚水表、电表、煤气表的度数，交钥匙。

例：我爱我家使用的《置换物业交割单》（见表 3.8）

合同编号：00011　物业地址：杭州市环城北路××号 1 幢 1 单元 101 室

交房日期：2013 年 4 月 4 日

表 3.8　置换物业交割单

出让方姓名：			电话：		受让方姓名：			电话：	
项目		水表（吨）	电表（度）	煤气（立方）	其他——	有线（数字）电视费	物管费	卫生费	其他______
	刻度		总:__ 谷:__						
状况	□结清 □未结清	□结　清 □未结清	□结　清 □未结清	□结　清 □未结清		□结　清 □未结清	□结 清 □未结清	□结清 □未结清	□结清 □未结清
合同约定的附属设施：									
实际交付的附属设施：									
出让方确认：		受让方确认：		见证人确认：					

4. 客户维护

1）将成交客户归类整理，录入成交客户档案。

2）用合适的方式建立联络，例如节假日用短信问候等。并填写客户回访卡（见表 3.9）。

表 3.9　客户回访卡

<table>
<tr><td colspan="4">客　户　回　访　卡</td></tr>
<tr><td>客户姓名</td><td></td><td>联系方式</td><td></td></tr>
<tr><td colspan="4">回　访　计　划</td></tr>
<tr><td>回访时间</td><td colspan="2">回访内容</td><td>回访结果</td></tr>
<tr><td></td><td colspan="2"></td><td></td></tr>
<tr><td></td><td colspan="2"></td><td></td></tr>
<tr><td></td><td colspan="2"></td><td></td></tr>
<tr><td></td><td colspan="2"></td><td></td></tr>
</table>

存量房租赁经纪业务和存量房买卖经纪业务在接待、客户配对、物业勘察、邀约带看、回报议价中的内容基本相同。两者最大的不同是售后服务，买卖经纪业务的售后服务相对租赁业务会更加复杂一些。

二、实务操作

（一）存量房租赁经纪业务操作

熟悉出租、承租、居间方三者的主要业务和操作事项，可分角色训练。

1. 出租方

1）填写委托出租房屋情况登记表。

2）准备房屋权证、身份证、房屋租赁许可证及产权共有人同意出租的证明材料及相关证明备查。

3）委托协议书。

2. 承租方

1）填写委托承租房屋情况登记表。

2）带好身份证及相关证件备查。

3）填写委托协议书。

3. 经纪人

1）接待客户，将出租方、承租方登记的信息录入到数据库。

2）对出租方和承租方的相关资料进行查验。

3）签订房地产经纪服务合同。

3）根据出租方、承租方的需求进行房源配对。

4）为双方接洽看房事宜，预约上门看房时间，带领购买方实地看房。

5）撮合出租方、承租方达成交易。

6）协助双方签订房屋租赁合同。

7）协助承租方进行房地产交验。

8）结算经纪业务的佣金。

（二）存量房买卖经纪业务操作

熟悉买、卖、居间方三者的主要业务和操作事项，可分角色训练。

1. 出售方

1）填写委托出售房屋情况登记表。

2）准备房屋权证、身份证及产权共有人同意出售的证明材料及相关证明备查。

3）委托协议书。

2. 购买方

1）填写委托购买房屋情况登记表。

2）带好身份证及相关证件备查。

3）填写委托协议书。

3. 经纪人

1）接待客户，将出售方、购买方登记的信息录入到数据库。

2）对出售方和购买方的相关资料进行查验。

3）签订房地产经纪服务合同。

4）根据出售方、购买方的需求进行房源配对。

5）为双方接洽看房事宜，预约上门看房时间，带领购买方实地看房。

6）撮合出售方、购买方达成交易。

7）协助买卖双方签订房屋买卖合同。

8）协助进行房地产权属登记。

9）协助购买方进行房地产交验。

10）结算经纪业务的佣金。

项 目 小 结

存量房市场上的房地产经纪业务涉及面很广，类型丰富。按交易方式可以分为存量房租赁经纪业务和存量房买卖经纪业务。按服务方式，存量房经纪业务既有采用居间方式进行的，也有采用代理方式进行的。采用代理方式的存量房业务中，既有卖方代理又有买方代理业务，从客户类型来看，存量房经纪业务既有面向分散的个体客户，也有面向机构客户的。存量房经纪业务的基本共性是标的房地产以单宗房地产为主。

房地产经纪人从事经纪业务，必须履行一定的规范流程。这一方面是对委托人负责，通过规范运作保障交易双方当事人的利益，避免发生纠纷；另一方面也是经纪人防范自身风险、保证自身利益的有效途径。通过规范流程，经纪人可以保证信息的标准性、合法性，为经纪机构的规范化、信息化管理打下基础。从目前我国存量房经纪业务的实际运营情况来看，房地产经纪机构所促成的交易主要是存量房租赁和存量房买卖。存量房经纪业务操作流程主要包括客户开拓与接待、物业查验、签订房地产经纪服务合同、信息传播与配对、实地看房、交易撮合、合同签订及款项支付、产权过户与物业交验、佣金结算、售后服务。

虽然房地产租赁经纪业务流程和转让经纪业务流程大致包括以上几个方面，但不同的业务对象或者不同的经纪公司在具体操作时略有不同。

项目四

存量房经纪业务延伸服务

知识目标

1. 能完成房地产交易相关手续代办服务，能处理房地产产权登记代办服务；

2. 能完成房地产抵押贷款及相关事务代办服务；

3. 掌握房地产咨询业务所需的综合知识，基本具备进行房地产投资、价格、法律咨询工作的能力。

技能目标

1. 完成房地产交易相关手续代办服务，特别是完成房地产产权登记代办服务；

2. 完成房地产抵押贷款及相关事务代办服务；

3. 房地产经纪业务中的咨询服务。

案例导入

房屋未办过户手续 该买卖合同是否有效

[案情]:

2004 年 4 月 20 日，郭某与曾某签订了一份房屋买卖协议，双方约定：郭某自愿将其所有的一套商品房，作价 100000 元出售给曾某，签订协议之日曾某预付房款 80000 元，余款 20000 元于同年 8 月 20 日前郭某交付房屋时一次性支付。郭某承诺在 9 月 20 日之前协助曾某办理房产过户手续。协议签订后，曾某按约付清了房款，郭某也交付了房屋。后郭某反悔，不想把房子卖给曾某。2004 年 9 月 20 日，曾某依约要求郭某办理房屋过户手续遭郭某拒绝，郭某于同年 9 月 10 日诉至法院，以房屋未办理房产过户手续要求法院判令曾某归还房屋，并表示愿意退还房款本息。

[分歧]:

对本案郭某与曾某签订的买卖房屋协议是否有效，合议庭存在以下分歧意见：

第一种意见认为：买卖城市私有房屋，买卖双方须持房屋所有权证、身份证明、房屋买卖协议到房屋所在地房产管理机关办理房屋产权变更登记，郭某与曾某虽然房款两清，但未根据《城市房屋管理条例》第九条规定，办理房屋产权变更登记，该房屋买卖行为系无效的民事行为。为此，根据《中华人民共和国民法通则》第五十八条第五项、第七项及国务院《城市私有房屋管理条例》第九条之规定，郭某与曾某的房屋买卖协议无效。

第二种意见认为：郭某与曾某之间签订的房屋买卖协议，是双方的真实意思表示，且已实际履行，该房买卖协议是有效协议。依据《中华人民共和国民法通则》第五十五条、最高人民法院《关于贯彻执行民事政策法律若干问题的意见》第五十六条之规定，郭某与曾某房屋买卖协议有效。郭某应提供有效证件协助曾某办理房屋产权变更登记。

思考与讨论

1. 你认为以上哪个意见比较符合实际？请说明理由。
2. 作为一名房地产经纪人，该如何避免房屋买卖合同出现这样类似的纠纷？

任务1　熟悉存量房经纪业务延伸服务流程

一、房地产产权登记代办服务

（一）房地产权属登记制度的概念和功能

1. 概念

房地产登记制度是不动产法律制度的重要组成部分，指对土地和地上建筑物的所有权以及设定的房地产他项权利，按照法定程序在专门簿册上进行记载确认的一种制度。房地产登记制度是房地产行政管理的基础与核心，也是建立房地产市场的必要保障条件。

2. 功能

房地产登记制度的功能主要体现在以下几个方面：

（1）产权确认功能

产权确认功能是指房地产权属登记确认房地产权利归属状态，经过登记的房地产权利受国家强制力保护，可以对抗权利人以外的任何人。经过登记赋予房地产权利以相应的法律效力，保护房地产与权利人之间的法律支配关系。登记确权的房地产必须颁发权利证书。《中华人民共和国城市房地产权属登记管理办法》第31条规定，房屋权属证书包括《房屋所有权证》、《房屋共有权证》、《房屋他项权证》或者《房地产权证》、《房地产共有权证》、《房地产他项权证》。

（2）权利公示功能

这是指房地产权属登记公开房地产权利变动状况，公示利益关系人与社会公众，保障房地产交易的安全。房地产权属登记通过公示能够将房地产流转的情况和结果及时进行公布，具有风险预警的作用，进而可以保护房地产权利人和善意第三人的利益。但是目前在我国房地产权属登记中公示作用尚未完全发挥。例如《土地登记规则》第62条规定，土地登记文件资料的查阅，按照土地管理部门规定办理。未经允许不得向第三者提供或者公布。土地使用权转让、抵押和出租应当以土地登记文件资料为准。需要查询土地登记文件资料的，受让人、抵押权人和承租人应当提出书面请求。凡符合查询规定的，土地管理部门应当出具书面查询结果或资料。在实践中有些地区的房地产管理部门对登记资料过分强调保密而不能公开查询，这种做法是不符合市场经济和法治政府规则的。信息公开、透明，扩大公众的知情权，是一种发展的趋势，应该设置相应的房地产权属登记信息资料的查询制度，增加信息公开和透明度。

（3）管理功能

这是指房地产权属登记可实现国家管理意图，一方面通过登记建立产籍资料，进行产籍管理，另一方面通过登记审查[1]相关权利设立、变更、终止的合法性，进而取缔或处罚违法行为。通过房地产登记对房地产的登记档案、图纸等资料进行管理，对申请登记的房地产权利的真实合法性进行审查监督，同时也为城市规划、房地产税收等提供依据。

（二）我国房地产登记制度的发展历程

我国的不动产制度，在 1949 年 10 月之前实行的基本上是税收地籍制度。在这种制度下，地产的权利证书（地契）是土地产权（包括房产）的全权证书，土地产权可随证书的转让而转移，土地权证的丢失（不论任何原因）都意味着产权的丧失。所以在新中国成立前，不管业主是地主还是农民，都把地契作为珍贵的财产保管。

新中国成立后，我国政府颁布了《中华人民共和国土地改革法》等法律法规，为土地所有制和土地使用制度提供了法律依据。20 世纪 50 年代初，只有少数大中城市进行房地产全面换证登记，大多数城镇仅在原有资料上进行产权转移、变更登记。在随后相当长的时期，土地房产登记制度废弛，权利的变更往往以契代证。

1978 年以后，我国房地产登记法律制度得到恢复和发展。在房产登记制度方面，原城乡建设环境保护部于 1986 年 2 月 5 日发出《关于开展城镇房产产权登记、核发产权证工作的通知》，要求从 1987 年开始，在全国范围内开展新中国成立以来第一次城镇房屋所有权登记和核发全国统一格式的房屋所有权证，随后颁布了一系列相关的规章和政策。应当指出，1990 年 12 月 31 日建设部发布的《城市房屋产权产籍管理暂行办法》，是目前我国城市房地产产权管理较为系统的行政规章。该办法除了重申产权登记制度外，还明确了“城市房屋的产权与该房屋占用土地的使用权实行权利人一致的原则”。经过几年来的贯彻实施，到 1993 年底，已登记房产占实有房屋建筑面积的 90%，已发证房产占 80%。1995 年 1 月 1 日施行的《中华人民共和国城市房地产管理法》（以下简称《城市房地产管理法》）第五章“房地产权属登记管理”，以法律的形式首次确立了国家实行土地使用权和房屋所有权登记发证制度，并对其主要运作程序作了规定。

在土地登记制度方面，1986 年 6 月 25 日通过的《中华人民共和国土地管理法》，标志着我国土地管理事业真正进入了有法可依的历史阶段。为了确定土地所有权和使用权，依法进行土地登记，1989 年 7 月 5 日国家土地管理局印发了《关于确定土地权属问题的若干意见》（1995 年 3 月 11 日修改为《确定土地所有权和使用权的若干规定》）。为建立土地登记制度，以维护土地的社会主义公有制，保障土地使用者和土地所有者的合法权益。1989 年 11 月 18 日国家土地管理局发布了《土地登记规则》。该规则指出了土地登记是依法对国有土地使用权、集体土地所有权、集体土地建设用地使用权和他项权利的登记，土地登记包括初始土地登记和变更土地登记。为深化企业改革，优化配置土地资源，规范股份有限公司设立中的土地使用权管理，国土局、国家体改委 1995 年 1 月制定下发《股份有限公司土地使用权管理暂行规定》，其中对土地使用权登记作了相应的规定，要求在设立股份有限公司之前必须办理土地登记，然后才能进行土地资产评估及资产处理，根据处置结果再办理土地使用权变更登记。

关于房地产登记法律制度，除了全国性的规范外，有些地方性法规还作出专项规定，使我国的房地产登记制度更趋完善。如 1995 年上海市颁布了《上海市房地产登记条例》，规定房地产权利的确认在法律上是以登记为表现形式的，并避免了原来土地使用权证和房屋所有权证分离可能造成的两者不一致的矛盾。厦门市于 1996 年 8 月 9 日颁布的《厦门市城镇房屋管理条例》，明确房地产权证书是房地产权利人依法拥有土地使用权和房屋所有权的凭证，实行两证合一。

（三）申请房地产权属登记应具备的条件

申请房地产权属登记应同时具备四项条件：申请人或代理人具有申请资格；权利人为法人、其他组织的，应使用法定名称，由其法定代表人申请；权利人为自然人的，应使用其身份证件上的姓名；共有的房地产，由共有人共同申请，如权利人或申请人委托代理申请登记时，代理人应向登记机关交验代理人的有效证件，并提交权利人（申请人）的书面委托书。设定房地产他项权利登记，由相关权利人共同申请。

（四）房地产权属登记机关

我国在《城市房地产管理法》颁布以前，房地产权属登记采取分属两个机关管理的体制（深圳市除外）。房地分属两个部门管理的弊端是很明显的，两个部门各自发证，统计口径不一，重复收费，房地产权人叫苦不迭。两个主管部门机构重叠，职能交叉，不仅浪费人力物力，还形成政出多门、政令不畅，其结果是影响了节约土地的基本国策的落实，影响了房地产业的发展，影响了政府的形象和威信。

深圳经济特区从 1987 年开始实行土地使用制度改革以来，借鉴中国香港的经验，采取了房地合一的管理体制，明确规定深圳市人民政府房地产主管部门是特区房地产登记机关，房地产登记以一宗土地为单位进行登记，土地上已有建筑物、附着物的，土地及建筑物、附着物应同时登记。这种有别于其他地区将土地和房屋分别登记的规定，是房地产市场化的客观要求，无论是在经济管理体制上，还是在我国房地产立法上都是一个突破。

《城市房地产管理法》颁布后，许多地区依据该法第六条第二款的规定，明确了“房地合一，两证合一”的管理体制。有些地方机构虽未合一，但对登记作了简化手续的规定。如广东省虽然仍由省建委和省土地管理局两家分别负责房地产和土地方面的工作，但颁布的《广东省城镇房地产权登记条例》，明确规定由房地产管理部门负责城镇房地产登记工作。近年来实行房地合一的城市越来越多，如广州、上海、汕头、开封、北京、厦门等地，可以说房地合一是大势所趋。

目前，我国办理房地产产权登记的部门是县级以上人民政府房地产行政主管部门。市、县人民政府房地产管理部门、土地管理部门具体管理房地产登记手续，核发房地产权属证书。房产和地产由一个部门管理的城市，由统一的登记部门办理房地产权属登记。房产和地产由两个部门管理的城市，房产管理部门办理房产权属登记，土地管理部门办理土地使用权属登记；经省、自治区、直辖市人民政府批准也可由一个部门办理房地产权属登记。

（五）房地产权属登记的类型

目前，房地产权属登记主要包括以下类型：

房地产经纪（第二版）

1. 房地产初始登记

房地产初始登记是指依法通过出让、征用、划拨方式获得土地使用权或新建成的房屋的第一次确权登记。房地产初始登记，包括土地使用权初始登记和新建房屋所有权初始登记。

（1）土地使用权初始登记

土地使用权初始登记包括以出让方式取得土地使用权的初始登记和以征用划拨方式取得土地使用权的初始登记。

以出让方式取得土地使用权的初始登记要提交以下文件：

1）初始登记申请书。

2）身份证明。

3）土地使用权出让合同。

4）地籍图。

5）土地勘测报告。

6）已付清土地使用权出让金的证明。

7）其他相关证明文件。

以划拨方式取得土地使用权的初始登记要提交以下文件：

1）初始登记申请书。

2）身份证明。

3）建设用地批准文件。

4）地籍图。

5）土地勘测报告。

6）其他相关证明文件。

（2）新建房屋所有权初始登记

建设部《城市房屋权属登记管理办法》规定，新建的房屋，申请人应当在房屋竣工后的3个月内向房地产登记机关申请房屋所有权初始登记。

申请房屋所有权初始登记应提交以下文件：

1）初始登记申请书。

2）身份证明。

3）土地使用权证。

4）建设用地规划许可证。

5）建设工程规划许可证。

6）施工许可证。

7）房屋竣工验收报告书。

8）其他相关证明文件。

国家规定，集体土地上的房屋转为国有土地上的房屋，申请人应当自事实发生之日起30日内向登记机关提交用地证明等有关文件，申请房屋所有权初始登记。

2. 房地产转移登记

转移登记是指经初始登记的房地产因买卖、赠与、继承、交换、转让、分割、合并、裁决等原因致使房地产权利人发生变化的登记。

建设部《城市房屋权属登记管理办法》规定，因房屋买卖、交换、赠与、继承、划拨、转让、分割、合并、裁决等原因致使权属发生转移的，当事人应当自事实发生之日起30日内申请转移登记。

申请房地产转移登记应提交以下文件：

1）申请书。

2）身份证明。

3）房地产权利证书。

4）证明房地产权属发生转移的文件。

5）其他相关文件。

证明房地产权属发生转移的文件主要有：预售合同、销售合同、买卖合同、赠与书、遗赠书、法院裁决书等。对于继承、赠与、遗赠等按规定要提交公证书的，申请人还必须出具经公证机关公证的公证书。

3. 房地产变更登记

根据建设部《城市房屋权属登记管理办法》规定，权利人名称变更和房屋现状发生下列情形之一的，权利人应当自事实发生之日起30日内申请变更登记。

1）房屋坐落的街道、门牌号或者房屋名称发生变更的。

2）房屋面积增加或者减少的。

3）房屋翻建的。

4）法律、法规规定的其他情形。

申请房地产变更登记应提交下列文件：

1）变更登记申请书。

2）身份证明。

3）房地产权利证书。

4）证明发生变更事实的文件。

5）其他相关文件。

4. 房地产他项权利登记

房地产他项权利登记是指因设定抵押权、典权等他项权利而发生的登记。

他项权利人应当自事实发生之日起30日内申请他项权利登记。下面主要介绍房地产抵押权登记。

房地产抵押权登记主要分为以下4种情况：

1）出让土地使用权抵押登记。

2）以预购商品房抵押登记。作为抵押物的商品房的房地产开发商应当取得预售许可证，预售合同已经登记备案，《房地产抵押合同》应当真实、合法。

3）在建工程抵押登记。以在建工程作为抵押在建筑安装总量的投资达到当地政府规定的标准以上才可以进行。

设定抵押的在建房屋应出具建设用地批准文件、《国有土地使用证》或《土地使用权出让合同》、《建设工程规划许可证》、《建筑工程承包合同》、《抵押合同》、《借款合同》等文件，以担保将来某时间抵押人可取得建成房屋的权利。

4）现房抵押登记。现房抵押应当出具《房屋所有权证》（或《房地产权证》）、《抵押合同》、《借款合同》。

房地产经纪人在代办房地产抵押登记时应当注意以下几点：

1）有营业期限的抵押人，其设定的抵押期限不得超过营业期限。

2）抵押物的土地使用权有年限的，其设定的抵押期限不得超过土地使用权的年限。

3）共同共有的房地产设定抵押的，全体共有人为抵押人。

4）按份共有的房地产，设定的抵押不得超过抵押人的份额。

5）同一抵押物设定二次或二次以上的抵押，登记时应提交前面抵押合同的约定和抵押权人知道抵押状况的书面证明；同一抵押物设定多次抵押的，后一个抵押的存续期限不得早于前一个抵押权的存续期限。

5. 房地产注销登记

因房屋灭失、土地使用权年限届满、他项权利终止等，权利人应当自事实发生之日起 30 日内申请注销登记。

权利人申请注销登记应提交下列文件：

1）申请书。

2）身份证明。

3）房地产权证书。

4）房屋灭失的证明。

5）其他相关文件。

同其他登记不同，除注销登记权利人自愿申请外，还可由登记机关强制注销登记。有下列情形之一的，房地产登记机关有权注销房屋权属证书：

1）申报不实的。

2）涂改房屋权属证书的。

3）房屋权利灭失，而权利人未在规定期限内办理房屋权属注销登记的。

4）因登记机关的工作人员工作失误造成房屋权属登记不实的。

注销房屋证书，登记机关应当作出书面决定，并送达权利人。

6. 房地产文件登记备案

房地产文件登记备案是指商品房预售合同及其变更合同、房地产租赁合同、商品房先行交付使用协议、房屋维修、使用公约及物业管理文件，以及其他当事人认为有必要备案，而登记机构准予登记备案的文件的登记备案。

目前各地房地产登记的法定机构基本设定为各市、区、县房地产登记处。

申请登记时，申请人应当向登记机构提交规定的登记文件，房地产经纪人员代办登记应当向登记机构提交当事人的委托书。当事人可能是一人或多人。其方式如下：

1）可以由当事人一方申请的：以出让、征用、划拨方式取得土地使用权的；新建房屋所有权；继承、遗赠；人民法院、仲裁机构发生法律效力的判决、裁定、裁决的调解；房地产变更登记以及法律、法规的其他情形。

2）需要双方共同申请的：房地产买卖；交换；赠与（遗赠除外）；抵押；典当以及法律、法规规定的其他情形。

3）两人以上共有的房地产权利，当事人应当同时申请登记。如果只有共同申请的一方申请，其他不申请的，登记机构可以受理一方申请，并责成其他方限期办理登记。其他方当事人逾期不办理的，登记机构可以核准一方当事人的登记。

在以上不同的情况下，房地产经纪人员向登记机构提交的委托书中应有不同的委托人数及其签章。

（六）房地产权属登记的程序

填写申请表、提供相关资料→受理登记→审核（初审、复审、领导审批）→缮证→通知申请人领证→缴纳税费→发放《房地产权证》。

（七）几种特殊情况下的房地产权属登记

1. 房改售房权属登记

职工以成本价购买的住房，产权归个人所有，产别为“私产”；职工以标准价购买的住房，拥有部分产权，产别为“私产（部分产权）”；以成本价或标准价购买的住房，产权来源为“房改售房”。

2. 直接代为登记

房地产行政主管部门直管公房、依法由房地产行政主管部门代管的房屋、无人主张权利的房屋以及法律法规规定的其他情形，登记机关可依法直接代为登记。直接代为登记，不予颁发房屋所有权证。

3. 商品房的登记

《城市房地产管理法》第 60 条规定：凭土地使用权证书向县级以上地方人民政府房产管理部门申请登记，由县级以上地方人民政府房产管理部门核实并颁发房屋所有权证书。

4. 分割出售房屋的登记

《商品房销售管理办法》规定，商品住宅按套销售，不得分割拆零销售。

二、房地产抵押贷款代办服务

（一）房地产抵押贷款的种类

房地产抵押贷款一般涉及两类：房地产开发贷款和个人住房贷款。

房地产开发贷款也就是与房产或地产开发经营活动有关的贷款。房地产开发贷款的对象是注册的有房地产开发、经营权的国有、集体、外资和股份制企业。

按照开发内容不同，房地产开发贷款又有以下几种类型：

1）住房开发贷款。是指银行向房地产开发企业发放的用于开发建造向市场销售住房的贷款。

2）商业用房开发贷款。是指银行向房地产开发企业发放的用于开发建造向市场销售，主要用于商业行为而非家庭居住用房的贷款。

3）土地开发贷款。是指银行向房地产开发企业发放的用于土地开发的贷款。

4）房地产开发企业流动资金贷款。是指房地产开发企业因资金周转所需申请的贷款，不与具体项目相联系，由于最终仍然用于支持房地产开发，因此这类贷款仍属房地产开发贷款。

房地产经纪机构可以为房地产开发商办理房地产开发贷款服务，但更多情况下是为消费者代办个人住房贷款（购房抵押贷款）手续。

个人住房贷款是指金融机构向购买住房的自然人发放的贷款。目前在我国，个人住房贷款主要有三种方式：住房公积金贷款、个人住房商业银行贷款和个人住房组合贷款。

1. 住房公积金贷款

住房公积金贷款是指由住房公积金管理中心及所属管理部，运用住房公积金，委托银行向购买、建造、翻建、大修自住住房的住房公积金缴存人和缴存单位的职工发放的贷款，并由借款人或第三人提供符合住房公积金管理中心要求的担保的贷款方式。

对于已参加交纳住房公积金的居民来说，贷款购房时，应该首选住房公积金低息贷款。住房公积金贷款具有政策补贴性质，贷款利率很低，低于同期商业银行贷款利率。也就是说，在住房公积金抵押贷款利率和银行存款利率之间存在一个利差，采用公积金贷款可以大大减小购房者的还款压力。

2. 个人住房商业银行贷款

住房公积金贷款方式限于交纳了住房公积金的单位员工使用，限定条件比较多，所以，未缴存住房公积金的人无缘申贷，但可以申请商业银行个人住房担保贷款，也就是银行按揭贷款。只要购房人在贷款银行存款余额占购买住房所需资金额的比例不低于相关规定，并以此作为购房首期付款，且有贷款银行认可的资产作为抵押或质押，或由具有足够代偿能力的单位或个人作为偿还贷款本息并承担连带责任的保证人，那么就可申请使用银行按揭贷款。

3. 个人住房组合贷款

借款人以所购本市城镇自住住房作为抵押物可同时申请住房公积金个人购房贷款和商业性个人住房贷款，该贷款方式称为个人住房组合贷款。

住房资金管理中心可以发放的贷款，一般地区，最高限额一般为 10～39 万元（个别地区高于此标准，比如杭州的最高限额为 50 万元），如果购房款超过这个限额，不足部分要向银行申请住房商业性贷款。这两种贷款合起来称为组合贷款。此项业务可由一个银行的房地产信贷部统一办理。组合贷款利率较为适中，贷款金额较大，因而较多被贷款者选用。

（二）申请住房开发贷款的程序

房地产开发企业申请住房开发贷款时，房地产经纪人要注意审查开发企业是否有资格申请此类贷款，主要审查以下内容：

1）要取得贷款项目的土地使用权。

2）贷款项目已经纳入国家或地方住房建设开发计划，其立项文件完整、真实、有效。

3）贷款项目申报用途与功能相符，并能够有效满足当地住房市场的需求。

4）贷款项目工程预算和施工计划符合国家和当地政府的有关规定。

5）贷款项目的工程预算充足。

6）贷款人计划投入贷款项目的自有资金不低于规定的比例，通常是 25%，并能够在使用银行贷款之前投入项目建设。

在向银行申请房地产开发贷款时，要提供以下资料：

1）借款申请书。

2）营业执照副本、年检登记文件和税务登记文件副本。

3）法定代表人或其授权代理人的证明文件。

4）验资报告。

5）上年度会计报表，申请借款前一个月的会计报表。

6）项目可行性研究报告，项目建设、实施和开发的文件或计划。

7）房地产开发企业资质证书。

8）提供第三方保证人出具的担保意向书、营业执照副本、年检登记文件及税务登记证明副本、保证人的财务报表等有关资料。

9）抵押物（质物）清单和产权证明文件以及有处分权人的同意抵押（质押）的证明。

借款人的借款申请，由银行依据国家产业政策、信贷政策及有关贷款办法规定进行审查。如果具备借款资格，借款人要进一步接受银行的贷前调查，其主要包括以下内容：

1）借款人的品行，包括其资历、工作水平、领导能力、道德品质、还款意愿等。

2）借款人的信誉，主要调查借款人原有债务是否都能按期偿还，有无银行不良记录等。

3）借款人的偿债能力，即调查借款人是否具备偿还贷款本息的能力，其还款资金来源是否稳定，能否按期还本付息等。

4）借款人的盈利情况，以及借款人自身预期的盈利情况等。

5）借款项目的各方情况，包括开发项目前期工作情况，开发计划是否落实，城市规划、设计方案、建设用地是否已批准，开工条件是否具备，是否取得开工许可证，项目资金来源构成和落实情况，以及开发项目预售情况等。

6）保证人的担保能力，主要调查保证人是否具备担保资格，保证人资信情况及是否为其他借款人提供了担保等。

7）抵押物（质押）是否符合规定，是否已经设定抵押（质押）等。

如果借款人通过银行调查，符合贷款条件，经过经办行逐级上报审批，被批准后，便可以签订《借款合同》。如果该借款是由第三方法人作担保的，须签订《保证合同》；如果该借款是由不动产抵押作担保的，须签订《抵押合同》；如果该借款是由有价证券等质押作担保的，须签订《质押合同》。贷款发放后，若借款人未按合同约定用途使用借款，或未按合同约定定期限额偿清贷款，借款人要受到银行的处罚。如果发生借款人向贷款银行提供虚假或者隐瞒重要事实的资产负债表、损益表等资料；不如实向贷款银行提供开户行、账号及存款余额等资料；不按借款合同规定用途使用贷款，经指出仍不改正的；拒绝接受贷款银行对其信贷资金进行调查了解的，贷款银行可以提前收回部分或全部贷款，停止支付借款人尚未使用的借款。在贷款到期前，借款人若不能按期还清贷款，应主动提出延期申请。如果经过银行审核，确需延期的，银行要与借款人和保证人（或抵押人，或出质人）签订《分期还款协议书》，作为原《借款合同》的附件。贷款延期只能一次，短期贷款延期不得超过原贷款期限，中期贷款延期不得超过原贷款期限的一半。如果贷款延期期限加上原贷款期限达到新的利率期限档次时，从延期之日起，贷款利息按新的期限档次利率计收。

（三）个人房产抵押贷款的条件

个人房产抵押贷款是指以自然人为对象发放的以个人房产抵押作为担保的且用途合法的人民币贷款。

经纪人应对借款人的借款资格进行审查，借款人须具备以下条件：

1）有当地常住户口或有效居住证件。

2）具有稳定的经济收入，具备按期偿还贷款本息能力。

3）信用良好，有按期偿还贷款本息的能力。

4）借款用途为借款人在生产、经营、生活中的合法资金需要，并须贷款发放机构审核。

5）有符合《担保法》规定的，并经金融机构认可的房产作为贷款的抵押担保。

6）发放贷款的金融机构规定的其他条件。

经纪人代委托人向贷款人提出借款申请时，应提供以下资料：

1）借款人的身份证件（指居民身份证、户口本和其他有效居留证件）。

2）有关借款人家庭稳定的经济收入的证明。

3）符合规定的购买住房合同意向书、协议或其他批准文件。

4）抵押物权属证明以及由处分权人同意抵押或质押的证明。

5）抵押物价值证明（如估价报告）。

6）保证人同意提供担保的书面文件和保证人资信证明。

7）申请住房公积金贷款的，需持有住房公积金管理部门出具的缴纳公积金的证明。

8）贷款发放人要求提供的其他文件或资料。

贷款人自收到借款申请及符合要求的资料之日起，审核后在三周内向借款人正式答复。

贷款人审查同意后，按照《贷款通则》的有关规定办理有关手续，如包括签订借款合同、办理还贷储蓄卡等，并向借款人发放住房贷款。

申请使用住房公积金贷款购买住房的，在借款申请批准后，按借款合同约定的时间，由贷款人以转账方式将资金划转到售房单位在银行开立的账户。

（四）申请个人住房公积金贷款的程序

第一步：提出贷款意向，领取有关材料。经纪人需要代委托人到其交存住房公积金的住房资金管理中心或所属分中心提出贷款要求，向贷款经办人员如实介绍其所购房屋情况、委托人及配偶的工作和收入情况、希望申请的金额和期限、其住房公积金的缴存情况、可以提供什么样的担保，同时领取借款申请表及有关材料，由经办人员给申请人初步建议，告诉其需要准备的材料。

第二步：提出书面申请。经纪人按照经办人员的要求准备齐全的文字材料，请经办人员审核。文字材料主要指：如贷款申请人购买商品房，申请人需提交填写好并由单位盖章的借款申请表、认购书或购房合同，有效身份证、户口本、结婚证；如贷款申请人购买房改房（单位售房、房管所售房），除上述材料外，还须提供房改售房的方案复印件、售房方案的批复复印件、所售房屋的大产权（售房单位产权）或确权证明复印件；如贷款申请人购买安居房、集资建房等其他形式住房，须按照管理中心的要求提供相应的材料。

第三步：评估。对于购买商品房等需要评估的贷款，贷款经办人员对上述材料审核无误后，给经纪人以初步意见，并开具抵押物审核评估通知单，经纪人持单到评估机构对贷款房屋进行评估。对于购买房改房、安居房等不需要评估的贷款，按照第五步办理。

第四步：开具贷款承诺。评估完毕后，经纪人持评估报告再次到管理中心，经办人员进一步综合评估结果对贷款申请进行审核。对于未签立正式购房合同的，贷款经办人员审核同意贷款后开具贷款承诺书，经纪人持之到开发商处签立购房契约文本，购买期房者须办理预售登记。

第五步：开具《调查通知单》。经纪人持所有文件（身份证、户口本、结婚证、借款申请表、正式购房合同、购买商品房等需评估贷款的评估报告、购买房改房贷款的房改售房方案复印件、方案批复复印件、大产权或确权证明复印件、贷款经办人员要求的其他文件）到管理中心，经办人员审查后，确定贷款额度、贷款期限、担保方式，并开具《调查通知单》。经办人员每日将《调查通知单》登记后录机。

第六步：银行调查。经纪人拿到《调查通知单》后，要到《调查通知单》上注明的银行经办机构，由银行经办机构对贷款进行调查，并指导借款申请人填写有关的贷款合同。

需要盖章的合同（如保证合同、收押合同）到有关部门加盖公章，采用财产抵押担保或购买购房综合险的办理有关保险手续，采用保证担保的银行对保证单位进行审核调查。

第七步：签署委托合同、委贷通知单。银行经办机构对贷款调查完毕后将有关材料送管理中心，并告知经纪人等待通知。管理中心根据银行的调查意见对所有贷款材料、合同进行审批，审批同意后与银行经办机构签立委托合同和委贷通知单，通知银行可以办理放贷手续。

第八步：划款。银行在放贷前准备工作完毕后确定具体放款日期，通知借款人，并于放款日（或提前一两天）填写《个人住房担保委托贷款拨款明细单》，加盖银行经办机构公章后到管理中心办理划款手续。管理中心贷款经办人员对拨款明细单审核后开具拨款通知单，通知财务人员开具有关划款单据。经办人员根据拨款通知单、拨款明细单登记后第二次录机。

第九步：放款。借款人于放款日到银行办理放款手续，贷款将直接拨付至售房单位账户。贷款的审查发放手续完毕。

（五）申请个人住房商业贷款的程序

申请个人住房商业贷款的大致程序为：向银行提出贷款申请，银行审查同意后签订贷款合同和担保合同，按要求到当地房地产管理部门、保险公司、公证等部门办理抵押登记、保险和公证手续，再到银行办理贷款手续。具体的程序如下：

1）在申请贷款的银行的营业机构开立活期存款账户。

2）按要求填写借款申请表，根据银行的指示提交申请表与规定的材料。

3）银行业务经办人员或指定的律师进行家访，调查申请人所提供的资料的真实性、合法性和完整性。

4）银行审批通过后，告知审批结果，并签订借款合同。

5）办理保险、抵押登记、公证等手续。

6）将贷款直接划拨到合同约定的账户中。

7）借款人按借款合同的规定还本付息。

（六）个人住房抵押贷款的还款方式

个人住房抵押贷款主要有两种还款方式，经纪人在代办业务的时候，需要向委托人详细地说明每种还款方式的计算方法和特点，帮助委托人作出还款方式的决策。

一种是等额本息还款法，即每月以相等的额度平均偿还贷款本息，直至期满还清。

另一种是等额本金还款法，即每月等额偿还贷款本金，贷款利息随本金逐月递减。

采用等额本金还款方式的特点是，贷款人的每月还款额都不相同，第一月最多，以后逐月减少，所以前期还款的压力比较大。但是，采用这种还款方式所付利息总和要比等额本息还款法少。

借款人可以根据自己的不同情况和需要，选择还款方式。但一笔贷款合同只能选择一种还款方式，合同签订后不得更改。

（七）个人住房抵押贷款的基本要素

1. 贷款额度

贷款额度也称贷款成数，是指贷款额与楼（房）价的比率，即银行在贷款时通常要求购房者要支付一定比例的现金，即首付款，其余的房款由银行提供贷款。目前国内一般一手楼贷款额度（贷款成数）在7～8成，有些二手楼为6成，如果是购买第二套房子，贷款额度减少到6成。

2. 利息（贷款利率）

借款人在借贷期限内除偿还本金外，还要支付银行贷款利息。利息决定于贷款利率。而住房抵押贷款利率又决定于银行存款利率和政府对住房抵押贷款的金融政策。

3. 借贷期限

借贷期限是指住房抵押贷款分期偿还的期限。目前，国内住房抵押贷款根据贷款人申请贷款的年龄及相关条件进行评价，一般为男60周岁，女55周岁为上限，根据实际情况贷款最高期限为20～30年。贷款期限对于借款人有正负两个方面的影响，即借款期限长，借款人当前或近期所承担还款负担较轻，但所承担的利息负担就较重；反之，若借款期限短，借款人所承担的利息负担较轻，但每期所要偿还的债务负担就较重。同时还款方式的不同也会产生上述两种影响。

4. 费用

由于各地住房抵押贷款手续所需费用都有所不同，在计算相关费用时，应以当地的实际为准。比如，苏州市住房抵押贷款手续的相关费用为：抵押贷款保险费费率视贷款年限长短为0.2‰～0.39‰。

三、房地产经纪业务中的咨询服务

（一）房地产咨询概述

1. 房地产咨询的概念和特点

《中华人民共和国城市房地产管理法》第56条规定："房地产中介服务机构包括房地产咨询机构、房地产价格评估机构、房地产经纪机构等。"从这个规定来看，我国房地产咨询是房地产中介服务的一种，是为房地产经济活动的当事人提供法律法规、政策、信息、技术等方面服务并收取佣金的一种有偿的中介活动。现实中的具体业务可分为信息咨询业务和投资决策咨询业务两大类。信息咨询业务即以各种方式为有需要的人士提供房地产市场信息，是房地产咨询业务中最为广泛和普及的一种。投资决策咨询业务是诸如接受当事人委托进行房地产市场的调查研究、房地产开发项目可行性研究、房地产开发项目策划及房地产市场营销策划等。这类服务对从业人员的素质有较高的要求，是高水平的咨询服务。

房地产咨询通常有以下几个特点：

（1）内容和对象的广泛性

房地产咨询的内容包括房地产经营开发的一切环节与事务，如房地产投资、房地产综合开发、房地产价格评估、房地产政策法规、房地产科技、房地产经营管理技术、房地产金融、房地产纠纷仲裁等。而咨询服务的对象包括单位、企业、个人，行业内或行业外、国内或国外的客户，只要涉及房地产方面的，一概为其服务。

（2）开展形式灵活多样

房地产咨询的形式多种多样，房地产中介机构可以根据客户的具体要求采取合适的形式。此外，在承揽咨询业务的方式上，咨询机构还可以根据具体的情况对以下两个问题作出灵活的选择：一是独立完成还是与他人合作完成咨询服务项目，二是临时抑或长期承接咨询项目。

（3）咨询人员知识全面

房地产咨询人员必须具备全面而综合的知识，方可胜任咨询工作，从而更好地为客户服务。

2. 我国房地产咨询机构的类型

目前，中国房地产咨询业还处于萌芽状态。在许多地方，尽管存在大量房地产咨询活动，但通常是依附于其他业务的，还不是一个独立而纯粹的服务门类。如房地产经纪代理业务过程中，应顾客的要求为其提供有关的市场信息或为其解释有关的法规政策。由于这类服务没有明确的收费标准，或被一些公司设为免费的服务项目，因此普遍未受到应有的重视。

目前，提供房地产咨询业务的机构主要有以下几种：

第一种是“官方机构”。上海有一些机构，比如上海房产经济学会以及社科院和大学的房地产研究中心，一直致力于房地产研究，在学术上颇有造诣，经常承接一些纵向课题，为政府管理部门提供决策咨询。他们为企业做咨询，具有信息获取以及与官方关系的优势。但由于咨询只是其附属业务，没有统一的收费标准，因此从市场经济的角度看，还不能归入“咨询业”的范畴。

第二种是国内房地产咨询企业。这类企业的公司名称为房地产咨询和策划的非常多，似乎其咨询业务十分红火，但他们从事的业务和房地产中介代理企业相差无几：都不做咨询而做开发商楼盘的中介代理，或兼做房产广告。

第三种主要是我国香港、台湾地区及新加坡等海外地区的企业。他们在中国内地开展的房地产咨询业务也很弱，主要是向进入上海的中国香港、台湾等地的企业提供咨询。而且这些机构的收费标准相对较高，只能为市场上少数高端客户提供服务，并不能满足广大中小投资者的咨询需求。

3. 我国房地产咨询业存在的问题

（1）社会咨询意识落后，客户群体尚未形成

对我国房地产行业来说，专业咨询服务的相对滞后很大程度上受客户群错误观念的

影响。相当多的开发商和投资置业者并不看中投资决策咨询，或是抱着“求人不如求己”的思想。为什么房地产投资咨询公司不单纯做咨询业务，比如楼盘策划等，因为收不到开发商的咨询费，开发商没有咨询有偿意识。比如在上海，咨询收费往往通过房屋代理费和广告差价实现。结果是只能借策划、咨询之名，行代理、广告宣传之实，通过代理、广告费迂回收取部分咨询费用。

（2）规模小，专业化不足

在我国，除一些从事营销策划和销售代理业务的咨询机构已形成一定规模以外，提供咨询服务的机构多数规模较小；而且这些房地产咨询机构多为混合型机构，以中介为主，提供房地产经纪、评估，兼营房地产咨询业务。在这种混合型的经营模式下，无论是信息咨询还是投资决策咨询服务都很难达到专业服务高水准的要求。虽然这类公司因其具有较大的灵活性、贴近国情，在一定时期内，能够在低端市场占有一定的市场份额，但随着行业市场化进程的加快，受自身素质的限制，这些小机构将很难满足客户不断提高的咨询服务需求，面临优胜劣汰的命运。

（3）系统化、正规化不够

从房地产消费市场的需求变化上看，需求差异化逐渐形成并呈扩大之势。现实需求差异化的存在使得供需双方都对高水平的市场调研、信息服务、项目咨询、营销策划、销售代理、置业顾问等业务产生了更多的需求，迫切要求房地产中介行业要以专业化的服务、正规化的经营来填补市场空白。而事实上，在房地产咨询领域，经验和“策划大师”干扰过多。他们侃侃而谈成功经验，虽然很有质量，但这些并不等同于咨询。咨询的基础是对咨询内容的十分专业而系统的研究。因此，那种由自身局部经验引发联想的东西，即使富有智慧，仍然无法取代咨询。

（4）咨询数据库的建设缺乏，官方信息披露渠道不畅

无论是信息咨询、投资咨询，还是论证报告形式的咨询，都需要以数据库为依据。同时，任何一个咨询机构都不可能拥有自身开展业务所需要的所有信息，而需要与其他机构实现资源共享。中国数据库建设明显存在以下不足：大型数据库少，缺乏数据库的发展意识和使用意识，数据库结构失衡等。

（二）房地产投资咨询

1. 房地产投资咨询概述

房地产投资已成为广大投资者为使资产快速增值、获取高额利润的重要投资方式。随着房地产投资体制改革的不断深化，房地产投资日益呈现出投资主体多元化、投资行为复杂化、投资渠道多源化、筹资方式多样化的趋势；与此同时，投资环境和市场条件也在不断变化。因此，对房地产投资者来说，投资实际和市场信息显得尤为重要，投资者只有充分掌握房地产市场信息，把握投资机会，做好投资决策，才能取得良好的投资效果。房地产投资咨询也就应运而生。房地产经纪人应当掌握一定的房地产置业投资分析技能，作为客户的置业投资顾问，提供投资分析，更好地服务于客户。

投资是指任何旨在引起社会财富直接增加或社会生产提高的资本投入行为。具体地

说，投资是将资本转化为生产、经营资本的经济活动。房地产投资是指为房地产开发和经营投入或垫付资本的行为。

房地产投资可分为直接投资和间接投资。直接投资是指投资者直接参与房地产开发或购买的过程以及参与有关的管理工作，包括从购地开始的开发投资和物业建成后的置业投资两种形式。其中开发投资的投资者主要是赚取开发利润，风险较大但回报丰厚；置业投资的投资者则从长期投资的角度出发，可获得收益、保值、增值和消费四个方面的利益。间接投资主要是指将资金投入与房地产相关的证券市场的行为。房地产的间接投资者不需要直接参与有关投资管理工作，具体投资形式包括：购买房地产开发、投资企业的债券、股票，购买房地产投资信托基金、房地产抵押贷款证券等。

2. 房地产投资咨询业务的类型

目前，房地产经纪人从事的房地产投资咨询业务主要有两种：

（1）房地产经营投资咨询

房地产经营投资指投资者以开发、买卖或租赁房地产等形式，进行的营利性商业活动。投资目的：①回收原垫付的所投资金；②获取盈利。投资收益主要是通过经营来实现的。

（2）房地产置业投资咨询

房地产置业投资指投资者购置房地产后，供出租经营的一种投资形式。

房地产置业投资的目的一般有两个：一是满足自身生活居住或生产经营的需要；二是作为投资将购入的物业出租给最终的使用者，获取较为稳定的经常性收入。这些房地产的投资主要有：以盈利为目的的房地产买卖投资；用于消费的置业投资；用于出租经营的置业投资；房地产租赁经营投资等。

房地产置业投资一般分为长期投资和短期投资。投资者主要是利用市场变化，通过对市场信息的调查分析、对未来市场的预测等决策过程，投入一定的资金，以低价购入房地产，待价而沽，通过赚取差价获取利润，带有一定的投机性。房地产买卖投资有获取高额利润的机会，也有较大的风险。

3. 房地产项目投资决策的程序

房地产投资决策一般按以下程序进行：

1）研究房地产开发项目的必要性和现实性。通过市场调查，如政治、经济、工业、贸易、交通等方面的调查，对拟建项目的必要性和现实性进行研究。

2）建设项目地点的选择及确定开发房屋类别及规模。所有这些需作多方案的论证比较，选择最佳方案，以研究建设项目在技术上的可能性。

3）财务分析与经济评价。计算项目的投资造价与土建、设备成本、投资效果分析、资金偿还办法、偿还时间、项目的利润及还本期，以研究建设项目经济上的合理性。

4）进行建设项目的方案设计与编制建设总进度计划，这是研究建设项目的实施方案。

5）提出投资决策研究报告，得出结论性意见与建议，提供给有关部门决策和审批。

4. 房地产开发项目投资过程

根据房地产产品的生命周期，一般可将房地产投资过程划分为开发阶段、经营阶段、再开发阶段的投资。

第一，开发阶段的投资。开发阶段主要包括购（征）地、规划设计、建设等活动。在该阶段，投资者应根据投资目的，了解分析欲购买地块的情况，并通过规划顾问、专家咨询，预测所要获得地块的发展前景和预期利润；对于自有资金不足，需向金融部门贷款的投资者还应就贷款限额、利率水平、偿还期限和偿还方式以及是否需要抵押担保等融资问题进行咨询，因为这些因素决定着贷款能否成功、项目能否顺利进行。项目建设的核心问题是工程质量和工期，投资者要严格控制工程质量，同时要保证合理的工期，以免延期造成成本增加。

第二，经营阶段的投资。对于新开发建设的房地产，具有房地产经营权的投资者可根据自己确定的目标，采取出租或出售的经营方式。一般来说，实力雄厚的投资者，大多实行租售并举，以减小经营风险。但当投资者资金短缺，没有取得合适贷款或贷款条件比较苛刻，在经济上不合算时，出售房地产可一次性回笼资金，减轻投资者的经济压力；而当市场需求疲软，价格下降，出售获利甚微而资金又不十分紧缺时，不妨采取短期租赁，等待出售时机的方法。

第三，再开发阶段的投资。当建筑物经济寿命期终结，即不能再产生足够的收入来维持正常运营时，便面临着拆迁重建。房地产开发经营企业进行这类投资必须确切了解城市规划及待拆迁房地产的产权情况，切实做好可行性研究。

5. 房地产开发投资的方式

第一，独资开发经营房地产。独资开发经营是指单个投资者自行筹措资金，自行购地和组织设计施工的房地产项目，项目建成后独立经营的投资方式。该方式的优点是：开发项目效益、利润全归投资者个人享有，决策自由，但存在风险大、亏损自负的缺点。

第二，合资开发经营房地产。合资开发经营房地产是指由两个或两个以上投资者共同投入资金开发房地产，共同投资、共同经营、共负盈亏、共担风险的方式。各方如以土地、材料设备等实物进行投入，应合理分拆。

第三，合作开发经营房地产。在这种方式中，土地不作为资本金，而作为合作条件，通过谈判确定分成比例。提供土地的一方不需要提供资金，合作开发方式使出地方得到必需的建设资金，出资方得到较好的建筑地段，有利于土地和资金的优化配置。合作开发的成功，可按实物分成。

（三）房地产价格咨询

1. 房地产价格咨询的概念

房地产交易中最敏感、最关键的因素就是价格。由于房地产价格的影响因素和价格形成、运作机制具有不同于一般作为完全劳动产品的商品的特性，所以，房地产价格的确定是一个相对复杂的过程。房地产经纪人员凭借其在房地产价格评估方面专业知识以及丰富的市场经验，结合一定的房地产估价方法，为购房者和投资者提供标的房地产的客观市场价格，这就是房地产价格咨询。

2. 影响房地产价格的因素

房地产咨询师要想帮助顾客准确地确定房地产产品的价格，就必须熟悉影响房地产价格的因素。房地产的价格是许多因素相互作用的结果。这些因素包括如下几项：

（1）供求关系

房地产价格随着供求关系的变化上下波动，一般来说是由市场的供给和需求决定的，与需求正相关，与供给负相关。由于在城市中，人口密度高，土地资源稀缺，短期内很难根据市场需求提供充足的土地资源。在劳动力、土地、资本、管理等生产要素中，土地的供给弹性最小，房地产产品的生产周期长，而市场的需求却变幻莫测。因此，房地产的均衡价格主要是由需求状况决定的。

（2）社会因素

社会因素包括社会治安状况、人口密度、家庭结构、消费心理等。例如，人口密度高的地方对住房需求多，价格也就较高；家庭结构趋于小型化增加了家庭单位数量，从而引起住房需求的增加，也会抬高住房的价格。人们消费心理的变化也影响着房地产的设计和开发建设，当人们消费心理倾向于经济实用型的时候，房地产的设计和开发都会以降低成本和售价为目标。当人们消费心理趋于舒适方便时，房地产开发则注重功能的完善和居住环境的美化。虽然这可能会增加开发成本，但同时也提高了售价。

（3）政治因素

政治因素是指会对房地产价格产生影响的国家政策法规，包括房地产价格政策、税收政策、城市发展规划等。例如，目前中国政府正通过制定政策法规致力于减少房地产开发和交易过程中的各种不合理收费，从而降低住房价格，使之与广大居民的收入相匹配。

影响房地产价格的主要政治因素主要通过以下几个方面发挥作用：

① 土地制度：土地制度直接影响着地价水平。科学合理的土地制度和政策，可以制约土地利用者或投资者的积极性，带动土地价格适度涨落。

② 住房制度：合理的住房制度使住宅价格与居民收入保持适宜的比例关系，促进住宅市场繁荣。

③ 城市发展战略：城市规划、土地利用规划，对房地产价格都有很大的影响，特别是城市规划中的规定用途、容积率、绿化率、建筑高度等指标。

④ 房地产价格政策：政府可通过制定最高限价、制定标准价，调整土地供应量、土地出让价格及房地产开发经营的税费负担，在房地产价格高涨时抛出一定量的房地产等措施来抑制房地产价格。

⑤ 税收政策：直接或间接地对房地产课税多少，关系到房地产的收益的大小，因而影响房地产价格的涨落。

（4）经济因素

经济因素包括宏观经济状况、物价状况、居民收入状况等。例如，当经济处于增长期时，社会对房地产的需求强烈，其价格也水涨船高。当经济处于萧条期时，社会对各种房地产的需求减少，价格自然会下降。物价水平和居民收入水平也与房地产价格呈同向变动。

影响房地产价格的主要经济指标有如下几个：

① 经济发展：经济发展预示着投资、生产、经营活动活跃，对各类房地产的需求增加，从而引起房地产价格上涨，尤其是引起地价上涨。衡量经济发展的指标有人均 GDP 及其增长率、政府支出及其增长率等。

② 物价：通常物价波动，表明货币购买力的变动，即币值发生变动，此时房地产价格也将随之变动。

③ 居民收入：从总体上讲，随着居民收入的增加，生活水平的提高，人们对居住活动需要的空间的需求也因此增加，从而导致房地产价格上涨。衡量居民收入的经济学指标一般是人均可支配收入。

（5）自然因素

自然因素包括房地产所处地段的地质、地形、地势及气候等。例如，地质和地形条件决定了房地产基础施工的难度，投入的成本越大，开发的房地产价格就越高。气候温和适宜、空气质量优良的地域，其房地产价格也会比气候相对恶劣的地域高。

（6）区域因素

区域因素包括交通状况、公共设施、配套设施、学校、医院、商业网点、环境状况等。例如，地处交通便利城区的房地产价格较高，交通不方便的郊区则价格偏低。对于商业房地产，区域因素尤其重要。繁荣的商圈区域内的房地产价格高昂，因持有这些区域的房地产而取得的租金收入不菲。

（7）个别因素

个别因素是指影响某个房地产项目的具体因素，包括建筑物造型、风格、色调、朝向、结构、材料、功能设计、施工质量、物业管理水平等。功能设计合理、施工质量优良、通风采光好和良好的朝向等因素都会相应地在房地产价格上体现出来。

3. 进行房地产价格评估的原则

（1）合法原则

合法原则是指房地产价格评估必须以估价对象的合法使用为前提。估价是为交易等服务的，要考虑卖出方的利益，更要考虑买受方的权益及合法保证问题。对于不符合合法使用的用途必须予以排除。

（2）最高最佳使用原则

最高最佳使用原则要求房地产价格评估要以房地产的最高最佳使用为前提。假如不以最高最佳使用为前提，不是评估的房地产在合法使用前提下能带来最高价值使用的那种状态价格，房地产将有许多不同使用用途下相应的价格。最高最佳使用原则帮助解开房地产价格的迷津，合理判断出正确唯一的房地产价格。

（3）供求原则

供求原则表述了房地产的商品价格特性，其价格与供给量成反比，与需求量成正比。因此，在评估房地产价格时，要考虑当时、当地市场的供求状况。

（4）替代原则

替代原则是根据在同一个市场中具有相近效用的房地产，应当具有相近的价格，具有相近价格的房地产应有相近的价值效用，这样一种原则来进行房地产评估。替代原则的应用，类似比较法的使用，即让人们从已被认识的客观事物出发与新事物比较，通过认识两者之间的差异去掌握新事物的简便方法。比如市场比较法，实际上是一种类似比较，是通过类似比较透视市场交易行为的一种方法。一般的类似比较法由类比基础、类比元和类比接口三部分组成。类比元是根据类比基础资料整理抽象成的适于比较换算的元素，而接口资料提供的是纵横向换算的共同基础。通过类比换算完成替代，也就是在房地产价格评估的市场比较中运用替代求取估价对象的市场价格。

（5）估价时点原则

房地产的每一个价格都有相对应的时点，任何一个时点都有一个对应的价格，两者是不可分离的。房地产市场是市场，既然是市场都是有起有落的，房市的价格随市波动，对确定的价格、不确定的时点来说一起一落同一个价格至少存在着两个时点，对一个相对平稳期的价格就可以通过更多的时点去截取相同的房市价格。估价时点原则是将动态的房地产价格，锁定在静态的时点上，为评估房地产的价格提供静态的分析点和确定明确的参照物系。例如在动拆迁估价中，不论是被拆迁房，还是安置房都锁定在房屋拆迁许可证批准的时点上，它们虽然分布的空间位置不同，但在时间的结合点上都是一致的。时点截取的房市断面价格水平的一致性也体现了动拆迁及安置价格结算的公平一致性。

（6）公平原则

公平原则要求房地产价格咨询人员必须站在公正的立场上，求取客观合理的房地产评估价格。公平原则涉及广泛而又深层的问题。如对抵押的在建工程估价，双方的权利界面应以可让渡为公平，而不是看其房地产形态；对动拆迁房屋和安置用房的价格评估以时点的一致性为公平，并以被拆迁房屋的登记权利灭失为公平；房地产价格的评估值以客观合理为公平，以能有效地调节买卖双方的经济利益和权利为公平，以合法使用前提为公平，以最高最佳的使用为公平，以能符合市场供求为公平，选取的比较案例以能有效地替代为公平。

（四）房地产法律咨询

1. 房地产法律咨询的类型

自改革开放以来，随着依法治国方针的逐步建立和深化，中央和地方各级政府制定了一系列房地产法律、法规和规章制度，使房地产市场运作逐步纳入法制化轨道。但是参与房地产市场的各个主体，他们对房地产法律、法规和规章制度的了解和熟悉程度不是一致的，有的可能很少接触，茫然不知。他们需要法律知识的援助，以便正确处置自己的市场行为，保护自己的合法权益。在实践中，有关房地产法律咨询的业务正在不断扩大。

房地产法律咨询业务大致有以下五类：

1）为委托人提供解决房地产纠纷处理的法律依据。

2）兼有律师资格的可以受聘担任各种房地产企业的法律顾问。

3）为委托人化解可能因法庭判决所带来的风险。

4）为维护委托人的正当利益提供法律依据。

5）为委托人组织诉讼文件资料，通过法律来保护委托人的合法权益。

2. *房地产法律咨询涉及的法律法规*

由于房地产交易过程所涉及的法律很多，如果房地产经纪人能掌握较丰富的法律知识，就可在房地产经纪活动中为客户提供房地产法律咨询，更好地为客户服务。

有关房地产的法律法规主要有如下几项：

（1）综合法规

房地产方面的综合法规主要包括《中华人民共和国城市房地产管理法》、《中华人民共和国土地管理法》、《中华人民共和国土地管理法实施条例》、《城市房地产抵押管理办法》等。

（2）房地产交易法规

房地产交易方面的法律法规主要包括《商品房销售管理办法》、《城市房地产转让管理规定》、《城市商品房预售管理办法》、《已购公有住房和经济适用住房上市出售管理暂行办法》、《商品住宅实行住宅质量保证书，住宅使用说明书制度的规定》、《商品房销售面积计算及公用建筑面积分摊规则（试行）》、《商品房销售面积计量监督管理办法》等。

（3）房地产租赁法规

房地产租赁方面的法规主要包括《城市房屋租赁管理办法》、《城镇廉租住房管理办法》等。

（4）房屋管理法规

房屋管理方面的法规主要包括《城市房屋修缮管理规定》、《城市私有房屋管理条例》、《城市危险房屋管理规定》、《公有住宅售后维修养护管理暂行办法》、《城市住宅小区物业管理服务收费暂行办法》等。

（5）房屋拆迁法规

房屋拆迁方面的法规主要是《城市房屋拆迁管理条例》。

（6）其他

与房地产咨询相关的其他法规包括《房产测绘管理办法》、《全国室内装饰行业管理暂行规定》、《全国室内装饰行业家庭装饰管理办法》、《房屋建筑工程质量保修办法》等。

任务2　存量房经纪业务延伸服务操作

一、我爱我家不动产存量房经纪业务延伸服务操作案例

案例1

马女士在余杭区凤兴花园二区有房产面积122.76方，房屋为2002年建成，目前市值100万，还有2万按揭尾款，未婚单身，年龄37岁，名下还有一辆价值100多万的宝马，有按揭50万，户口是杭州西湖区的，在上海经营某公司，现想贷款55万，期限为5

年，真实用途是用于公司里投资。

融资方案：国有商业银行操作，评估价格 100 万，贷款成数为 55%（最高可以贷到 70%），贷款额度为 55 万，期限为 5 年，目前 1 年央行的基准利率为 5.35%，利率上浮 20%后为 6.42%，每月只需还利息 1609 元。一年到期后还下本金再贷出来。一次性费用：评估费为 4200 元，咨询服务费为贷款额度的 3%，为 16500 元。

客户需提供的资料：身份证、户口簿、单身证明、抵押物房产三证、汽车行驶证、工作单位收入证明、银行卡流水。

案例 2

郭女士在余杭区盛世嘉园有一套 75 方的住房，有 40 万贷款，目前唯一住房，夫妻俩都是 33 岁，夫妻都是杭州本地做 IT 的，年薪 35 万，有对应流水，信用良好。资金用途：用于买古荡区一套 70 方外房屋，首付 100 万（自筹 60 万，缺 40 万），贷款期限为 10 年。

融资方案：国有商业银行操作，评估价 80 万，贷款成数为 50%（最高可以贷到 70%），实际贷款额度 40 万，期限为 10 年，目前 5 年以上央行的基准利率为 5.9%，利率上浮 15%后为 6.785%，等额本息月还款额：4600.14 元。一次性费用：评估费为 3360 元，咨询服务费协议价为 12000 元。

所需资料：抵押物房产三证、夫妻双方身份证、结婚证、户口簿、工作单位收入证明、银行流水。

案例 3

徐先生两套房子产权都在儿子名下，儿子目前单身，26 周岁，杭州户籍，建筑设计院工作，年收入约 16 万，有对应流水，信用良好。一套是竹海水韵的房子 160 方（有按揭的 90 万），另一套是和睦院 140 方无尾款，贷 10 年，具有可操作性。

融资方案：国有银行，近期实际完税价 230 万，贷款额度 150 万，质押率为 65%，10 年期。目前 5 年以上央行的基准利率为 5.9%，利率上浮 15%后为 6.785%，等额本息月还款额为 17 250.51 元。一次性费用：45000 元。

案例 4

刘女士在杭州有套紫林公寓的房产面积 90.55 方，无按揭尾款，目前市值 200 万，2001 年房龄，名下还有萧山戈雅公寓 165 方，市值 175 万，还有 40 万按揭尾款，女方现在没工作，男方是在阿里巴巴上班的，任职工程师职位，年收入在 30～50 万，名下还有一套商铺，价值 100 万，有 30 万尾款，现在需要用名下两套房子贷款 250 万用于一次性付款购买价值 300 多万的房子过户到她爸妈的名下，用款时间半年到一年。

融资方案：商业银行操作，用紫林公寓和戈雅公寓两套房子一起贷，审批借款金额为 250 万，1 年期限，执行利率为基准上浮 20%，年息 6.42%，收取咨询服务费为贷款额度的 3%，审批放款时间 7～10 个工作日。

所需资料：抵押物房产三证（名下的其他房产三证作为资产证明提供）、夫妻双方身份证、结婚证、户口簿、工作单位收入证明、银行流水。

二、存量房经纪业务延伸服务操作

1）到当地国有银行了解房地产抵押贷款的申请条件、申请程序以及需提交的申请材料。

2）到当地国有银行了解房地产抵押贷款的基准利率、上浮后利率、贷款额度、还款形式等。

3）到当地的房地产经纪企业门店走访调查，了解房地产经纪企业代理、咨询业务种类以及服务费收费标准等。

项 目 小 结

项目四讲述了存量房经纪延伸服务：房地产产权登记代办服务、房地产抵押贷款代办服务、房地产经纪业务中的咨询服务等。

通过学习与实训能够掌握房地产产权登记的功能、类型、程序等基础知识；掌握房地产抵押贷款类型、申请条件与申请程序；掌握房地产经纪业务中的咨询服务所具备的基础知识。能运用这些知识完成房地产交易相关手续代办服务，特别是完成房地产产权登记代办服务；完成房地产抵押贷款及相关事务代办服务；能够为客户提供房地产经纪业务中的咨询服务。

项目五

新建商品房销售代理

知识目标

1. 掌握新建商品房销售代理业务的基本流程；

2. 能够正确操作新建商品房代理业务；

3. 能够对房地产代理业务操作过程中出现的部分问题进行分析，并提出解决措施。

技能目标

1. 住宅项目销售流程模拟；

2. 住宅项目客户营销；

3. 商业地产项目商圈调查。

案例导入

杭州房产流行销售代理

2008年8月的杭州，楼市依旧低迷，市场观望气氛异常浓厚。许多楼盘一个月都卖不出去一套房子的案例比比皆是，不少售楼处更是门可罗雀。但有关数据统计，9月、10月还将有大量新房源上市，很显然，一场规模更大的销售争夺战正箭在弦上。

就在这时，杭州一些销售代理公司的负责人却陡然忙碌了起来，不少之前“朝南坐”的开发商，开始主动找上门来，一起研讨销售策略。在楼市凉意阵阵的同时，杭州销售代理业却恍若进入了春天，如花般粲然绽放。

外来大鳄带来“代理热”。

这一轮销售代理热，首先源于一批外来品牌开发商的进驻。自2004年开始，以中海、华润新鸿基、复地、嘉里、凯德、万科、保利、金地、上海世茂、北京金隅、南京朗诗等为代表的一批外来品牌开发商，开始全面进入杭州市场。它们给杭州楼市带来了许多新的操作理念和开发模式，而销售交给专业的公司来代理，便是其中的新理念之一。

比如万科邀请易居中国、同策、新联康等专业公司来做代理，嘉里和复地携手上海策源，华润新鸿基联合戴德梁行，保利、天鸿等外来品牌开发商，也实行由营销公司代理销售的模式。虽然这些外来品牌开发商都是采用销售代理的模式，但方式各有不同。有些开发商完全采用代理本地的营销代理公司，如汉嘉地产顾问机构（2004年开始代理楼盘销售）、杭州双赢营销机构等。

据了解，目前外地项目的销售代理佣金，基本上在1.5%至3%之间，而杭州因为房价相对较高，基本上在1%左右。据了解，佣金水平跟物业类型也不无关系，比如擅长卖住宅的公司比较多，住宅领域的拼杀就会比较厉害，佣金水平也会相对较低，而商铺、写字楼等的佣金就会高一些。公司的销售队伍，有些是开发商和代理公司的销售队伍并存，开发商和代理公司在每个节点上联合进行策略制定，代理公司主要负责具体执行，而决策权基本上掌握在开发商手里。

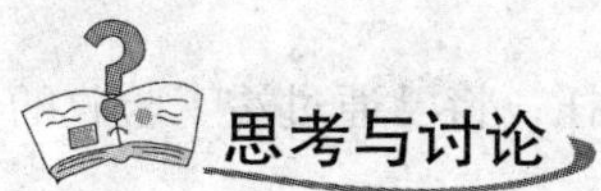

思考与讨论

1. 为何在外来大鳄进入杭州房地产市场后，杭州开始流行销售代理？
2. 代理公司除了负责项目销售工作外，还可以为开发商提供哪些服务？

任务 1 熟悉新建商品房销售代理流程

一、新建商品房销售代理内涵

（一）新建商品房销售代理的含义

新建商品房一般有两种营销渠道，一种为直接营销渠道，即房地产开发商自行进行项目销售，另一种为间接营销渠道，即房地产开发商委托房地产经纪机构进行销售。此处阐述的即是第二种情况。新建商品房销售代理是指房地产经纪机构（或经纪人）受房地产开发商的委托，按委托人的基本要求进行商品房销售并收取佣金的行为。房地产经纪机构（或经纪人）必须经房地产开发商委托，在委托范围内（如价格浮动幅度、房屋交付使用日期等）替开发商行使销售权。

（二）新建商品房销售代理的类型

1. 按照委托代理机构的数量分

根据开发企业委托代理机构的数量来看，新建商品房销售代理分为独家代理销售和联合代理销售。

独家代理销售，即房地产开发企业将其开发的房地产开发项目委托给一家中介服务机构代理销售。联合代理销售，是指房地产开发企业将其开发的项目同时委托给两家或两家以上的中介服务机构代理销售，各中介服务机构通过代理合约，规定各自的职责和收费金额。

2. 按照新建商品房的建造情况分

由于新建商品房销售包括商品房现售和商品房预售，所以新建商品房销售代理可分为商品房现售代理和商品房预售代理。

（1）商品房现售代理

商品房现售代理是指房地产经纪机构受房地产开发企业委托，将已通过竣工验收的商品房进行出售的经纪行为。

根据 2001 年 4 月 4 日建设部发布的《商品房销售管理办法》第七条规定，商品房现售应符合以下条件：

① 现售商品房的房地产开发企业应具有企业法人营业执照和房地产开发企业资质证书。

② 取得土地使用权证书或者使用土地的批准文件。

③ 持有建设工程规划许可证和施工许可证。

④ 通过竣工验收。

⑤ 拆迁安置已落实。

⑥ 供水、供电、供热、燃气、通信等配套基础设施具备交付使用条件，其他配套设施和公共设施具备交付使用条件或者已确定施工进度和交付日期。

⑦ 物业管理方案已经落实。

在商品房现售代理过程中，房地产开发企业应向房地产经纪机构出具委托书，而房地产经纪机构也应向商品房购买人出示商品房的有关证明文件和商品房销售委托书。

（2）商品房预售代理

商品房预售代理是指房地产经纪机构受房地产开发企业委托，将正在建设中的商品房进行预先出售的经纪行为。

据中华人民共和国建设部《城市商品房预售管理办法》规定，商品房预售须符合以下条件：

① 已交付全部土地使用权出让金，取得土地使用权证书。

② 持有建设工程规划许可证。

③ 按提供预售的商品房计算，投入开发建设的资金达到工程建设总投资的25%以上，并已确定施工进度和竣工交付日期。

3. 按照新建商品房的物业类型分

根据代理的新建商品房的物业类型不同，商品房销售代理分为住宅物业代理、写字楼物业代理以及商业物业代理等。

二、新建商品房销售代理业务流程

新建商品房销售代理业务流程一般包括业务开拓、业务洽谈、签订代理合同、执行委托代理服务、收取佣金及提供售后服务六个部分。

（一）房地产代理业务开拓

目前，房地产业发展迅速，房地产市场逐步完善，房地产经纪行业也取得了较快的发展，房地产代理业务的类型和范围得到了拓展。业务量和客户量是房地产经纪机构生存、发展的关键，也是房地产代理业务开展的前提。房地产代理业务开拓的关键是争取客户，而要想赢得客户，最重要的是要切实为客户提供高质量代理服务，合理收取佣金，认真履行合同，促成代理成功，以诚信获得顾客信任，以良好的企业品牌来吸引和稳定客户群，这是业务开拓的根本途径。

房地产经纪机构（或经纪人）在房地产代理业务开拓过程中需收集大量的信息资料，并对信息进行加工处理，找出有价值的信息，进行整理归档。对信息资料中潜在客户的需求作出合理的分析，制定相应的解决方案，为获取客户奠定基础。

（二）房地产代理业务洽谈

首先，充分了解客户意图与要求，向客户询问拟代理项目的相关情况，索要相关资料。同时要衡量自身接受委托、完成任务的能力。

其次，要查清委托人是否对委托事务具备相应的权利，要查验委托人的有关证件，如个人身份证、公司营业执照等，并查清委托房地产的产权证、工程规划许可证、施工许可证、预售许可证等相关资料。此外，要了解委托人的主体资格、生产经营状况及信誉。

再次，要告知客户本房地产经纪机构的名称、资格、代理业务优势以及按房地产经纪执业规范必须告知的其他事项。

最后，就经纪方式、佣金标准、服务标准以及拟采用的代理合同文本内容等关键事项与客户进行协商，若双方达成一致，房地产经纪机构（或经纪人）即可接受委托，受理该项代理服务业务。

（三）签订房地产代理合同

为保护自身权益，避免纠纷发生，房地产经纪机构（或经纪人）在接受客户委托，正式受理委托业务后，应与客户签订书面的房地产代理合同。代理合同中应注明委托代理项目和内容、委托代理条件和服务标准、委托时间、服务佣金及支付方式等。签订的代理合同应交至当地房地产登记机关进行合同备案登记。

（四）执行委托代理服务

在委托方和代理方签署房地产代理合同后，房地产经纪机构（或经纪人）要按照合同中委托的项目服务内容及标准进行业务操作。进行新建商品房销售代理时，需完成以下工作：

1. 代理项目相关信息收集

房地产经纪机构（或经纪人）应收集以下三方面的信息：

1）委托方信息，包括委托方的资质及信誉情况等，如房地产开发企业的法人营业执照、房地产开发企业的资质证书等。另外还要对代理项目（新建商品房项目）的土地使用权证书、建设规划许可证、施工许可证、预售许可证等进行查验。

2）代理项目的基本信息，如代理物业自然状况（房屋数量、面积、格局、建筑风格等）、权属状况、基础设施配套情况等信息。

3）与代理项目相关的市场信息，如代理物业所属的房地产细分市场的供求信息、价格信息、竞争楼盘状况等。

2. 方案设计，完成销售准备工作

方案的设计指的是房地产经纪机构针对代理项目的特点，制订房地产营销方案。另外，还要进行销售准备工作，如销售团队的组织、销售案场的布置、宣传资料及文件的准备等。

（1）销售团队的组织

① 销售团队的人员数量确定。销售团队的人数应根据项目所处的销售阶段、项目销售量、销售目标、广告投放等进行确定，并作动态调整。

一般来说，销售量越大，所需的销售人员数量也就越多。此外，项目处于不同的销

售阶段，所需的销售人员数量也不同。项目销售阶段分为销售筹备期、正式公开发售、持续销售期以及尾盘销售期。在筹备期，来访客户量较少，销售人员相对也可少些，反之，进入正式发售期，销售人员就要进行增设，如开盘日到售楼处的客户会非常多，就需要调配足够多的销售人员来接待购房客户。

② 销售人员的培训。在销售人员开展销售业务前，房地产经纪机构需要对其进行项目相关信息、销售流程及销售技巧的培训，内容涵盖企业文化及发展目标、员工行为准则、项目基本情况及周边环境、目标客户分析、市场调查、销售流程、销讲说辞、销售技巧等。

③ 销售人员的考核。销售人员上岗前需要通过上岗考核，考核内容一般包括项目产品知识、项目竞争对手及市场情况、项目开发企业及合作企业相关背景、销售人员在岗行为准则、项目销售讲说辞（销售口径）以及项目销售接待流程。考核一般由笔试和现场模拟两部分构成。销售人员通过考核后，才可正式上岗，进行客户接待。

（2）销售案场的布置

房地产项目在销售前，需要进行售楼处、样板房的选址及包装。

售楼处的选址要具有昭示性和易达性，一般设置在项目现场。售楼处的装修要符合项目的形象，并与目标客户群的定位相呼应。内容详见项目九中“商品房售楼处的设置”。

样板房的设置和装修也应符合本项目目标客户群的特征，突出产品在户型和空间功能上的优势。

（3）宣传资料及文件的准备

新建商品房在销售前，应准备好项目宣传资料、销售文件、须知文件、合约文件以及公示文件等销售资料。

① 宣传资料：项目楼书、户型手册（或户型单页）、折页、影像资料（宣传片等）、展板以及导示牌等。

② 销售文件：价目表、销控表以及置业计划。正式的价目表需有开发企业的有效盖章，价目表中应注明楼盘名、楼栋号、房号、户型、建筑面积、套内面积、公摊面积、单价以及总价。置业计划是根据购房者的需求，向其明确展示付款方式以及付款金额的一种销售工具，计划应包括推荐房号、户型、面积、价格、付款方式、首付款、月供等信息，有时还包括购房折扣、定金以及其他需注明的事项。

③ 须知文件：认购须知、购房相关税费须知以及房地产抵押贷款须知。

认购须知应明确购房者所购物业的具体信息、付款方式，并提醒购房者对所认购物业有清楚详细的了解。

购房相关税费须知应明确购房所需缴纳的相关税费，目前，购房相关税费主要有契税、印花税、抵押登记费以及房地产交易费。

房地产抵押贷款须知应由项目的贷款银行提供，一般包括办理抵押贷款的程序、条件以及需要提供的资料、抵押贷款的方式以及注意事项等。

④ 合约文件：《商品房认购协议书》及《商品房买卖合同》

购房者在选定自己想购买的房源单位后，需要以交定金并签订《商品房认购协议书》

的形式，来确定购房者对该房地产的认购权，并明确该房地产的成交价格以及《商品房买卖合同》的签订时间等事项。通过《商品房认购协议书》可以保证开发企业以及购房者的合法权利。《商品房买卖合同》是买卖双方就物业交易详细约定的书面协议，是双方真实意思的表现，具有法律效力。

⑤ 公示文件：新建商品房进入市场销售需要取得以下文件，并需要在售楼处进行公示：房地产开发企业法人营业执照及开发资质证书、土地使用权证书或取得土地的批准文件、建设规划许可证和施工许可证、预售许可证（预售项目）、已落实拆迁安置的文件（项目用地为拆迁地）、供水供电等配套基础设施的相关文件、其他配套设施及公共设施具备交付使用条件或施工进度和交付日期的证明文件、《商品房买卖合同》、《商品房认购协议》、《认购须知》、主管部门批准的总平面图、立面图、楼层平面图、分户平面图等相关告知文件、开发企业盖章及物价局备案的价格信息及国土资源局（或房管局）联网的销售信息。

3. 销售方案执行

销售方案执行，即进行广告投放、宣传品发放及公关活动宣传。

4. 客户接待、洽谈、签约

购房是客户的一次大的消费，房地产经纪人要根据客户的需求为其推荐物业，介绍物业的面积、户型、层次、朝向、价格、建筑类型、材料等，并附赠相应的楼书、户型图、价目表等，另外，还需带客户到现场看房，让客户能够清楚地了解物业的情况，做出理性的购房判断。当客户决定购买时，房地产经纪人员应代表委托方及时与客户签订房地产买卖合同，交易合同既可采用政府制订的规范文本，也可由交易双方自行协商制订。

5. 房地产交易价款收取与管理

房地产买卖合同签订完毕，房地产经纪机构要代理委托人收取房地产交易价款。交易价款的支付时间在房地产交易合同中明确约定。交易价款收取后，房地产经纪机构还要向客户出具正式的发票。收取的价款先暂由房地产经纪机构妥善保管，以后再按代理合同所约定的方式移交给委托人。

6. 房地产权属登记

在房地产买卖合同签订后，如客户已付清所有房款，房地产经纪机构需代表委托人到房地产交易市场及产权监理处办理登记过户手续。

7. 房地产交验入住及客户回访

房地产交验时，买方要对物业实际情况进行核查，检查是否与合同中所说明的相符，如设备、装修的规格、质量等。此时，房地产经纪人员须充分协助买方客户进行核对，以避免日后发生纠纷。

（五）收取佣金

房地产经纪机构（或经纪人）在完成代理业务后，应及时与委托人（开发商）进行佣金结算，佣金金额和结算方式应按经纪代理合同的约定来定。

佣金一般是按销售总房款的一定比例计算，佣金结算方式有三种：现场结款、周期结算和清盘结算。其中，现场结款是指按照佣金标准，每实现一次销售回款现场提取佣金。周期结算是指按照佣金标准，每周或每月结算一次。清盘结算则是指按照代理合同约定，完成代理销售任务后一次性结算佣金。

（六）售后服务

售后服务是房地产经纪机构提高服务，积攒老客户的重要环节。售后服务主要包括延伸服务、改进服务及跟踪服务。良好的售后服务，既可以提高服务质量，稳定老客户，还可以通过口碑相传吸引更多的新客户。

任务2　掌握住宅、写字楼、商业地产销售代理工作

根据房地产经纪机构代理的商品房类别不同，可将销售代理业务分为住宅销售代理、写字楼销售代理以及商业地产销售代理等。代理的商品房类别不同，其销售策略及销售手段也会不同，此处针对目前房地产经纪机构常涉及的住宅、写字楼以及商业地产销售代理业务进行介绍。

一、住宅销售代理

目前，房地产经纪机构承担最多的销售代理业务是住宅项目销售代理。其业务操作流程与任务一中的新建商品房销售代理业务流程基本一致。此节主要说明住宅项目的销售执行的要点。

（一）客户积累

客户积累是住宅项目销售执行过程中，房地产经纪人所需完成的重要工作。目前，客户积累的方式一般有两种：客户主动上门以及渠道拓展。

客户根据已购房情况可以分为：首次置业客户以及二次或多次置业客户。首次置业的客户多为单身或小夫妻，对价格非常敏感，其次对户型和装修有一定的要求。二次或多次置业客户，目的多为改善居住条件，一般两代或三代人同住，对居住环境、配套设施有更高的要求。

根据置业目的可分为自住客户及投资客户。自住客户在看房时会非常仔细，会反复比较看过的房源，在意朋友及家人的看法，关注小区环境及周边配套。而投资客户一般关注所购房源的市场前景，看重其投资收益情况。

（二）项目价格制定

在项目入市前，需要制定其销售价格，而这也是消费者最关心的问题。价格的制定一般需通过市场调研、确定定价策略及方法、制定核心均价、价目表形成及验证、推售安排等五个主要步骤完成。

1. 市场调研

本阶段市场调研的任务主要是分析当前的市场情况，了解市场环境及发展趋势。重点调查分析竞争项目的产品特征、销售情况及价格信息。

2. 确定价格策略

价格策略必须结合产品情况、客户需求及销售目标三方面的因素来确定。不同类型的产品价格应有所差异，不同房号的水平或垂直价差应基于产品差异、客户对价格的敏感度等来确定。此外，在销售过程中要能够有效地实现各类产品的价格过渡，并通过价格策略的实施实现稳定的销售速度。

3. 确定核心均价

核心均价的制定方法一般有三种：成本导向定价法、竞争导向定价法及需求导向定价法，目前应用比较广泛的是竞争导向定价法，有时也称之为市场比较法。

4. 价目表形成及验证

核心均价制定后，需要根据各楼栋、各楼层以及各水平单位的差异进行价格调差，最后形成价目表。

5. 推售安排

价格的确定是与推售策略息息相关的，合理的推售是确保价格实现的关键。

（三）销售执行

1. 销售文件准备

在销售前，应准备项目合法的审批资料，如《建设工程规划许可证》、《土地使用权证》、《商品房预售许可证》（预售商品房需准备）或《商品房现售许可证》（现房销售需准备）、《代理销售委托书》（中介机构代理销售需准备）等资料。此外，还需准备项目销售资料或相关文件，如楼书、宣传单页、认购合同、购房须知等。

2. 制订销售计划

项目在正式发售前，应结合前期积累客户的真实需求及意向，与开发商进行沟通，制定项目发售方案，发售方案应包括销售目标、销售方式、销售条件等内容。

3. 项目销售

项目销售一般分为集中销售和自然销售两种。集中销售指当项目达到销售条件后，通知所积累的诚意客户集中于某日前来销售地点进行认购，自然销售方式指项目在确定销售时间后，按客户自然上门的时间和顺序进行认购。

进行项目销售前，房地产经纪人需掌握销售现场接待流程以及客户营销技巧、明确商品房认购、合同签订的程序及要求、了解项目的付款方式。而在整个项目销售过程中，房地产经纪机构需落实好销售管理工作。

（1）销售现场接待流程

客户到销售现场后，销售人员应热情迎接，并做自我介绍，然后带客户至项目沙盘处，向客户介绍项目的总体规划以及当前的在售房源，并通过询问了解客户需求，此外，还需对项目所处的区位及周边的配套设施情况进行说明，如客户有一定的购买意向，即带客户至洽谈区，结合销售资料，详细地介绍产品信息，加深客户对产品的印象，并了解客户对产品的意见、期望、顾虑等。详谈结束后，带客户至样板房参观，让客户亲身感受产品。参观完毕后，需回至售楼处，做好客户接待登记，为该客户再次上门了解产品做好铺垫。

在进行客户接待时需注意以下方面[1)]：

① 自我介绍时应简洁、明快、诙谐，让人印象深刻。

② 介绍项目规划情况时应思路明晰，根据统一说辞对产品的位置、规划设计、定位等进行说明。如项目还未开盘，应说明大概的入市时间。

③ 项目详情介绍时，应着重朝向、户型分布状况、配套设施、基本情况数据，再根据客户需求指出客户所需户型在整个项目中的位置和特点。

④ 参观样板房时应制定规范的讲解词，在参观过程中做到一步一景一说明，穿插开发企业独特用心打造的亮点，加深客户对产品的认可。在参观样板房过程中，应让客户多谈谈其对所关注户型的感受。

⑤ 返回售楼处后，应根据客户的需求以及客户对产品的感受，有针对性地推荐合适的房源，并做好客户接待记录，留下客户的联系方式。

⑥ 送客时应陪同客户至售楼处入口处，且目送客户离去。

（2）客户营销

目前房地产销售过程中的客户营销主要集中在电话营销、现场接待及客户关系维护三个方面。

① 电话营销时的客户营销。电话营销时，应充分了解客户的需求，针对性地介绍产品，并留下客户的有效联系方式。作为一名合格的销售人员，应事先熟悉市场状况与竞争对手情况，掌握项目销售资料，以确保在电话营销时能够为客户提供准确的楼盘信息，能够及时解答客户对本项目的疑惑。在电话营销时需要了解和把握客户的真实需求，并积极推售合适的房源。

当客户首次致电咨询时，销售人员需注意引发或保持客户对项目的兴趣，尽量避免

1）中国房地产估价师与房地产经纪人学会编写，张秀智、叶剑平、梁兴安主编《房地产经纪实务》（第六版），第217页，北京：中国建筑工业出版社，2012年。略作改动。

透露项目详细的价格信息，应诱导客户来现场咨询。而销售人员在致电客户时，应注意选择合适的时间，避开客户工作繁忙及享受私人生活的时段，以免造成客户的不快，并且事先考虑好沟通内容，确保沟通的顺畅性。

② 现场销售时的客户营销。现场销售时，销售人员面对的客户主要包括先前进行过电话咨询的客户和直接到现场的客户。在与客户的沟通中，应挖掘客户的实际及潜在需求，引导客户认同产品并帮助客户鉴别其购房需求，最后促成产品成交。

在与客户现场交流时，除了要给客户介绍正确翔实的产品信息外，更要善于倾听，从客户的谈话中发现客户目前及未来的置业意向，引导客户填写真实、有效、完整的客户调查问卷。客户调查问卷一般包括以下内容：客户姓名、性别、职业、地址、意向户型、意向面积、了解项目的渠道途径等。如客户对产品有疑问或异议，销售人员要认真对待和倾听，回答疑问，并解决异议。客户的异议一般表现为对开发企业实力和信誉的担心、对买期房的顾虑、对合同条款公平性的担忧等等。销售人员必须耐心地向客户解释。

现场销售的基本原则是：不要超范围承诺，不提供虚假信息。

③ 客户关系维护。客户关系维护主要在于长期维系与客户的良好关系，增加客户或其朋友对销售人员的信任。销售人员应定期回访客户，了解客户对产品的认可情况或入住感受、节假日与客户联络感情、做好售后服务等。

总之，销售人员要在销售前、销售中以及销售后提供专业、完整、准确的服务，得到客户的充分信任和认可，做好客户营销。

（3）商品房认购[1)]

原建设部发布的《关于进一步整顿规范房地产交易秩序的通知》（建住房［2006］166号）要求：房地产开发企业取得预售许可证后，应当在10日内开始销售商品房。未取得商品房预售许可证的项目，房地产开发企业不得非法预售商品房，也不得以认购（包括认订、登记、选号等）、收取预定款性质费用等各种形式变相预售商品房。

① 商品房认购书网上或书面签订流程。

a. 房地产开发企业与认购人就可预售（或现售）的房屋协商，拟订商品房认购书的相关条款。

b. 经双方当事人确认后，通过管理系统在线填写商品房认购书的内容，网上提交后，系统自动生成认购书编号。

c. 房地产开发企业从网上打印商品房认购书，同时联机备案，管理系统及时标明该单元（套）商品房已预订。

对于不具备网上签订条件的地区，则按照当地政府指定的版本与内容，由开发企业统一编号印刷制定。印刷通常要求一式三联，即客户联、开发企业联与代理中介联。

② 签订认购书时订购人必须提供的资料。签订认购书时，订购人须提供的资料有身份证原件（外籍人士需提供护照原件）、认购定金。

③ 签订认购书时应注意的事项。

a. 网上或书面认购书备案后，签订商品房预售合同时的合同主体不得随意变更。签

1）中国房地产估价师与房地产经纪人学会编写，张秀智、叶剑平、梁兴安主编《房地产经纪实务》（第六版），第222页，北京：中国建筑工业出版社，2012年。略作改动。

订合同的买受人变为认购人，在其同一户籍内的或是预订时已明确的其他人员不视为合同主体变更。

b. 认购书约定了房地产开发企业与认购人之间签订商品房预售合同的时间，通过管理系统办理商品房预售合同网上签约手续。超过认购书约定时间未签订商品房预售合同的，该套房屋的公示信息恢复显示该套（单元）商品房未预订且未预售。

因此，销售人员在指引认购人签订认购书时，有义务提醒认购人在认购书约定时间内办理商品房预售合同的签署以及抵押贷款等购房相关手续的操作。

（4）合同签订[1)]

房地产销售人员在买卖双方办理交易手续、正式签订商品房预售合同之前，必须将交易程序、合同条款、需要提交的资料、应纳税费用明细、银行抵押贷款流程、房款支付方式及时间安排等问题向购房者说明清楚。

① 商品房买卖合同网上或书面签约流程。

a. 房地产开发企业与买受人就可预售（或现售）的房屋协商拟订商品房买卖合同的相关条款。

b. 经双方当事人确认后，买受人选取相应的付款方式，按照银行规定缴纳首期房款。

c. 首期房款缴纳后，房地产开发企业销售人员通过管理系统在线填写商品房预售合同的内容，网上提交后，系统自动生成合同编号。

d. 房地产开发企业销售人员从网上正式打印商品房买卖合同，同时在管理系统联机备案，并下载打印商品房买卖合同签约证明和销售登记申请书。

e. 楼盘房号表标识公示，即商品房楼盘房号表内应及时标明该单元（套）商品房已销售。

对于不具备网上签订条件的地区，则按照当地政府指定的版本与内容，由开发企业统一印刷制定。除签订的合同来源不同外，其他事项与网上签订的要求相同。

② 签署商品房买卖合同时购房者须提供的资料。

a. 购房者的有效身份证原件（外籍人士须提供护照原件；港澳台人士须提供回乡证、台胞证）。

b. 认购书原件、定金收据原件。

c. 抵押贷款银行已盖章的《抵押贷款确认单》原件。

③ 办理抵押贷款手续时购房者须提供的资料。

a. 购房者的有效身份证原件（外籍人士需提供护照原件；港澳台人士须提供回乡证、台胞证）。

b. 认购书原件、定金收据原件。

c. 加盖公司公章的收入证明一份（港澳台人士提供薪俸纳税证明）。

d. 银行要求的其他资产证明，如定期存单、股票对账单、其他房地产证明等。

④ 房屋行政管理部门不予办理预售登记的情况。

以下情况下商品房预售合同无效，房屋行政管理部门不予办理预售登记手续：

1）中国房地产估价师与房地产经纪人学会编写，张秀智、叶剑平、梁兴安主编《房地产经纪实务》（第六版），第224、225页，北京：中国建筑工业出版社，2012年。略作改动。

a. 该商品房不在预售许可范围内。

b. 该商品房已取得房地产权属证书或取得竣工备案表超过四个月。

c. 该商品房已被其他买受人联机或纸面签约或已预售登记。

d. 房地产开发企业名称与核准预售许可的预售人名称不一致。

e. 该商品房被司法机关和行政机关依法裁定、决定查封或以其他方式限制房地产权利。

⑤ 合同解除约定。

a. 商品房预售合同签约后，同一购房主体退房或换房的，经双方当事人协商一致，先签订解除该商品房预售合同协议，通过管理系统填写并打印解除合同申请，并共同到房屋行政管理部门办理解除合同手续。

b. 同一购房主体退房的，该房屋在楼盘表内及时恢复可售标识；同一购房主体换房的，双方当事人应按照规定重新办理网上或纸面合同签约手续。

c. 商品房预售合同其他条款变更的，双方当事人可签订补充协议，不再通过管理系统变更合同内容。

⑥ 其他代办各项手续和费用。

a. 办理银行抵押贷款手续。办理银行抵押贷款时，购房者需要缴纳的税费（以杭州为例）如表 5.1 所示。

表 5.1 杭州市房地产抵押收费项目一览表

收费项目	收费参考
贷款合同公证费	贷款额*0.3%
贷款合同印花税	贷款额*0.05%

注：以上“收费参考”信息来源于各收费单位，仅供参考。

b. 办理房地产产权证需缴纳的费用。办理房地产产权证需缴纳的税费（以杭州为例）如表 5.2 所示。

表 5.2 杭州市办理房地产证税费一览表

收费项目	收费参考
契税	普通住宅：合同总价*1.5%或 1%（见注解 1） 非普通住宅：合同总价*3%（见注解 2）
印花税	合同总价*0.05%（住宅免征）
交易手续费	住宅：3 元/m^2 非住宅：6 元/m^2
登记费	住宅：80 元/套 非住宅：550 元/套
贴花（印花税的完税）	5 元/本
工本费	10 元/本

注：1.首套房且面积在 90 m^2 以下按 1%征收，首套房且面积在 90 ～140 m^2 之间按照 1.5%征收契税，首套房且面积在 140 m^2 以上按照 3%标准征收契税，其他所有购房情况，均按 3%征收。2.凡满足以下二条非普通住宅标准中一个条件，就视为非普通住宅：①住宅容积率≤1.0；②单套建筑面积≥144 平方米。3.以上“收费参考”信息来源于各收费单位，仅供参考。

（5）付款方式

付款方式是根据购房者的经济情况及银行规定来确定的。一般分为一次性付款、分期付款及抵押贷款方式付款。

① 一次性付款：购房者在约定时间内一次性付清全部购房款。购房款交到房地产开发企业指定的账户。

② 分期付款：购房者按照双方的协议，将购房款、按协议约定的比例分期支付给房地产开发企业。

③ 抵押贷款方式付款：购房人以所购买的房产做抵押，向银行或公积金管理中心申请贷款，用来支付部分购房款，再分期向银行或公积金管理中心归还本金和利息。

抵押贷款的办理程序为：借款人申请——贷款银行审查，出具贷款承诺书，与借款人签订房地产抵押合同——借款人凭贷款承诺书与开发企业签订购房合同，开发企业在房地产收押合同上签章——借款人持购房合同到贷款银行指定的保险机构办理抵押房屋的保险——借款人与贷款银行签订个人住房抵押贷款合同——贷款银行划款。

借款人在申请抵押贷款时，应填写《个人住房借款申请表》并提交相关材料：借款人的身份证及户口本、购买住房的商品房认购书或其他证明文件、借款人所在单位出具的借款人家庭稳定经济收入证明以及贷款银行要求的其他证明材料。

目前，抵押贷款常用的还款方式有等额本息还款法和等额本金还款法两种。等额本息还款即每月以相等的金额偿还借款本息，每月还款额固定，这种还款方式下借款人可准确掌握收支预算。等额本金还款即每月以相等的金额偿还本金，利息按剩余本金逐月结清。这种还款方式，还款初期还款额较等额本息还款法略高，但可以节省整体利息支出。

4. 物业交付

物业交付是住宅项目销售的最后阶段，代理公司协助房地产开发商共同完成，购房者顺利搬入住房。

二、写字楼销售代理[1)]

写字楼是专业商业办公用楼的别称，是机关、企业、事业单位行政管理人员、业务技术人员等办公的业务用房。由于城市土地稀缺，特别是市中心区地价猛涨，使许多中小企事业单位难以独立修建办公楼，房地产开发企业则开始从事办公楼的开发建设，并将办公楼分层出售。作为收益性物业，写字楼也常常被用来全部出租，以收回投资和取得利润。

（一）写字楼产品的特征

1. 与宏观经济正相关

写字楼主流客户群购买写字楼往往是为了满足企业办公所需，而一个企业主或企业购置物业的面积需求与资金实力直接受企业经营状况的影响。作为经济个体的企业，其

1）中国房地产估价师与房地产经纪人学会编写，张秀智、叶剑平、梁兴安主编《房地产经纪实务》（第六版），第242-262页，北京：中国建筑工业出版社，2012年。略作改动。

经营状况又是与国家宏观经济形势密切相关的，且通常反映出一定的正相关性。一般来说，经济形势好的时候，购买或租赁写字楼的需求量较高；反之，需求量较低。因此，写字楼销售市场的发展走势是与国家宏观经济形势基本保持同向变化。

2. 客户非个体属性

写字楼项目的客户与住宅项目客户存在着不同，住宅项目的客户往往是个人，而写字楼项目的客户大多是法人。大部分客户在购买写字楼时，要综合考虑企业的发展需求、资金周转情况等，并经由公司管理层商讨后，才能最终做出购买决策。

3. 产品技术性

写字楼属于城市公共建筑，在建筑设计和建筑功能方面的要求相对较高，所用的建筑技术、标准层高、标准承重、弱电系统、新风系统，以及电梯、智能等都要更先进，可以说，写字楼硬件设施的最大追求就是创新。因此，写字楼产品的技术性相对于住宅更为明显。

4. 销售商务性

基于主流客户的非个体属性以及购买时的企业行为特征，写字楼项目销售的各个环节均需明确体现商务属性。例如，在项目案名、广告画面、推广语、售楼处装修风格、活动主题、销售人员形象、销售流程等方面均以突出商务属性为核心原则。

5. 项目运作专业性

写字楼项目的产品技术性与销售商务性，决定了写字楼项目运作的专业性。从产品设计施工、项目营销推广，到项目销售执行均能够体现出所涉及公司的专业性或写字楼运作经验。

（二）写字楼项目的运作目标

任何一个房地产项目在投入建设之前都需要根据既定的土地性质与规划用途，进行前期的市场定位与产品类型界定。而在项目市场定位前，首先要明确发展商的开发目标，一般来说目标体现在以下四个方面：

1. 投资回报目标

在市场环境处于基本稳定或良好的上升态势下，发展商如无特殊的回款需求，往往最为关注项目开发的投资回报，即该项目在未来市场可实现的价格水平。在该情况下，写字楼项目前期的市场定位与产品类型选择除了与地块先天资源、主流客户需求密切相关外，往往趋向于领先于市场现有水平的档次定位与产品设计，以便于为后期在良好市场态势下保持产品竞争优势，从而使利润最大化。

2. 速度目标

在市场环境不稳定或可能出现下滑的不明朗态势下，发展商除了关注项目开发的投资回报外，必然考虑资金回笼速度，同时更为关注项目运作风险。在该情况下，写字楼项目前期的市场定位与产品类型选择将更需要考虑整体宏观经济的走势及其带给微观企业层面的变化，以及产品入市后可能面临的竞争。

3. 品牌目标

在市场环境基本稳定的态势下，某些发展商根据自身企业发展需求，可能会赋予项目更多的品牌使命。在该情况下，除正常考虑项目投资回报与回款速度外，在写字楼项目前期的市场定位与产品类型选择时，往往趋向于领先于或差异化于市场现有水平的档次定位与产品设计，以便于后期利用标杆性产品或差异化产品与企业品牌正向关联，产生品牌识别性，进而形成社会知名度。

4. 均衡目标

在大多数情况下，发展商对于项目开发的目标将兼顾投资回报与回款速度。在该情况下，写字楼项目前期的市场定位与产品类型选择应基于先天资源属性，深入分析市场需求趋势与未来供求关系，理性的市场认知与差异化的产品成为项目前期定位与规划的着力点。

（三）写字楼项目的市场分析

1. 宏观经济分析

写字楼项目运作的宏观经济正相关性决定了对写字楼市场的判断应当从城市宏观经济的发展情况入手。写字楼市场的发展与城市 GDP 产值、产业结构调整与升级、第三产业比重、城市核心产业或行业的发展态势等有着极为密切的关系。

2. 市场发展态势分析

写字楼市场的发展与城市经济发展水平与特性相关，不同城市的写字楼市场发展阶段不同，客户构成也不同。对于一个城市的写字楼市场的把握主要可从产品、客户、价格与租金走势三大方面来分析。

3. 区域市场现状分析

（1）市场供求分析

写字楼市场的区域属性非常明显。由于一个城市不同区域其发展历程与功能定位存在着差异，所以，与之相关的区域经济构成和企业特征也有所不同，从而使得不同区域的写字楼供求情况出现明显的差异性。对区域写字楼市场的供求分析，将直接影响写字楼项目的整体定位。一般来说，在进行区域写字楼供求分析时，主要应分析以下内容。

如表 5.3 和表 5.4 所示。

表 5.3 区域写字楼市场供给情况分析

项　目	内　容
产品档次	建筑设计合理性、软硬件配置水平等
产品类型	纯写字楼、商务公寓、LOFT
供应量	细分不同产品类型供应量
竞争项目分析	市场定位、入市时间、销售量等

表 5.4 区域写字楼市场需求情况分析

项　目	内　容
客户主要特征	区域属性、行业属性、置业目的等
外部因素关注重点	区位、市场稀缺性等
项目本体因素关注重点	景观、平面布局、硬件配置等

（2）区域写字楼市场价格水平分析

进行区域写字楼市场价格水平分析时，应对同区域内不同入市时期的写字楼项目进行价格调查，分析每个项目的产品差异性，判断区域内写字楼二级市场价格的变化趋势，以及不同产品类型的价格水平。此外，应及时跟踪分析写字楼三级市场的租金与售价变化趋势，考察市场投资回报率。分析时应根据项目档次不同分类统计，便于项目同比参考。

（四）项目资源属性判断

写字楼项目资源属性判断与住宅项目不同，其分析指标主要有：

1）基本建筑指标：占地面积、建筑规模、办公与商业面积配比、建筑限高、停车位等。

2）区域属性判断：判断地块位置是否归属于城市核心商务区、次级商务区、非主流商务区，或区域根本无商务氛围等。

3）项目位置昭示性判断：判断地块位置是否紧邻城市主要道路两侧，未来楼体位置是否便于吸引城市人流与车流的视觉关注。

4）交通便利性判断：判断地块位置是否紧邻城市主要干道或高速公路入口，地块附近地铁站点或其他公共交通站点设置状况，同时需要考察步行或车行进入项目地块的人流动线与车行动线的便捷程度。

5）景观资源判断：判断地块周边视觉范围可达的景观价值，例如：公园、海景、高尔夫球场、公共绿化、都市景观等。

6）周边商业配套成熟度判断：判断地块周边区域与企业办公相关的商业服务设施的配套程度，重点考察餐饮服务配套、金融服务配套以及便利服务设施等。例如：餐厅、银行、电信服务厅、便利店等。

7）其他先天资源优劣势判断：判断是否存在品牌增值、综合体规划增值、区域产业链增值、区域政府规划利好、烂尾形象贬损等先天资源优劣势。

（五）写字楼项目市场定位与产品类型界定

1. 市场定位

在综合考虑发展商开发目标、城市宏观经济与写字楼市场发展态势、区域写字楼市场现状以及项目资源属性后，应基于“核心目标导向、优质资源利用、客户需求支撑、市场风险最小化”原则，对项目进行科学的市场定位。

2. 产品类型界定

目前，我国对写字楼分类尚无统一的标准，主要依照其所处的位置、规模、功能进行分类。

（1）按建筑面积划分为：小型写字楼、中型写字楼、大型写字楼和超大型写字楼

小型写字楼建筑面积在 1 万平方米以下，中型写字楼建筑面积在 1～3 万平方米、大型写字楼建筑面积在 3 万平方米以上，超大型写字楼建筑面积在十几万甚至几十万平方米以上。

（2）按使用功能划分为：单纯型写字楼、商住两用型写字楼以及综合型写字楼

单纯型写字楼是指只有办公一种功能的写字楼。商住两用型写字楼是指具有办公和居住两种功能的写字楼。综合型写字楼是指以办公为主，同时又具备其他多种功能，如有公寓、商场、展厅、餐厅、保龄球场、健身房等多种用房的综合性楼宇。

此外，现在还有一些创新概念写字楼，如 LOFT、SOHU 等。LOFT 起源于西方艺术家利用空旷的废旧厂房改造成工作室在里面进行艺术创作，其特点是高空间，宽敞明亮，室内布置质朴自然，没有压抑感和约束感。在现代写字楼产品链中，指层高满足室内可灵活搭建为两层甚至三层的办公空间，客户以从事高智力开发、研究、创作为主，需要充分自由的氛围和感性的刺激，而 LOFT 中高空间、明亮的采光和真实自然的生态环境将有助于其能量的释放，提高工作效率。

（3）按现代化程度划分为：非智能型写字楼以及智能型写字楼

前者是指传统的、一般性的写字楼。后者指具备高度自动化功能的大楼，通常包括通信自动化、办公自动化、建筑设备自动化、楼宇管理自动化等功能。

（4）按楼宇的综合条件划分为超甲级、甲级、乙级及丙级写字楼

超甲级写字楼是指位于重要地段，位于主要商务区的核心区，交通便利；建筑规模超过 5 万平方米，建筑物的物理状况和品质一流，建筑质量达到或超过有关建筑条例或规范的要求，配套完善，智能化水平达到 3A～5A 标准；租户为国内外知名公司；物业由经验丰富且一流的知名品牌公司管理，实现办公物业管理计算机化，建立办公管理信息系统，实现统一管理，配有 24 小时的维护维修及保安服务。

甲级写字楼是指具有优越的地理位置和交通环境，位于主要商务区或副城中心区；建筑规模在 1～5 万平方米，建筑物的物理状况优良，建筑质量达到或超过有关建筑条例或规范的要求，智能化达到 3A 及 3A 以上；有知名的国内外大公司进驻；其收益能力与

新建成的写字楼相当；由经验丰富的知名公司管理，有完善的物业管理服务，包括 24 小时的设备维修与保安服务。

乙级写字楼是指具有良好的地理位置，位于较好的城区或副城区位置，交通较方便；建筑物的物理状况良好，建筑质量达到有关建筑条例或规范的要求；但建筑物的功能不是最先进的，有自然磨损存在，收益能力低于新落成的同类建筑物；客户多为国内的中小公司；有物业公司服务。

丙级写字楼是指位于城区一般位置，有交通线路到达；物业已使用的年限较长，建筑物在某些方面不能满足新的建筑条例或规范的要求，无楼宇自控、无中央空调，无配套设施；建筑物存在较明显的物理磨损和功能陈旧，但仍能满足低收入承租人的需求，因租金较低，尚可保持合理的出租率；客户基本是小型私企；有一般性的物业服务如卫生、收发、值班。

（六）写字楼项目的发展建议

1. 项目定位模式

（1）基于项目既定市场定位

根据写字楼项目的市场定位，进行项目产品设计与软硬件配置。如市场定位不同，则产品设计与软硬件配置也会不同。

（2）基于客户核心价值关注点

进行项目定位时，应充分了解客户的需求取向和产品关注点，开发能打动客户、被客户认可的产品，进而实现良好的收益。

（3）基于项目运作模式

在产品设计与软硬件配置方面，应充分考虑项目今后的运作模式。如是发展商持有的经营型写字楼，设计时应适当超越市场上现有的产品，使项目能够在经营期内保有一定的竞争力。

（4）基于市场实操案例反馈

根据现有市场产品的客户反馈制定适当的产品建议，将有效避免新产品新技术应用的风险，同时可在客户关注方面改良提升，增强客户认可度与市场竞争力。

2. 影响项目定位的要素

写字楼项目定位受到建筑设计、建筑材料、建筑设备和物业管理等要素的影响。具体见表 5.5。

表 5.5　影响写字楼项目定位的要素

要　素		内　容
建筑设计	建筑结构	板式结构、框筒结构、预应力结构
	标准层设计	标准层面积、层高、净高等
	公共空间尺度	大堂面积与高度、电梯厅净宽与净高、公共走道净宽与净高、洗手间蹲位数量等

续表

要素		内容
建筑设计	人车流动线设计	建筑体外部人车流动线与管理、建筑体内部人流动线与管理
硬件配置	外立面材质	石材、玻璃幕墙等
	公共空间设计风格与相应材质运用	现代简洁与传统奢华、亲和商务与冷峻商务等
	电梯配置	品牌、轿厢尺寸与载重、运行速度、群控系统、内装配置
	空调配置	空调系统种类、计量方式、人性化与节能效益
	网络配置	无线上网、网络地板、光纤接入程度
	智能化配置	办公智能化、楼宇自动化、通讯传输智能化、消防智能化、安保智能化
	卫生间配置	人性化分区、洁具品牌、VIP专属配置
	停车位数量	高于建筑规范基本要求的合理停车位数量
	公共导视系统	国际标准化符号、特色设计与商务质感
	生态节能高新技术	太阳能遮光窗帘、呼吸式玻璃幕墙、环保材料应用等
管理服务与商业配套专业化	物管品牌与管理形式	国际一线品牌托管、国际一线品牌顾问、其他品牌托管
	商务会所功能	会议厅、票务中心等
	裙楼商业必要业态	与商务相关的银行、餐饮、便利店等

（七）写字楼项目销售策略的制定

1. 写字楼项目的定位

（1）项目属性定位

基于项目既定产品特点、内外部资源优势，界定项目在写字楼市场的档次定位与特色属性。

（2）目标客户定位

① 片区在用写字楼客户调查。

房地产经纪公司在代理写字楼项目的销售时，需要对项目所在片区现有写字楼进驻客户进行调查，调查的方式一般有两种。一种是通过经纪人跑盘并记录各栋物业现有进驻企业名录及使用面积，整理分析片区企业客户的行业特征、办公面积需求、企业性质等。另一种方式是查看经纪公司在长期写字楼代理业务开展过程中积累的片区内同类物业的成交客户调查问卷，了解该片区写字楼客户的特征及需求等。

通过翔实的调查，可以对片区企业客户的行业特征、规模实力、办公面积需求、来源区域、购买关注点、置业目的等有清晰的界定，为项目客户定位提供支撑。

② 目标客户定位。

a. 核心客户群锁定。根据片区现有写字楼客户的调查分析，将主流行业、主流发展规模、主流来源区域的企业作为项目核心客户群。

b. 重要客户群锁定。根据片区现有写字楼客户的调查分析，将次主流行业、次主流来源区域的企业，以及基于片区新增规划利好、项目产品特色吸引性等因素判断可能新增的企业客户作为项目重点客户群。

c. 游离客户群界定。根据片区现有写字楼客户的调查分析，将非主流行业、非主流来源区域的企业，以及在非投资过热时期的纯投资型客户作为游离客户群。

（3）项目形象定位

项目形象定位是指结合项目的属性定位、目标客户的偏好与敏感点，对项目进入市场的标志性形象进行描述，或提炼关键词。该工作将指导后期广告公司对项目形象包装及制定推广语的方向。写字楼项目形象定位的注意要点有三个，即清晰的商务感、核心卖点体现及语句简练具有张力。

2. 写字楼项目销售策略的制定

（1）销售策略制定的出发点

制定写字楼项目的销售策略时，根据出发点或主导不同，分为以下三种：

① 以市场竞争优势为主导。该方式适用于同期市场可能存在有力竞争对手的情况。在制定项目的销售策略时，需针对自身与竞争对手进行更为细致的点对点比较分析，总结项目的优势以作为日后销售推广的重点。

② 以目标客户需求为主导。该方式适用于写字楼初始进入非成熟商务区域，或同期市场不存在明显竞争对手的情况。在制定销售策略时，需在明确目标客户群的基础之上，进一步分析潜在客户的关注重点，结合项目自身的匹配因素，作为日后销售推广的关键。

③ 以项目差异化特点为主导。该方式适用于项目本身具有独特性且面对较为成熟的商务客户群体的情况。往往与竞争分析紧密结合，提炼出项目独一无二的特质，并针对细分客户群体敏感点，深化作为日后销售推广的关键。

（2）销售推广策略

由于写字楼项目主流客户具有非个体属性及商务属性，因此在选择推广渠道、制定广告宣传及活动方案时，应当确保：第一，渠道受众重点为企业高层人员或社会高端阶层；第二，在广告宣传的画面与文案设计方面，必须明确体现商务气质；第三，在设定活动主题时，应把握商务客户的敏感点，并在活动形式方面体现高端商务特色；第四，行业资源的应用是写字楼推广与住宅推广的重要不同。

（3）销售展示策略

写字楼项目在现场包装设计、服务内容与流程制定时，应当确保：第一，提升品质感与尊贵感；第二，体现商务气质；第三，提高展示内容及服务交流内容的专业程度，建立专业威信，建立与高端商务客户的对话平台；第四，适度展示写字楼不同于产权单位内部实际使用方式与布局多元化。（在销售期内通常进行样板层展示，或概念样板间引导，而非精细化的样板间展示。）

（4）客户策略

写字楼项目销售中的客户策略通常是基于目标客户群的锁定，结合相应的推广渠道，形成针对细分客户类型的有效诉求点及销售解决方案。具体见表 5.6。

表 5.6　写字楼项目的客户策略（针对不同类型客户）

客户细分	有效诉求点或销售解决方案
一期老业主	注重维护、提前告知项目信息；增强物管服务意识；吸引成为会员；产品信息传播及时；寄送产品手册及小礼品；产品推介会参与；老带新优惠政策
本区域主流客户	突出资源优势，强化高端产品；注重外围包装展示；强化商业资源及整体规模优势；高端产品档次及区域标杆形象
紧邻区域企业客户	突出区域发展潜质与高性价比；区域写字楼稀缺性；突出写字楼高端配置、低运营成本
海外客户	突出经济一体化背景下的更便捷商务区口岸价值；突出区域成为地区经济一体化的核心枢纽
投资型客户	晓之以利；更高的投资回报率；突出区域规划前景和写字楼稀缺

（八）写字楼项目销售的执行

1. 制定销售推广计划

写字楼项目从开始宣传入市至销售完成一般需要经历蓄客准备期、发售强销期以及稳定消化期三大阶段，其中前两个阶段内由于涉及形象导入与推广，以及集中开盘销售等重要环节，因此成为一个写字楼项目销售执行的重中之重。

在项目销售前，房地产经纪机构应结合发展商资金回笼要求以及项目自身特点、市场环境等，制定详细的销售推广计划表。计划表中应针对工程进度、项目发售、现场包装设计及施工、销售资料准备、推广渠道等内容进行细化的任务分解，并设定时间节点。

2. 确定价格

写字楼项目可依据成本导向定价法、市场比较定价法进行定价。在确定项目核心均价时，需注意：第一，要基于项目目标。根据目标理性定价，兼顾利润及回款速度。第二，要基于蓄客期现场客户反馈。在写字楼正式销售前的一至三个月内，销售人员提前接待客户，同时适度了解客户对项目的价格预期。第三，基于合理租金比较下的收益还原测算。即选取具有借鉴价值的写字楼项目，通过市场调查获取当期平均租金水平；同时可针对多个参考项目建立比准体系，修正获得本项目核心参考租金，进而利用租金推算出核心均价。

3. 开盘准备

（1）积极与意向客户沟通

写字楼与住宅销售最大的不同在于其客户量相对较少，且集中上门可能性较低，同时写字楼产品单位形态相对统一，内部替代性较强，因此写字楼项目一般不采取集中开盘的方式进行项目推售，而是在取得预售许可证后，先行分批消化大客户及诚意客户，确保前期积累客户及时消化。其后在适当节点举行公开开盘活动。因此，在开盘前，应积极与意向客户沟通，尽量促成成交，如不成交，要尽可能了解导致客户不成交的抗性所在。

（2）开盘活动造势

项目开盘活动的目标是让足够多的客户参与到现场销售中，并营造出项目热销的氛围。而要想达到这个效果，开盘活动的时机、场地的选择以及活动方式的设计尤为重要。

① 开盘活动的时机。开盘活动现场的人气与氛围直接影响到项目的市场形象与客户感知，因此开盘活动必须在充分的蓄客准备以及前期一定量客户成交或准成交的基础之上举办。

② 开盘活动的场地选择。若项目现场满足活动场地布置的需要，开盘活动往往在项目现场举办，这样有利于销售引导与客户决策；如果项目现场不具备条件，写字楼开盘活动可租用临近项目现场的高端酒店会议厅举行。

③ 开盘活动的形式。写字楼项目的开盘活动往往可以与产品发布会、封顶活动等相结合，增加开盘当日正向信息传递，提升客户信心。同时需要注意将项目本身作为整体活动的重点与主题，避免被其他暖场性节目和活动喧宾夺主。商务感与高端属性是把握写字楼开盘活动顺利进行的两大原则。

4. 销售管理

（1）销售人员的筛选与培训

与住宅项目销售人员的筛选与培训不同，写字楼项目的销售人员除了要满足基本的形象要求、掌握产品信息及销售技巧外，还需要具有商务形象与气质、综合知识面广，并能够进行基本外语的交流。

写字楼销售人员通常面对企业高层管理者、企业老板或高端投资客户，因此销售人员首先应从个人形象与言谈举止方面更多体现商务感，特别需要注意能够以不卑不亢的平等交流姿态面对高端客户。并且要着重提升个人综合素质，增加与企业客户对话的知识点与信息面。另外由于存在与外资企业领导者直接沟通的需要，写字楼销售人员最好能够掌握简单的外语交流，便于与涉外人员沟通。

（2）销售流程的重点与难点

① 现场第一印象树立。写字楼客户相对于住宅客户，具有视野高远、决策理性的特点，因此在上门客户到达销售现场时，项目整体的第一印象能否给客户造成冲击，成为后期成功销售与否的关键之一。如在写字楼销售现场可以利用具有一定规模气势、品质感强的 3D 宣传片等展示材料，对客户视听感受与第一认知产生冲击，从而让客户对项目建立良好的印象。此外，在接待与销售服务方面，也要体现出专业性与商务感。

② 房号销控。写字楼销控与住宅的最大不同在于由于企业需求面积跨度较大，产品通常存在灵活的可拼合性。这对楼层销控与平面层不同房号单位的销控均提出较高要求。成功的写字楼销控往往应该保持整栋或整层销售的连续性，避免出现个别房号拆散滞销。

③ 银行抵押贷款协助。写字楼销售一般分为个人购买与企业购买两大类型，银行对于不同购买主体的按揭审批要求与流程也有所不同，尤其是企业购买行为的银行抵押贷款申请与放款流程相对更为复杂，因此，写字楼销售人员需要投入更多的精力与工作量

协助客户提供资信证明并顺利取得贷款。

④ 制作写字楼销售手册内容。为了便于培训销售人员以及统一销售时的说辞，代理公司要制作写字楼销售手册。内容涵盖：区域配套及规划、交通环境、酒店配套、餐饮配套、高尚住宅社区、商业配套、金融配套等；项目本身情况，包括项目位置与交通、楼宇基础数据、建筑设施设备、消防及智能化、供水及供电系统、物业管理等。

三、商业地产销售代理[1)]

（一）商业地产的定义及特征

1. 商业地产的定义

商业地产是指用于各种零售、餐饮、娱乐、健身服务、休闲等经营用途的房地产形式。商业地产是一个具有地产、商业经营与投资三重特性的综合性行业，它兼有地产、商业、投资三方面的特性，既区别于单纯的投资和商业经营，又有别于传统意义上的房地产业。

商业地产按照商业形态可以分为商业广场、Shopping Mall、商业街、购物中心、专业市场、社区商业中心。按照开发形式可分为商业街商铺、市场类商铺、社区商铺、住宅底层商铺、百货商场、购物中心商铺、商务楼、写字楼商铺、交通设施商铺。按照商业辐射范围可分为“城市型”商业、“区域型”商业、“社区型”商业等。

2. 商业地产的特性

（1）收益多样性

商业地产属于经营性房地产，其主要特点是能够获得收益。商业地产收益和获利方式分为两类：一类是房地产开发商开发后直接销售，产品多为小型商铺或街铺。这种获利方式从严格意义上讲仍属于房地产开发范畴，开发商主要获取开发利润；另一类则是通过长期投资经营、业主自营、出租给他人经营等方式，获取经营利润。

（2）赢利模式多元化

① 只售不租：通过让渡商业地产产权，短期内回收投资。

② 只租不售：开发商拥有产权，租赁经营，通过收取租金赢得利润。

③ 租售并举：部分出租，部分出售，或以租代售，售后回租。

④ 自行经营：同时赚取投资开发利润和商业经营利润。

（3）权益复杂与利益平衡

商业权益有开发商权益、投资者权益、经营者权益、后期管理者权益。权益的统一或分离对商业的可持续经营有较大影响。因此在商业项目的开发及营销过程中要兼顾短期和长期利益的平衡。

1）中国房地产估价师与房地产经纪人学会编写，张秀智、叶剑平、梁兴安主编《房地产经纪实务》（第六版），第262-272页，北京：中国建筑工业出版社，2012年。略作改动。

（二）商业地产项目的市场调研

在进行商业地产项目市场调研时，主要需要了解宏观经济环境、城市或区域的土地利用结构及规划情况、城市商圈分布、消费者行为特征、项目地块情况等。

1. 宏观经济环境分析

宏观经济环境分析的主要指标有：①总人口、人均收入水平、消费水平等；②城市及人均 GDP 发展状况及城市产业结构状况；③全社会消费零售总额；④全市商业增加值；⑤人均可支配收入；⑥人均储蓄存款余额。

一般来说，在进行经济指标数据分析时，要进行 3～5 年数据的纵向比较分析，这样才能反映出一个城市的经济发展情况。

2. 城市、区域土地利用结构及规划调查

城市、区域的土地利用结构及规划对商业地产的开发具有重要意义。商业布局和规划是体现城市机能完善的标志，开发商开发商业地产时及时了解城市商业网点的布局规划，能有效避免政策风险和重复建设。

城市、区域土地利用结构及规划调查的项目主要有：交通道路、公共配套设施、城市性质及区域功能、城市商业规划、商业政策等。

3. 城市商圈调查

商圈是指一个商业地产项目所提供的商业、贸易或者商铺、贸易服务的范围，也可以说成是一个商业地产项目的消费者所来自的区域，或者是一个商业地产项目吸引消费者的有效空间范围。通常，商圈可分为三个层次：核心商圈（主要商圈）、次级商圈（次要商圈）、边际商圈（边缘商圈）。

商圈调查的目的在于了解商业区或商店的商圈范围，了解商圈的人口分布、生活结构、购买力、竞争状况、业态组合、市场饱和度等，并在此基础上进行经济预测。

4. 竞争性在建商业地产项目调查

该调查主要是反映未来商业项目市场的供应量、未来商业的业态规划以及竞争状况。在调查时应注重了解在建商业地产项目的物业位置、开发规模、业态规划、建筑设计、服务配套、营销策略、开发及开业时间等信息。

5. 商业消费者行为调查

消费者行为是指人们购买和使用产品或服务时，所相关的决策行为。消费者行为研究是针对消费者的生活方式及特征进行研究，从家庭结构、收入水平、消费水平、购买行为与习惯以及选择的交通出行方式等方面对消费者消费行为进行研究。

6. 商业地产项目地块的研究分析

一个商业项目的收益能力，跟它周边的环境有密切关系。因此，对项目开发前，要

对项目地块做深入的研究。具体研究指标有：地段位置及临路状况、交通及地块的易达性状况、周边的商业设施状况、项目的昭示性情况等。

（三）商业地产项目的定位分析

1. 定位依据

（1）要适合本土化

商业地产项目定位要根据项目所在城市或区域的经济环境、商圈结构、消费水平、生活习性和城市发展规划等来进行，不能脱离本土的市场。

（2）与城市发展方向一致

城市发展是商业项目发展的依托，只有符合城市发展规划的商业项目，才能更好地生存。这要求商业项目的定位应以城市发展的整体规划为基础，同时，要依据商业网点的规划对项目所处位置的商业定义，深度挖掘项目的发展潜力。

（3）适合商业模式发展态势

随着现代经济的迅速发展，现代商业模式出现变快的趋势，只有结合商业模式发展态势定位，才能避免商业项目在后期运作中产生问题。

（4）符合商业发展规律

商业发展是有一定的规律的，它与经济发展阶段相适应，商业项目开发只有遵循这个规律，才能做到准确定位，规避商业地产投资和运营的风险。

（5）坚持差异化原则

差异化定位可以避免商业之间的同质化竞争。要做到差异化，一方面要尊重市场，另一方面要细节化操作。差异化的重要原则就是同业差异，异业互补。

（6）要有适度的前瞻性

做到前瞻性就要充分考虑和预测城市经济、规划、交通等变化，并要考虑项目产品设计的先进性、业态规划的合理性、功能扩充、管理升级等。既要符合城市发展趋势，又要符合客户需求水平的提高。

（7）适合市场需求原则

在商业项目整合运营全程中，应坚持以市场为导向，既要考虑业态定位和业态组合符合市场要求，又要考虑满足商家入驻的要求。

2. 客户定位

商业项目的客户有三类：消费者、经营者、投资者。消费者指将来到商业地产项目购物、消费的群体；经营者指在商业地产项目内经营的商家；投资者指将来会购买商业地产项目的群体。

（1）消费者定位

找准周边环境中最具潜力的消费需求。周边环境中的人群包括居住者、工作族、经商人员、行人等。其中对商业经营产生较大影响的人群为有效人群。消费者定位要对项目地产商圈内的所有消费者或潜在消费者特征准确把握，需要对消费者特征进行研究。

（2）经营者定位

进行经营者定位，就是决定项目“卖什么”、“卖给谁”、“怎么卖”等，它涉及商业的各方面、全过程。要准确定位，应结合以下几个方面考虑：项目的目标消费群、商圈的范围，项目的经营特色，项目的建筑特点及各类指标限制，项目所在地的消费文化、消费倾向以及市场消费的未来趋势。

（3）投资者定位

作为商业地产项目的购买者，投资者关注的是项目的投资回报和可持续发展前景，要准确把握投资者需求，就要研究投资者的特征。

3. 业态定位

商业地产项目筹建之初，要根据当地的市场条件和该项目的规模、面积、物业现状，科学地确定该项目要做成哪种经营业态，是做综合性商业项目、主题性商场、超市，还是做成百货与超市相结合的综合业态，或者是购物中心、Shopping Mall 等。以此来明确企业今后的经营品类、经营方向、管理方式、商户的投资形式，进而明确企业的品牌商品和招商方向。

4. 业种、业态组合定位

业种通常是用在零售业中的专业术语，指按照经营商品分类确定商业的类型，关注的是“卖什么”，重点是商品。业种之间要注意不同属性的搭配，能起到引导消费的原则。

业种组合的模式包括：互补式、衍生式和综合式。互补式即以相互补充为原则进行业种规划；衍生式即商品属于同种业种，但是该业种的衍生产物；综合式即商品品种多，品牌齐，形成交叉业种组合。

业态组合是目前商业项目的基本要求，合理的业态组合定位不仅能使商业项目功能多样化，而且能凝聚商业人气，提高商业消费需求，增加商业项目经营获利。

5. 功能定位

商业项目的功能一般有：购物功能、休闲功能、娱乐功能、服务功能等，商业功能可以是单一的，也可以是多种功能。商业功能定位指导商业业态定位，商业业态定位又决定了商业功能定位。

6. 规模定位

商业项目规模的大小适宜不仅保障物业投资的高效性，而且保障后期商业项目的招商、销售、运营的压力。

7. 形象档次定位

商业地产项目形象的定位不仅能提升商业竞争力，而且能成就商业物业无形的品牌资产。商业地产项目的形象定位，可以借助 CIS 系统来加以塑造并传达。一方面可以通过商业地产项目的建筑外观来表现，也可以通过顾客对卖场气氛的感受来表现。

商业项目档次一般分为高级、中高级、中档、大众化等几种，影响项目商业档次定位的因素包括项目规模、项目位置及周边购买力、消费结构及消费习惯。

8. 价格定位

商业项目价格包括商业销售价格和租赁价格两种。

商业项目销售价格制定方法一般有三种：成本法、市场比较法、收益法。实际定价中一般将市场比较法和收益法综合使用。

商业项目租赁价格制定一般采用市场比较法。

其中，运用成本法进行销售价格计算时，通常是在投入成本的基础上，加上一定的利润（通常为销售总额的 10%～25%）得到价格；而应用收益法计算销售价格时，一般以出租投资期 11～12 年的租金还原后得到市场价格。

（四）商业项目的销售模式

为了实现利润最大化，以及保障商业后期正常运营，商业地产项目一般采用以下模式进行销售：

1. 纯销售模式

（1）先租后售

这是目前市场上采用较多的销售模式，销售前先引进适合的商家，引导其商业走上合理化发展轨道后再出售，将不适合的经营者排除在外。适合于老城区或市中心开发的高档物业。

（2）售后返租

即售后回租，又称售后包租、售后承租。这是近年来新兴的一种销售模式。以产权式商铺为主，用较低的投资门槛吸引普通投资者。房地产开发商在销售商业地产物业给购房者的同时，与购房者签订该物业的租赁合同。租赁合同中，开发商承诺在购房若干年后给予购房者固定租金，购房者所购房屋由开发商在一定期限内承租或者代为出租给另外的公司或个人用于商业经营的一种特殊销售方式。售后返租方式下，在开发商与购房者之间，开发商（卖主）同时是承租人，购房者（买主）同时是出租人；在开发商与入驻商户之间，开发商又是出租人，商户则是承租人。

（3）分割式销售

在销售过程中采用“画线为界”的方式，对一些好地段、好格局的商铺，开发商先按不同面积划分为几块，再按不同需求销售给中小购买者。商业中心的大面积商铺多采用此种方式。

（4）拍卖销售

将商铺公开竞拍，价高者得。此种模式由于开发商缺乏参考价格，要拿出部分商铺试探市场。

2. 纯租赁模式

开发商在无资金压力的情况下，对价值潜力看好的商业只租不售、以租待涨，可以获得商铺市场成熟后数倍的投资回报。采用只租不售模式的优点是，产权掌握在开发商手里，可以抵押贷款，还可以待增值后出售。

（1）整体出租

整体出租是指开发商不将物业出售，而将其整体出租给一家商业企业，由其进行商业规划及经营，开发商向其收取押金（一般相当于 2～3 个月的租金）及每年约定的租金。租金一般在第三年或第四年商业成熟后开始递增。

（2）分层或分片出租

按照市场需求，将商业项目分为几层或几片分别出租给不同租户。

（3）分散出租

分散出租是指开发商在确定某一主题功能下对各个铺位进行招租（租期相对较短，一般为 2～5 年），并帮助租户统一办理相关的营业执照、税务登记，甚至代开具销售发票、财务结算等。

（4）分层（或片）与分散出租结合

将上述第（2）、（3）种模式结合，是大型购物中心常采用的一种模式。

3. 租售结合模式

将不同的租赁模式和销售模式按照市场需求进行不同的组合。

此外，在不租不售的情况下，商业地产项目则可以由开发商自己经营，或者和别的商家联营。

任务 3　新建商品房销售代理业务实务操作

一、新建商品房销售代理业务操作案例

商品房销售代理是我国目前房地产代理活动的主要形式，有两类，即商品房现售和商品房预售。新建商品房销售一般分为两个阶段，即销售准备阶段和销售实施阶段。

本节房地产代理业务实务操作模拟的目的旨在使学生明确新建商品房销售代理的相关环节，会填写房地产代理合同，独立进行销售资料的准备，学会填写认购书；通过实训，熟悉售楼的工作流程和注意事项，培养良好的服务意识。

新建商品房销售代理业务实务操作共分两大阶段十个项目，具体分配如下。

第一阶段：销售准备

项目一：房地产代理合同的填写。

项目二：模拟房地产销售资料的准备。

项目三：认购书填写训练。

项目四：销售队伍的组建。

项目五：销售现场准备训练。

第二阶段：销售实施

项目六：与售楼情景相关的问题及回答模拟训练。

项目七：按揭款项的计算练习。

项目八：模拟售楼。

项目九：新建商品房产权证的办理实训。

项目十：顾客异议处理训练。

案例：银丰央座项目销售代理实务操作

项目概况：项目紧邻杭州市滨江区星光大道和滨江区政府，总建筑面积逾 6 万方，地上 26 层，1～4 层为商业裙房，5～26 层为全产权高标准写字楼。项目为滨江 CBD 地铁旁高品质现房写字楼。效果图如图 5.1 所示。

图 5.1　银丰央座效果图

销售成绩：汉嘉地产顾问于 2010 年 5 月进驻案场，在开发商几乎没有任何对外宣传推广配合的情况下，成功引进 6 个整层大客户，创下滨江区销售面积排名第一的优秀业绩，截止 2012 年 12 月写字楼去化率 98%，且整体成交均价比周边同期在售的写字楼高出 10%。

（一）房地产销售代理合同的填写

训练目标：熟悉房地产销售代理合同的内容，学会填写。

销售代理合同样本见项目六。

（二）房地产销售资料的准备

训练目标：使学生明确房地产销售资料包括法律文件、宣传资料和销售文件，能够迅速列出并一一准备。

1. 法律文件的准备

法律文件主要指如下几项：

1）建设工程规划许可证和验收合格证。

2）土地使用权出让合同。

3）预售许可证或销售许可证。

4）房地产买卖合同。

注意：开发经营企业进行商品房预售，应当向承购人出示许可证。其商品房预售广告、售房宣传资料和说明均应载明预售许可证的批准文号。其许可证在售楼场所显著位置悬挂。未取得预售许可证的，不得进行商品房预售。

2. 宣传资料的准备

宣传资料主要有楼书（形象楼书与功能楼书）、折页、置业锦囊、宣传单张等。宣传资料不一定每一种形式都具备，一般根据项目规模、档次、目标客户群等来选择某一种或多种组合，使其既能达到宣传房地产项目的效果，又能控制成本。

3. 销售文件的准备

销售文件主要指付款方式、价目表、按揭指引、交纳税费一览表、办理入住指引、认购合同、购楼须知等。

（1）付款方式样本（如表 5.7 所示）

表 5.7　付款方式样本

付款方式	一次性付款	即供按揭	分期
优惠折扣	9 折	95 折	93 折
签署认购书时付定金	人民币二十万元		
七天内签署《商品房预售合同》时付（扣除定金）	50%	50%（同时申请办理最高十年银行按揭手续）	20%（同时申请办理最高八成三十年银行按揭手续）
一个月内			10%
三个月内			20%

（2）楼盘价目表

例：杭州汉嘉地产代理楼盘价目表（如表 5.8 所示）

表 5.8　楼盘价目表

房号	01	02	03	04
面积				
单价				
总价				

（3）杭州汉嘉代理楼盘《入伙时应付款项费用表（如表 5.9 所示）》

表 5.9　入伙时应付款项费用表

项 目	备 注
1. 物业管理费	
2. 水电费预缴费用	

其余销售文件略。

（三）认购书填写

训练目标：使学生熟悉认购书的格式与条款，会准确计算供楼款项，会熟练填写认购书。

例：杭州汉嘉房地产咨询有限公司楼盘认购书

甲方（卖方）：杭州银通置业有限公司

联系地址：杭州市滨江区江南大道 3778 号元天科技大楼

电话：

乙方（买方）：

姓名：　　　　　　　　国籍：　　　　　　　　性别：

证件名称：　　　　　　　　证件号码：

联系地址：　　　　　　　　　　　　邮政编码：

联系电话：

一、经甲乙双方协商一致，就乙方向甲方购买杭政储出[2007]28 号地块（案名“银丰央座”）商业办公用房事宜，达成本认购书相关条款。

二、乙方向甲方认购银丰央座项目　　　　层　　　　室（以下简称该房屋），该房屋预测绘建筑面积为　　　　平方米，其中套内预测绘建筑面积为　　　　平方米，公用分摊预测绘建筑面积为　　　　平方米。（最终以政府部门实测绘面积为准）。

三、甲乙双方同意该房屋售价为人民币￥　　　　元/平方米（建筑面积）：总价为人民币（大写）　　仟　　佰　　拾　　万　　仟　　佰　　拾　　元整，￥　　　　，（最终以实测绘产权登记面积据实结算）。

四、乙方须于本认购书签定当日向甲方支付认购定金人民币（大写）　　　　元整，￥　　　　元。双方签订《商品房预售合同》后，乙方所支付的定金转为房价款。

五、乙方意向采用下列第　　种方式付款：

1. 一次性付款

2. 银行按揭（按相关银行政策要求）

六、乙方须于 2012 年　　月　　日之前，携带本认购书、本人身份证件等签约所需的资料及房款到甲方售楼处，签署《商品房预售合同》及其相关文件。如选择银行按揭方式购买的，还需携带银行按揭所需资料在签署《商品房预售合同》后，办理银行按揭手续。乙方承诺符合银行贷款条件，除本认购书的定金条款外，其他按揭方面相关事宜的约定按《商品房预售合同》中的约定执行。

七、受人委托签约的，须携带经过公证的委托书及委托代理人的身份证明。代表法人签约的，须携带委托书及法人证照与代理人身份证件原件。

八、若乙方在上述期限内未能带齐购房所需证件并与甲方签订《商品房预售合同》和补充条款、未能按约按时缴付首付款或全额房款、未能在约定期限内按照贷款银行要求提供按揭资料（详见按揭资料清单）或不履行本《认购书》任何条款时，甲方将没收乙方所付之认购定金，甲方无须另行通知乙方，本认购书即自行终止，甲方有权将该物业另行出售。

九、双方签署本认购书之后，乙方不得更改本认购书中购买方的名称，甲方不接受买方要求办理更名手续的申请，但在本认购书买方基础上增加其他买受人除外。

十、甲方在上述第六条的约定时间内不得将该房屋转售他人，否则甲方须双倍返还乙方已付的定金。

十一、乙方确认在签订本《认购书》和缴付定金前对甲方在现场及网上公示的《商品房预售合同》及其相关文件有充分了解和认识，并确认没有异议，乙方同意按甲方公示的《商品房预售合同》及其相关文件签署，并不作修改。

十二、双方签署《商品房预售合同》及其相关文件后，本认购书自动终止。

十三、本认购书自双方签署之日起生效。

十四、本认购书一式肆份，甲方执叁份、乙方执一份，均具同等效力。

乙方声明此认购书内由其提供的资料全属真实。如因资料失实致使双方对本认购书无法履行，一切责任概由乙方负责，甲方不承担责任。

甲方：（签章）　　　　　　　　　　　　　　　　乙方（签章）
甲方代理人（签章）　　　　　　　　　　　　　　乙方代理人（签章）
日期：　　年　　月　　日　　　　　　　　　　　日期：　　年　　月　　日

（四）销售队伍的组建

训练目标：了解销售队伍组建的基本方法和销售人员培训的基本内容。

销售队伍的组建有以下两步：一是确定营销人员的数量与素质；二是了解营销人员的培训内容。

营销人员的培训内容：

1. 公司背景和目标

1）公司背景、公众形象、公司目标（项目推广目标及公司发展目标）。

2）销售人员的行为准则、内部分工、工作流程、个人收入目标。

2. 物业详情

1）项目规模、定位、设施、买卖条件。

2）物业周边环境、公共设施、交通条件。

3）该区域的城市发展计划、宏观及微观经济因素对物业的影响情况。

4）项目特征：①项目规划设计内容，如景观、立面、建筑组团、容积率等；②平面设计内容，包括总户数、总建筑面积、总单元数、单套面积、户内面积组合以及户型优缺点、进深、面宽、层高等；③项目优势劣势分析及对策；④竞争对手优势劣势分析及对策。

3. 销售技巧

售楼过程中的洽谈技巧包括如何用提问了解需求及购买心理，如通过了解客户的需求、经济状况、期望等来掌握买家的心理；恰当使用电话；运用推销技巧、语言技巧、身体语言技巧等。

4 签订买卖合同的程序

1）售楼处签约程序。

2）办理按揭及计算。

3）入住程序及费用。

4）合同说明及其他法律文件。

5）所需填写的各类表格。

5. 物业管理

1）管理准则。

2）公共契约。

3）物业管理服务内容、收费标准。

6. 其他内容

包括房地产营销人员的礼仪、建筑学基本常识、财务相关制度等。

（五）销售现场准备

训练目标：

1）使学生能够明确售楼中心的功能分区，了解销售中心布置的基本原则与注意事项，并能进行简单的销售中心布置与设计。

2）使学生了解创设售楼现场热烈气氛的其他形式，如看楼通道、形象墙、户外广告牌、灯箱、大型广告牌、导示牌、彩旗、示范环境、施工环境等并能进行简单的设计。

1. 售楼中心设计

售楼中心是向客户介绍和展示楼盘形象的场所，同时又是客户作出购买决定并办理相关手续的场所，其地点的选择和装修设计风格都要精心安排。

（1）售楼中心位置的选择

1）最好迎着主干道（或主要人流）方向。

2）设在人车都能方便到达，且有一定数量停车位的位置。

3）设在能方便到达样板房的位置。

4）设在与施工场地容易隔离、现场安全性较高的位置。

5）设在环境和视线较好的位置。

（2）售楼中心的位置

1）功能分区要明确，一般设有门前广场、停车场、接待区、洽谈区、展示区、办公区、客户休息室、卫生间、储藏室、更衣室等。

2）进入销售中心前要有明确的导示，如彩旗、指示灯牌等；入口广场上要有渲染气氛的彩旗、花篮、气球、绿化等，在空间允许的情况下，还可以布置水体、假山石、花架、休闲桌椅等；在必要的地方布置小饰品和绿植。

3）销售中心的内外空间要尽可能通透（见图 5.2）。

4）接待区要布置在离入口处较近，且方便业务员看到来往客户的位置（见图 5.3）；在接待区要通过背景板营造视觉焦点，背景板可以展示楼盘的情况介绍、名称，也可以用图片展示一种氛围；接待区的灯光要经过特别处理，做到整体和局部的完美结合。

图 5.2　销售中心

图 5.3　接待区

5）室内灯光明亮，重点的地方要有灯光配合作为强调，如展板、灯箱、背景板等。

6）洽谈桌的宽或直径一般为 80cm。

7）接待台的尺寸一般长不小于 3m，宽为 65～75cm，高度在 68～75cm 之间。

8）要配合楼盘性质营造范围，如普通住宅的温馨、高档住宅的高贵豪华、写字楼的庄重等。

9）主卖点要有明确的展示，如展板、图片及实体等，展示区要与洽谈区相邻或融为一体。

10）内部空间要尽可能通透，其净高度一般不得低于 3.6m。如果整体空间的尺寸较小，或者有特殊要求时，高度可另外考虑。

2. 看楼通道设计

看楼通道是连接售楼处和样板房（现场实景单位）之间的交通通道。看楼通道设计应注意以下几点：

1）看楼通道的选择以保证线路尽可能短和安全通畅为原则。

2）要保证通道的采光或照明充足。

3）最好有利于施工组织，尽可能不要形成地盘分割。

4）对于有转折的地方或不符合人的行为功能的地方应有提示，如高低水平、顶梁过低等地方。

5）在通道较长的条件下，景观要丰富而不单调。

3. 样板房的设计

样板房的制作主要是让客户对所要购买的物业有一个直观的感觉和印象。样板房装修布置应表现真实，同时在具体选择和装修上要注意以下问题：

（1）样板房选择应注意的问题

1）选择主力户型、主推户型。

2）设在朝向、视野和环境较好的位置。

3）设在可方便由售楼处到达的位置。

4）多层楼盘尽可能设在一楼或低楼层。

5）高层现房一般设在较高楼层。

6）高层楼盘一般布置在4～6层；如果小区环境已做好，周边景观好，也可以利用临时电梯作垂直交通工具，布置在尽可能高的楼层。

（2）样板房装修应注意的问题

1）装修应充分展示户型空间的优势。

2）要有统一的标识系统（如门前户型说明、所送家具电器的标识）。

3）针对空间的使用要对客户进行引导（特别是难点户型和大面积户型）。

4）装修风格和档次要符合项目定位和目标客户定位。

5）色彩明快温馨（见图5.4）。

6）家具的整体风格要协调一致，不可零乱（见图5.5）。

图5.4　样板房色调

图5.5　样板房家具

7）光线要充足。

8）对于周边有安全网的样板房，其窗、阳台与围护板间保留约 30cm 的间隔，用以绿化。

9）样板房门前要设置鞋架或发放鞋套，最好可以让客户直接进入；在样板房入口的上两层阳台等处应设挡板，以防施工掉落物，以免给客户造成不够安全的印象。

4. 形象墙、围墙设计

1）形象墙、围墙一般主要是设在分隔施工场地、保证客户看楼的安全和视线的整洁的地方。一般可用普通的砖墙，也可以用围墙护板。

2）在客户视线可及的地方，墙上要进行美化和装饰；可以上裱喷绘，也可以彩色直接上绘。

3）墙上的内容可以仅仅是楼盘的情况介绍和售楼电话，也可以根据其墙所在的位置通过组合灯箱、广告牌来展示楼盘的形象和卖点。

4）墙饰的风格和色彩应与整体推广相统一，具有可识别性。

5. 模型展示

模型主要用来告之客户竣工后楼盘的完整形象，同时，也方便业务员给客户讲解时指明具体户型的位置、方位。模型一般包括：项目整体规划模型、分户模型、局部模型、环境模型和区域模型（见图 5.6）。

图 5.6　银丰央座模型展示

社区整体规划模型用于表现项目的具体位置、周边的景观、配套和小区布局以及中心庭院等，整体楼盘模型的常规比例为 1：150。

分户模型主要用在实体样板房和交楼标准不能展示全部户型时，方便客户了解户型的实际布局和户内空间大小尺寸，常规比例为 1：25。

局部模型主要用于楼盘现场及其他模型不能充分表现的局部，通常是建筑的阳台、空中花园、屋顶或会所，也可能是建筑的一段外墙、内墙、小区或户外环境局部、会所的局部等，往往是楼盘的主卖点或需要重点展示的地方，比例可以根据实际确定。

环境模型主要是在楼盘的环境面积较大或特色明显但通过现场又无法展示的情况下采用的。

区域模型主要在楼盘所在区域（主要为固化或建设中），在实际看到现状相对零乱时采用的。

6. 广告牌、灯箱、导示牌、彩旗的设计与布置

当项目位置处于非主干道，或是销售中心位置不便发现时，广告牌、灯箱、导示牌

（见图 5.7）、彩旗的作用就十分明显。一方面它们可以将项目的重要信息（如位置、咨询电话等）在更广阔的地域向外发布，更重要的是它们可以将客户从主干道或是其熟悉的地方引导至项目现场，同时又对项目现场气氛起到一种烘托作用。

（a）

（b）

图 5.7　导示牌的设计

（六）与售楼情景相关的问题及回答模拟

训练目标：使学生熟悉向客户介绍楼盘的要点和方法。

与售楼情景相关的问题如下所示：

1）本大厦的地点及地址是哪里？

2）本大厦的环境有何特色？

3）本大厦所处位置将来有何发展？

4）本大厦的交通情形怎么样？

① 公共汽车线路起止站名及经过路线是哪些？

② 本大厦的站名是什么？

5）本大厦附近有哪些市场？每一市场的位置及营业状况如何？与本大厦或小区的距离多远？

6）本大厦附近有哪些学校？（幼儿园、小学、中学、高中和大学）距离多远？

7）本大厦附近的医疗保健设施有哪些？其位置和路程有多远？

8）本大厦占地面积、建筑面积多大？容积率、建筑密度是多少？

9）本大厦附近有哪些娱乐体育设施？其位置和路程有多远？

10）本大厦的规划用途是什么？有哪些公共设施？物业管理如何？

11）本大厦共有多少户？怎样区分？

12）本大厦的设计有什么特色或特殊之处？

13）本大厦主打户型、装修情况如何？

14）本大厦建材设备如何（卫生设备、门窗、厨房、楼梯、地板、顶棚、电源）？

15）本大厦电梯共几部？厂牌是什么？

16）本大厦的产权情况如何？建造号码是多少？

17）本大厦坐落地号和地段是多少？

18）本大厦何时开工？多少个工作日？何时完工？

19）本大厦有无停车场？如有，使用情况如何？

20）本大厦屋顶如何处理？有无空中花园？

21）本大厦平均价格如何？付款办法如何？大约多久缴一次款？

22）本大厦购买时有无任何优惠措施？若有，请详细介绍。

23）本大厦的贷款年限如何？有何家银行承贷？每月摊还多少？

24）本大厦订购时须缴多少定金？何时签约？签约时应携带何种证件？在何处办理签约手续？

25）除总价款外，还须缴付哪些费用？大概多少？

26）本大厦所需契税，预估多少？

27）本大厦的室内设计是否可以变更？如何变更？

28）本大厦保证年限多久？

29）开发商以往业绩及其概况如何？

30）该开发商有哪些关系企业？

（七）按揭款项的计算

训练目标：通过反复训练，掌握等额本息还款法和等额本金还款法的计算原理、公式与方法，熟练使用计算器进行计算，熟悉年利率、月利率的概念及相互转换。

1. 等额本息还款法

等额本息还款法，通常被称为“等额还款”。即借款人每月以相等的金额平均偿还贷款本息，也被形象地称为直线还款法。

公式：

每月等额还本付息额＝贷款本金×[月利率×(1＋月利率)^{还款期数}]/[(1＋月利率)^{还款期数}－1]

其中：还款期数＝贷款年限×12

例：某甲购房采取商业性贷款 30 万元，贷款年限为 15 年，年利率为 5.31%，还款期数为 15×12＝180，则等额还本付息额应为多少？

解：月利率为 5.31%/12＝4.425‰

300000×[4.425‰×(1＋4.425‰)^{180}/[(1＋4.425‰)^{180}－1]＝2421（元）

即借款人每月向银行还款 2421 元，15 年后，30 万元的借款本息就全部还清。期满后甲共需偿付本息 435780 元，其中利息 135780 元。

2. 等额本金还款法

等额本金还款法，又称“递减还款”，即借款人每月等额偿还贷款本金，贷款利息随本金逐月递减并结算还清的方法。其特点是每月归还贷款本金相等，利息则按贷款本金余额逐月计算，前期还贷金额较大，以后每月还款额逐渐减少。由于还款额是逐月递减，因此每个月的还款额都是不等的。

每月还款额＝贷款本金÷还款期数＋（本金－归还本金累计额）×月利率

其中：还款期数＝贷款年限×12

例如同样的商业性贷款 30 万元，贷款年限为 15 年，月利率为 5.31%÷12＝4.425‰。

每月归还的本金：300000÷（15×12）＝1666.67（元）

第 1 个月的利息：300000×4.425‰＝1327.5（元）

则第 1 个月还款额为：1666.67＋1327.5＝2994.17（元）

第 2 个月的利息：（300000－1666.67）×4.425‰＝1320.12（元）

则第 2 个月还款额为：1666.67＋1320.12＝2986.79（元）

……

第 180 个月的利息：（300000－1666.67×179）×4.425‰＝7.38（元）

则第 180 个月（最后 1 个月）的还款额为：1666.67＋7.38＝1674.05（元）

采用等额本金还款法，借款人第一个月向银行还款 2994.17 元，以后每个月还款额比上个月减少 7.38 元，最后一个月还款额减为 1674.05 元。同样 15 年后，30 万元的借款本息就全部还清。期满后借款人共需偿付本息 420139.8 元，其中利息 120139.8 元。

（八）模拟售楼

训练目标：通过模拟售楼掌握售楼基本流程与操作，掌握售楼礼仪与接待客户的方法技巧，能熟练推荐楼盘，能熟练完成各种售楼资料的记录与各种表格的填写，能熟练计算按揭款项和税费。

1. 接听电话

强化能力：电话礼仪

1）接听电话时必须态度和蔼，语言亲切。一般先问候“××花园或公寓，您好”，之后开始交谈。

2）通常，客户在电话中会问及价格、地点、面积、格局、进度、贷款等方面的问题，销售人员应该扬长避短，在问答中将产品卖点巧妙地融入。

3）在与客户交谈时，设法取得我们想要的资讯。

第一要件：客户的姓名、地址、联系电话等个人背景情况的资讯。

第二要件：能够接收到客户对产品价格、面积、格局等具体要求的资讯。其中，与客户联系方式的确定最为重要。

4）最好的做法是，直接约请客户来现场看房。

5）马上将所得资讯记录在客户来电表上。

注意：①售楼人员上岗前应进行系统训练，统一说辞。②应事先研究客户可能会问的问题。③接听电话应以 2～3 分钟为限，不宜过长。④电话接听时，应尽量由被动回答转为主动回答、主动询问。⑤约请客户时，应明确时间和地点，并且告诉他你将专程等候。⑥应将客户来电信息及时进行整理、归纳。

2. 迎接客户训练

强化能力：接待礼仪、站、坐、行姿训练

客户进门，每一个看见的销售人员都应主动招呼“欢迎光临”，提醒其他销售人员注意。

销售人员立即上前，热情接待。帮助客户收拾雨具、放置衣帽等。通过随口招呼，区别客户真伪，了解客户所来自的区域和接受的媒体。

注意：①销售人员应仪表端正、态度亲切。②接待客户或一人，或一主一辅，不要超过三人。③注意现场整洁和个人仪表，以随时给客户留下良好印象。④送客至大门或电梯间。

3. 介绍产品训练

1）交换名片，相互介绍，了解客户的个人资讯情况。

2）按照销售现场已经规划好的销售路线，配合灯箱、模型、样板房等销售道具，自然而又有重点地介绍产品（着重于地段、环境、交通、生活技能、产品技能、主要建材的说明）。小区模型解说遵循由大到小、由外到内的原则，根据客户需求逐点细化讲解，让客户全面了解楼盘的情况。户型模型和样板房解说应先介绍该套房屋的面积、总价，而后按门口—厨房—餐厅—客厅—卧室—阳台的流程依次进行讲解，重点突出户型的优点与设计的独到之处。

注意：①强调楼盘的优势。②热情、诚恳、信任。③把握客户的真实需要，迅速制定应对策略。④注意区分客户中的决策者。

4. 购买洽谈训练

1）倒茶寒暄，引导客户在销售桌前入座。

2）在客户未主动表示时，应该主动地先选择一户作试探性介绍。

3）根据客户所喜欢的单元，在肯定的基础上，作更详细的说明。

4）针对客户的疑惑点，进行相关解释，帮助其逐一克服购买障碍。

5）适时制造现场气氛，强化其购买欲望。

6）在客户对产品有70%的认可度的基础上，设法说服他下定金购买。

注意：①入座时保证客户视野愉悦。②了解客户的真正需求与主要问题。③注意与现场同仁的交流与配合。④注意判断客户的诚意、购买能力和成交概率。⑤气氛自然亲切，掌握火候。⑥对产品的解释不虚构。⑦超越职权范围的应报告现场经理。

5. 带看现场训练

1）结合工地现状和周边特征，边走边介绍。

2）按照户型图，让客户切实感觉自己所选的户型。

3）尽量多说，让客户始终为你所吸引。

注意：①带看工地路线应事先规划好，注意沿线的整洁与安全。②嘱咐客户戴好安全帽及其他随身所带物品。

6. 暂时未能成交训练

1）将销售海报等资料备齐一份给客户，让其仔细考虑或代为传播。

2）再次告诉客户联系方式和联系电话，承诺为其作义务购房咨询。

3）对有意的客户再次约定看房时间。

注意：①态度亲切，始终如一。②及时分析未成交的原因。③报告现场的经理，采取相应的补救措施。

7. 客户资料表填写训练

1）每接待完一组客户后，立即填写客户资料或登记表。

2）填写重点：客户联络方式和个人资讯、客户对产品的要求条件、成交或未成交的真正原因。

3）根据客户成交的可能性，将其分类为：很有希望、有希望、一般、希望渺茫这四个等级，以便日后有重点地追踪客户。

强化能力：客户登记表的填写

例：杭州汉嘉地产代理楼盘银丰央座客户登记表（来访客户登记表如表 5.10 所示，客户档案表如表 5.11 所示）。

表 5.10　来访客户登记表

案名：　　　　来访日期：　年　月　日　　　　置业顾问：

客户姓名		性别		手机	
住宅电话		办公电话		家庭结构	
来电日期		邮箱			
联系地址：					
来客类别	□单独来　□夫妻来　□全家来　□与朋友来　□带小孩来				
时　间	□AM9-11　□AM11-1　□PM1-3　□PM3-4：30　□PM4：30 时以后				
年　龄	□26-30　□31-35　□36-40　□41-45　□46-50　□51-60　□60 以上				
客户工作区域	□上城区　□下城区　□拱墅区　□西湖区　□江干区　□滨江区　□萧山区　□余杭区　□温州 □上海　□台州　□金华　□宁波　□其他 □上城区　□下城区　□拱墅区　□西湖区　□江干区　□滨江区　□萧山区　□余杭区　□温州 □上海　□台州　□金华　□宁波　□其他				
认知途径	□项目基地　□定向营销　□网站________　□报纸________　□房交会　□DM　□电台　□引导旗 □横幅　□楼市周刊　□电梯广告　□巡展　□高炮　□户外看板　□其他__________				

续表

户型	□单间　□多间（□两间　□三间　□四件）　□半层　□一层　□商铺　□其他
意向楼层	□5F 以下　□6-12F　□13-21F　□22-24F
面积需求	□100-200m²　□201-300m²　□301-400m²　□401-500m²　□150m² 以上　□半层　□整层
物业需求	□写字楼　□商铺
行　业	□服务业　□制造业　□金融保险　□高新技术企业　□商业贸易　□政府机关　□医生律师　□文教事业　□自由业　□退休　□个体　□其他
单位性质	□国营/集体企业　□外资/合资企业　□民营/私营企业　□党政机关　□事业单位　□自由职业　□无业　□其他
职　务	□三资企业主管　□国内企业主管　□私营业主　□上班族　□专业技术人员　□医生　□公务员　□教师　□自由职业者　□其他
出行方式	□步行　□公交车　□自行车助动车　□私家车（□A 级　□B 级　□C 级　□D 级　□E 级　□F 级）　□出租车　□单位车　□搭车　□看房车
购房目的	□个人自用　□企业自用　□出租　□保值收藏　□自用兼投资
购房动机	□市区外迁　□规模扩大　□租赁成本　□租赁投资　□保值收藏　□个人投资　□商务投资　□下一代
考虑因素	□地理位置　□市政规划　□人文环境　□规划　□建材标准　□建筑风格立面　□产品类型　□户型　□生态节能　□智能化　□公共部位　□停车　□附加空间　□物业管理费　□物业公司　□开发商品牌　□单价　□总价　□升值空间　□租金收益　□公交　□轨道交通　□周边环境　□面积　□项目规模　□得房率　□楼层　□交通
客户未购因素	□地理位置　□市政规划　□人文环境　□规划　□建筑风格立面　□产品类型　□户型　□面积　□生态节能　□智能化　□公共部位　□停车　□附加空间　□物业管理费　□物业公司　□得房率　□项目规模　□开发商品牌　□单价　□总价　□升值空间　□租金收益　□周边环境　□交通
购房次数	□首次购房　□第二次购房　□三次以上（含三次）
意向单价	□14001-16000　□16001-18000　□18001-20000　□20001-22000　□22001-25000□25001-28000
意向总价	□400-600 万　□600-800 万　□800-1000 万　□1000-1500 万　□1500-2000 万　□2000-2500 万　□2500-3000 万　□3000-3500 万　□3500-4000 万　□4000-5000 万　□5000 万以上
付款方式	□一次性　□按揭
客户意愿	□A 级：接近或已成　□B 级：有一定意向　□C 级：意愿平平　□D 级：无意向或市调
意向房源	

备注：选项内容请根据自身项目情况进行修改并报备品控部。

表 5.11　客户档案表

客户编号：

<table>
<tr><td>客户特征</td><td colspan="4"></td></tr>
<tr><td rowspan="11">客户跟踪情况栏</td><td></td><td>日期</td><td>跟踪情况</td><td>意向等级</td></tr>
<tr><td>第一次</td><td></td><td></td><td></td></tr>
<tr><td>第二次</td><td></td><td></td><td></td></tr>
<tr><td>第三次</td><td></td><td></td><td></td></tr>
<tr><td>第四次</td><td></td><td></td><td></td></tr>
<tr><td>第五次</td><td></td><td></td><td></td></tr>
<tr><td>第六次</td><td></td><td></td><td></td></tr>
<tr><td>第七次</td><td></td><td></td><td></td></tr>
<tr><td>第八次</td><td></td><td></td><td></td></tr>
<tr><td>第九次</td><td></td><td></td><td></td></tr>
<tr><td>第十次</td><td></td><td></td><td></td></tr>
<tr><td>备　注</td><td colspan="4"></td></tr>
</table>

8. 客户追踪服务训练

1）繁忙间隙，依客户等级与之联系，并随时向现场经理口头报告。

2）对于一、二等级的客户，销售人员应该列为重点对象，保持密切联系，调动一切可能，努力说服。

3）将每一次追踪情况详细记录在案，便于日后分析判断。

4）无论最后是否成交，都要婉转请求客户帮忙介绍客户。

追踪客户应注意：切入话题的选择、时间的间隔及追踪方式的变化。

切记：二人以上与同一客户有联系时，应该相互通气。

9. 成交收定训练

1）客户决定购买并下定金时，利用销控对答告诉现场经理。

2）恭喜客户。

3）视具体情况，收取客户小定金或大定金，并告诉客户对买卖双方的行为约束。

4）详尽解释定单填写的各项条款和内容；总价款栏内填写房屋销售的表价；定金栏内填写实收金额，若所收的定金为票据时，填写票据的详细资料；若是小定金，与客户约定大定金的补足日期及应补金额，填写于定单上；与客户约定签约的日期及签约金额，填写于定单上；折扣金额及付清方式，或其他附加条件于空白处注明；其他内容依定单的格式如实填写。

5）收取定金，请客户、经办销售人员、现场经理三方签名确认。

6）填写完定单，定单连同定金送交现场经理点收备案。

7）将定单第一联（客户联）交客户收执，告诉客户于补足或签约时将客户联带来。

8）确定定金补足或签约日，详细告诉客户各种注意事项和所需要带齐的各类证件。

9）再次恭喜客户。

10）送客户至大门外或电梯间。

强化能力：售楼定单的填写

例：杭州汉嘉地产代理楼盘银丰央座售楼定单（认购确认单如表 5.12 所示）。

表 5.12　银丰央座认购确认单

房号	层　室	单价/面积	元/平方米 平方米
总房款	元	当天支付定金	￥　　元
客户姓名/国籍		身份证/护照 营业执照注册号	
联系电话		联系地址/邮政编码	
委托代表人/国籍		身份证/护照	
联系电话		联系地址/邮政编码	
付款方式	一次性付款 商业按揭贷款	预约贷款银行/信用记录核实	
认购办理日期	年　月　日	预约签约日期	年　月　日
销售代表签字		客户确认签字	
项目销控签字		财务收款签字	
备注			

约定事项：

1）客户应在规定时间内交齐定金，出售方在约定期限内不得将客户已落定的房屋再行销售。

2）定金为合约的一部分，定金的保留期限为 7 天，若客户在约定期限内无故毁约，则定金没收，所保留的单元将自由介绍给其他客户；出售方无故毁约，按双倍定金赔偿。

3）在签订认购后，客户所交定金充抵应付房款。

客户签名：

注意：①定单的格式一般为一式四联：客户联、公司联、工地联、财会联。②当客户决定购买但未带足现金时收取小定，小定金额不在于多，三四百元至几千元均可。保留日期一般为三天。③定金下限为 1 万元，上限为房屋总价款的 20%。定金保留日期一般以七天为限。

10. 定金补足训练

1）定金栏内填写实收补足金额。

2）将约定补足日及应补金额栏划掉。

3）再次确定签约日期，将签约日期和签约金填写于定单上。

4）若重新开定单，大定金定单依据小定金定单的内容来填写。

5）详细告诉客户签约日的注意事项和所需带齐的各类证件。

6）恭喜客户，送至大门外或电梯间。

11. 换户训练

1）定购房屋栏，填写换户后的户型、面积、总价。

2）应补金额及签约金；若有变化，以换户后的户别为主。

3）于空白处注明哪一户换至哪一户。

4）其他内容同原定单。

注意：填写完后，检查户别、面积、总价、定金、签约日是否正确，并将原定单收回。

12. 签订合同训练

1）恭喜客户选择我们的房屋。

2）验对身份证原件，审核其购房资格。

3）出示商品房预售示范合同文本，逐条解释合同的主要条款：转让当事人的姓名或名称、住所；房地产的坐落、面积、四周范围；土地所有权性质；土地使用权获得方式和使用期限；房地产规划使用性质；房屋的平面布局、结构、构筑质量、装饰标准以及附属设施、配套设施等状况；房地产转让的价格、支付方式和期限；房地产支付日期；违约责任；争议的解决方式。

4）与客户商讨并确定所有内容，在职权范围内作适当让步。

5）签约成交，并按合同规定收取第一期房款，同时相应抵扣已付定金。

6）将定单收回交现场经理备案。

7）帮助客户办理登记备案和银行贷款事宜。

8）登记备案且办好银行贷款后，合同的一份应交给客户。

9）恭喜客户，送客至大门外或电梯间。

13. 退户训练

1）分析退户原因，明确是否可以退户。

2）报现场经理或更高一级主管确认，决定退户。

3）结清相关款项。

4）将作废合同收回，交公司留存备案。

（九）新建商品房产权证的办理

训练目标：了解买卖双方需要提交的材料，熟悉产权证办理的步骤，熟悉当地房地产权证办理的收费标准。

1. 材料准备

当事人需提交如下材料：

（1）卖方（房地产开发商）

1）房地产权证（新建商品房房地产权证）。

2）商品房预售合同或商品房出售合同。

3）企业法人营业执照（复印件）、法定代表人资格证明、法定代表人授权委托书、代理人身份证件。

（2）买方

1）商品房预售合同或商品房出售合同。

2）购房者身份证明（身份证、护照等）或企业法人营业执照（复印件）、夫妻共同登记需提供户口簿或结婚证明。

3）机关、团体、国有企业需提供上级主管单位的批准文件，事业单位需提供上级主管单位同意购房的证明，集体企业需提供职工代表大会同意购房的决议，有限公司或股份公司需提供公司董事会同意购房的决议。

4）付款凭证（复印件）。

5）授权委托书、代理人身份证明。

6）法定代表人资格证明、身份证明。

2. 办证

（1）提交材料

买卖双方当事人（或代理人）共同在房屋所在市、区、县房地产交易中心提交上述材料，填写房地产登记申请书和房屋产权转移申请书。

（2）预登记（初审）

交易中心经过初审认为合格的，送房地产测绘部门配图、绘制房屋平面图的地籍图。初审不合格的，退还申请人，并说明理由。

（3）配图

房地产权证需附有地籍图和房屋平面图，这些图纸是对房屋及相对应分摊土地的面积的确认和标定，必须由房地产管理部门认定的测绘部门绘制并加盖公章。买房人也需在图纸上签字或盖章。

地籍图和房屋平面图一式两份，一份制作房地产权证，一份在房地产登记机构保存，购房者应支付图纸费和勘丈费用。

（4）缴纳税费

经过房地产管理部门确认，购房者即可正式办理房屋产权过户手续，缴纳有关税费。

契税：个人购买非普通住宅的，按房屋成交额的3%征收。

印花税：印花税占房屋成交价的0.05%。

交易手续费：非住宅：6元/m^2。

登记费：非住宅：550元/套

（5）审核

购房者把房屋交易材料、身份证明、纳税证明送交房地产登记部门，由登记部门审核。

（6）制证、发证

购房者需支付房地产权证工本费和5元印花税。从申请登记到发证，一般需要30天。

（十）顾客异议处理

训练目标：培养学生良好、稳定的心理素质，使学生掌握应对顾客异议的基本处理方法和技巧。

1）产品异议：认为本楼盘没有其他的楼盘好。

对应练习：售楼员要提出自己的看法，拿本楼盘与其他楼盘对比澄清疑点，让顾客对本楼盘及开发商有更多的了解。

要求：熟悉楼盘的情况，熟悉竞争对手的产品情况，有说服力，使顾客产生共鸣而达到诱导成交。

2）需要异议：表明目前不想购买。

对应练习：充满信心，不能有不耐烦或不愿接待的情绪。用良好的接待礼仪和为人修养打动顾客，给顾客留下好印象，争取让他能够向亲朋好友推荐楼盘。

要求：耐心、信心、礼貌。

3）价格异议：认为价格过高，无力购买。

要求：耐心、细致，把握机会，不能伤害顾客。

对应练习：售楼人员根据客户的不同类型，做出有针对性的解释或处理意见。

4）时间异议：即顾客有意拖延成交时间的一种异议。

对应练习：回答“让我想一下，过几天给你回信”、“我还要回去商量一下”等问题。

要求：随机应变，不能伤害顾客。

二、实务操作

世茂广场天誉位于杭州经济技术开发区，东临 25 号大街，南对晨光国际，西至 23 号大街，北靠 14 号大街。项目总占地面积约 2.8 万 m^2，总建筑面积约 17 万 m^2，其中地上面积约 11 万 m^2，地下面积约 6 万 m^2。项目整体是由近 150 米高度的塔楼和裙楼组合而成，是所在区域的地标性建筑，也是区域内核心的大型商业体建筑，更是杭州首个智能化建筑。

裙楼：规划打造成杭城首个大型智能化商场，以中高端定位，遵循整个沿江板块所需、符合中高端群体消费。整体建筑分为地下 3 层和地上 4 层，并由杭州国淳投资管理有限公司负责运营管理整个商场。

塔楼：建筑总高度近 150 米，共有 31 层（地上层数）。1 层设有 3 个豪华精装大堂，分别为酒店、公寓和餐饮娱乐进出所用，互不干扰。其中餐饮娱乐大堂设在西边（正对一期），面积约 200m^2，配有 2 部独立电梯；酒店大堂面积约 240m^2，配有 4 部独立智能电梯，可设定楼层，直达精品酒店；公寓大堂面积约 200m^2，配有 7 部智能电梯，更有高级管家的配备。

世茂广场天誉项目于 2014 年下半年推出精装酒店式公寓，主力户型为 43m^2，分为 3.6 米平层及 5.6 米 loft。

作为房地产经纪公司，在其与开发商杭州世茂世纪置业有限公司签订代理销售合同（主要代理销售酒店式公寓）后，需完成前节所述的 9 项工作。该实训主要模拟以下工作：

1）收集世茂广场天誉项目的相关信息。①委托方（杭州世茂世纪置业有限公司）的信息，包括资质及信誉情况等，以及代理项目的土地使用权证书、建设规划许可证、施工许可证、预售许可证等。②了解代理项目的基本信息，如代理物业自然状况（房屋数量、面积、格局、装修情况、建筑风格等）、权属状况、基础设施配套情况等信息。③收集与代理项目相关的市场信息，如经济技术开发区房地产市场的供求信息、价格信息、竞争楼盘状况等。

2）制定代理项目中酒店式公寓的营销策划方案。该营销策划方案主要包括项目概况、市场分析、竞争对手分析、项目定位、促销策略的制定、销售执行计划等。

3）销售方案执行。

4）客户接待、洽谈、签约。首先，分组形成客户组、销售人员组，其中销售人员组由前台接待员、洽谈人员、签约人员构成。然后，按照接待、洽谈、签约流程进行销售场景模拟。接待时需填写来访客户信息表，签约时采用标准合同样本。

5）房地产交易价款收取与管理。

6）房地产权属登记。

7）房地产交验入住及客户回访。

8）佣金结算。

佣金按成交价格总额的 2%计收，按月计收。

9）售后服务。

其中 3）、5）～9）六项工作可根据实训场地及实训条件进行适当省略。

项 目 小 结

本项目主要对新建商品房销售代理业务的流程进行说明，并根据代理物业的类型不同，分别对住宅、写字楼及商业项目销售代理工作的要点进行阐述。通过学习，应着重掌握新建商品房销售代理业务的流程，并能够分析住宅、写字楼与商业项目代理工作存在的差异性。

项目六

房地产经纪服务合同与房地产经纪执业规范

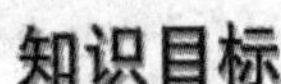

知识目标

1. 熟悉房地产经纪服务合同及相关的房地产交易合同的内容；

2. 掌握订立房地产经纪服务合同及相关的房地产交易合同的注意事项；

3. 掌握房地产经纪执业基本原则及行为规范。

技能目标

1. 组织签订常规的房地产经纪服务合同及相关的房地产交易合同；

2. 规范操作房地产经纪业务。

案例导入

216万买的一套二手房居然已被租了20年

一、事情经过

2012年7月底，杭州孙女士通过“卓家”房产中介，从一委托人手中，买下滨江锦绣江南小区一处114平方米房产，打算作为女儿婚房。等她全额支付了216万（198万元房款+18 万元税费）拿到房产证的第二天，却发现一个令人崩溃的事实：房子里还有一位租客刘先生，他跟原房东签了20年房屋租赁合同，今年还仅仅是20年的头一年。

孙女士断了租客的电，租客表示要抗战坚持20年，而原房东一直很淡定，声称让孙女士去告好了。中介要退中介费，孙女士不肯收，担心收了这钱，中介会甩手不管，他们再也没地方去找了。

2013年9月5日，孙女士的女儿吴某和准女婿梅某将原房东王某、王某之妻胡某、杭州卓家房产咨询有限公司告上了法庭，而租客刘先生作为本案的第三人出庭。

二、法院审理与判决

2012年2月26日，杭州市滨江区人民法院开庭审理此案。法庭上，第三人刘某的辩护人拿出其与两被告之间的房屋租赁合同，租期20年。被告人王某在庭上披露了这份租赁合同的真实情况：这20年的租约与原房东王某与刘某之间的一起借贷有关，王某将这套房屋以租赁的形式交给刘某，作借钱的担保。

原告认为被告存在欺诈行为并对原告造成了损失，遂诉法院要求确认房屋转让协议有效、被告立即要求第三人腾房、赔偿原告延迟交房违约金38万元、退还居间费、确认被告王某与第三人刘某之间房屋租赁合同无效、三被告共同承担诉讼费等六项诉求。本次开庭审理没有当庭宣判，而是定于2013年2月28日宣判。

2013年2月28日上午11点，法院对本案进行了如下判决：

1. 确认原告梅某、吴某与被告王某、胡某就杭州市滨江区长河街道锦绣江南花园×幢×单元×室房屋签订的房屋转让合同有效。

2. 第三人刘某于本判决生效之日起十日内腾退该房屋。

3. 被告王某、胡某于本判决生效之日起十日内向原告梅某、吴某交付房屋。

4. 被告王某、胡某于本判决生效之日起十日内支付原告梅某、吴某迟延交房违约金38000元。

5. 驳回原告梅某、吴某的其他诉讼请求。

6. 驳回第三人刘某的诉讼请求。

三、如何看待“法院认定租赁合同无效”

在案件的审理阶段，案件的第三人刘某律师始终认为，我国法律有“买卖不破租赁”的规定，也就是说，房屋买受人必须等到房屋买卖合同签订之前就成立的租赁合同期满后才能实际使用房屋。那么，为什么这次法院会认定租赁合同无效，房屋转让合同有效呢？

法官解释说，王某出售涉案房屋，而梅某夫妻通过中介公司，与出卖方达成了购买房屋的合意，并签订房屋转让合同，这些过程都是合法的，所以该房屋买卖合同应当认定有效。

而认定租赁合同无效的原因在于，从租赁合同订立过程上看，因为刘某出借资金给王某，而刘某为了使出借的资金有所担保，与王某签订了这份租赁合同。也就是说，该租赁合同不是一般意义上为生活生产便利租用房屋而签订的房屋租赁合同，难以产生法律意义上的房屋租赁合同效力。同时，用租赁的形式作为借贷的担保也不是我国法律确定的担保形式，没有法律依据。

此外，本起案件中，原告梅某一方曾提出诉讼请求，认为中介事先没有调查清楚，必须承担一定的责任，退还居间费用。法院认为，本案审理的是房屋买卖合同纠纷，解决房屋买卖当事人的权利、义务等内容，所以不对房产中介提供的服务进行评判，梅某若认为居间费用应予返还，可另行主张。

四、风险提示

法院对于二手房交易的法律风险提出了如下十五条建议：

1. 房屋权属主体资格要审清

重点要看房屋产权证上权属人姓名与售房者身份信息是否一致，有无其他共有人。防止无权的人或者是部分产权人未经其他共有人同意擅自出售房屋。

2. 合同相对人身份要核清

关键看与你签订合同的人员是否具备完全民事行为能力、是否有权签订房屋买卖合同；如果是代理人受委托的，必须查明其代理权限，是否已有明确授权，千万不能因为代理人与房屋所有权人是夫妻、父母子女、兄弟姐妹等关系就想当然相信其代理资格。

3. 与房屋所有权相关的权属证书是否齐全

房屋所有权证、土地使用权证不仅是证明房屋所有权人对房屋享有所有权的凭证，证书上还载有所有权人、土地性质、使用年限、有无抵押负担的信息。

4. 房屋产权转移是否受到限制

审查房屋有无被司法机关查封、抵押，是否是允许上市交易的经济适用房，近期是否被列入拆迁范围，是否是农村集体土地。上述几类房屋均存在交易障碍。

5. 房屋关联信息必须要搞清楚

二手房买受人应注意查看土地使用权证上载明的土地使用权性质。出让意味着房主已缴纳了土地出让金，如是划拨的土地，则可能在交易过程中还要缴纳土地出让金。如果是工业用地等非住宅用地，这样的二手房是不能过户的。

其次还应注意审查土地的使用年限。住宅用地的土地使用权一般为70年，如房主已使用了15年，这时买受人就需要与同地段土地使用权为70年商品房的价格作衡量。另外，还要看房屋现状是否如实描述。

6. 交易的房屋是否存在租赁

房屋是否被第三人承租是买受人必须审查的重要内容。买受人可以事先向房屋物业部门了解房屋是否有出租情况，或者查看房屋水、电、煤的使用情况以确定房屋有无人员在使用。此外，还可以与中介公司进行书面约定，要求查明房屋租赁情况，以保障自己的权益。

7. 物管费用是否拖欠

8. 中介机构的居间服务是否合法

有些中介公司违规提供中介服务，如在二手房贷款时，为买受人提供零首付的服务，即买受人所支付的全部购房款均可从银行骗贷出来。买受人以为自己占了便宜，岂不知如果被银行发现，所有的责任有可能自己都要承担。

9. 中介佣金的支付必须要明确

签订了合同，买卖双方就要尊重中介机构的中介服务，并诚信支付居间费用。如果买卖双方通过中介提供的信息取得联系，私下交易，企图省去中介费用，不仅不容易达到目的，还有可能承担额外的违约责任。

10. 房款支付方式必须表达清楚

最好的办法是一方先在银行存入现金，双方在银行实现交付，一方取出现金，直接存入对方的账户。

11. 交房时间一定要确定

如果达成买卖意向，关于交房时间应当在合同中做明确的约定。一般情况下，在约定时，买方可以以房屋总价的10%左右作为交房时再付的条件约束卖方按期交房。

12. 办理过户登记手续要及时

房屋属于不动产，其权属交易是否生效是以过户登记为准的。二手房交易双方在履行付款、交房等环节后，还没有完成全部的交易程序，只有房屋权属完成过户登记手续后才能发生法律效力。

13. 因避税而导致的过户风险一定要防范

现行政策规定满五年的普通住房可以免营业税，是名下唯一住房的可以免所得税。有些当事人为节省一些费用，约定数年后再办理房产过户手续。这种做法对买受人来说风险很大，没有过户意味着房屋所有权人还是出卖人，即使买受人入住了，还是有被出卖人利用的空间。

14. 警惕迟迟领不到房产证的现象

在极特殊情况下，买卖双方正常办理了房产过户手续，但买方在规定的时间内却领不到房产证，这时买方必须高度警惕，应当立即向发证机关问明情况。如果是因为发证机关需要完善手续修改数据，延迟一段时间发证，这种情况买方可以放心等待。如果属于虚假交易、不能办理房产证的情况，应当立即采取司法手段切实保护自己的合法利益。

15. 妥善保留相关证据

交易过程中与对方及中介机构来往的书面材料，如合同、收条、身份证及房产证等证件的复印件，都要注意妥善保存，以免以后有纠纷时因为缺少相关的证据而处于不利地位。特别是中介或是对方的一些决定自己购买或是出售的口头承诺，一定要坚持让对方白纸黑字写下来。如对方的交易事项是由委托人完成的，要保留委托书和证明委托人与受托人关系的文件。

（资料来源：1. http://zjnews.zjol.com.cn/05zjnews/system/2012/10/26/018902825.shtml，
2. http://zj.sina.com.cn/news/regional/2013-03-01/073762209.html）

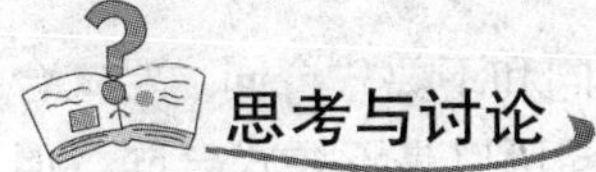

思考与讨论

1. 签订二手房交易合同及经纪合同时，经纪人员需要注意哪些事项？
2. 房地产经纪业务中，经纪人员应该具备哪些方面的法律知识？

任务1 熟悉房地产经纪服务合同

一、房地产经纪服务合同的含义、特征与作用

（一）房地产经纪服务合同的含义

房地产经纪服务合同是指房地产经纪机构为促成委托人房地产交易而提供有偿经纪服务，与委托人之间设立、变更、终止权利义务关系的协议，是房地产经纪服务委托人与房地产经纪机构就某一个经纪服务项目进行协商而达成一致的协议。

房地产经纪服务合同的甲方必须是具有民事行为能力的自然人、法人或其他组织。房地产经纪服务合同的乙方必须是依法设立的房地产经纪机构，而不是房地产经纪人，但房地产经纪服务合同必须由注册在该机构的一名房地产经纪人或者两名房地产经纪人协理在合同上签章。房地产经纪机构是房地产经纪活动的第一责任主体，在房地产经纪服务合同上签章的房地产经纪人员是特定房地产经纪服务项目的第二责任主体。

房地产经纪服务合同是否规范的要件有三个：一是委托人的签名或者盖章；二是受托房地产经纪机构的盖章；三是承办该业务的一名房地产经纪人或两名房地产经纪人协理签名，这三个要件必须同时具备，缺一不可。依法成立的房地产经纪服务合同，如合同中没有特别约定生效时间，则根据《合同法》相关规定，自合同成立时生效。

（二）房地产经纪服务合同的特征

1. 房地产经纪服务合同是双务合同

双务合同是指双方当事人互相享有权力、承担义务的合同，是商品交换最为典型的法律表现形式。在双务合同中，双方当事人之间存在着互为对价的关系。

2. 房地产经纪服务合同是有偿合同

有偿合同是指当事人取得权利必须支付相应代价的合同。一方当事人取得利益，必须向对方当事人支付相应的代价，而支付相应的代价一方，必须取得相应的利益。这种代价可以是金钱也可以是给付实物或提供劳务。但一方取得的利益与对方支付的代价，不要求在经济上、价值上完全相等，只要达到公平合理的程度即可。

3. 房地产经纪服务合同为书面形式的合同

这里需要说明的是，《合同法》中规定合同形式分为要式合同和不要式合同。要式合同主要是以法律规定的特定形式要件为主。房地产经纪服务合同可以是不要式合同，但房地产经纪服务合同采用书面形式是中外房地产市场的惯例。

（三）房地产经纪服务合同的作用

1. 有效保障合同当事人的合法权益

《房地产经纪管理办法》规定，房地产经纪机构接受委托提供房地产信息、实地看房、代拟合同等房地产经纪服务的，应当与委托人签订书面的房地产经纪服务合同。这就是要以合同形式来相对固定房地产经纪机构与委托人之间的权利义务关系，从而有效保障当事人的合法权益。因为合同对合同当事人具有法律约束。合同一旦生效，当事人必须依照约定履行自己的义务，不得擅自变更或者解除合同。合同当事人在履约过程中不承担义务或者违反约定的，必须承担继续履行、采取补救措施及赔偿损失等违约责任。

2. 维护和保证市场交易的安全与秩序

房地产经纪活动是房地产整体市场的重要组成部分，对房地产市场的交易活动有着重要的影响。房地产经纪活动是市场行为，房地产经纪人与委托人之间的劳务服务关系实质上也是一种市场交易关系。这种交易能否在合法、正常的状态下进行，有赖于市场交易活动的安全及秩序。房地产经纪服务合同是房地产经纪人与委托人共同遵守的行为规则。这些行为规则为合同当事人的交易活动确定了基本规范，促使合同当事人遵守规则。房地产经纪服务合同不仅有利于避免房地产经纪人与委托人相互损害对方当事人利益行为的发生，同时也有利于维护房地产商品市场交易的安全与秩序。

3. 将房地产经纪机构的服务“产品化”

房地产经纪机构可以根据委托人多样化的需求，有针对性地提供所需服务，并将服务内容体现在房地产经纪服务合同中。比如除了提供房地产信息、实地看房、代拟合同等房地产经纪服务外，房地产经纪机构还可以提供代办贷款、代办房地产登记服务以及其他更为个性化的服务。房地产经纪机构设计丰富的服务项目，并制定相应的服务标准与收费标准，委托人可以根据自己的需求来选择，选择的服务项目最终都可以体现在房地产经纪服务合同的相关条款上（需要另外签订合同的除外），以便明确双方在这些服务项目上的权利义务关系。可见，房地产经纪服务合同使房地产经纪机构提供的各项服务得以“显化”或“产品化”，从而有利于提高房地产经纪机构的服务针对性。

二、房地产经纪服务合同的内容和重要事项

（一）房地产经纪服务合同的基本内容

房地产经纪服务合同的基本内容是关于房地产经纪机构接受委托提供房地产信息、实地看房、代拟合同等房地产经纪服务的具体条款，应当包含以下主要条款：

1. 房地产经纪服务双方当事人的姓名（名称）、住所等情况和从事业务的房地产经纪人员情况

房地产经纪服务合同缔约双方是委托人和房地产经纪机构。委托人是自然人的，标明姓名、身份证件号码、住址等；委托人是法人的，标明法人的名称、营业执照号和住所。合同中标明房地产经纪机构的法人代表、营业执照号、经纪机构备案证号、地址、联系电话等，并写明具体承担该项业务的房地产经纪人员（至少一名全国房地产经纪人或两名房地产经纪人协理）的信息（姓名、身份证件号码、注册号）。

2. 房地产经纪服务的项目、内容、要求及完成的标准

约定房地产经纪服务的项目、内容、要求及完成的标准，要参考房地产经纪机构在其经营场所公示的服务项目，还要符合国家和行业的相关规定。房地产经纪服务的项目包含三项，即提供房地产信息、实地看房、代拟合同，三项服务也可以在书面合同中进一步细化。房地产经纪服务一般以房地产交易合同（包括买卖合同和租赁合同）签订为完成标准。

3. 服务费用及支付方式

服务费用是房地产经纪机构提供房地产经纪服务应得的服务报酬，由佣金和代办服务费用两部分构成。房地产经纪服务完成并达到约定的服务标准，房地产经纪机构才可以收取服务报酬。根据《中华人民共和国合同法》相关规定，房地产经纪机构未完成服务事项的，不得要求支付服务报酬，但可以在合同中约定由委托人支付经纪服务过程中实际支出的必要费用，必要费用不得高于房地产经纪服务收费标准，具体收费额度双方协商议定。房地产交易过程中，由房地产经纪机构代收代缴的行政税、费，不包含在房地产经纪服务费中。

4. 合同当事人的权利、义务

委托人的义务一般包括提供材料、协助看房、支付费用，权利一般包括知情权、全部收入的所有权；房地产经纪机构的义务一般包括及时如实报告义务，尽职尽责义务，风险提示义务等，权利一般包括违法违规行为拒绝权，报酬请求权等。

5. 委托期限

委托期限是指房地产经纪服务委托方委托房地产经纪机构提供房地产经纪服务的具体时间期限，实质上是规定了房地产经纪机构完成约定经纪服务工作的时间界限。

合同履行期间，任何一方要求变更合同条款，应书面通知对方。经双方协商一致，可达成补充条款。

合同履行期间，任何一方如有确凿证据证明对方的行为严重影响自己的利益，必须终止合同的，可于委托期限届满前，书面通知对方解除本协议，并结清相关费用，或追偿违约金。

6. 违约责任和纠纷解决方式

房地产经纪服务合同的违约责任可采取定金或违约金的方式约定，纠纷解决方式可以采取相关部门调解、仲裁、司法诉讼等。

（二）房地产经纪服务合同的补充内容

房地产经纪服务合同还可以针对房地产经纪机构提供的其他延伸服务增加相关补充内容，但延伸服务需要另外签订合同的除外。比如房屋出售经纪合同中可以包括房屋保管服务，房屋出租经纪合同中可以包含对出售房屋及设备的使用监督、维修服务等。

增设补充内容时要特别注意的是，应将房地产经纪服务（即房地产经纪机构的基本业务）与房地产经纪延伸服务区分清楚。房地产经纪机构完成房地产经纪服务后委托人就有义务支付佣金，延伸服务的效果不应作为影响委托人佣金支付义务的因素。延伸服务应由经纪机构与委托人协商确定。

现实业务运作中，由房地产经纪机构代办的买方贷款不成功，只是延伸服务的失败，不能作为买方拒付佣金的依据；但是，在房地产承购代理业务中，由于标的物业的产权纠纷因素，导致买卖合同签订后无法办理标的物业产权过户，则不是代办房地产登记这一延伸服务的失败，而是与房地产经纪机构在产权调查环节不尽职有关，这时委托人有权拒付佣金。可见，区分房地产经纪服务与房地产经纪延伸服务，对保护房地产经纪服务合同的双方当事人都是有益的。

（三）签订房地产经纪服务合同的有关重要事项

1. 房地产经纪机构的书面告知义务

《房地产经纪管理办法》规定，房地产经纪机构签订房地产经纪服务合同前，有义务向委托人书面告知下列事项：

（1）是否与委托房屋有利害关系

为保持经纪活动的公正性，严禁房地产经纪机构或房地产经纪人员作为交易方出现在房地产经纪活动中。房地产经纪机构或房地产经纪人员存在以下情形的，需要回避或如实披露并征得另一方当事人同意：一是与房屋的出卖方或出租方有利害关系；二是与房屋的承购方或承租方有利害关系。另外，房地产经纪机构或房地产经纪人员在不提供经纪服务的交易中，可以充当交易方，但一定要向交易另一方明示自己的身份。

（2）应当由委托人协助的事宜、提供的资料

房地产经纪机构应当告知委托人要提供本人及相关人员的身份证明、房屋权属证明、房屋共有权人同意出售或出租等相关证明和文件资料。

（3）委托房屋的市场参考价格

房地产经纪机构应当告知委托人同类房屋当时一般（或平均）成交价格水平，并提供若干类似房屋成交实例的真实价格，供委托人作为设定心理价格和报价的参考。

（4）房屋交易的一般程序及可能存在的风险

房地产经纪机构应当将有关交易程序告知委托人，同时对可能存在的由交易主体、标的物、不可抗力等导致的风险，如实向委托人进行告知。

（5）房屋交易涉及的税费

房地产经纪机构应当根据房地产交易的现行税费规定，将房屋所涉及的税费种类、交费主体、收取标准告知委托人。

（6）经纪服务的内容及完成标准

房地产经纪机构应当根据特定房地产经纪业务项目的具体情况，向委托人详细说明在该项目中所提供的具体服务内容和完成标准。

（7）经纪服务收费标准和支付时间

房地产经纪机构应当事先告知委托人、并在房地产经纪服务合同中明确具体的收费标准和支付时间。收费标准应符合相关规定，并与经营场所公示的有关内容一致。

（8）其他需要告知的事项

房地产经纪机构可根据特殊情况就其他问题向委托人进行告知。房地产经纪机构根据交易当事人需要提供房地产经纪服务以外的其他服务的，应当事先经当事人书面同意并告知服务内容及收费标准。书面告知材料应当经委托人签名（盖章）确认。

2. 房地产经纪机构的验证义务

房地产经纪机构与委托人签订房屋出售、出租经纪服务合同，应当查验委托出售、出租房屋的实体及房屋权属证书、委托人的身份证明等有关资料。

房地产经纪机构与委托人签订房屋承购、承租经纪服务合同，应当查看委托人的身份证明等有关资料。

3. 房地产经纪机构对合同执行的监督

由于房地产经纪机构人员流动大，许多房地产经纪从业人员缺乏经验，容易在合同执行中产生各种问题，房地产经纪机构要特别加强对这些合同履行过程中的关注。房地产经纪服务合同签订后，房地产经纪机构要加强对合同执行的监督，及时了解房地产经纪人或房地产经纪人协理在合同执行中的困难和问题，并接受委托人的意见和投诉，及时处理相关问题，保证合同的正常履行。

房地产交易当事人约定由房地产经纪机构代收代付交易资金的，应当通过房地产经纪机构在银行开设的客户交易结算资金专用存款账户划转交易资金。交易资金的划转应当经过房地产交易资金支付方和房地产经纪机构的签字和盖章。房地产经纪机构应加强客户交易结算资金专用存款账户开立和使用的管理，保证资金支付条件和具体方式与房地产经纪服务合同中的约定一致。

4. 房地产经纪机构对合同文本的保存

房地产经纪机构应当建立业务记录制度。业务记录资料是研究本机构经营业务和科学发展的重要一手资料。房地产经纪服务合同是业务记录资料中的关键内容，同时也是其他相关机构（如法院、房地产行政管理部门、房地产经纪行业组织等）开展调查研究的重要资料，应至少保存 5 年。

5. 委托人的相关义务

委托人与房地产经纪机构签订房地产经纪服务合同，应当向房地产经纪机构提供真实有效的身份证明。委托出售、出租房屋的，还应当向房地产经纪机构提供真实有效的房屋权属证书。委托人未提供规定资料或者提供的资料与实际不符的，房地产经纪机构应当拒绝接受委托。

三、房地产经纪服务合同的主要类型

房地产经纪服务合同按标的物业的类别不同分为存量房经纪服务合同和新建商品房经纪服务合同两类。其中存量房经纪服务合同根据房屋交易类型不同及服务对象不同分为房屋出售经纪服务合同、房屋承购经纪服务合同、房屋出租经纪服务合同和房屋承租经纪服务合同共四种。新建商品房因为仅有代理销售一项业务，所以其经纪服务合同只有新建商品房销售代理合同 种。房地产经纪服务合同的分类如图 6.1 所示。

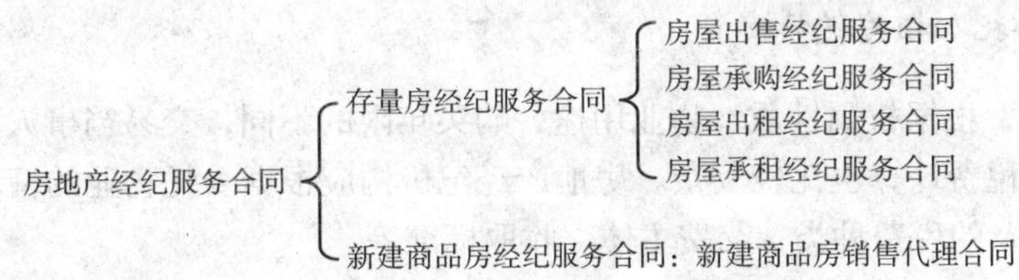

图 6.1　房地产经纪服务合同的分类

（一）房屋出售经纪服务合同

房屋出售经纪服务合同是指房地产经纪机构为促成委托人出售房屋提供有偿经纪服务，与委托人之间设立、变更、终止权利义务关系的协议。

房屋出售经纪服务合同除了包含合同双方当事人的基本资料、违约责任、解决争议的方式等一般合同常有的基本内容外，还包括以下主要合同条款：

1）委托事项。

2）标的房屋信息。

3）服务内容。

4）委托期限与方式。

5）委托出售价格。

6）服务费用支付。

7）交易过错责任承担。

房屋出售经纪服务合同的具体内容参见附 6.1“房屋出售委托协议”。另外，签订房屋出售经纪服务合同要注意以下事项：

1. 认真查验交易房屋的权属状况

房屋交易的实质是房屋产权交易，因此确认房屋产权的真实性以及是否存在瑕疵是首要问题。房屋是否即将拆迁、是否已经抵押或涉案被查封、产权共有人的意见等均将成为影响房屋是否上市的重要因素。房屋所有权证并不一定能清晰、完整地显示现实产权状态，因此，房地产经纪机构及其业务人员在为委托人提供房地产经纪服务前应当查验委托出售房屋的实体及房屋权属证书，并通过房地产登记部门核实该房屋的权属情况。

2. 经委托人同意再对外公布房源信息

为了确保房源信息发布的真实、有效、准确，房地产经纪机构与委托人签订房屋出售经纪服务合同后，还要根据委托人提供的证明、材料及查验房屋的结果，进一步编制房屋状况说明书（具体详见附 6.1“房屋出售委托协议”的合同附件）。委托人在确认房屋状况说明书内容并书面同意发布房源信息时，房地产经纪机构方可通过合法渠道进行发布。

3. 详尽告知委托人相关税费政策

在房屋交易中，根据权属性质、物业用途、购买年限的不同，交易当事人所缴税费亦有所不同，交易税费计算也比较复杂。房地产经纪机构应根据委托物业的情况详尽告知委托人房屋所涉及的税费种类、交费主体、收取标准等。

4. 委托方式选择

房屋出售经纪服务合同中的委托方式可以是独家委托或多家委托。两种方式各有利弊，委托人可以根据自己的实际情况进行选择。

5. 房屋出售经纪业务中的创新服务

在房屋出售经纪业务中，房地产经纪机构可以根据委托人的意愿提供待售期间的房屋保管服务。即委托人将房屋钥匙交给房地产经纪机构保管并使用，房地产经纪机构可以直接带客户看房而不需要房东陪同。根据我国《合同法》的有关规定，除非当事人另有约定，保管合同自保管物交付时成立。保管期间，保管人应当妥善保管保管物，因保管人保管不善造成保管物毁损、灭失的，保管人应当承担损害赔偿责任。只有保管是无偿的，并且保管人证明自己没有重大过失的，才不承担赔偿责任。因此，房地产经纪机构在签订房屋出售经纪服务合同时，在接受房屋钥匙之前，应就是否履行对房屋的保管义务、发生房屋损坏如何处理、该服务是否收费及收费标准等问题与委托人进行特别约定；在接受房屋钥匙的同时，应当对房屋室内物品进行登记造册（具体详见附 6.1“房屋出售委托协议”的合同附件），做好交接工作。

附 6.1　房屋出售委托协议

（中国房地产估价师与房地产经纪人学会推荐文本）

合同编号：______________

委托人： ________________________________（系房屋出售人）

【本人】【法定代表人】姓名：______________国籍：____________

【身份证号】【护照号】【营业执照注册号】【　　】______________

住所：____

邮政编码：__________________联系电话：__________________

受托人： ______________________________（系房地产经纪机构）

法定代表人：____

营业执照注册号：____

房地产管理部门备案号：__________________________________

住所：____

邮政编码：__________________联系电话：__________________

根据《中华人民共和国合同法》、《中华人民共和国城市房地产管理法》及其他法律法规，委托人和受托人本着平等、自愿、公平、诚实信用的原则，经协商一致，达成如下协议。

第一条　委托事项

委托人为出售《标的房屋信息》（见本协议附件）所特指的房屋（以下简称标的房屋），委托受托人提供本协议第三条约定的服务。

【受托人指派】【委托人选定】注册在受托人名下的下列房地产经纪人为本协议委托事项的承办人，执行委托事项：

承办人姓名：________性别：______身份证件号码：____________________房地产经纪人注册号：______________________。

承办人选派注册在受托人名下的下列房地产经纪人协理为本协议委托事项的协办人，协助承办人执行委托事项：

协办人姓名：________性别：______身份证件号码：____________________。

第二条　标的房屋信息

签订本协议时，受托人应凭借自己的专业知识和经验，向委托人全面、详细询问为促成委托人与第三人进行标的房屋买卖所必需的标的房屋情况，要求委托人如实提供相应的资料；委托人应对其提供的情况和资料的真实性承担法律责任。

受托人应根据委托人提供的情况和资料，到标的房屋现场及有关部门进行必要的调查、核实，并与委托人共同如实填写《标的房屋信息》。

《标的房屋信息》为本协议的重要组成部分。

第三条　服务内容

委托人委托受托人提供下列第____________项服务（可多选）：

（一）提供与标的房屋买卖相关的法律法规、政策、市场行情咨询。

（二）寻找承购人。

（三）在本协议第四条约定的期限内代管标的房屋。

（四）协助委托人与承购人达成房屋买卖合同。

（五）代办房地产估价、公证手续。

（六）为委托人代办税费缴纳事务。

（七）代办解除标的房屋抵押贷款手续。

（八）代办房屋产权及附属设施过户手续。

（九）代理移交房屋、附属设施及家具设备等。

（十）代办各种收费设施的交接手续。

（十一）其他（请注明）____。

受托人为完成委托代办事项而向委托人收取证件、文件、资料时，应向委托人开具规范的收件清单，并妥善保管；完成委托代办事项后，应及时将上述证件、文件、资料退还委托人。

第四条 委托期限与方式

（一）委托期限按照下列第____种方式确定（只可选一项）：

1. 自____年____月____日起，至____年____月____日止。期限届满，本协议自行终止。

2. 自本协议签订之日起，至委托人与承购人签订房屋买卖合同之日止。

3. 其他（请注明）______________________________。

（二）委托人【承诺】【不承诺】在委托期限内本协议约定的委托事项为独家委托。

第五条 委托出售价格

委托人要求标的房屋的出售总价不低于【人民币】【　　】大写__________元（小写______元）。实际成交价高于前款约定最低出售价的，高出部分属委托人所有。

第六条 服务费用支付

（一）佣金

在本协议第四条约定的期限内委托人与承购人达成房屋买卖合同的，委托人应向受托人支付佣金。

1. 佣金的支付标准及金额按照下列第_____种方式确定（只可选一项）：

（1）按房屋买卖合同中载明的成交价的大写百分之____（小写____%）计付佣金。

（2）按固定金额【人民币】【　　】大写______________元（小写________元）支付佣金。

（3）其他（请注明）______________________________。

2. 佣金的支付时间按照下列第_____种方式确定（只可选一项）：

（1）自房屋买卖合同签订之日起_____日内支付。

（2）于房屋买卖合同签订之日，支付佣金总额的大写百分之_____（小写_____%）；于房屋产权过户手续完成之日，支付佣金总额的大写百分之_____（小写_____%）；于房屋交付完成之日，支付佣金总额的大写百分之_____（小写____%）。

（3）其他（请注明）______________________________。

3. 在本协议第四条约定的期限内未能达成房屋买卖合同的，对受托人为完成委托事项已支出的必要费用，按照下列第____种方式处理（下列选项只有一项有效，填写两项或两项以上者，按照有利于委托人的选项执行）：

（1）由受托人承担。

（2）以【人民币】【　　】大写____________元（小写________元）为限，自委托期限届满之日起______日内支付。

（3）按上列约定佣金支付标准的大写百分之______（小写______%）计算，自委托期限届满之日起______日内支付。

（4）由委托人和受托人根据受托人完成的工作量另行认定。

（5）其他（请注明）______________________________。

4. 受托人收取佣金后，应向委托人开具正式发票。

（二）代办事项服务费

受托人完成本协议第三条约定的代办事项的，委托人应按照下列第____种方式向受托人支付服务费（下列选项只有一项有效，填写两项或两项以上者，按照有利于委托人的选项执行）：

1. 由受托人承担。

2. 按受托人经营场所明示的收费标准，自委托事项完成之日起________日内或____________支付。

3. 按受托人经营场所明示的收费标准的大写百分之________（小写______%），自委托事项完成之日起______日内或____________支付。

4. 按固定金额【人民币】【　　】大写____________元（小写____________元），自委托事项完成之日起____________日内或______________________________支付。

5. 其他（请注明）______________________________。

受托人收取代办服务费后，应向委托人开具正式发票。

（三）代缴税费

受托人在完成委托事项中，代委托人向第三方缴纳的税费，按照下列第____种方式处理（下列选项只有一项有效，填写两项或两项以上者，按照有利于委托人的选项执行）：

1. 委托人按委托人和受托人认同的估算金额预付给受托人，待约定的代缴税费事项完成、委托期限届满或者本协议终止（以先者为准）时，受托人凭缴纳税费收据与委托人结算，如有差额多退少补。

2. 由受托人提供收费标准与金额，委托人按代办进程将应缴税费付给受托人，委托其代为向第三方缴纳。

3. 其他（请注明）______________________________。

第七条　交易过错责任承担

委托人因与本项委托直接关联的交易与承购人发生权属纠纷且委托人属过错方的，除受托人能证明属于委托人过错、应由委托人承担责任的部分外，受托人作为专业机构应承担过错责任，对委托人应承担的民事责任承担连带责任。

受托人不得在本协议以外的补充约定中，设立明示或者暗示与本条款相冲突的免除受托人责任的条款。

第八条 违约责任

（一）委托人违约责任

1. 委托人故意提供虚假的标的房屋情况和资料的，受托人有权单方解除本协议，给受托人造成损失的，委托人应依法承担赔偿责任；

2. 委托人泄露由受托人提供的承购人资料，给受托人、承购人造成损失的，委托人应依法承担赔偿责任；

3. 委托人在委托期限内自行与第三人达成交易的，应按照本协议约定的标准向受托人支付佣金。但委托人在本协议第四条第二款中不承诺为独家委托，并能证明该项交易与受托人的服务没有直接因果关系的除外。

（二）受托人违约责任

1. 受托人违背执业保密义务，不当泄露委托人商业秘密或个人隐私，给委托人造成损害的，应按照__________________标准支付违约金，约定违约金不足以弥补委托人损失的，委托人有权要求补充赔偿。

2. 受托人有隐瞒、虚构信息或恶意串通等影响委托人利益的行为，委托人除有权解除本协议、要求退还已支付的相关款项外，受托人还应按照____________________标准，向委托人支付违约金。

3. 在委托代办事项中，受托人因工作疏漏，遗失委托人的证件、文件、资料、发票等，应给予相应经济补偿。

（三）委托人与受托人之间有付款义务而延迟履行的，应按照迟延天数乘以应付款项的大写百分之____（小写____%）计算迟延付款违约金支付给对方，但不超过应付款总额。

第九条 协议变更与解除

（一）协议变更

在本协议履行期间，任何一方要求变更本协议条款，应书面通知对方。经双方协商一致，可达成补充协议。补充协议为本协议的组成部分，与本协议具有同等效力。

若经双方协商一致，无需签订补充协议的，应将变更事项简记于本协议的附注栏内。

（二）协议解除

1. 委托人有确凿证据证明受托人有与其执业身份不相称的行为且将影响委托人利益的，可于委托期限届满前，书面通知受托人解除本协议，受托人应在收到通知之日起____日内将预收的费用退还委托人。

2. 受托人有确凿证据证明委托人隐瞒重要事实且足以影响交易安全的，可于委托期限届满前，书面通知委托人解除本协议，已收费用不予退还，并可依法追偿约定的或已发生的费用。

第十条 争议处理

因履行本协议发生争议，由争议双方协商解决，协商不成的，双方【同意】【不同意】由标的房屋所在地的房地产经纪行业组织调解。

调解不成或者不同意调解的，按照下列第____种方式解决：

1. 提交________仲裁委员会仲裁。

2. 依法向人民法院起诉。

第十一条 协议生效

本协议一式_____份，具有同等法律效力，委托人_____份，受托人_____份。

本协议自双方签订之日起生效。

委托人（签章）: 受托人（签章）:

承办人（签章）:

协办人（签章）:

签订地点:

签订日期: 年 月 日

合同附件:

附 注 栏

变更日期	变更事项	双方签字确认

标的房屋信息

委托出售房屋可公开基本信息
位置: ________省(自治区、直辖市)________市(县)________(区) __________路________(巷)(胡同)__________小区
用途: ________________________
建筑结构: ____________________
户型: ______室______厅______卫______厨或平房______间
面积: 建筑面积: _______平方米；使用面积: _______平方米； 套内建筑面积: _______平方米
装修:【毛坯房】【粗装修】【精装修】【 】

委托出售房屋其他可公开基本信息
委托出售房屋的权益信息
1. 所有权人：______________________。 2. 共有权人：________________（没有共有权人的填写“无”，不宜留空）。 3. 房屋所有权人持有________颁发的所有权证书，证书号______________证书复印件见粘贴页。 4. 房屋所有权性质：【私房】【已购公有住房】【商品房】【经济适用住房】【　　】。 5. 房屋所占土地性质：【国有划拨】【国有出让】【农民集体】【　　】。 6. 该房屋享有的附属权益：______________（如树木、合法搭建、车位、会所、公用物业受益、公共维修基金等）。 7. 属于有限责任公司、股份有限公司所有的，有无公司董事会、股东大会审议同意【出售】【出租】的合法书面文件，见粘贴页。 8. 属于国有或集体资产的，有无政府主管部门的批准文件，见粘贴页。 9. 属于共有财产的，有无共有权人同意转让的书面证明，见粘贴页。 10. 有无司法机关或者行政机关依法裁定，决定查封或者以其他形式限制权利的情况。 11. 有无抵押等他项权利设置情况，若有，有无取得抵押权人等他项权利人书面同意买卖的证明，见粘贴页。 12. 有无承租人占用房屋，若有，有无承租人放弃优先购买权的书面声明，见粘贴页。 13. 承租人放弃优先购买权，承购人购房后应继续履行租赁合同到合同期满____年____月____日，租赁合同见粘贴页。 14. 委托出售房屋是否被列入拆迁公告范围内。 15. 其他已知可能影响出售的情况：______________________________ ____ ____ ____。

委托出售房屋的区位信息
坐落：______省(自治区、直辖市)______市(县)______区 ______镇______街(巷)(胡同)______小区______号楼______号房 通邮地址：______________邮政编码：________ 在__________街道办事处________居民委员会辖区 在__________公安局__________派出所管辖区 附近500米内的地标性建筑物：______________ 附近500米内的商场、超市：______________ 附近500米内的学校、医院：______________ 附近500米内的公交车站：______________ 其他便利条件：______________________

委托出售房屋的实物信息
建成年月：________年____月
设计用途：________________________
建筑结构：砖混　砖木　框架　框剪　______
户型特点：平层　错层　跃层　复式　______
垂直通行设施：垂直电梯_____部　步梯_____处
配套设施设备：
供水：自来水　矿泉水　热水　中水　______
供电：220V　380V　可负荷_______kW
供燃气：天然气　煤气　_______
外供暖气：汽暖　水暖　供暖周期________
自备采暖：电暖　燃气采暖　燃煤采暖　__________
空调：中央空调　自装柜机____台　自装挂机　　台
电视馈线：无线　有线（数字、模拟）
电话：外线号码　　　　　　　内线号码
互联网接入方式：拨号　宽带　ADSL　________

随房屋家具、电器、用品清单

名　称	数量	成新率	名　称	数量	成新率
双人床			电　视		
单人床			冰　箱		
床头柜			洗衣机		
梳妆台			热水器		
衣　柜			空　调		
书　柜			燃气灶		
写字台			排油烟机		
沙　发			饮水机		
茶　几			电话机		
椅　子			吸尘器		
餐　桌					
电视柜					

委托出售房屋的债权债务信息
水费：价格________预付余额________欠费额________近期交费凭证见粘贴页
电费：价格________预付余额________欠费额________近期交费凭证见粘贴页
燃气费：价格_______预付余额_______欠费额_______近期交费凭证见粘贴页
固定电话费：价格______预付余额_______欠费额________近期交费凭证见粘贴页
物业管理费：价格______预付余额_______欠费额_________近期交费凭证见粘贴页
供暖费：价格________预付余额________欠费额________近期交费凭证见粘贴页
电视收视费：价格______预付余额_______欠费额_______近期交费凭证见粘贴页
互联网费：价格_______预付余额________欠费额_______近期交费凭证见粘贴页

（二）房屋承购经纪服务合同

房屋承购经纪服务合同是指房地产经纪机构为促成委托人购买房屋提供有偿经纪服务，与委托人之间设立、变更、终止权利义务关系的协议。

房屋承购经纪服务合同除了包含合同双方当事人的基本资料、违约责任、解决争议的方式等一般合同常有的基本内容外，还包括以下主要合同条款：

1）委托事项。

2）房屋需求信息。

3）服务内容。

4）委托期限与方式。

5）委托承购价格。

6）服务费用支付。

7）交易过错责任承担。

房屋承购经纪服务合同的具体内容参见附 6.2《房屋承购委托协议》。另外，签订房屋承购经纪服务合同要注意以下事项：

1. 明确委托人的购房需求

房地产经纪机构要询问委托人尽可能详细的购房需求，如购房目的、意向区域、房屋面积、总价、单价及小区环境、商业配套等方面，将这些内容具体写入房屋承购经纪服务合同中（具体详见附 6.2“房屋承购委托协议”的附件）。

2. 详尽告知买方的相关税费政策

房地产经纪机构应向委托人详细介绍当地实行的房地产税收及限购政策，并根据委托人的情况，分析其是否受限购政策影响及需要缴交的房地产税费等。

3. 房屋承购经纪业务中的创新服务

房地产承购经纪服务中可以包含房屋质量保证、房屋交易履行保证等交易保障服务。

如需提供这些服务，应在房屋承购经纪服务合同中进行相关约定。

附 6.2 房屋承购委托协议

（中国房地产估价师与房地产经纪人学会推荐文本）

合同编号：____________

委托人：______________________________（系房屋承购人）

【本人】【法定代表人】姓名：____________国籍：__________

【身份证号】【护照号】【营业执照注册号】【　　】____________

住所：____

邮政编码：______________联系电话：________________

受托人：____________________________（系房地产经纪机构）

法定代表人：______________________________________

营业执照注册号：__________________________________

房地产管理部门备案号：____________________________

住所：____

邮政编码：______________联系电话：________________

根据《中华人民共和国合同法》、《中华人民共和国城市房地产管理法》及其他法律法规，委托人和受托人本着平等、自愿、公平、诚实信用的原则，经协商一致，达成如下协议。

第一条　委托事项

委托人为购买《房屋需求信息》（见本协议附件）所要求的房屋（以下简称意愿购买房屋），委托受托人提供本协议第三条约定的服务。

【受托人指派】【委托人选定】注册在受托人名下的下列房地产经纪人为本协议委托事项的承办人，执行委托事项：

承办人姓名：________性别：____身份证件号码：______________房地产经纪人注册号：____________________。

承办人选派注册在受托人名下的下列房地产经纪人协理为本协议委托事项的协办人，协助承办人执行委托事项：

协办人姓名：________性别：____身份证件号码：________________。

第二条　房屋需求信息

签订本协议时，受托人应凭借自己的专业知识和经验，向委托人详细询问其意愿购买房屋的用途、区位、价位、户型、面积、建成年份或新旧程度等要求；委托人应对其购买意愿表示的真实性承担法律责任。

受托人应根据委托人的购买意愿，与委托人共同如实填写《房屋需求信息》。

《房屋需求信息》为本协议的重要组成部分。

第三条　服务内容

委托人委托受托人提供下列第________项服务（可多选）：

（一）提供与意愿购买房屋买卖相关的法律法规、政策、市场行情咨询。

（二）寻找意愿购买房屋及其出售人。

（三）对符合委托人购买《房屋需求信息》要求且得到委托人基本认可的房屋进行产权调查和实地查验。

（四）协助委托人与出售人达成房屋买卖合同。

（五）代办房地产估价、公证手续。

（六）为委托人代办税费缴纳事务。

（七）代办购房抵押贷款手续。

（八）代办房屋产权及附属设施过户手续。

（九）代理查验并接受房屋、附属设施及家具设备等。

（十）代办各种收费设施的交接手续。

（十一）其他（请注明）____。

受托人为完成委托代办事项而向委托人收取证件、文件、资料时，应向委托人开具规范的收件清单，并妥善保管；完成委托代办事项后，应及时将上述证件、文件、资料退还委托人。

第四条　委托期限与方式

（一）委托期限按照下列第____种方式确定（只可选一项）:

1. 自______年_____月_____日起，至______年______月_____日止。期限届满，本协议自行终止。

2. 自本协议签订之日起，至委托人与出售人签订房屋买卖合同之日止。

3. 其他（请注明）______________________________________。

（二）委托人【承诺】【不承诺】在委托期限内本协议约定的委托事项为独家委托。

第五条　委托承购价格

委托人要求委托承购的房屋总价不高于【人民币】【　　　】大写_______________元（小写____________元）。委托人支付的价格应与出售人得到的价格相同。

第六条　服务费用支付

（一）佣金

在本协议第四条约定的期限内委托人与出售人达成房屋买卖合同的，委托人应向受托人支付佣金。

1. 佣金的支付标准及金额按照下列第______种方式确定（只可选一项）:

（1）按房屋买卖合同中载明的成交价的大写百分之_____（小写_______%）计付佣金。

（2）按固定金额【人民币】【　　】大写_______________元（小写________元）支付佣金。

（3）其他（请注明）____________________________________。

2. 佣金的支付时间按照下列第______种方式确定（只可选一项）:

（1）自房屋买卖合同签订之日起______日内支付。

（2）于房屋买卖合同签订之日，支付佣金总额的大写百分之____（小写_____%）；于房屋产权过户手续完成之日，支付佣金总额的大写百分之_____（小写______%）；于房屋交付完成之日，支付佣金总额的大写百分之_____（小写_____%）。

（3）其他（请注明）_________________________________。

3. 在本协议第四条约定的期限内未能达成房屋买卖合同的，对受托人为完成委托事项已支出的必要费用，按照下列第_____种方式处理（下列选项只有一项有效，填写两项或两项以上者，按照有利于委托人的选项执行）：

（1）由受托人承担。

（2）以【人民币】【　　】大写_____________________元（小写__________元）为限，自委托期限届满之日起_____日内支付。

（3）按上列约定佣金支付标准的大写百分之_____（小写_____%）计算，自委托期限届满之日起_____日内支付。

（4）由委托人和受托人根据受托人完成的工作量另行议定。

（5）其他（请注明）_________________________________。

4. 受托人收取佣金后，应向委托人开具正式发票。

（二）代办事项服务费

受托人完成本协议第三条约定的代办事项的，委托人应按照下列第_____种方式向受托人支付服务费（下列选项只有一项有效，填写两项或两项以上者，按照有利于委托人的选项执行）：

1. 由受托人承担。

2. 按受托人经营场所明示的收费标准，自委托事项完成之日起__________日内或__________________________________支付。

3. 按受托人经营场所明示的收费标准的大写百分之_____（小写_____%），自委托事项完成之日起_____日内或______________支付。

4. 按固定金额【人民币】【　　】大写______________元（小写__________元），自委托事项完成之日起__________日内或____________________________支付。

5. 其他（请注明）_________________________________。

受托人收取代办服务费后，应向委托人开据正式发票。

（三）代缴税费

受托人在完成委托事项中，代委托人向第三方缴纳的税费，按照下列第_____种方式处理（下列选项只有一项有效，填写两项或两项以上者，按照有利于委托人的选项执行）：

1. 委托人按委托人和受托人认同的估算金额预付给受托人，待约定的代缴税费事项完成、委托期限届满或者本协议终止（以先者为准）时，受托人凭缴纳税费收据与委托人结算，如有差额多退少补。

2. 由受托人提供收费标准与金额，委托人按代办进程将应缴税费付给受托人，委托其代为向第三方缴纳。

3. 其他（请注明）_____________________________。

第七条　交易过错责任承担

委托人因与本项委托直接关联的交易与出售人发生权属纠纷且委托人属过错方的，

除受托人能证明属于委托人过错、应由委托人承担责任的部分外，受托人作为专业机构应承担过错责任，对委托人应承担的民事责任承担连带责任。

受托人不得在本协议以外的补充约定中，设立明示或者暗示与本条款相冲突的免除受托人责任的条款。

第八条 违约责任

（一）委托人违约责任

1. 委托人故意提供虚假的房屋需求信息的，受托人有权单方解除本协议，给受托人造成损失的，委托人应依法承担赔偿责任；

2. 委托人泄露由受托人提供的出售人资料，给受托人、出售人造成损失的，委托人应依法承担赔偿责任；

3. 委托人在委托期限内自行与第三人达成交易的，应按照本协议约定的标准向受托人支付佣金。但委托人在本协议第四条第二款中不承诺为独家委托，并能证明该项交易与受托人的服务没有直接因果关系的除外。

（二）受托人违约责任

1. 受托人违背执业保密义务，不当泄露委托人商业秘密或个人隐私，给委托人造成损害的，应按照____________________标准支付违约金，约定违约金不足以弥补委托人损失的，委托人有权要求补充赔偿。

2. 受托人有隐瞒、虚构信息或恶意串通等影响委托人利益的行为，委托人除有权解除本协议、要求退还已支付的相关款项外，受托人还应按照____________________标准，向委托人支付违约金。

3. 在委托代办事项中，受托人因工作疏漏，遗失委托人的证件、文件、资料、发票等，应给予相应经济补偿。

（三）委托人与受托人之间有付款义务而延迟履行的，应按照迟延天数乘以应付款项的大写百分之_____（小写______%）计算迟延付款违约金支付给对方，但不超过应付款总额。

第九条 协议变更与解除

（一）协议变更

在本协议履行期间，任何一方要求变更本协议条款，应书面通知对方。经双方协商一致，可达成补充协议。补充协议为本协议的组成部分，与本协议具有同等效力。

若经双方协商一致，无需签订补充协议的，应将变更事项简记于本协议的附注栏内。

（二）协议解除

1. 委托人有确凿证据证明受托人有与其执业身份不相称的行为且将影响委托人利益的，可于委托期限届满前，书面通知受托人解除本协议，受托人应在收到通知之日起_____日内将预收的费用退还委托人。

2. 受托人有确凿证据证明委托人隐瞒重要事实且足以影响交易安全的，可于委托期限届满前，书面通知委托人解除本协议，已收费用不予退还，并可依法追偿约定的或已发生的费用。

第十条　争议处理

因履行本协议发生争议，由争议双方协商解决，协商不成的，双方【同意】【不同意】由标的房屋所在地的房地产经纪行业组织调解。

调解不成或者不同意调解的，按照下列第______种方式解决：

1. 提交________仲裁委员会仲裁。

2. 依法向人民法院起诉。

第十一条　协议生效

本协议一式______份，具有同等法律效力，委托人______份，受托人______份。

本协议自双方签订之日起生效。

委托人（签章）：　　　　　　　　受托人（签章）：

承办人（签章）：

协办人（签章）：

签订地点：

签订日期：　　　年　　　月　　　日

合同附件：

附注栏（与附 6.1 相同，略）

房屋需求信息

<table>
<tr><td>用途：________________________________。
区位：________市________区________________附近________米内的范围。
价位：单价【人民币】【　　】________元/平方米至________元/平方米，总价【人民币】【　　】________元至________________元。
户型：______室______厅______卫______厨或______________。
面积：【建筑面积】【使用面积】【　　】________________平方米至__________平方米。
新旧：【房屋建成年份】【新旧程度】【　　】：______________。
其他要求：____
____</td></tr>
<tr><td>委托人和受托人对上述信息签字确认：
委托人：　　　　　　受托人：
承办人：
协办人：
签订地点：
签订日期：　　　年　　月　　日</td></tr>
</table>

（三）房屋出租经纪服务合同

房屋出租经纪服务合同是指房地产经纪机构为促成委托人出租房屋提供有偿经纪服务，与委托人之间设立、变更、终止权利义务关系的协议。

房屋出租经纪服务合同除了包含合同双方当事人的基本资料、违约责任、解决争议的方式等一般合同常有的基本内容外，还包括以下主要合同条款：

1）委托事项。

2）标的房屋信息。

3）服务内容。

4）委托期限与方式。

5）委托出租价格。

6）服务费用支付。

7）交易过错责任承担。

房屋出租经纪服务合同的具体内容参见附 6.3《房屋出租委托协议》。另外，签订房屋出租经纪服务合同要注意以下事项。

1. 认真查验出租房屋的实物状况，经委托人同意后对外公布房源信息

为了避免房屋出租后因房屋及其设备、家具等给承租人造成健康、安全损害而产生交易纠纷，房地产经纪机构与委托人签订房屋出租经纪服务合同之前，应对房屋的结构、装修、设备、家具进行认真查验，有重大健康、安全隐患的应敦促出租人进行整改后再受理委托出租业务。对可受理的房屋，要根据房屋查验的实际情况以及提供的证明材料，编制房屋状况说明书（具体详见附 6.3“房屋出租委托协议”的附件），经委托人确认并同意发布房源信息后，房地产经纪机构方可通过合法渠道进行房源信息发布。

2. 详细了解委托人租赁要求

房地产经纪机构要充分了解委托人对租客和租赁期限的要求，比如租客的年龄、职业、租客数量、租客的国籍地域等。

3. 房屋出租经纪业务中的创新服务

出租经纪服务中可以包含对出租房屋及设备的使用监督、维修服务及代收租金等服务。如果提供这些创新服务，应在房屋出租经纪服务合同中对服务的具体内容、要求及完成标准等进行具体约定。

附 6.3　房屋出租委托协议

（中国房地产估价师与房地产经纪人学会推荐文本）

合同编号：________________

委托人：________________________________（系房屋出租人）

【本人】【法定代表人】姓名：______________国籍：__________

【身份证号】【护照号】【营业执照注册号】【　　】______________

住所：____

邮政编码：______________联系电话：____________________

受托人：________________________________（系房地产经纪机构）

法定代表人：____

营业执照注册号：______________________________________

房地产管理部门备案号：________________________________

住所：____

邮政编码：______________联系电话：____________________

根据《中华人民共和国合同法》、《中华人民共和国城市房地产管理法》及其他法律法规，委托人和受托人本着平等、自愿、公平、诚实信用的原则，经协商一致，达成如下协议。

第一条　委托事项

委托人为出租《标的房屋信息》（见本协议附件）所特指的房屋（以下简称标的房屋），委托受托人提供本协议第三条约定的服务。

【受托人指派】【委托人选定】注册在受托人名下的下列房地产经纪人为本协议委托事项的承办人，执行委托事项：

承办人姓名：________性别：____身份证件号码：______________________房地产经纪人注册号：________________。

承办人选派注册在受托人名下的下列房地产经纪人协理为本协议委托事项的协办人，协助承办人执行委托事项：

协办人姓名：________性别：____身份证件号码：______________________。

第二条　标的房屋信息

签订本协议时，受托人应凭借自己的专业知识和经验，向委托人全面、详细询问为促成委托人与第三人进行标的房屋租赁所必需的标的房屋情况，要求委托人如实提供相应的资料；委托人应对其提供的情况和资料的真实性承担法律责任。

受托人应根据委托人提供的情况和资料，到标的房屋现场及有关部门进行必要的调查、核实，并与委托人共同如实填写《标的房屋信息》。

《标的房屋信息》为本协议的重要组成部分。

第三条　服务内容

委托人委托受托人提供下列第__________项服务（可多选）：

（一）提供与标的房屋租赁相关的法律法规、政策、市场行情咨询。

（二）寻找承租人。

（三）在本协议第四条约定的期限内代管标的房屋。

（四）协助委托人与承租人达成房屋租赁合同。

（五）为委托人代办税费缴纳事务。

（六）代理交接房屋、附属设施及家具设备等。

（七）代办各种收费设施的交接手续。

（八）其他（请注明）____。

受托人为完成委托代办事项而向委托人收取证件、文件、资料时，应向委托人开具规范的收件清单，并妥善保管；完成委托代办事项后，应及时将上述证件、文件、资料退还委托人。

第四条　委托期限与方式

（一）委托期限按照下列第____种方式确定（只可选一项）：

1. 自____年____月____日起，至____年____月____日止。期限届满，本协议自行终止。

2. 自本协议签订之日起，至委托人与承租人签订房屋租赁合同之日止。

3. 其他（请注明）________________________________。

（二）委托人【承诺】【不承诺】在委托期限内本协议约定的委托事项为独家委托。

第五条　委托出租价格

委托人要求标的房屋的【月】【季】【年】【　　】租金不低于【人民币】【　　】大写____________元（小写__________元）。实际租金高于前款约定最低租金的，高出部分属委托人所有。

第六条　服务费用支付

（一）佣金

在本协议第四条约定的期限内委托人与承租人达成房屋租赁合同的，委托人应向受托人支付佣金。

1. 佣金的支付标准及金额按照下列第____种方式确定（只可选一项）：

（1）按房屋租赁合同中载明的【月】【季】【年】【　　】租金的大写百分之____（小写____%）计付佣金。

（2）按固定金额【人民币】【　　】大写____________元（小写__________元）支付佣金。

（3）其他（请注明）________________________________。

2. 佣金的支付时间按照下列第____种方式确定：

（1）自房屋租赁合同签订之日起____日内支付。

（2）其他（请注明）________________________________。

3. 在本协议第四条约定的期限内未能达成房屋租赁合同的，对受托人为完成委托事项已支出的必要费用，按照下列第____种方式处理（下列选项只有一项有效，填写两项或两项以上者，按照有利于委托人的选项执行）：

（1）由受托人承担。

（2）以【人民币】【　　】大写__________元（小写________元）为限，自委托期限届满之日起______日内支付。

（3）按上列约定佣金支付标准的大写百分之________（小写_______%）计算，自委托期限届满之日起______日内支付。

（4）由委托人和受托人根据受托人完成的工作量另行议定。

（5）其他（请注明）________________________________。

4. 受托人收取佣金后，应向委托人开具正式发票。

（二）代办事项服务费

受托人完成本协议第三条约定的代办事项的，委托人应按照下列第____种方式向受托人支付服务费（下列选项只有一项有效，填写两项或两项以上者，按照有利于委托人的选项执行）：

1. 由受托人承担。

2. 按受托人经营场所明示的收费标准，自委托事项完成之日起__________日内或______________________支付。

3. 按受托人经营场所明示的收费标准的大写百分之______（小写____%），自委托事项完成之日起____日内或____________________支付。

4. 按固定金额【人民币】【　　】大写______________元（小写__________元），自委托事项完成之日起________日内或______________________________支付。

5. 其他（请注明）______________________________。

受托人收取代办服务费后，应向委托人开具正式发票。

（三）代缴税费

受托人在完成委托事项中，代委托人向第三方缴纳的税费，按照下列第______种方式处理（下列选项只有一项有效，填写两项或两项以上者，按照有利于委托人的选项执行）：

1. 委托人按委托人和受托人认同的估算金额预付给受托人，待约定的代缴税费事项完成、委托期限届满或者本协议终止（以先者为准）时，受托人凭缴纳税费收据与委托人结算，如有差额多退少补。

2. 由受托人提供收费标准与金额，委托人按代办进程将应缴税费付给受托人，委托其代为向第三方缴纳。

3. 其他（请注明）______________________________。

第七条　交易过错责任承担

委托人因与本项委托直接关联的交易与承租人发生房屋租赁权纠纷且委托人属过错方的，除受托人能证明属于委托人过错、应由委托人承担责任的外，受托人作为专业机构应承担过错责任，对委托人应承担的民事责任承担连带责任。

受托人不得在本协议以外的补充约定中，设立明示或者暗示与本条款相冲突的免除受托人责任的条款。

第八条　违约责任

（一）委托人违约责任

1. 委托人故意提供虚假的标的房屋情况和资料的，受托人有权单方解除本协议，给受托人造成损失的，委托人应依法承担赔偿责任；

2. 委托人泄露由受托人提供的承租人资料，给受托人、承租人造成损失的，委托人应依法承担赔偿责任；

3. 委托人在委托期限内自行与第三人达成交易的，应按照本协议约定的标准向受托人支付佣金。但委托人在本协议第四条第二款中不承诺为独家委托，并能证明该项交易与受托人的服务没有直接因果关系的除外。

（二）受托人违约责任

1. 受托人违背执业保密义务，不当泄露委托人商业秘密或个人隐私，给委托人造成损害的，应按照________________标准支付违约金，约定违约金不足以弥补委托人损失的，委托人有权要求补充赔偿。

2. 受托人有隐瞒、虚构信息或恶意串通等影响委托人利益的行为，委托人除有权解除本协议、要求退还已支付的相关款项外，受托人还应按照__________________标准，向委托人支付违约金。

3. 在委托代办事项中，受托人因工作疏漏，遗失委托人的证件、文件、资料、发票等，应给予相应经济补偿。

（三）委托人与受托人之间有付款义务而延迟履行的，应按照迟延天数乘以应付款项的大写百分之_____（小写______%）计算迟延付款违约金支付给对方，但不超过应付款总额。

第九条 协议变更与解除

（一）协议变更

在本协议履行期间，任何一方要求变更本协议条款，应书面通知对方。经双方协商一致，可达成补充协议。补充协议为本协议的组成部分，与本协议具有同等效力。

如经双方协商一致，无需签订补充协议的，应将变更事项简记于本协议的附注栏内。

（二）协议解除

1. 委托人有确凿证据证明受托人有与其执业身份不相称的行为且将影响委托人利益的，可于委托期限届满前，书面通知受托人解除本协议，受托人应在收到通知之日起____日内将预收的费用退还委托人。

2. 受托人有确凿证据证明委托人隐瞒重要事实且足以影响交易安全的，可于委托期限届满前，书面通知委托人解除本协议，已收费用不予退还，并可依法追偿约定的或已发生的费用。

第十条 争议处理

因履行本协议发生争议，由争议双方协商解决，协商不成的，双方【同意】【不同意】由标的房屋所在地的房地产经纪行业组织调解。

调解不成或者不同意调解的，按照下列第______种方式解决：

1. 提交________仲裁委员会仲裁。

2. 依法向人民法院起诉。

第十一条 协议生效

本协议一式______份，具有同等法律效力，委托人______份，受托人______份。

本协议自双方签订之日起生效。

委托人（签章）: 受托人（签章）:

承办人（签章）:

协办人（签章）:

签订地点:

签订日期: ________年____月____日

合同附件:

附注栏（与附 6.1 相同，略）

标的房屋信息（与附 6.1 相同，略）

委托出租房屋可公开基本信息（与附 6.1 相同，略）

委托出租房屋的区位信息（与附 6.1 相同，略）

委托出租房屋的实物信息（与附 6.1 相同，略）

随房屋家具、电器、用品清单（与附 6.1 相同，略）

委托出租房屋的债权债务信息（与附 6.1 相同，略）

委托出租房屋的权益信息
1. 所有权人: ____________________。
2. 共有权人: ____________________（没有共有权人的填写“无”，不宜留空）。
3. 房屋所有权人持有__________颁发的所有权证书，证书号__________证书复印件见粘贴页。
4. 房屋所有权性质:【私房】【已购公有住房】【商品房】【经济适用住房】【　　】。
5. 房屋所占土地性质:【国有划拨】【国有出让】【农民集体】【　　】。
6. 该房屋享有的附属权益: ____________________（如树木、合法搭建、车位、会所、公用物业受益、公共维修基金等）。
7. 属于共有财产的，有无共有权人同意出租的书面证明，见粘贴页。
8. 有无司法机关或者行政机关依法裁定，决定查封或者以其他形式限制权利的情况。
9. 委托出租房屋是否被列入拆迁公告范围内。
10. 其他已知可能影响出租的情况: ______________________________。

（四）房屋承租经纪服务合同

房屋承租经纪服务合同是指房地产经纪机构为促成委托人租赁房屋提供有偿经纪服务，与委托人之间设立、变更、终止权利义务关系的协议。

房屋承租经纪服务合同除了包含合同双方当事人的基本资料、违约责任、解决争议的方式等一般合同常有的基本内容外，还包括以下主要合同条款:

1）委托事项。

2）房屋需求信息。

3）服务内容。

4）委托期限与方式。

5）委托承租价格。

6）服务费用支付。

7）交易过错责任承担。

房屋承租经纪服务合同的具体内容参见附 6.4“房屋承租委托协议”。另外，签订房屋承租经纪服务合同要注意以下事项。

1. 明确委托人租赁要求

委托人的租赁要求包括对租赁房屋面积、租金、租赁期限、内部设施、小区环境、交通等方面的要求，将这些内容具体写入房屋承租经纪服务合同中。另外要提醒租客，不得在未取得出租人同意其转租的情况下进行转租（特别是群租）或在承租房屋内从事各种不合法活动。

2. 房屋承租经纪业务中的创新服务

承租经纪服务也可以像承购经纪服务一样，提供类似房屋质量保证服务。还可以进一步拓展到维修服务。这些拓展的创新服务内容都需要在房屋承租经纪服务合同中进行约定。

附 6.4　房屋承租委托协议（略，可在相关网站查询）

（中国房地产估价师与房地产经纪人学会推荐文本）

合同附件：

附注栏（与附录 6.1 相同，略）

房屋需求信息

房屋需求信息
用途：________________________________。 区位：________市________区____________________附近____________米内的范围。 租金：【月】【季】【年】【　　】租金【人民币】【　　】________元至________元，单位【月】【季】【年】【　　】租金【人民币】【　　】________元/平方米至________元/平方米。 户型：______室______厅______卫______厨或____________。 面积：【建筑面积】【使用面积】【　　】____________平方米至____________平方米。 新旧：【房屋建成年份】【新旧程度】【　　】：________________。 其他要求：________________________________
委托人和受托人对上述信息签字确认： 委托人：　　　　　　　　受托人： 承办人： 协办人： 签订地点： 签订日期：　　　年　　　月　　　日

（五）新建商品房销售代理合同

新建商品房销售代理合同是指房地产经纪机构为房地产开发商提供新建商品房销售代理服务，双方就相互间委托代理关系及相关权利义务的设立、变更、终止所签订的书面协议。

新建商品房销售代理合同的主要内容有以下几点：

1）新建商品房销售代理合同双方当事人的名称、住所等情况。

2）新建商品房的基本情况。

3）房地产经纪服务的项目、内容、要求以及完成的标准。

4）委托期限与方式。

5）经纪服务费用及其支付方式。

6）委托方的权利义务。

7）房地产经纪机构的权利义务。

8）违约责任。

9）合同变更与解除。

10）合同纠纷解决方式。

新建商品房销售代理合同的具体内容可以参见附 6.5“×××项目代理销售合同书”。

新建商品房销售代理是批量房地产的销售代理，由于委托方（开发商）的相对强势，房地产经纪机构更需特别审慎地与之签订代理合同，以切实保护自身利益。特别需要注意的是，商品房销售代理合同中应载明有关交易价格范围、销售时间和进度以及不同价格和销售进度下佣金计算标准的条款。在批量的商品房销售代理中，待销的房地产不一定能做到百分之百销完，因此必须事先约定衡量经纪机构完成任务的考核指标——销售面积比例。由于批量化商品房的销售时间较长，佣金也就有必要分期支付，这样就必须约定各期支付的时点或前提条件。商品房预（销）售过程中发生的费用（如广告、售楼处搭建费用等）较多，其投放的时间、数量与销售量有密切关系，因此也应对其支付方式、时间安排等事项在合同中予以约定。

附 6.5　×××项目代理销售合同书

委托方（甲方）： ______________________________公司

地　址：______________________________

电　话：______________ 法　人：______________

委托代理人：______________________________

代理方（乙方）： ______________地产营销策划有限公司

地　址：______________________________

电　话：______________ 法　人：______________

委托代理人：______________________________

甲乙双方经过友好协商，根据《中华人民共和国民法通则》和《中华人民共和国合同法》的有关规定，就甲方委托乙方（独家）代理销售甲方开发经营×××项目（以下简称该项目）事宜，在互惠互利的基础上达成以下协议，并承诺共同遵守。

第一条　销售定义

为了正确理解本合同内容，双方有必要在合同的开端确定销售的真正定义，销售行为定义不仅为在没有法律纠纷的情况下，完成销售前的专业咨询、手续办理和合同签订，还包括销售后期的售款催缴、房屋交接和入住等综合问题。

第二条　合作内容和范围

甲方指定乙方独家销售代理的由甲方所属的项目位于×××地块，占地××亩，主体××层，建筑面积共×××平方米，其中包括住宅及商业项目。具体可售单位按附件执行。

第三条　合作期限

本合同代理期限共 10 个月，自××××年××月××日起至××××年××月××日完成双方达成的工作任务止。本合同期限届满，自动终止，如果甲方有进一步合作意向，将以书面形式通知乙方。

第四条　销售价格

1. 销售基价(本代理项目各层楼面的平均价)由甲方商定后给出销售均价，乙方所提供并经甲方确认的销售价目表为本合同的附件，并按此作为计算代理佣金及其他费用的依据。

2. 乙方应按照甲方确定的基价制定销售价格方案，在经甲方书面批准后再实施。一般来说，甲方不鼓励项目开盘后的市场销售价格调整。

3. 根据销售的实际情况，需采取提价或促销行为时，由双方商定销售方案后，签订补充协议后再执行。

4. 未经甲方书面许可，乙方不得擅自改变销售价格。

第五条　佣金和支付

1. 乙方的销售代理佣金为项目价目表成交额的 8%。在经甲方书面同意提价，乙方实际销售价格超出销售基价部分，甲乙双方按 7:3 比例分成。代理佣金由甲方以人民币形式支付。

2. 本合同的销售代理佣金划分和所占份额：

销售交易佣金　80%

销售考核佣金　10%

销售保证佣金　10%

3. 凡以下情况均认定乙方完成销售，甲方按照合同代理佣金的 80%在下个月前 5 个工作日内支付给乙方，作为乙方依法获得的销售交易佣金。

A. 客户与甲方签订购房合同者,并交付购房款的 50%;

B. 客户与甲方签订购房合同者,一次性付款者付清合同金额的 100%;

C. 分期付款者，首付款不低于合同金额的 50%;

D. 按揭贷款付款者，首付款不低于合同金额的 50%。

4. 根据第八条第二款确定的销售指标体系考核乙方月度销售绩效，以此作为甲方在下个销售月度前 15 个工作日内支付乙方销售考核佣金的标准。

5. 销售保证佣金待项目销售完结后，扣除乙方相应的赔偿外一次性支付乙方。

6. 甲方需依照合同说明按时支付乙方佣金，乙方应遵照国家规定提供有效发票。

7. 甲方的预留房源也计入乙方的销售计划总量，甲方应事先确定比例并在销售前期以书面形式通知乙方。

8. 因甲方原因造成客户的退房行为，甲方需支付乙方佣金的70%。同样，如果因乙方原因造成客户的退房行为，乙方要承担相应损失的经济责任。

第六条　费用分担

1. 本项目的推广费用（包括报纸、电视、车体、路牌等广告、印制宣传材料、售楼书、制作沙盘、办公耗材等）由乙方负责向第三方支付。

2. 若异地销售所发生的广告媒体推广和宣传费用由甲方负担。乙方人员的差旅费、人工费等由乙方自行承担。

3. 甲方负担售楼处的新建或租赁、装修、空调、办公桌椅固定资产的添置所产生的费用。售楼处内部的水、电、暖、电话等产生的其他费用则由乙方承担。

4. 具体销售工作人员的开支及日常支出由乙方负责支付。

5. 费用一律以转账或支票形式支付。

第七条　销售合同审批和房款收缴

甲乙双方严格执行销售合同审批和房款收缴程序：

1. 乙方对外与客户签订的合同示范文本及相关的补充协议、说明等必须经甲方书面批准同意后，乙方方可据此与客户签订合同。

2. 乙方与客户达成意向，客户在销售合同上签字盖章。

3. 客户凭借乙方签发的交款通知单，到甲方财务单位缴纳购房款项；乙方上交合同，接受甲方审批备档留存。

4. 甲方在1个工作日内完成合同审批，盖章生效后，将客户的合同及复印件转交乙方销售部门1份作为销售依据。

5. 客户在合同签字盖章的第3个工作日后，凭缴款收据到售楼处领取合同原件。

第八条　甲方权利和义务

1. 甲方应向乙方提供以下文件和资料：

（1）甲方营业执照副本复印件和银行账户；

（2）有关证照和销售项目的商品房销售证书。

（3）关于代售的项目所需的有关资料（包括但不限于：外形图、平面图、地理位置图、室内设备、建设标准、电器配备、楼层高度、面积、规格、其他费用的估算等）。

2. 确立销售指标体系，作为考核乙方销售绩效标准。

（1）乙方在整个销售期内必须按月完成下达指标业绩的80%销售额。

（2）甲方保证乙方将委托期内以进入售楼中心的前两个月作为市场适应期，在此期间乙方的销售额不纳入甲方的考核指标体系，佣金结算方式在扣除销售保证金的基础上，依据乙方实际销售额全额支付。

（3）若乙方未完成前三个月计划的 80%，则乙方必须承担相应的经济处罚，并无条件退出代理销售。乙方自行承担在此期间合同约定乙方需负担的费用，甲方扣除乙方已产生销售的绩效保证金。本合同在合同生效日后的第3个月的前5个工作日内自行解除。

（4）其后的销售月度考核指标根据前期的销售情况和市场情况，另行约定，并将其作为合同的补充条款。

3. 甲方做好涉及行政管理部门协调工作，保证房屋的质量和交房日期。

4. 甲方做好项目开发商、销售单位和承建单位等三方的工作协调，为销售做好铺垫。

5. 甲方有义务做好销售的保密工作，以防止对项目销售造成不利影响。

6. 甲方根据合同条款，按时支付乙方应得的代理佣金，如预期未能履行支付责任，则按预期时限每日向乙方支付欠款金额1‰的滞纳金。

7. 甲方有权对乙方的代理工作进行定期检查、指导和考核，并有权对乙方未完成的工作任务进行相应的经济处罚。

8. 按照甲乙双方议定的条件，在委托期内，监督乙方广告推广单位进行广告宣传、策划，并提出书面形式的相关建议。

第九条 乙方权利和义务

1. 在合同期内，乙方应做以下工作：

（1）完成销售前的有关售房、法律咨询工作。

（2）完成确立的销售指标体系。

（3）做好销售的来人来电和客户相关信息登记，并定期和阶段性地进行汇总、分析。

（4）根据市场推广计划，提出销售工作计划和制定销售价格预案，待甲方批准。

（5）销售前期来电来访量少销售员不忙时派送宣传资料、售楼书。

（7）在甲方的协助下，安排客户实地考察并介绍项目、环境及情况。

（8）在甲方与客户正式签署购房合同之前，乙方以代理人身份签署房产临时买卖合约，并收取定金。

2. 乙方负责销售人员的人事任用和专业培训，并且有义务满足甲方对项目销售人员筛选。乙方代理销售相关人员的具体资料以合同附件形式出现。

3. 乙方不得擅自挪用任何代收的房款。

4. 乙方不得以甲方名义进行合同之外的其他业务。

5. 乙方在销售过程中，应根据甲方提供项目的特性和状况向客户作如实介绍，尽力促销，不得夸大、隐瞒或过度承诺，因此引起的法律纠纷，由乙方自行承担。

第十条 工作例会制度

在合同履行期间，双方应根据工作进程，举行工作例会。例会地点由双方商议确定，双方项目总监级人员均应按时出席，如因故未能按时出席者，应提前知会对方并得到谅解。例会结束后，会议纪要在经双方签字确认后，要以电子文档或书面形式保留。

第十一条 销售专案人员

为更有效地履行代理职责，乙方将组建专门销售专案小组、广告策划小组向甲方提供代理服务。合同履行期间，甲方如认为乙方销售专案人员不能履行或不能胜任时，有权要求乙方更换，直至双方认可为止。乙方更换、替补人员时，需经甲方书面形式同意。乙方应尽力保持该小组服务素质的持续性和稳定性。

第十二条　违约和解约

1. 经双方约定，双方当事人中一方未按本合同第三、五、六、七、八、九、十、十一条款规定之情形履约，致使合同履行迟延、履行不符合约定或其他违约情形而给对方造成损失的，违约方应承担所有损害责任，并应及时采取相关补救措施履行合同义务。

2. 非因法律规定或本合同约定的情形，甲乙双方均不得擅自提前解除本合同。合同履行期未满，但双方协商后一致同意解除合同的，可以解约。如单方解约，解约方应在15个工作日前以书面形式正式通知对方，否则视为擅自解除合同，擅自解约方应向对方支付违约金，违约金为本合同总金额的20%。

3. 本合同终止后，乙方应于5日内返还甲方所有相关资料。不能返还的，应予以销毁。

第十三条　保密条款

商业秘密指一切由一方向另一方提供有关对方的传播策略、营业状况、客户名单及其他技术信息和经营信息。

一方应按照中国法律的规定，对本合同及本合同实施中所涉及的另一方的商业秘密予以保密，保证仅在必要情况下，将这些秘密透露给为实施本合同而必须了解相关秘密的本方人员或第三方及依法有权强制得到该秘密的机构。保证其职员或第三方与其一样履行本合同规定的保密义务。

此保密条款在本合同期内及本合同终止后半年内均有效。

第十四条　知识产权

对于本项目乙方委托广告推广方所完成的成果（包括不限于楼书、报纸广告、单张、DM、折页、海报、电视、路牌、车体广告等），甲方必须授权与乙方拥有完全解释权，相关方案未经甲方书面允许，乙方不得擅自推广发布。如果未经甲方审阅批准因此产生法律纠纷，由乙方承担完全责任。

第十五条　不可抗力和免责条款

1. 不可抗力事件是指在本合同签署后发生的、本合同签署时不能预见的、其发生与后果是无法避免或克服的、妨碍任何一方全部或部分履约的所有事件，包括自然灾害（如地震）、恶劣天气（如台风）、战争、恐怖行为、暴力事件或其他不可抗拒的事件，而引起项目进度的延误。

2. 因不可抗力产生的合同履行暂停、延迟，双方均不承担违约责任。

3. 发生不可抗力事件时，知情方应及时通知另一方。双方应合理地做出努力，克服不可抗力事件，减轻其影响。同时双方应立即协商，决定将合同延期执行或者解除合同。

第十六条　其他事项

1. 本合同项下的附件，为本合同不可分离的组成部分，与本合同具有同等法律效力。

2. 争议解决方式：双方当事人因实际工作与合同内容冲突引起争议，应本着互谅互让的精神协商解决。协商无果的，可依法向签约地有管辖权的人民法院提起诉讼。

3. 本合同正本一式4份，甲乙双方各执2份，均具同等法律效力，经双方授权签署、加盖公章后即行生效。本合同中未尽事宜，以补充合同形式确定。

甲方(公章)：×××公司	乙方（公章）：×××公司
法人（签章）：	法人（签章）：
委托代理人（签章）：	委托代理人（签章）：

签约地点：

签约日期：_____年_____月_____日

四、房地产经纪活动相关的其他合同

在房地产经纪活动中，除了经纪机构与委托人之间订立的房地产经纪服务合同外，委托人与委托人之间还会订立房地产交易合同，主要有商品房买卖合同、二手房屋买卖合同及房屋租赁合同三种合同。

（一）商品房买卖合同

商品房买卖合同是指开发商销售自己所开发的商品房时，与购房者签订的买卖合同。为了规范房地产市场，国家住建部及各地政府都印发过一些合同示范文本。这些合同文本主要包括以下条款：

1）合同双方当事人的姓名或名称、住所、联系方式等。

2）转让房地产的基本情况、建设依据、销售依据、设施状况等基本情况。

3）计价方式及价款。

4）付款方式及期限。

5）面积差异处理方式。

6）交付期限。

7）违约责任。

8）规划、设计变更的约定。

9）交接、产权登记的约定。

10）争议解决处理办法。

11）相关附件及补充条款。

12）当事人约定的其他条款。

房地产经纪人在从事经纪活动时，必须要对以上合同的主要条款逐条逐句分析领会，认真协助交易双方订立合同，不能忽视任何一个条款的作用，尤其要提醒交易双方在违约责任和争议处理办法方面的条款上仔细斟酌，妥善填写。

附 6.6　浙江省商品房买卖合同（示范文本）

（2008 年 12 月版）

合同编号：＿＿＿＿＿＿＿＿

合同双方当事人：

出卖人：＿＿＿＿＿＿＿＿＿＿＿＿＿＿＿＿＿＿＿＿＿＿＿＿

注册地址：＿＿＿＿＿＿＿＿＿＿＿＿＿＿＿＿＿＿＿＿＿＿＿＿

法定代表人：＿＿＿＿＿＿＿＿联系电话：＿＿＿＿＿＿＿＿

营业执照注册号：＿＿＿＿＿＿＿＿＿＿＿＿＿＿＿＿＿＿＿＿

企业资质证书号：＿＿＿＿＿＿＿＿＿＿＿＿＿＿＿＿＿＿＿＿

邮政编码：＿＿＿＿＿＿＿＿＿＿＿＿＿＿＿＿＿＿＿＿＿＿＿＿

委托代理人：＿＿＿＿＿＿＿＿地址：＿＿＿＿＿＿＿＿

邮政编码：＿＿＿＿＿＿＿＿联系电话：＿＿＿＿＿＿＿＿

委托代理机构：＿＿＿＿＿＿＿＿＿＿＿＿＿＿＿＿＿＿＿＿

注册地址：＿＿＿＿＿＿＿＿＿＿＿＿＿＿＿＿＿＿＿＿＿＿＿＿

法定代表人：＿＿＿＿＿＿＿＿联系电话：＿＿＿＿＿＿＿＿

营业执照注册号：＿＿＿＿＿＿＿＿＿＿＿＿＿＿＿＿＿＿＿＿

企业资质证书号：＿＿＿＿＿＿＿＿＿＿＿＿＿＿＿＿＿＿＿＿

邮政编码：＿＿＿＿＿＿＿＿＿＿＿＿＿＿＿＿＿＿＿＿＿＿＿＿

买受人：＿＿＿＿＿＿＿＿＿＿＿＿＿＿＿＿＿＿＿＿＿＿＿＿

【本人】【法定代表人】姓名：＿＿＿＿＿＿＿＿国籍＿＿＿＿＿＿＿＿

身份证种类＿＿＿＿＿＿＿＿号码＿＿＿＿＿＿＿＿

地址：＿＿＿＿＿＿＿＿＿＿＿＿＿＿＿＿＿＿＿＿＿＿＿＿

邮政编码：＿＿＿＿＿＿＿＿联系电话：＿＿＿＿＿＿＿＿

【委托代理人】【　　】姓名：＿＿＿＿＿＿＿＿国籍：＿＿＿＿＿＿＿＿

地址：＿＿＿＿＿＿＿＿＿＿＿＿＿＿＿＿＿＿＿＿＿＿＿＿

邮政编码：＿＿＿＿＿＿＿＿电话：＿＿＿＿＿＿＿＿

根据《中华人民共和国合同法》、《中华人民共和国城市房地产管理法》及其他有关法律、法规之规定，买受人和出卖人在平等、自愿、协商一致的基础上就买卖商品房达成如下协议：

第一条　项目建设依据。

出卖人以＿＿＿＿＿＿方式取得位于＿＿＿＿＿＿、编号为＿＿＿＿＿＿的地块的建设用地使用权。载明该建设用地使用权来源的批准文件或合同是＿＿＿＿＿＿。该地块总土地面积为＿＿＿＿＿＿。

出卖人经批准，在上述地块上建设商品房，【现定名】【暂定名】＿＿＿＿＿＿。建设工程规划许可证号为＿＿＿＿＿＿，施工许可证号为＿＿＿＿＿＿。

第二条　商品房销售依据。

买受人购买的商品房为【预售】【现售】商品房。预售商品房批准机关为＿＿＿＿＿＿，商品房预售许可证号为________；或者，现售商品房备案机关为________________，备案号为________________。

第三条 买受人所购商品房的基本情况。

买受人购买的商品房（以下简称该商品房，其房屋平面图见本合同附件一）为本合同第一条规定的项目中的：

第________【幢】________【单元】________号房，或____________。建筑层数地上________层，地下________层，该商品房位于第____层。

该商品房土地使用权年限自______年______月______日至______年______月______日。

该商品房的用途为________，属________结构，层高为________。该商品房有阳台______个，其建筑样式（封闭式、非封闭式或其他）为______________。

该商品房相关节能措施、保温工程保修期等信息说明：____。

该商品房【合同约定】【产权登记】建筑面积共________平方米。其中，套内建筑面积________平方米，应分摊的共有建筑面积________平方米（应分摊的共有建筑名称及建筑面积清单见本合同附件二）。

除上述商品房买卖外，有出售（或赠送、出租等）车位、车库、绿地或其他物业的，有关该物业买卖、赠与、租赁合同事项，双方另行约定于本合同附件三。

第四条 建筑区划内相关物业归属的约定。

在该商品房所在的建筑区划内，出卖人建设物业服务用房________平方米，坐落______________，属于业主共有。

下列物业属于出卖人所有，出卖人可以另行出售、附赠或者出租，其他道路、绿地、场所、设施、房屋，属于业主共有。

1.车位，____________________________________。

2.车库，____________________________________。

3.____
____
____
____
____。

城镇公共道路、城镇公共绿地，及依照有关规定、合同约定需要移交政府相关单位管理的物业，不属前款约定范围。

第五条 计价方式与价款。

出卖人与买受人约定按下述第______种方式，计算该商品房价款（货币单位人民币）：

1. 按建筑面积计算，该商品房单价为每平方米________元，总价款____千____百____拾____万____千____百____拾____元整。

2. 按套内建筑面积计算，该商品房单价为每平方米________元，总价款____千

＿＿百＿＿拾＿＿万＿＿千＿＿百＿＿拾＿＿元整。

3. 按套（单元）计算，该商品房总价款为＿＿千＿＿百＿＿拾＿＿万＿＿千＿＿百＿＿拾＿＿元整。

4. ＿＿＿＿＿＿＿＿＿＿＿＿＿＿＿＿＿＿＿＿＿＿＿＿＿＿＿＿＿＿。

按照物业管理有关法规、规章规定，需要交纳新建物业专项维修资金的，首期交纳标准为＿＿＿＿＿＿元/平方米（以相关部门确定并经当地政府批准后公布的标准为准）。该款项未包含在本条约定的总价款中，由出卖人统一代交，在物业交付时向买受人收取。

第六条 面积确认及面积差异处理。

合同约定面积与产权登记面积有差异的，以产权登记为准。

1. 当事人选择以【建筑面积】【套内建筑面积】（本条款中均简称面积）作为计价方式时，商品房交付后，产权登记面积与合同约定面积发生差异，双方同意按以下方式处理：

（1）面积误差比绝对值在3%以内（含3%）的，据实结算房价款；

（2）面积误差比绝对值超出3%时，买受人有权退房。

买受人退房的，出卖人在买受人提出退房之日起＿＿＿＿日内将买受人已付款退还给买受人，并按＿＿＿＿＿利率付给利息。

买受人不退房的，产权登记面积大于合同约定面积时，面积误差比在3%以内（含3%）部分的房价款由买受人补足；超出3%部分的房价款由出卖人承担，产权归买受人。产权登记面积小于合同约定面积时，面积误差比绝对值在3%以内（含3%）部分的房价款由出卖人返还买受人；绝对值超出3%部分的房价款由出卖人双倍返还买受人。

$$面积误码率差比=\frac{产权登记面积-合同约定面积}{合同约定面积}\times 100\%$$

2. 当事人选择按套计价的，商品房交付后，产权登记面积与合同约定面积发生差异，双方约定按第＿＿种方式进行处理：

（1）交付的房屋套型与设计图纸一致,相关尺寸误差不超过附件一房屋平面图上标示的误差范围的，总房价款不变。

（2）＿＿＿＿＿＿＿＿＿＿＿＿＿＿＿＿＿＿＿＿＿＿＿＿＿＿＿＿＿。

第七条 付款方式及期限。

买受人按下列第＿＿＿＿＿种方式按期付款：

1. 一次性付款＿＿＿＿＿＿＿＿＿＿＿＿＿＿＿＿＿＿＿＿＿＿＿＿＿。

2. 分期付款＿＿＿＿＿＿＿＿＿＿＿＿＿＿＿＿＿＿＿＿＿＿＿＿＿＿。

3. 其他方式＿＿＿＿＿＿＿＿＿＿＿＿＿＿＿＿＿＿＿＿＿＿＿＿＿＿。

第八条 买受人逾期付款的违约责任。

买受人如未按本合同规定的时间付款，按下列第＿＿＿＿＿种方式处理：

1. 按逾期时间，分别处理（不作累加）

（1）逾期不超过＿＿＿日，自本合同规定的应付款期限之第二天起至实际全额支付应付款之日止，买受人按日向出卖人支付逾期应付款万分之＿＿＿的违约金，合同继续履行；

（2）逾期超过＿＿＿日后，出卖人有权解除合同。出卖人解除合同的，买受人按累计应付款的＿＿＿%向出卖人支付违约金。出卖人愿意继续履行合同的，合同继续履行，自本合同规定的应付款期限之第二天起至实际全额支付应付款之日止，买受人按日向出卖人支付逾期应付款万分之_____（该比率应不小于第（1）项中的比率）的违约金。

本条中的逾期应付款指依照本合同第七条规定的到期应付款与该期实际已付款的差额；采取分期付款的，按相应的分期应付款与该期的实际已付款的差额确定。

2.____。

第九条 交付期限及条件。

出卖人应当在_____年_____月_____日前，将符合下列各项条件的商品房交付买受人使用：

1. 建设工程经竣工验收合格，并取得建设工程竣工验收备案证明；

2. 取得法律、行政法规规定，应当由规划、公安消防、环保等部门出具的认可文件或准许使用文件；

3. 用水、用电、用气、道路、____________等，具备商品房正常使用的基本条件；

4.____。

但如遇下列特殊原因，除双方协商同意解除合同或变更合同外，出卖人可据实予以延期：

1. 遭遇不可抗力，且出卖人在发生之日起_____日内告知买受人的；

2.____；

3.____。

第十条 出卖人逾期交房的违约责任。

除本合同第九条规定的特殊情况外，出卖人如未按本合同规定的期限将该商品房交付买受人使用，按下列第______种方式处理：

1. 按逾期时间，分别处理（不作累加）

（1）逾期不超过_____日，自本合同第九条规定的最后期限的第二天起至实际交付之日止，出卖人按日向买受人支付已交付房价款万分之_____的违约金，合同继续履行；

（2）逾期超过_____日后，买受人有权解除合同。买受人解除合同的，出卖人应当自买受人解除合同通知到达之日起____天内退还全部已付款，并按买受人累计已付购房款的_____%向买受人支付违约金。买受人要求继续履行合同的，合同继续履行，自本合同第九条规定的最后交付期限的第二天起至实际交付之日止，出卖人按日向买受人支付已交付房价款万分之______（该比率应不小于第（1）项中的比率）的违约金。

2.____。

第十一条 规划、设计变更的约定。

经规划设计单位同意、规划行政主管部门批准的规划设计变更，导致下列情形（一般为影响到买受人所购商品房质量或使用功能等）之一的，出卖人应当在有关部门批准同意之日起10日内，书面通知买受人：

（1）该商品房结构形式、户型、空间尺寸、朝向变化；

（2）____；

（3）____；

（4）____。

买受人有权在通知到达之日起15日内做出是否退房的书面答复。买受人未按期作书面答复的，视同接受变更。出卖人未在规定时限内通知买受人的，买受人有权退房。

买受人退房的，出卖人须在合同解除之日起_____天内将买受人已付款退还给买受人，并按__________利率（不低于买受人购房贷款利率）付给利息。买受人不退房的，双方应当在通知到达之日起__________日内另行签订补充协议。

第十二条 交接。

商品房达到交付使用条件后，出卖人应当书面通知买受人办理交付手续。双方进行验收交接时，出卖人应当出示本合同第九条规定的证明文件，并签署房屋交接单。在签署房屋交接单前，出卖人不得拒绝买受人查验房屋。所购商品房为住宅的，出卖人还需提供《住宅质量保证书》和《住宅使用说明书》。出卖人不出示证明文件或出示证明文件不齐全，买受人有权拒绝交接，由此产生的延期交房责任由出卖人承担。

商品房交付使用时，买受人对房屋及装修质量，公共设施、设备质量提出异议的，出卖人应当给予解释和说明，仍不能达成一致意见的，双方委托____________________进行质量检测。双方对检测费用垫付和结算约定为____。检测结果为合格的，出卖人书面通知的交付日期视为交付；检测单位提出返修意见的，出卖人应当按要求返修，并承担赔偿责任。

由于买受人原因，未能按期交付的，双方同意按以下方式处理：____。

第十三条 抵押与相关债权债务。

与本合同商品房有关的土地使用权及在建工程存在抵押情形的，出卖人将相关情况（登记机关、抵押当事人、债务人、被担保的主债权的数额、登记时间等）告知如下：____。

出卖人保证销售的商品房没有产权纠纷和债权债务纠纷。因出卖人原因，造成该商品房不能办理产权登记或发生债权债务纠纷的，由出卖人承担全部责任。

第十四条 出卖人关于装饰、设备标准承诺的违约责任。

双方将该商品房的装饰、设备标准约定于本合同附件四，如为精装修房，双方应当约定装修使用的主要材料和设备的品牌、产地、规格、数量等内容。

出卖人交付的商品房，应当符合约定的装饰、设备标准。达不到约定标准的，出卖人补偿装饰、设备差价，并承担违约责任如下：____。

第十五条 出卖人关于基础设施、公共配套建筑正常运行的承诺。

出卖人承诺与该商品房正常使用直接关联的除第九条已经约定为交付条件外的下列基础设施、公共配套建筑，按以下日期达到使用条件：

1. ____；
2. ____；
3. ____；
4. ____；
5. ____。

如果在规定日期内未达到使用条件，双方同意按以下方式处理：

1. ____；

2. ____；

3. ____。

第十六条 关于产权登记的约定。

购买商品房，当事人可以申请预告登记。就该商品房预告登记有关事项，当事人约定于附件五。

出卖人负责办理土地使用权初始登记，取得《土地使用权证书》或土地使用权证明。出卖人负责申请该商品房所有权初始登记，取得该商品房《房屋所有权证》。

出卖人承诺于______年______月______日前，取得前款规定的土地、房屋权属证书，交付给买受人。买受人【自行】【委托出卖人】办理该商品房转移登记。

出卖人不能在前款约定期限内交付权属证书，双方同意按照下列约定处理：

1. 约定日期起________日内，出卖人交付权属证书或登记证明的，按已付房价款的____________承担违约责任；

2. 约定日期起_________日以后，出卖人仍不能交付权属证书或登记证明的，双方同意按下列第_______项处理：

（1）买受人退房，出卖人在买受人提出退房要求之日起______日内将买受人已付房价款退还给买受人，并自约定日期至实际退款日止，按日向买受人支付已交付房价款的违约金。

（2）买受人不退房，出卖人自约定日期至实际交付权属证书或登记证明之日止，按日向买受人支付已交付房价款_______的违约金。

建筑区划内依法或依照约定属于全体业主共有的公共场所、共用设施和物业服务用房等房屋，由出卖人在申请房屋所有权初始登记时一并申请登记。商品房交付时，出卖人应当将登记相关信息书面告知买受人。

第十七条 《消费者权益保护法》实施办法规定的退房情形

凡符合《浙江省实施<中华人民共和国消费者权益保护法>办法》第二十八条第一款退房条件要求退房的，买受人可以选择按该《办法》第二十八条第三款或本合同约定的办法进行处理。

第十八条 保修责任

商品房实行保修制度。有关该商品房主要的保修范围、保修期限和保修责任，双方约定于本合同附件六。

买受人购买的商品房为住宅的，出卖人自商品房交付使用之日起，按照《住宅质量保证书》承诺的内容承担相应的保修责任。《住宅质量保证书》应当包含本合同附件六约定的主要内容。

在商品房保修范围和保修期限内发生质量问题，出卖人应当履行保修义务。出卖人不及时履行保修义务的，买受人可以自行维修，费用由出卖人承担。因不可抗力或者非出卖人原因造成的损坏，出卖人不承担责任，但可协助维修，维修费用由购买人承担。

约定住宅保修责任，应当符合《浙江省实施<中华人民共和国消费者权益保护法>办法》第二十九条的有关规定。

第十九条 商品房相关事项约定。

双方可以就下列事项约定:

1. 该商品房所在楼宇的屋面使用权________________;
2. 该商品房所在楼宇的外墙面使用权________________;
3. 该商品房所在楼宇的命名权________________;
4. 该商品房所在小区的命名权________________;
5. ________________;
6. ________________。

第二十条 房屋交付使用后相关权利义务约定。

买受人的房屋仅作__________使用,买受人使用期间不得擅自改变该商品房的建筑主体结构、承重结构和用途。除本合同及其附件另有规定者外,买受人在使用期间有权与其他权利人共同享用与该商品房有关联的公共部位和设施,并按占地和公共部位与公用房屋分摊面积承担义务。

出卖人不得擅自改变与该商品房有关联的公共部位和设施的使用性质。

第二十一条 前期物业管理.

出卖人已经选聘________________从事该商品房所在的物业管理区域的前期物业管理。买受人同意本合同附件七的《业主临时管理规约》、《前期物业服务合同》主要内容。

第二十二条 本合同在履行过程中发生的争议,由双方当事人协商解决;协商不成的,按下述第______种方式解决:

1.提交__________仲裁委员会仲裁。

2.依法向人民法院起诉。

第二十三条 本合同未尽事项,可由双方约定后签订补充协议(附件八)。

第二十四条 合同附件与本合同具有同等法律效力。本合同及其附件内,空格部分填写的文字与印刷文字具有同等效力。

第二十五条 本合同连同附件共______页,一式______份,具有同等法律效力,合同持有情况如下:

出卖人______份,买受人______份,________份,________份。

第二十六条 本合同自双方签订之日起生效。

第二十七条 商品房预售的,自本合同生效之日起30天内,由出卖人向__________________申请登记备案。

出卖人(签章):	买受人(签章):
【法定代表人】:	【法定代表人】:
【委托代理人】:	【委托代理人】:
(签章)	【 】:
	(签章)
______年______月______日	______年______月______日
签于	签于

合同附件一：房屋平面图（略）

合同附件二：应分摊的共有建筑说明（略）

合同附件三：其他物业买卖、赠与、租赁协议书（该物业的名称、面积或尺寸、物业及占用土地的权属状况、价款与结算、交付、违约责任等）（略）

合同附件四： 装饰、设备标准（如为精装修房，应当约定主要材料和设备的品牌、产地、规格、数量等内容）

1. 外墙：

2. 内墙：

3. 顶棚：

4. 地面：

5. 门窗：

6. 厨房：

7. 卫生间：

8. 阳台：

9. 电梯：

10. 其他：

合同附件五：

有关购买该商品房预告登记的约定

根据《房屋登记办法》有关规定，预购商品房或购买商品房现房，当事人可以申请预告登记。

就乙方购买该商品房有关预告登记事项，双方约定如下：

一、本商品房为【预售】【现售】商品房，由【出卖人与买受人】【买受人】向当地房屋登记机构申请预告登记。

二、由出卖人与买受人共同申请预告登记的，双方约定于【商品房买卖合同（预售）备案】【商品房买卖合同（现售）签订】之日起________日内申请登记。

出卖人未按约定申请预告登记的，买受人可以单方申请预告登记。

三、申请预购商品房预告登记时，由出卖人提交下列资料中的第____________项，买受人提交下列资料中的第__________项。

1. 登记申请书；

2. 申请人的身份证明；

3. 已登记备案的商品房预售合同；

4. 当事人关于预告登记的约定；

5. 其他必要材料。

四、购买商品房现房，申请房屋所有权预告登记时，由出卖人提交下列资料中的第__________项，买受人提交下列资料中的第__________项。

1. 登记申请书；

2. 申请人的身份证明；

3. 房屋所有权转让合同；

4. 转让方的房屋所有权证书或者房地产权证书;

5. 当事人关于预告登记的约定;

6. 其他必要材料

五、其他有关事项约定如下:

出卖人(签章):　　　　　　　　　　　　买受人(签章):

＿＿＿＿＿＿年＿＿＿＿＿＿月＿＿＿＿＿＿日

合同附件六:保修责任主要条款(略)

合同附件七:《业主临时管理规约》、《前期物业服务合同》的主要内容(略)

合同附件八:补充协议内容(略)

(二)二手房屋买卖合同

二手房屋买卖合同,是指购房者和售房者在平等协商的基础上,就房屋的买卖所签订的协议,是一方转移房屋所有权于另一方,另一方支付价款的合同。二手房屋买卖合同的主要条款有:

1)买卖房地产当事人的姓名或名称、依据。

2)买卖房地产的坐落、地点、面积。

3)房屋的平面图、结构、建筑质量、装饰标准以及附属设施,配套设施等情况。

4)买卖的价格、支付方式和期限。

5)交付日期。

6)违约责任。

7)争议解决处理办法。

8)买卖双方当事人约定的其他事项。

如果说一手商品房的交易具有"批发"出售的性质,而二手房交易则更像是"零售"。其交易多是零散进行的,产权状况也可能多种多样。所以说二手房屋的买卖交易是一种复杂的民事行为,涉及法律关系比较多,当事人在签订二手房屋买卖合同时应更仔细谨慎。在签订二手房买卖合同时应注意以下事项。

1. 共有人的权利

房地产权利登记分独有和共有。共有指二人以上权利人共同拥有同一房地产。签订房屋买卖合同时,房屋权证内的共有人应在合同内签字盖章。

2. 权益转移

出卖人将原购入的商品房屋出售时,应将开发公司提供的《住宅质量保证书》、《住宅使用说明书》一并转移给买受人,买受人享有"两书"规定的权益。

3. 房屋质量

质量条款是买卖合同的必要内容,买卖的房屋应能保持正常使用功能。房屋超过合理使用年限后若继续使用的,产权人应委托具有相应资质等级的勘察、设计单位鉴定。

4. 承租人优先购买权

买卖已出租的，出卖人应当在出售前 3 个月通知承租人。承租人同等条件下拥有该房屋的优先购买权。如承租人放弃优先购买权，买受人购房后应继续履行租赁合同，并与承租人签订租赁主体变更合同。房屋租赁应收取租金，房屋产权转移前租金归出卖人，转移后租金归买受人所有。

5. 集体所有土地上房屋的买卖对象

按建设部规定，集体所有土地的居住房屋未经依法征用，只能出售给房屋所在地乡（镇）范围内具备居住房屋建设申请条件的个人。非居住房屋只能出售给房屋所在地乡(镇)范围内的集体经济组织或者个体经济者。

6. 住房户口迁移

已投放使用的住房买卖，除房屋交接和权利转移外，住房内的原有户口是否及时迁出会影响合同的履行。当事人可在补充条款内约定户口迁移条款。

7. 维修基金交割

房屋买卖合同生效后，当事人应将房屋转让情况书面告知业主管理委员会和物业管理单位，并办理房屋维修基金户名的变更手续，账户内结余维修基金的交割，当事人可在补充条款中约定。

8. 物业管理费、公用事业费具结

由于物业管理费和一些公用事业费（如有线电视、自来水、管道煤气）是以房屋单位为账户的，所以签订二手房屋买卖合同时还应注意对这些费用的具结方式、期限以及房屋买卖的影响等进行约定。

附 6.7　杭州市房屋转让合同（示范文本）

（2013 年版）

本合同双方当事人:

卖方(以下简称甲方): ____________________

【本人】【法定代表人】姓名: ____________________

【身份证】【军官证】【外籍护照】 【营业执照】【护照】【港澳台证件】【组织机构代码证】: ____________________

地址: ____________________

邮政编码: __________ 联系电话: __________

委托代理人: ____________________

地址: ____________________

邮政编码: __________ 联系电话: __________

买方（以下简称乙方）：______________________________(如果有多个买受人,请用“，”分隔。)

【本人】【法定代表人】姓名：______________________

【身份证】【军官证】【外籍护照】【营业执照】【护照】【港澳台证件】【组织机构代码证】：______________________________

地址：______________________________

邮政编码：______________ 联系电话：______________

委托代理人：______________________________

地址：______________________________

邮政编码：______________联系电话：______________

房地产经纪机构：______________联系电话：______________

房地产经纪人：________ 执业证号：________ 联系电话：________

根据《中华人民共和国合同法》、《中华人民共和国城市房地产管理法》及其他有关法律、法规之规定，甲、乙双方在平等、自愿、诚实信用原则的基础上，就房屋买卖事项达成如下协议：

第一条　房屋基本情况

1. 甲方房屋（以下简称该房屋）坐落于杭州市【上城区】【下城区】【江干区】【拱墅区】【西湖区】【滨江开发区】【之江开发区】【下沙开发区】________，房屋结构为______________，建筑面积______________平方米，房屋用途为________，所有权证号为________（共有权证号为__________）。(以房屋权属证书为准)。

2. 该房屋丘地号为 __________。土地使用权取得方式为【出让】【划拨】__________，土地使用权年限自____年__月__日至____年__月__日止。(以土地使用权证为准)。

3. 该房屋的抵押情况【无】【有】，抵押权人为__________，抵押登记日期为__________，他项权利证号为__________。【1】甲方应当在签署本合同前取得抵押权人同意出售的书面证明；【2】甲方于__________前办理抵押注销手续。

4. 该房屋的租赁情况【无】【有】，月租金人民币大写____亿____仟____佰____拾万____仟____佰____拾____元____角____分（小写：__________元），租期自______年_____月_____日至______年_____月_____日。甲方应当根据相关法律规定履行通知承租人的义务，甲乙双方经协商一致按下述第____种方式处置租赁合同）只能选择其中一种）：

（1）该房屋权属转移后，原租赁合同在有效期内对乙方仍然有效。甲方须于______前协助乙方与承租人签订新的租赁合同，同时甲方须将承租方已交甲方的【租赁押金】【预交租金】转交给乙方，乙方自_______时起享有甲方在原租赁合同中的权利义务。

（2）甲方须于_____前解除原租赁合同和腾空房屋。乙方对因原租赁合同产生的纠纷不承担责任。

5. 该房屋附属设施、装饰装修、相关物品清单等具体情况（附件 1）。

第二条　房屋转让价格

1. 该套房屋转让总价为人民币__亿__仟__佰__拾__万__仟__佰__拾__元__角__分（小写：______________元）。

2. 上述房屋转让价格【是】【否】包括装修价款。装修价款为人民币__亿__仟__佰__拾__万__仟__佰__拾__元__角__分（小写：______________元）。(说明：本款仅指装修价款。选择房屋转让价格包括装修价款的，必须填写装修价款；如选择房屋转让价格不包括装修价款的，装修价款可以不填写。)

3. 该房屋转让交易发生的各项税费由甲、乙双方按照有关规定承担。

第三条　付款方式

委托银行监管支付：(委托房地产经纪机构代理的，必须委托银行监管支付)

甲乙双方同意委托【×××】银行账号对房产交易资金进行监管支付。

双方约定按以下第________【1】一次性付款【2】分期付款【3】贷款付款（①公积金+商业贷款、②商业贷款、③公积金贷款）【4】其他方式支付房款。

1. 一次性付款：

本合同签订之日起________天内，乙方一次性支付房款人民币__亿__仟__佰__拾__万__仟__佰__拾__元__角__分（小写：________元）至甲乙双方约定的银行第三方监管账户。

2. 分期付款：

本合同签订之日起________天内，乙方支付房款首期人民币__亿__仟__佰__拾__万__仟__佰__拾__元__角__分（小写：________元）至甲乙双方约定的银行第三方监管账户；乙方须于______________前支付余款人民币__亿__仟__佰__拾__万__仟__佰__拾__元__角__分（小写：__________元）至甲乙双方约定的银行第三方监管账户。

3. 贷款付款：

（1）乙方须于______________前支付首期房款人民币__亿__仟__佰__拾__万__仟__佰__拾__元__角__分（小写：________元）至甲乙双方约定的银行第三方监管账户。

（2）余款乙方申请银行贷款，须于______________前向银行等有关部门提交抵押贷款申请的相关资料，办理贷款审批手续，抵押贷款金额以银行发放贷款金额为准。

（3）银行贷款人民币__亿__仟__佰__拾__万__仟__佰__拾__元__角__分（小写：________元）发放至甲乙双方约定的银行第三方监管账户；甲乙双方同意在本合同签订时从转让总价款中预留人民币__亿__仟__佰__拾__万__仟__佰__拾__元__角__分（小写：________元）作为交房保证金，此款在甲方实际交付房屋及完成房屋权属转移登记时进行结算。

（4）乙方贷款数额不足以支付房款余额，双方约定如下：

____

上述款项甲方依据房款监管协议取得相应房款。

____

4. 其他方式：

____

第四条 交房方式

甲乙双方约定采用下列第______项方式交房:

(1)自本合同签订之日起______天内，甲方将房屋交付给乙方。

(2)其他方式。

____

____。

查验内容:房屋腾空情况，房屋及装修、设备等情况，户口迁出情况，已发生的水、电、煤气、物业管理、租金等各项费用的付讫凭证，房屋钥匙。查验后双方签订《房屋交接单》(附件2)，甲方将房屋交付给乙方。

第五条 乙方逾期付款的违约责任

乙方未按本合同第三条约定的时间付款，甲方有权按累计应付款向乙方追究违约利息，自本合同规定的应付款最后期限之第二天起至实际付款之日止，月利息按______计算。逾期付款超过______天，甲方有权按下述第______种约定追究乙方的违约责任:

(1)乙方向甲方支付违约金共计______________元整，合同期限继续履行。若乙方在________天内仍未履行合同，遵照下述第(2)条处理。

(2)乙方向甲方支付违约金共计______元整，合同终止，乙方将房屋退还给甲方。甲方实际经济损失与违约金不符时，实际经济损失与违约金的差额部分由乙方据实赔偿。

(3)____。

第六条 甲方逾期交房的违约责任

除不可抗拒的因素外，甲方未按本合同第四条约定的时间交房的，乙方有权按累计已付款向甲方追究违约利息，自本合同规定的最后交付期限之第二天起至实际交付之日止，月利息按______________计算。逾期交付超过______天，乙方有权按下述第____种约定追究甲方的违约责任:

(1)甲方向乙方支付违约金共计________________元整，合同继续限期履行。若甲方在_______天内仍未继续履行合同，遵照下述第(2)条处理。

(2)甲方向乙方支付违约金共计____________元整，合同终止。乙方实际经济损失与甲方支付的违约金不符时，实际经济损失与违约金的差额部分由甲方据实赔偿。

(3)____。

第七条 关于产权登记的约定

(1)甲乙双方同意______前双方向房屋登记机构申请办理房屋权属转移登记手续。

(2)如因甲方的原因，乙方未能取得房屋权属证书，乙方有权退房。乙方退房的，甲方应当自退房通知送达之日起______天内退还乙方全部已付款，并按照______利率付给利息;乙方不愿退房的，______________________。

第八条 其他约定事项

1. 该房屋【有】【无】物业管理服务。

物业管理服务费用由甲方向物业管理企业结算至______________止，之后的物业管理服务费用由乙方承担。(说明:如选择有物业管理服务的，必须明确物业管理服务费用结算的截止日期。)

2. 甲方应当在________________前向房屋所在地的户籍管理机关办理完成原有户口迁出手续。如甲方未按期迁出的，应当向乙方支付________________元的违约金；逾期超过__________日未迁出的，自期限届满之次日起，甲方应当按日计算向乙方支付全部已付款万分之_________的违约金。

3. ____。

第九条 本合同空格部分填写的文字与印刷文字具有同等效力。本合同中未规定的事项，均遵照中华人民共和国有关法律、法规和政策执行。

第十条 甲、乙方或双方为境外组织或个人的，本合同应经该房屋所在地公证机关公证。

第十一条 本合同在履行中发生争议，由甲、乙双方协商解决。协商不成的，甲、乙双方同意采用以下 第【1】【2】种方式解决：

1. 由____________仲裁委员会仲裁。

2. 向人民法院起诉。

第十二条 本合同自________________之日起生效。

1. 甲、乙双方签字。

2. 经________________公证。

第十三条 本合同一式_____份，双方各执一份，________________各执一份。各方所执合同均具有同等效力。

甲方（签章）　　　　　　　　　　乙方（签章）

甲方代理人　　　　　　　　　　　乙方代理人

（签章）　　　　　　　　　　　　（签章）

甲方共有权人（或上级主管部门）意见（签章）：

签订日期：______年_____月______日

签订地点：____________________

合同附件 1：

房屋附属设施设备、装饰装修、相关物品清单等具体情况

（一）房屋附属设施设备：

1. 供水：____。

2. 供电：____。

3. 供燃气：【天然气】【煤气】：______________________________。

4. 空调：【中央空调】【自装柜机______台】【自装挂机______台】：________。

5. 电视馈线：【无线】【数字】：______________________________。

7. 电话：____。

8. 互联网接入方式：【拨号】【宽带】【ADSL】：____________________。

9. 其他：____。

（二）房屋家具、电器、用品情况：

____。

（三）装修装饰情况：

____。

（四）关于该房屋附属设施设备、装饰装修等具体约定：

____。

甲方（签章）　　　　　　　　　　乙方（签章）
甲方代理人　　　　　　　　　　　乙方代理人
（签章）　　　　　　　　　　　　（签章）

甲方共有权人（或上级主管部门）意见（签章）：
签订日期：______年______月______日
签订地点：________________

合同附件 2：

房屋交接单

甲方：__________乙方：__________于______年_____月____日，就坐落于______________________房屋履行交接手续完毕。

甲方（签章）　　　　　　　　　　乙方（签章）
甲方代理人　　　　　　　　　　　乙方代理人
（签章）　　　　　　　　　　　　（签章）

签订日期：______年_____月______日
签订地点：________________

（三）房屋租赁合同

房屋租赁合同是指出租人在一定期限内将房屋转移给承租人的占有、使用、收益的协议。房屋租赁合同应具备以下条款：

1. 当事人姓名或名称及住所

2. 房屋的坐落、面积、结构、附属设施及设备状况

这一条一方面说明出租房屋的结构、附属设施及设备状况，反映了出租房屋的质量；同时也使承租人明确在房屋租赁期间不得擅自破坏房屋结构，更改房屋的装修及设施，如有必要进行装修或更改原有设施的，应征得出租方的书面同意，并按有关物业管理规定予以实施。而且，租赁合同还应明确租赁期满后承租人在返还房屋是否要恢复原状。

3. 租赁用途

房屋的租赁用途指房屋的使用用途，一般要求按房地产权证上载明的用途使用，未

经有关部门的批准，承租人不得擅自更改租赁房屋规定的使用用途。

4. 交付日期

房屋由出租人交付给承租人使用的具体时间。

5. 租赁期限

房屋租赁一般应设定租赁期限。同时，在合同中还应注明如续租的，应在届满前提出，并重新签订租赁合同。

6. 租金及支付方式和期限

租金的支付可以按月、按季、半年等支付，由双方协商订立。在订立该条时，注意不要遗漏租金交付的期限及违约逾期支付时的处理方法。

7. 房屋的使用要求和修缮责任

房屋的修缮责任一般由出租人承担，但双方另有约定的除外。

8. 返还时房屋的状态

返还时房屋的状态一般为正常使用后的状态。

9. 违约责任

10. 当事人约定的其他条款

以上是房屋租赁合同的一般内容，若租赁双方采取转租，商品房预租、先租后售、售后包租等方式，除具备以上条款外，还应具备法律规定的其他内容。

在实际操作中，房屋租赁合同还应根据使用的实际情况，特别约定租赁期间有关水、电、煤、电话费、有线电视费等其他费用的支付。目前民间流行的预收押金或保证金等做法也应在合同中一一明确约定。

经纪人在从事房屋租赁经纪服务活动时，应尽量引导交易双方使用由政府制订的示范文本，如确有必要自拟合同文本的，也应参照示范文本的主要条款规定，不得擅自更换法律、法规所规定的合同内容，以确保合同双方当事人的权利和义务。

附 6.8　杭州市房屋租赁合同（示范文本）

出租人：________________合同编号：________________

承租人：________________签订地点：________________

签订时间：______年______月______日

第一条　租赁房屋坐落在________________、间数________、建筑面积________________、房屋质量________________。

第二条　租赁期限从______年______月______日至______年______月______日。

（提示：租赁期限不得超过二十年。超过二十年的，超过部分无效）

第三条 租金（大写）：______________________________

第四条 租金的支付期限与方式：______________________________

第五条 承租人负责支付出租房屋的水费、电费、煤气费、电话费、光缆电视收视费、卫生费和物业管理费。

第六条 租赁房屋的用途：______________________________

第七条 租赁房屋的维修：______________________________

出租人维修的范围、时间及费用负担：______________________________

____

承租人维修的范围及费用负担：______________________________

____

第八条 出租人（是/否）允许承租人对租赁房屋进行装修或改善增设他物。装修、改善增设他物的范围是：______________________________

____

租赁合同期满，租赁房屋的装修、改善增设他物的处理：______________________________

____

第九条 出租人（是/否）允许承租人转租租赁房屋。

第十条 定金（大写）____________元。承租人在__________前交给出租人。

第十一条 合同解除的条件

有下列情形之一，出租人有权解除本合同：

1. 承租人不交付或者不按约定交付租金达__________个月以上；
2. 承租人所欠各项费用达（大写）______________元以上；
3. 未经出租人同意及有关部门批准，承租人擅自改变出租房屋用途的；
4. 承租人违反本合同约定，不承担维修责任致使房屋或设备严重损坏的；
5. 未经出租人书面同意，承租人将出租房屋进行装修的；
6. 未经出租人书面同意，承租人将出租房屋转租第三人；
7. 承租人在出租房屋进行违法活动的。

有下列情形之一，承租人有权解除本合同：

1. 出租人迟延交付出租房屋__________个月以上；
2. 出租人违反本合同约定，不承担维修责任，使承租人无法继续使用出租房屋。
3. ______________________________

第十二条 房屋租赁合同期满，承租人返还房屋的时间是：______________________________

____

第十三条 违约责任：______________________________

____

____

出租人未按时或未按要求维修出租房屋造成承租人人身受到伤害或财物毁损的，负责赔偿损失。

承租人逾期交付租金的，除应及时如数补交外，还应支付滞纳金。

承租人违反合同，擅自将出租房屋转租第三人使用的，因此造成出租房屋毁坏的，应负损害赔偿责任。

第十四条 合同争议的解决方式：本合同在履行过程中发生的争议，由双方当事人协商解决；也可由有关部门调解；协商或调解不成的，按下列第________种方式解决：

（一）提交__________________仲裁委员会仲裁；

（二）依法向人民法院起诉。

第十五条 其他约定事项：____

____

____

出租人	承租人	鉴（公）证意见:
出租人(章):	承租人(章):	
住所:	住所:	
法定代表人:	法定代表人:	
(签名):	(签名):	
居民身份证号码:	居民身份证号码:	
委托代理人:	委托代理人:	
(签名):	(签名):	
电话:	电话:	
开户银行:	开户银行:	鉴（公）证机关（章）
账号:	账号:	经办人:
邮政编码:	邮政编码:	年 月 日

任务 2 房地产经纪执业规范

一、房地产经纪执业规范概述

（一）房地产经纪执业规范的概念

执业规范是针对从事某一职业的人员和从事该行业的机构，制定的道德准则和行为标准。房地产经纪执业规范是指房地产行业组织制定或认可的，调整房地产经纪机构、人员与客户之间，房地产经纪机构、人员与社会之间以及房地产经纪同行之间关系的职业道德和行为规范总和。

房地产经纪执业规范是房地产经纪机构和人员从事房地产经纪活动的基本指引，是社会大众评判房地产经纪机构和人员执业行为的参考标准，是房地产经纪行业组织对房地产经纪机构和人员进行自律管理的主要依据。

房地产经纪行业较为成熟的国家和地区基本都制定了房地产经纪执业规范。美国在 1913 年就发布了《房地产经纪人道德准则与执业标准》；2002 年，台湾省发布了《不动产中介经纪业伦理规范》，香港发布了《地产代理操守守则》。

目前，我国全国性的房地产经纪执业规范是中国房地产估价师与经纪人学会在 2006 年发布的《房地产经纪执业规则》。中国房地产估价师与经纪人学会在 2012 年对其进行了修订，修改后的《房地产经纪执业规则》自 2013 年 3 月 1 日起施行。除此之外，一些房地产经纪行业比较活跃和成熟的城市也制定了地方性的房地产经纪执业规范，包括《上海市房地产经纪行业规则》、《深圳市房地产业协会经纪行业从业规范》、《广州市房地产中介服务行为规范》等等。房地产经纪执业规范的落实和执行主要依靠房地产经纪机构和执业人员的自觉遵守和行业自律。

（二）房地产经纪执业规范的作用

制定房地产经纪执业规范的主要目的是为了加强对房地产经纪机构和人员的自律管理，规范房地产经纪行为，保证房地产经纪服务质量，保障房地产交易者的合法权益，维护房地产市场秩序，促进房地产经纪行业的健康发展。

1. 规范房地产经纪行为，提升房地产经纪服务质量

房地产经纪执业规范形成后，新设立的房地产经纪机构可以依据执业规范制定内部的业务管理制度；新入职的房地产经纪人员可以通过学习执业规范了解房地产经纪工作的要求，已入职的房地产经纪人员可以对照执业规范修正自己的执业行为，这都有利于提升房地产经纪服务的质量。

2. 保障房地产经纪当事人的合法权益，维护市场秩序

房地产经纪执业规范不仅可以规范房地产经纪机构和人员的行为，也有利于房地产经纪业务的委托人、交易相对人监督是否违反了执业规范的相关要求和规定，有针对性地去投诉、索赔、起诉等，从而有效保障自身权益，维护市场秩序。

3. 协调房地产经纪同行关系，维护行业整体利益

以房地产经纪执业规范作为行为准则，有利于促使房地产经纪机构之间、房地产经纪人员之间的相互尊重，公平竞争，共同营造良好的执业环境，建立优势互补、信息资源共享、合作共赢的和谐发展关系。

4. 加强自律管理，促进房地产经纪行业的持续健康发展

房地产经纪执业规范一般由房地产经纪行业组织制定和发布，推行和落实执业规范是房地产经纪行业组织进行自律管理的有效手段。通过行业自律实现行业自治，不仅管理成本低而且管理效果好，有利于房地产经纪行业实现健康持续发展。

二、房地产经纪执业规范的主要内容

（一）房地产经纪执业的基本原则

房地产经纪机构和人员从事房地产经纪活动，应当遵守法律、法规、规章，恪守职业道德，遵循自愿、平等、公平和诚实信用的原则。

1. 合法原则

合法原则是指房地产经纪机构和人员的任何活动都要遵守法律、法规和规章的相关规定。主要体现在：

第一，房地产经纪机构必须依法设立，到工商登记机关办理营业执照，并到房地产管理部门领取备案证明。房地产经纪人员必须取得房地产经纪人协理从业资格以上级别的资格证书，并按规定注册领取注册证书。

第二，房地产交易标的必须合法。房地产经纪机构和房地产经纪人员不得承办法律法规规定不得交易的房地产、不符合交易条件的保障性住房的经纪业务。

第三，房地产经纪行为必须合法。房地产经纪机构和人员不得有弄虚作假、赚取差价、违规收费等行为。

2. 自愿原则

自愿原则是指房地产经济活动中，各行为主体必须遵循自愿协商的原则，都有权按照自己的真实意愿独立自主地进行选择和决策。主要体现在：

第一，委托人有权按照自己的真实意愿独立自主地选择房地产经纪机构、经纪人员以及服务内容。

第二，房地产经纪机构和人员有权按照自己的真实意愿独立选择房地产经纪服务的对象和服务内容。

第三，房地产经纪活动的开展还应互相尊重对方的意愿和社会公共利益，不能将自己的意志强加给第三方；同时，合法的房地产经纪活动也不受第三方干涉。

3. 平等原则

平等原则是指房地产经纪活动中，所有行为主体在法律地位上是平等的，其合法权益应受到法律平等保护。主要体现在：

第一，房地产经纪活动中的相关主体，包括房地产经纪机构、房地产经纪人员、委托人、交易相对人等，他们的地位平等，受法律平等保护。

第二，房地产经纪活动当事人依法平等地享受权利和负担义务，平等地承担民事责任。

4. 公平原则

公平原则是指房地产经纪机构和人员在开展房地产经纪活动时，要以公平、正义的观念指导自己的行为和处理相互关系。主要体现在：

第一，房地产经纪机构应平等地获取经纪业务。房地产经纪机构应站在同一起跑线上，依靠专业水平、服务质量和品牌来公平地竞争，而不是依靠特权来获取业务。

第二，房地产经纪机构作为受托方应当和委托方公平地确定彼此的权利和义务，既不能“店大欺客”，也不能“妄自菲薄”。

第三，房地产经纪机构和人员在从事居间服务时应公正地平衡当事人各方的利益，不得偏向交易双方中的任何一方。

5. 诚实信用原则

诚实信用原则是指房地产经纪机构和人员在提供经纪服务时，要讲究信用、恪守诺言、诚实不欺，在不损害他人和社会利益的前提下追求自己的利益。主要体现在：

第一，房地产经纪机构和人员要诚实，不弄虚作假，不欺诈，进行正当竞争。例如不发布虚假房源和客源信息，不诽谤诋毁同行，不以引诱欺诈的手段促成交易等。

第二，房地产经纪机构和人员应信守诺言，不擅自毁约，严格按法律规定和当事人的约定履行义务，兼顾各方利益。在约定不明确或者订约后客观情形发生重大改变时，应依诚实信用的要求确定当事人的权利义务和责任。

（二）房地产经纪执业行为规范

1. 房地产经纪业务招揽行为规范

（1）经营场所公示规范

房地产经纪机构及其分支机构应当在其经营场所醒目位置公示下列内容：

① 营业执照和备案证明文件；

② 服务项目、服务内容和服务标准；

③ 房地产经纪业务流程；

④ 收费项目、收费依据和收费标准；

⑤ 房地产交易资金监管方式；

⑥ 房地产经纪信用档案查询方式、投诉电话及 12358 价格举报电话；

⑦ 建设（房地产）主管部门或者房地产经纪行业组织制定的房地产经纪服务合同、房屋买卖合同、房屋租赁合同示范文本；

⑧ 分支机构应当公示设立该分支机构的房地产经纪机构的经营地址及联系方式；

⑨ 房地产经纪机构代理销售商品房项目的，还应当在销售现场醒目位置公示商品房销售委托书和批准销售商品房的有关证明文件；

⑩ 法律、法规、规章规定应当公示的其他事项。

房地产经纪机构及其分支机构公示的内容应当真实、完整、清晰。

（2）经纪人员着装规范

房地产经纪人员在执行业务时，应当佩戴标有其姓名、注册号、执业单位和照片等内容的胸牌（卡），注重仪表、礼貌待人，维护良好的职业形象。

（3）招揽业务时的禁止行为

房地产经纪机构和人员不得利用虚假的房源、客源、价格等信息引诱客户，不得采取胁迫、恶意串通、阻断他人交易、恶意挖抢同行房源客源、恶性低收费、帮助当事人规避交易税费、贬低同行、虚假宣传等不正当手段招揽、承接房地产经纪业务。

房地产经纪机构和人员未经信息接收者、被访者同意或者请求，或者信息接收者、被访者明确表示拒绝的，不得向其固定电话、移动电话或者个人电子邮箱发送房源、客源信息，不得拨打其电话、上门推销房源、客源或者招揽业务。

房地产经纪机构和人员采取在经营场所外放置房源信息展板、发放房源信息传单等方式招揽房地产经纪业务，应当符合有关规定，并不得影响或者干扰他人正常生活，不得有损房地产经纪行业形象。

2. 房地产经纪业务承接行为规范

（1）合同签订规范

房地产经纪机构承接房地产经纪业务，应当与委托人签订书面房地产经纪服务合同。房地产经纪服务合同应当优先选用建设（房地产）主管部门或者房地产经纪行业组织制定的示范文本；不选用的，应当经委托人书面同意。房地产经纪机构承接代办房地产贷款、代办房地产登记等其他服务，应当与委托人另行签订服务合同。

（2）信息告知规范

房地产经纪机构与委托人签订房地产经纪服务合同，应当向委托人说明房地产经纪服务合同和房地产交易合同的相关内容，并书面告知下列事项：

① 是否与委托房地产有利害关系；

② 应当由委托人协助的事宜、提供的资料；

③ 委托房地产的市场参考价格；

④ 房地产交易的一般程序及可能存在的风险；

⑤ 房地产交易涉及的税费；

⑥ 房地产经纪服务的内容及完成标准；

⑦ 房地产经纪服务收费标准和支付时间；

⑧ 其他需要告知的事项。

房地产经纪机构根据交易当事人需要提供房地产经纪服务以外的其他服务的，应当向委托人说明服务内容、收费标准等情况，并经交易当事人书面同意。书面告知材料应当经委托人签名（盖章）确认。

（3）不得承办的业务

房地产经纪机构和人员不得招揽、承办下列业务：

① 法律法规规定不得交易的房地产和不符合交易条件的保障性住房的经纪业务；

② 违法违规或者违背社会公德、损害公共利益的房地产经纪业务；

③ 明知已由其他房地产经纪机构独家代理的经纪业务；

④ 自己的专业能力难以胜任的房地产经纪业务。

3. 房地产经纪业务办理行为规范

（1）资格审查规范

房地产经纪机构与委托人签订房屋出售、出租经纪服务合同，应当查看委托人的身份证明、委托出售或者出租房屋的权属证明和房屋所有权人的身份证明等有关资料，实地查看房屋并编制房屋状况说明书。

房地产经纪机构与委托人签订房屋承购、承租经纪服务合同，应当查看委托人的身份证明等有关资料，了解委托人的购买资格，询问委托人的购买（租赁）意向，包括房屋的用途、区位、价位（租金水平）、户型、面积、建成年份或新旧程度等。

房地产经纪机构和人员应当妥善保管委托人提供的资料以及房屋钥匙等物品。

（2）人员安排规范

房地产经纪机构对每宗房地产经纪业务，应当选派或者由委托人选定注册在本机构的房地产经纪人员为承办人，并在房地产经纪服务合同中载明。

房地产经纪服务合同应当由承办该宗经纪业务的一名房地产经纪人或者两名房地产经纪人协理签名，并加盖房地产经纪机构印章。

房地产经纪机构和人员不得在自己未提供服务的房地产经纪服务合同等业务文书上盖章、签名，不得允许其他单位或者个人以自己的名义从事房地产经纪业务，不得以其他单位或者个人的名义从事房地产经纪业务。

（3）房源发布规范

房地产经纪机构和人员对外发布房源信息，应当经委托人书面同意；发布的房源信息中，房屋应当真实存在，房屋状况说明应当真实、客观，挂牌价应当为委托人的真实报价并标明价格内涵。

房地产经纪机构和人员不得捏造、散布虚假房地产市场信息，不得操控或者联合委托人操控房价、房租，不得鼓动房地产权利人提价、提租，不得与房地产开发经营单位串通捂盘惜售、炒卖房号。

（4）订约机会报告规范

房地产经纪人员应当根据委托人的意向，及时、全面、如实向委托人报告业务进行过程中的订约机会、市场行情变化及其他有关情况，不得对委托人隐瞒与交易有关的重要事项；应当及时向房地产经纪机构报告业务进展情况，不得在脱离、隐瞒、欺骗房地产经纪机构的情况下开展经纪业务。

（5）尽职调查规范

房地产经纪人员应当凭借自己的专业知识和经验，尽职调查标的房地产状况，如实向承购人（承租人）告知所知悉的真实、客观、完整的标的房地产状况，不得隐瞒所知悉的标的房地产的瑕疵，并应当协助其对标的房地产进行查验。

（6）交易撮合规范

房地产经纪机构和人员不得诱骗或者强迫当事人签订房地产交易合同，不得阻断或者搅乱同行提供经纪服务的房地产交易，不得承购或者承租自己提供经纪服务的房地产，不得将自己的房地产出售或者出租给自己提供经纪服务的委托人。

房地产经纪机构和人员应当向交易当事人宣传、说明国家实行房地产成交价格申报制度，如实申报成交价格是法律规定；不得为交易当事人规避房地产交易税费、多贷款等目的，就同一房地产签订不同交易价款的合同提供便利；不得为交易当事人骗取购房资格提供便利；不得采取假赠与、假借公证委托售房等手段规避国家相关规定。

（7）资金监管规范

房地产经纪机构和人员应当严格遵守房地产交易资金监管规定，保障房地产交易资金安全，不得侵占、挪用或者拖延支付客户的房地产交易资金。

房地产经纪机构按照交易当事人约定代收代付交易资金的，应当通过房地产经纪机构在银行开设的客户交易结算资金专用存款账户划转交易资金。交易资金的划转应当经过房地产交易资金支付方和房地产经纪机构的签字和盖章。

（8）佣金收取规范

房地产经纪机构和人员不得在隐瞒或者欺骗委托人的情况下，向委托人推荐使用与自己有直接利益关系的担保、估价、保险、金融等机构的服务。

佣金等服务费用应当由房地产经纪机构统一收取。房地产经纪人员不得以个人名义收取费用。

房地产经纪机构不得收取任何未予标明或者服务合同约定以外的费用；在未对标的房屋进行装饰装修、增配家具家电等投入的情况下，不得以低价购进（租赁）、高价售出（转租）等方式赚取差价；不得利用虚假信息骗取中介费、服务费、看房费等费用。

房地产经纪机构未完成房地产经纪服务合同约定的事项，或者服务未达到房地产经纪服务合同约定标准的，不得收取佣金；但因委托人原因导致房地产经纪服务未完成或未达到约定标准的，可以按照房地产服务合同约定，要求委托人支付从事经纪服务已支出的必要费用。

（9）业务转让规范

房地产经纪机构转让或者与其他房地产经纪机构合作开展经纪业务的，应当经委托人书面同意。

两家或者两家以上房地产经纪机构合作开展同一宗房地产经纪业务的，只能按照一宗业务收取佣金；合作的房地产经纪机构应当根据合作双方约定分配佣金。

（10）业务记录和资料保管规范

房地产经纪机构应当建立健全业务记录制度。执行业务的房地产经纪人员应当如实全程记录业务执行情况及发生的费用等，形成房地产经纪业务记录。

房地产经纪机构应当妥善保存房地产经纪服务合同和其他服务合同、房地产交易合同、房屋状况说明书、房地产经纪业务记录、业务交接单据、原始凭证等房地产经纪业务相关资料。

房地产经纪服务合同等房地产经纪业务相关资料的保存期限不得少于5年。

（11）保密规范

房地产经纪机构和人员应当保守在执业活动中知悉的当事人的商业秘密，不得泄露个人隐私；应当妥善保管委托人的信息及其提供的资料，未经委托人同意，不得擅自将其公开、泄露或者出售给他人。

（12）售后服务规范

房地产经纪机构和人员对已成交或者超过委托期限的房源信息，应当及时予以标注，或者从经营场所、网站等信息发布渠道撤下。

房地产经纪机构应当建立房地产经纪纠纷投诉处理机制，及时妥善处理房地产交易当事人与房地产经纪人员的纠纷。

房地产经纪机构依法对房地产经纪人员的执业行为承担责任，发现房地产经纪人员的违法违规行为时应当进行制止并采取必要的补救措施。

（三）争议处理与执业责任

1. 房地产经纪活动中的争议处理

在房地产经纪活动中，由于房地产经纪人员或其所在的房地产经纪机构的故意或过失，给当事人造成经济损失的，由房地产经纪机构承担赔偿责任。房地产经纪机构在向当事人进行赔偿后，可以向有关责任人追偿全部或部分赔偿费用。

当事人之间对房地产经纪合同的履行有争议的，可以本着平等自愿的原则协商解决。双方协商不成的，可以向有关政府管理部门投诉，由其从中进行调解。如经调解不能达成协议，双方可以按照合同中的有效仲裁条款进行处理。合同中无仲裁条款的，可以向房地产所在地人民法院提起诉讼。

2. 房地产经纪执业中违法违规行为的行政处罚

房地产经纪机构和房地产经纪人员违反有关行政法规和规章的规定，行政主管部门或其授权的部门可以在其职权范围内，对违法房地产经纪机构或房地产经纪人员处以与其违法行为相应的行政处罚。

行政处罚的种类包括计入信用档案、罚款、没收违法所得和非法财物、责令限期改正、停业整顿、暂扣或者吊销许可证、暂扣或者吊销营业执照、取消网签资格等。

《房地产经纪管理办法》第三十三条规定，有下列行为之一的，由县级以上地方人民政府建设（房地产）主管部门责令限期改正，记入信用档案；对房地产经纪人员处以 1 万元罚款；对房地产经纪机构处以 1 万元以上 3 万元以下罚款：

1）房地产经纪人员以个人名义承接房地产经纪业务和收取费用的。

2）房地产经纪机构提供代办贷款、代办房地产登记等其他服务，未向委托人说明服务内容、收费标准等情况，并未经委托人同意的。

3）房地产经纪服务合同未由从事该业务的一名房地产经纪人或者两名房地产经纪人协理签名的。

4）房地产经纪机构签订房地产经纪服务合同前，不向交易当事人说明和书面告知规定事项的。

5）房地产经纪机构未按照规定如实记录业务情况或者保存房地产经纪服务合同的。

第三十四条规定房地产经纪机构和人员构成价格违法行为的，由县级以上人民政府价格主管部门按照价格法律、法规和规章的规定，责令改正、没收违法所得、依法处以罚款；情节严重的，依法给予停业整顿等行政处罚。

第三十五条规定房地产经纪机构擅自对外发布房源信息的，由县级以上地方人民政府建设（房地产）主管部门责令限期改正，记入信用档案，取消网上签约资格，并处以1万元以上3万元以下罚款。

第三十六条规定房地产经纪机构擅自划转客户交易结算资金的，由县级以上地方人民政府建设（房地产）主管部门责令限期改正，取消网上签约资格，处以3万元罚款。

第三十七条规定房地产经纪机构和人员有下列行为的，由县级以上地方人民政府建设（房地产）主管部门责令限期改正，记入信用档案，对房地产经纪人员处以1万元罚款；对房地产经纪机构，取消网上签约资格，处以3万元罚款。

1）以隐瞒、欺诈、胁迫、贿赂等不正当手段招揽业务，诱骗消费者交易或者强制交易。

2）泄露或者不当使用委托人的个人信息或者商业秘密，谋取不正当利益。

3）为交易当事人规避房屋交易税费等非法目的，就同一房屋签订不同交易价款的合同提供便利。

4）改变房屋内部结构分割出租。

5）侵占、挪用房地产交易资金。

6）承购、承租自己提供经纪服务的房屋。

7）为不符合交易条件的保障性住房和禁止交易的房屋提供经纪服务。

案　例

一套房差价近百万元

2007年2月份，百富房地产经纪公司在从事一套存量房买卖业务过程中，对交易双方隐瞒真实的房屋成交价格，向买方收取购房款634.6万余元，交给卖方540万元，且虚拟合同按照160万元的房屋价格，向税务等部门仅缴纳相关税费13.6万元。里外里百富公司吃了94万多元的差价。北京市建委经调查认定，百富公司和相关责任房地产经纪人员陈某、刘某、焦某存在对交易双方隐瞒真实的房屋成交价格等交易信息，违规赚取差价的行为。

2007年8月15日，北京市建委将该公司违规行为记入房地产经纪机构信用档案警示信息系统，整改复查合格前限制网上签约资格。陈某、刘某、焦某的违规行为也通报工商主管部门予以查处。

3. 房地产经纪执业中违法犯罪行为的法律责任

（1）民事责任

1）违约责任。违约责任是当事人不履行合同义务或者履行义务不符合约定条件而应承担的民事责任。违约责任是以有效合同为前提，合同未成立或者成立后无效、被撤销的，纵使当事人有过失也无违约责任可言。违约责任的构成要件，一是必须有违约行为；

二是无免责事由。

承担违约责任的方式主要有：

① 继续履行。对于违约行为，采取以继续履行为主赔偿为辅的救济原则。当事人一方未支付价款或者报酬的，对方可以要求其支付价款或者报酬。当事人一方不履行非金钱债务或者履行非金钱债务不符合约定的，对方可以要求履行，但下列三种情形除外：一是法律上或者事实上不能履行；二是债务的标的不适于强制履行或者履行费用过高；三是债权人在合理期限内未要求履行。

② 违约金。违约金是依当事人的约定或法律的直接规定，在当事人一方不履行债务时，向他方给付的金钱。违约金的数额由当事人在合同中约定，但约定的数额应与损失大致相当。因迟延履行给付违约金后，不免除违约人的合同义务，仍应继续履行。

③ 损害赔偿。在违约人继续履行或采取补救措施后，相对人还有损失的，可请求损害赔偿。赔偿的范围包括实际损失和预期利益损失，但预期利益不得超过违约人缔约时预见到或可能预见到违约可能造成的损失。在当事人违约行为侵害对方人身或财产的，对方有请求违约损害赔偿或侵权赔偿的选择权。例如承租人损毁租赁房屋，既是违约行为，又是侵害他人财产所有权的行为，因而发生两个损害赔偿请求权的竞合，出租人可择一行使。

另外，在合同未成立或成立后无效、被撤销，无法请求违约责任的情况下，在合同成立以前缔约上有过失的一方应承担缔约过失责任。缔约过失责任虽不属于违约责任，但与合同有关，属于合同责任，缔约过失责任的条件是：当事人一方违反先合同义务，如告知、注意、保密等义务；当事人一方有过失；另一方有损失。缔约过失责任的赔偿范围以实际损失为原则。

2）侵权责任。侵权责任是指侵犯经纪合同所约定的债权之外的其他权利而应承担的民事责任。一般侵权行为是指因过错侵害他人的财产或人身并应承担民事责任的行为。侵权责任的构成要件一是有侵权行为，二是无免责事由。

承担侵权责任的主要方式有：①停止侵害；②排除妨碍；③消除危险；④返还财产；⑤恢复原状；⑥赔偿损失；⑦消除影响、恢复名誉；⑧赔礼道歉。

（2）刑事责任

房地产经纪人和房地产经纪机构在经营活动中，触犯刑法的，司法机关必将追究有关责任人的刑事责任，包括限制人身自由的管制、拘役、有期徒刑、无期徒刑，乃至死刑。与民事责任重在补偿性不同，刑事责任重在惩罚性，对刑事责任的追究非常注重行为的主观要件。

案　例

房产中介“两头通吃”被告上法庭

一套房子两份合同

2012 年的 11 月，肖女士找到某房产经纪公司，委托其居间出售位于某小区的一套住房。随后，房产经纪公司找到了有意向购买肖女士住房的邓先生。

2012 年 11 月 11 日，房产经纪公司与邓先生签订了《房屋买卖及居间合同》，双方在合同中约定房屋转让价格为 162000 元，税费由邓先生承担，肖女士未缴纳的维修基金和居间服务费均由邓先生承担。

之后，房产经纪公司又与肖女士签订了另外一份《房屋买卖及居间合同》，其内容和前一份《房屋买卖及居间合同》一致，只是另外补充了肖女士实收价款 150000 元，需另外支付房产经纪公司 12000 元缴纳相关税费的约定。

随后肖女士缴纳了 12000 元的款项，房产经纪公司出具了"服务费"的收据。邓先生也缴纳了 3000 多元的佣金和近 8000 元的相关税费，在肖女士缴纳了 2400 元的维修基金后，不知情的邓先生也向房产经纪公司支付了 2400 余元的维修基金。

是否吃差价各执一词

三方在合同中虽然约定了转让房产的相关税费由买方邓先生承担，合同中约定不需要承担税费的肖女士在邓先生缴纳税费之前就缴纳了 12000 元的税费给房产代理公司。随后邓先生也缴纳了相关的税费近 8000 元。

据肖女士称，从一开始她就知道房产经纪公司是"两头通吃"，但急于售房故而缴纳了房产经纪公司所称的 12000 元的税费。买卖双方认为中介构成欺诈，将其告上法庭要求返还相关费用。

房产公司称本来合同约定由邓先生支付转让房屋的相关税费的，但与邓先生签订合同时邓先生提出房价已经较贵，再加上相关税费承受不起。后来肖女士也怕邓先生反悔，房产出售不了，才愿意承担相关税费。至于邓先生缴纳的 2400 余元的房屋维修基金，他们已经通知过邓先生前来退费，但邓先生一直未来办理退费手续。

法院判令中介返还费用

庭审过程中，肖女士和邓先生都提出了两份合同中虽然都有三人签名，但合同签订时并不是三方都在场，而是他们分别与房产经纪公司签订之后，房产经纪公司转给另外一方互签的。双方都提出了合同当中对方的签名系房产经纪公司假冒签署的意见。

法院审理认为，肖女士交付了 12000 元的税费给房产经纪公司，但该税费按照合同的约定已经由邓先生承担，房产经纪公司应当予以返还。肖女士在邓先生缴纳房屋维修基金之前就已缴纳相应部分，房产公司收取邓先生 2400 余元的房屋维修基金没有依据，应予返还。

任务 3　房地产经纪服务合同与房地产经纪执业规范实务操作

一、房地产经纪服务合同案例

李先生在杭州某小区有闲置二居室住宅一套，高档新装修，家具设施配套齐全，李先生计划以 3500 元/月出租该物业。2012 年 4 月 5 日，李先生走进我爱我家某门店，挂牌出租。

2012 年 4 月 15 日，王先生走进我爱我家这家门店，有意承租一套住宅二居室房屋。经纪人小周接待了王先生并给他推荐了李先生的那套房屋。经过一番看房与价格商议，最后商定王先生以 3400 元/月承租李先生的房屋，租期一年，双方于 2012 年 4 月 20 日在我爱我家的这家门店签订了房屋出租合同。

下面我们来看一下完成这个过程中需要签订的有关合同。

二、实务操作

第一步：李先生与经纪公司双方需要确定委托关系，则需要签订委托协议。

李先生是出租物业，应该签订《出租委托协议书》，经纪人员还应对客户李先生提出的关于协议条款的疑问给予满意的解释。

除了协议最后的“甲方签字”处由客户签名外，其他部分均由置业顾问填写。为了保证“委托方”、“身份证号”填写准确，置业顾问应用合适的语气请客户出示身份证（军官证、护照），据此填写。

出租房屋委托协议

编号：0001111111

□出售 ✓出租

委托方(以下简称甲方)：李三 身份证号：36257××××××××××××××

受托方(以下简称乙方)：杭州我爱我家代理有限公司

甲、乙双方本着自愿、平等、诚实信用的原则，经双方共同协商，就甲方委托乙方按下列条件居间出租/出售房屋事宜达成如下协议。

一、房屋基本状况

1. 房屋坐落：杭州环城北路××号 1 幢 1 单元 101 室；建筑面积：60m^2；建成年份：约 2000 年；房屋所有权证编号：杭×字×××号；户型：2 室 1 厅 1 卫：权属：✓私房 □房改房 □其他

2. 楼层：4 层；朝向：南北向；装修状况：高档装修，附属设施：设施齐全。

3. 抵押情况：✓无 □有；租赁情况：✓无 □有（租期至____年___月___日）。

4. 挂牌总价/租价：人民币__元（小写__元）/每月人民币叁仟伍佰元整（小写 3500 元）。

5. 税费承担：✓各自承担 □净价 □其他___。

6. 其他：无。

二、委托方式与期限

✓非独家委托，期限自委托日起至该房屋交易成功时止。

□ 独家委托，期限自委托日起至________年_____月_____日止。在此期间甲方不能同时委托其他中介机构从事与乙方相同的活动，同时甲方将可享受独家委托代理的各项优惠政策。甲方同意在乙方需要时可委托第三方或与第三方共同完成甲方委托的事务。

三、甲方/甲方代理人确认

1. 甲方确认：具有出租/出售房屋的权利，无权利纠纷，并经共有权人一致同意出租上述房屋。

2. 甲方代理人确认：甲方及共有权人一致同意出租上述房屋，无权利纠纷，同时具有甲方书面授权委托书。

3. 甲方/甲方代理人对其所提供的房屋信息的真实性、准确性负责。

四、甲方（包括关联方）承诺：在乙方居间服务过程中，不得做损害乙方权益的行为（如：与乙方置业顾问带看的承租方/买受方（包括关联方）交换联系方式，私下签订租赁/买卖合同，经第三方居间签订租赁/买卖合同）。甲方委托乙方代为收取并保管承租方/买受方交付的定金。

五、乙方承诺：乙方发布的信息与甲方提供的信息一致，如有虚假，乙方按照出售房屋挂牌总价的 3%/或出租房屋年租金的 10%作为违约金。妥善保管三证，积极为甲方寻找合适的承租方/买受方，促成交易。

六、中介服务费：见背面附件《房屋经纪收费明码标价表》。

七、违约条款：甲方违反本协议约定的按照出售房屋挂牌总价的 3%/或出租房屋年租金的 10%作为违约金。在甲方与乙方介绍的承租方/买受方达成交易意向并支付交易定金后，承租方/买受方违约的，甲方同意将没收的交易定金的 50%支付给乙方作为服务补偿。

八、关联方：包括甲方配偶、父母、子女、代理人及看房随行人员。

九、协议生效：本协议一式两份，甲、乙双方各执一份，经双方签字、盖章后生效。

十、纠纷处理：本协议在履行过程中发生争议，协商不成的，提交杭州市仲裁委员会仲裁。

十一、其他条款：无

甲方：李三　　乙方：杭州我爱我家代理有限公司

代理人：无　代表人：总部 门店 周×× 置业顾问

联络地址：杭州环城北路××号 1 幢 1 单元 101 室

电话：123456578　签约时间：2012 年 4 月 5 日

第二步：王先生与经纪公司双方需要签订委托协议。

王先生是承租物业，应该签订《承租委托协议书》，经纪人员还应对客户王先生解释关于协议条款的疑问。除了协议最后的“甲方签字”处由客户签名外，其他部分均由置业顾问填写。

承租房屋委托协议

编号:0001211

委托方(以下简称甲方)：王××　身份证号：367897×××××××××××××

受托方(以下简称乙方)：杭州我爱我家代理有限公司

根据《中华人民共和国合同法》、《中华人民共和国城市房地产管理法》及其他法律法规，委托人和受托人本着平等、自愿、公平、诚实信用的原则，经协商一致，达成如下协议。

第一条 委托事项

委托人为租赁《房屋需求信息》(见本协议附件)所要求的房屋(以下简称意愿租赁房屋),委托受托人提供本协议第三条约定的服务。

【受托人指派】【委托人选定】注册在受托人名下的下列房地产经纪人为本协议委托事项的承办人,执行委托事项:

承办人姓名: 周×× 性别: 男 身份证件号码: 35648××××

房地产经纪人注册号: 2170××××。

第二条 房屋需求信息

签订本协议时,受托人应凭借自己的专业知识和经验,向委托人详细询问其意愿租赁房屋的用途、区位、租金水平、户型、面积、建成年份或新旧程度等要求;委托人应对其租赁意愿表示的真实性承担法律责任。

受托人应根据委托人的租赁意愿,与委托人共同如实填写《房屋需求信息》。

《房屋需求信息》为本协议的重要组成部分。

第三条 服务内容

委托人委托受托人提供下列第 (一)(二)(三)(四) 项服务(可多选):

(一)提供与意愿租赁房屋租赁相关的法律法规、政策、市场行情咨询。

(二)寻找意愿租赁房屋及其出租人。

(三)对符合委托人租赁《房屋需求信息》要求且得到委托人基本认可的房屋进行产权调查和实地查验。

(四)协助委托人与出租人达成房屋租赁合同。

(五)为委托人代办税费缴纳事务。

(六)代理交接房屋、附属设施及家具设备等。

(七)代办各种收费设施的交接手续。

(八)其他(请注明) 无 。

受托人为完成委托代办事项而向委托人收取证件、文件、资料时,应向委托人开具规范的收件清单,并妥善保管;完成委托代办事项后,应及时将上述证件、文件、资料退还委托人。

第四条 委托期限与方式

(一)委托期限按照下列第 2 种方式确定(只可选一项):

1. 自___年___月___日起,至___年___月___日止。期限届满,本协议自行终止。

2. 自本协议签订之日起,至委托人与出租人签订房屋租赁合同之日止。

3. 其他(请注明) 无 。

(二)委托人【承诺】【√不承诺】在委托期限内本协议约定的委托事项为独家委托。

第五条 委托承租价格

委托人要求委托承租的房屋【√月】【季】【年】【 】租金不高于【人民币】【 】大写 叁仟伍佰 元(小写 3500 元)。委托人支付的租金应与出租人得到的租金相同。

第六条　服务费用支付

（一）佣金

在本协议第四条约定的期限内委托人与出租人达成房屋租赁合同的，委托人应向受托人支付佣金。

1. 佣金的支付标准、金额及支付时间按照下列第＿（3）＿种方式确定（只可选一项）：

（1）按房屋租赁合同中载明的【月】【季】【年】【　】租金的大写百分之＿＿（小写＿＿%）计付佣金。

（2）按固定金额【人民币】【　】大写＿＿＿＿元（小写＿＿＿＿元）支付佣金。

（3）其他（请注明）＿按背面附件《房屋经纪收费明码标价表》列明的标准＿。

2. 受托人收取佣金后，应向委托人开具正式发票。

（二）代办事项服务费

受托人完成本协议第三条约定的代办事项的，委托人应按照下列第＿3＿种方式向受托人支付服务费（下列选项只有一项有效，填写两项或两项以上者，按照有利于委托人的选项执行）：

1. 由受托人承担。

2. 按受托人经营场所明示的收费标准，自委托事项完成之日起＿＿日内或＿无＿支付。

3. 按受托人经营场所明示的收费标准的大写百分之＿＿（小写＿＿%），自委托事项完成之日起＿＿日内或＿＿＿＿支付。

4. 按固定金额【人民币】【　】大写＿＿＿＿元（小写＿＿＿＿元），自委托事项完成之日起＿＿＿＿日内或＿＿＿＿＿＿＿＿支付。

5. 其他（请注明）＿无＿。

受托人收取代办服务费后，应向委托人开具正式发票。

（三）代缴税费

受托人在完成委托事项中，代委托人向第三方缴纳的税费，按照下列第＿（3）＿种方式处理（下列选项只有一项有效，填写两项或两项以上者，按照有利于委托人的选项执行）：

1. 委托人按委托人和受托人认同的估算金额预付给受托人，待约定的代缴税费事项完成、委托期限届满或者本协议终止（以先者为准）时，受托人凭缴纳税费收据与委托人结算，如有差额多退少补。

2. 由受托人提供收费标准与金额，委托人按代办进程将应缴税费付给受托人，委托其代为向第三方缴纳。

3. 其他（请注明）＿无＿。

第七条　交易过错责任承担

委托人因与本项委托直接关联的交易与出租人发生房屋租赁权纠纷且委托人属过错方的，除受托人能证明属于委托人过错、应由委托人承担责任的外，受托人作为专业机构应承担过错责任，对委托人应承担的民事责任承担连带责任。

受托人不得在本协议以外的补充约定中，设立明示或者暗示与本条款相冲突的免除受托人责任的条款。

第八条 违约责任

（一）委托人违约责任

1. 委托人故意提供虚假的房屋需求信息的，受托人有权单方解除本协议，给受托人造成损失的，委托人应依法承担赔偿责任；

2. 委托人泄露由受托人提供的出租人资料，给受托人、出租人造成损失的，委托人应依法承担赔偿责任；

3. 委托人在委托期限内自行与第三人达成交易的，应按照本协议约定的标准向受托人支付佣金。但委托人在本协议第四条第二款中不承诺为独家委托，并能证明该项交易与受托人的服务没有直接因果关系的除外。

（二）受托人违约责任

1. 甲方违反本协议约定的按照出售房屋挂牌总价的3%/或出租房屋年租金的10%作为违约金。

2. 在甲方与乙方介绍的承租方/买受方达成交易意向并支付交易定金后，承租方/买受方违约的，甲方同意将没收的交易定金的50%支付给乙方作为服务补偿。

3. 在委托代办事项中，受托人因工作疏漏，遗失委托人的证件、文件、资料、发票等，应给予相应经济补偿。

第九条 协议变更与解除

（一）协议变更

在本协议履行期间，任何一方要求变更本协议条款，应书面通知对方。经双方协商一致，可达成补充协议。补充协议为本协议的组成部分，与本协议具有同等效力。

如经双方协商一致，无需签订补充协议的，应将变更事项简记于本协议的附注栏内。

（二）协议解除

1. 委托人有确凿证据证明受托人有与其执业身份不相称的行为且将影响委托人利益的，可于委托期限届满前，书面通知受托人解除本协议，受托人应在收到通知之日起 2 日内将预收的费用退还委托人。

2. 受托人有确凿证据证明委托人隐瞒重要事实且足以影响交易安全的，可于委托期限届满前，书面通知委托人解除本协议，已收费用不予退还，并可依法追偿约定的或已发生的费用。

第十条 争议处理

因履行本协议发生争议，由争议双方协商解决，协商不成的，按照下列第 2 种方式解决：

1. 提交________仲裁委员会仲裁。

2. 依法向人民法院起诉。

第十一条 协议生效

本协议一式 贰 份，具有同等法律效力，委托人 壹 份，受托人 壹 份。

本协议自双方签订之日起生效。

甲方：王××　　　　　　　　　乙方：杭州我爱我家代理有限公司

代理人：无　　　　　　　　　代表人：总部门店 周×× 置业顾问

电话：123456578　　　　　　签约时间：2012年4月15日

房屋需求信息

用途：居住 区位：杭州 市 下城区 区 环城北路××号 附近 600 米内的范围。 租金：【√月】【季】【年】【　】租金【人民币】【　】3000 元至 3500 元。 户型：2 室 1 厅 1 卫 1 厨或 2 室 2 厅 1 卫 1 厨。 面积：【建筑面积】【使用面积】【　】55 平方米至 70 平方米。 新旧：【√房屋建成年份】【新旧程度】【　】：1990年以后的。 其他要求：楼层不要太高，有停车位
委托人和受托人对上述信息签字确认： 委托人：王××　　　　　　受托人：杭州我爱我家代理有限公司 　　　　　　　　　　　　承办人：周×× 签订地点：杭州 签订日期：2012 年 4 月 15 日

第三步：2012年4月20日，出租方李先生与承租方王先生在我爱我家的门店，签订了房屋的租赁合同。

房屋租赁合同

合同编号：00000001

出租方（甲方）：李三　房源编号：000111　产权证号码：×字×××号

承租方（乙方）：王××　客户编号：00012　委托协议编号：10293××

根据《中华人民共和国合同法》等法律法规的规定，甲乙双方在自愿、平等、协商一致的基础上，就乙方向甲方承租位于 杭州 市 环城北路×× 号 1 幢 1 单元 101 室 房产达成如下协议，承诺共同遵守。合同内容如下。

第一条　房屋基本情况

1. 该房屋建筑面积为 60 平方米，房屋用途为 居住 ；未征得甲方书面同意，不得擅自改变该房屋的使用用途。

2. 该房屋现有装修及设备情况见附件《房屋设施移交清单》。除双方另有约定外，该附件作为甲方按照本合同约定交付乙方使用及乙方在本合同租赁期满交还该房屋的验证依据。

第二条　租赁期限

1. 房屋租赁期限从（大写） 贰零壹贰 年 肆 月 贰拾 日至 贰零壹叁 年 肆 月 拾玖 日止。

2. 房屋租赁期限届满，租赁合同自然终止。乙方如需要继续租用的，应当在租赁期限届满前1个月提出，并经双方一致同意后，重新签订租赁合同。

第三条 租金及支付方式

1. 月租金：￥ 3400 元（大写：叁仟肆佰元整）。

2. 租金的支付方式为（□月付 √季付 □半年付 □年付 □其他方式________），首期租金在本合同签订之日起（大写）壹天内支付，此后每期租金提前（大写）壹拾伍天支付，先付后用（若乙方以汇款形式支付租金，则支付日期以付出凭证日期为准，汇费由汇出方承担）。

第四条 押金及费用承担

1. 乙方在本合同签订之日起当天内向甲方支付押金￥ 3000 元整（大写：叁仟元整）。租赁期满物业交割完毕且结清相关费用后，甲方全额无息返还该押金。

2. 租赁期内该房屋的水、电、煤气、有线电视、物业管理及其他因相关使用而产生的费用由乙方承担。

第五条 权利与义务

1. 甲方按照约定收回房屋后，乙方余留的物品甲方有权进行处理，并不因此承担任何责任。

2. 甲方保证该房能够正常使用，该房屋的自然损坏应由甲方负责修复，但乙方擅自改变该房屋用途，如从事生产或经营活动，或因使用不当造成房屋或设施损坏的，则修缮责任由乙方承担或予以甲方经济赔偿。

3. 甲方 □同意 √不同意 乙方转租或转借该房屋。

4. 乙方如发现该房屋及设施有任何损坏或险情，须及时通知甲方或管理公司，采取适当措施防止损坏或险情扩大，并予以积极配合。

5. 乙方应按本合同规定，按期支付租金。

6. 除房屋内已有装修及设施外，乙方如要求重新装修或变更原设施的，须事前征得甲方书面同意。

7. 甲方出售该出租房屋，应提前1个月通知乙方。

第六条 违约责任

甲乙双方任何一方有违反本合同第二、三、四、五、九条款情况的，均视为违约，守约方有权解除合同，违约方应支付守约方违约金￥ 3500 元整（大写： 叁仟伍佰元整 ）。若违约金不足以弥补守约方损失的，违约方应另行赔偿。

第七条 合同变更与终止

1. 有下列情形之一的，甲乙双方可以变更或者终止本合同。

1）甲乙双方协商一致的。

2）因不可抗力致使本合同不能继续履行的。

3）因国家政策或法律规定必须终止的。

4）因一方有违约情况的。

2. 乙方有下列情形之一的，甲方有权终止合同并收回房屋。造成甲方损失，由乙方负责赔偿。

1）擅自将承租的房屋转让，转借，转租或擅自调换使用。

2）擅自拆改承租房屋结构或改变承租房屋用途。

3）利用承租房屋进行违法活动。

4）故意损坏承租房屋。

5）乙方不具备合法经营身份和条件的。

6）不按工商管理及物业管理规定违法违规经营的。

第八条 不可抗力

由于地震、台风、暴雨、大火、战争以及其他不能预见、不能抗拒、不能克服的原因致使合同不能履行，遭受不可抗力的一方应在事故发生之日起15日之内，及时通知另一方，或提供延期履行的理由的有效证明文件。此项证明文件应由不可抗力发生地区的公正机关出具，按该不可抗力事件对履行本合同的影响程度，由双方协议决定是否解除本合同或者部分免除履行本合同的责任，或延期履行本合同。

第九条 特别约定

无

第十条 争议的解决

凡因履行本合同而发生的争议，双方应友好协商解决。如协商不成，双方均可向人民法院提起诉讼。

第十一条 其他

1. 因法律法规及政策的变动而产生的税费，按照规定缴纳。

2. 本合同附件为本合同不可分割的部分，与本合同具有同等效力。

3. 本合同未尽事宜，由甲乙双方另行约定，并签订补充协议。补充协议与本合同具有同等的法律效力。

4. 本合同一式三份，经甲乙双方签字后生效，甲乙双方各执一份，均具有同等法律效力。

出租人（签字盖章）：李三　承租人（签字盖章）：王××

代理人（签字盖章）：无　（签字盖章）：无

身份证号码：36257×××××××××××××身份证号码：367897×××××××××

地址：环城东路××号　地址：环城北路××号

电话：12378098　电话：67889789

合同签订日期：2012年4月20日

项目小结

房地产经纪服务合同是房地产经纪活动中必备的书面文件，是房地产经纪服务活动最重要的文字载体。房地产经纪服务合同主要有房屋出售经纪服务合同、房屋承购经纪服务合同、房屋出租经纪服务合同、房屋承租经纪服务合同及新建商品房经纪服务合同五种。另外，在房地产经纪活动中，除了经纪机构与委托人之间订立的房地产经纪服务合同外，委托人与委托人之间还会订立房地产交易合同，主要有商品房买卖合同、二手房屋买卖合同及房屋租赁合同三种合同。

房地产经纪服务合同在整个房地产经纪服务活动中起着至关重要的作用，所以房地产经纪人应该熟悉这些房地产经纪服务合同的内容，掌握签订合同的要点，只有这样才能做好房地产经纪服务。

项目七

房地产税费

知识目标

1. 能依据现行房地产税费政策，提供有关房地产交易活动的税费咨询；
2. 能快速准确地测算房地产经纪活动中委托人所需缴纳的税费数额。

技能目标

二手房交易双方承担税费的计算。

案例导入

去年12月，钟小姐在杭州某花园购买了一套120多平方米的二手房，总价为108万元。她仔细算了算已经缴纳的印花税、契税、个人所得税、营业税等税费，“前前后后一共交了7.5万元的税。听说很快又要征收房产税了，贷款还没还清，如果每年又要征房产税，真是有点吃不消。”

钟小姐所说的“房产税”并非空穴来风。据建设部近日透露，为扭转当前住宅建设和消费中的“贪大求阔”现象，有关部门有意通过保有环节征税等多项税收、金融和土地政策等，提高大户型住宅的购买使用成本。此后又有消息称，目前涉及“房产税”征收方式以及面积界定等问题，已经被建设部、财政部及税务总局提上了议事日程，可能在今年4月以后出台。

“房产税”已经不是这段时间我们听到的新税名了，营业税、个人所得税、土地增值税……大多数购房者都是初次买房，他们中有多少人真正能把这些交易过程中的种种税费搞得明明白白呢？记者做了一个现场小调查。

七八种税费，多数购房者两眼一摸黑。

在某中介门店，记者看到了正与店员一起拿着地图研究的滕先生。“请问您了解在二手房交易中需要交多少税吗？”面对记者的提问，滕先生努力想了下，不好意思地笑了：“说实在的，一样都说不全。”滕先生告诉记者，他是第一次买房，“我只知道税很多，但到底是怎样的，就不知道了。”当记者告诉他二手房交易中所需缴纳的税种后，滕先生第一反应是：“这么多啊，那我更搞不清楚了。”

店经理吴某告诉记者，以她平时接触到的客户，像滕先生这样一无所知的还真不少，几乎占到了所有顾客中的一半。

相比滕先生，王先生就非常“老道”。面对记者对于税种的提问，王先生回答得头头是道，“我已经是第三次买房了，但说实话虽然说得出来，但还不太算得清。”某不动产杭州加盟店店长姜女士表示，像王先生这样的客户一般都有过几次买房的经验，对税率也有一定的了解。“不过，要计算清楚还是很难，因为计算方法分普通住宅和非普通住宅，5年内和5年以上又有区别，不是专业人员，很难算得清楚。”

张先生和老伴是到中介公司挂牌卖房的，对于二手房交易中所涉及的税种，他只能说得上个人所得税。旁边的老伴接过了话头：“现在的税种太多了，能简化些就好了。像我们老年人记性本来就不好，这么多税怎么记得住！

记者算了算，包括去年新增的税费在内，房产流通环节需要缴纳的税和费包括：契税、评估费、产权登记费、交易手续费、印花税、营业税、个人所得税，如果是房改房还要交土地出让金。算下来有七八种，这还不算没有正式开征的土地增值税和计划开征的房产税。这别说第一次买房的消费者搞不懂，就是业内人也难免被绕昏头。

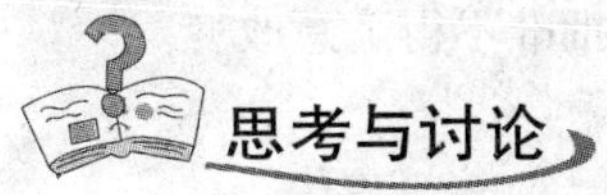

思考与讨论

1. 你了解购房要缴哪些税费吗，谈谈本案例给你的启发。

2. 联系当前新的房地产税收政策，谈谈其实施的目的、将起什么作用和对房地产交易活动产生什么样的影响。

3. 你或你的家人是否有过购房经历，若有的话，购房时缴纳了什么税，缴纳了多少税?

4. 本案例说明了什么，作为经纪人你打算怎样做?

解决房地产经纪业务有关税费的实际问题，要求房地产经纪人具有房地产税费解释、咨询和测算的能力。熟练的税费咨询能力，可以帮助交易双方降低税负，节约交易成本，可以理清交易双方的税费困惑，可以帮助交易双方做好购房预算或售房计划。房地产经纪人应从以下两个方面提高本项技能：

（1）税费咨询

1）熟悉国家和所在地方的税费制度和政策。

2）解释各种税费。

3）解决各种现实中的房地产交易税费问题。

（2）税费测算

1）熟悉国家和所在地方的税费制度和政策。

2）识记各税费要素和计税办法。

3）熟练各种税费测算。

任务1　熟悉房地产税费

一、房地产税费概况

（一）房地产税费基本概念

1. 税收

税收是国家政权为了行使其职能，保证国家机构的正常运转，通过法律规定的标准，强制地、无偿地取得财政收入的一种形式。在市场经济条件下，税收的主要功能有：第一，具有组织财政收入的功能。税收是财政收入形成的主要方式，为了满足国家及地方经费开支的需要，税收为各个时期各个政府所重视。第二，具有调节国民收入分配的功能。税收来源于国民收入，是对国民收入初次分配结果的再分配，对国民收入分配具有调节作用。第三，具有调节经济运行的功能。税收作用于价格、利润、地租、工资、利息等国民收入初次分配的经济要素上，可以直接影响这些经济变量的变化，从而影响经济运行过程，因此，税收成为政府干预、调节经济的重要杠杆。

税收具有强制性、无偿性和固定性特征。强制性是指国家通过法律、法规等形式对税收加以规定，并依法强制征收。无偿性是指征税后，税款成为财政收入，不再归还纳税人，也不支付任何报酬。固定性是指课税额度、标准，一经批准不得随意改变。

2. 房地产税收

房地产税收是税收的重要组成部分，随着我国房地产业的快速发展，房地产税收已成为我国财政收入的重要来源，同时其对房地产市场能起到显著的宏观调控作用，有效促进房地产业持续健康地发展，因此现已成为房地产市场的常用调控手段。

所谓房地产税收，是指以房地产或与房地产有关经济行为为征收对象的税收总称。房地产税收贯穿于房地产开发、经营、销售、消费全过程。与一般税收相比，主要特征有：

（1）政策性强

房地产既是经济活动中的一种资产，同时也是人们生活中的一种消费品，这决定了政府在设计税收时，赋予了房地产税收较强的政策功能。比如，当前设计论证的物业税，主要通过提高房地产持有成本，来促进住房资源节约利用，同时控制住房交易的过度投机；通过征收土地增值税，调节土地收益分配，防止交易者从中牟取暴利；通过调整有关房地产交易时的课税，干预和调控房地产市场，使之平稳运行。

（2）多环节征收

房地产税收是围绕房地产生产、交换、消费过程所形成的税收体系，每个经营环节都涉及房地产税收。如，在房地产开发过程中有企业所得税、营业税等，在有偿转让环节有契税、增值税、印花税等，在持有环节有房产税等。

（3）存在地区差异

我国是一个大国，各个地方房地产行业发展存在着较为明显的不平衡，房地产税收制度的出台和实施，不可能完全统一。因此，在设计各项房地产税收制度时，都保留了一定的灵活性和变通性，以方便各省市根据地方实际，因地制宜地确定一些具体的实施办法和细则。这使得各地的房地产税收存在一定的差异。

（4）动态性强

房地产税收是由法律、法规、制度、政策性文件共同阐述和规定的，由于我国房地产业是一个成长不过二十多年的年轻产业，其仍处于不断完善的快速发展时期，因此，这个过程中会出现各种新的情况，使得新的房地产政策出台比较频繁，在房地产税收领域体现出变动多、变动快的特点。例如，关于个人出售住宅征收营业税的规定，2005 年规定是否征收营业税以 2 年为界限，而到了 2006 年新的政策规定则变为以 5 年为限。

3. 房地产收费

房地产收费也是房地产经纪活动中必然涉及的内容。房地产收费，它是一个复杂的概念。与税收有根本性的差别。税收属于国民收入再分配范畴，而收费则属于价格范畴。《价格法》把现阶段各种收费划分为国家行政机关收费、中介服务收费、公益性服务价格、公用事业价格、其他经营性收费等五种类型。与房地产经纪活动直接相关的主要是国家行政机关收费和中介服务收费。

房地产国家行政机关收费的种类主要有：证照类收费、审批类收费、管理类收费等。房地产国家行政机关收费具有强制性、特定性、补偿性等特点，由法律、法规、政府立项规定，收费标准由政府定价。如产权证工本费，产权注册登记费等。

房地产中介服务费，是指与房地产经营活动有关的中介服务机构接受委托，依法提供有偿的专业知识和技术服务时，按规定收费标准向委托人收取的费用。房地产中介服务费实际上是服务的市场价值，或者说是中介服务的价格。该收费具有协商性、市场性、自愿有偿性等特点。如置换佣金、房地产估价费、公证费等。

（二）房地产税费种类

房地产经纪服务中，在代办房地产交易、房地产咨询等各种业务活动中，必然会涉及有关房地产税费的咨询、测算、缴纳等工作。因此认识国家的现行税收制度和政策，特别是熟悉本地区的税收实施办法，就成为提供良好服务的基础。

目前，我国在土地使用权的出让和房地产开发、转让、保有诸环节涉及征收的税费主要有：营业税、城市维护建设税、教育费附加税、企业所得税、个人所得税、土地增值税、城镇土地使用税、房产税、印花税、耕地占用税、契税以及房地产交易过程中的权证费、产权登记费、交易手续费、房地产测绘费、房地产评估费、公证费等税种和收费。

各种税费的具体实施办法各个地区会有不同程度的差异，而且国家和地方政府根据房地产市场发展形势也会不断地出台新的税费政策。因此房地产经纪人在认识了国家基本税费制度和政策的基础上，必须结合地方的实施办法或细则来提供房地产税费方面的咨询。

下面依照房地产经纪业务的主要内容，对房地产活动涉及的税费项目作一不完全归纳，以供参考，见表 7.1。

表 7.1　房地产经营活动涉及的税费项目

房地产经纪业务		涉及的税费项目
房地产买卖		契税、印花税、营业税、城市维护建设税、教育费附加税、个人所得税、土地增值税、权证费、产权登记费、交易手续费
房地产租赁	个人	营业税、城市维护建设税、房产税、个人所得税、印花税
	企业	营业税、城市维护建设税、房产税、印花税、企业所得税
房地产赠与、继承		契税、印花税、公证费、权证费、产权登记费
个人拥有房地产营业		房产税、城镇土地使用税

（三）房地产税费构成要素

房地产税收是由许多税种组成的一个税收体系，掌握房地产税收内容必须理解房地产税收体系的每一个税种，而掌握每一税种，必须掌握税收的构成要素。

1. 纳税人

纳税人又称纳税主体，是指税法规定的负有纳税义务的单位和个人。纳税人可以是自然人，也可以是法人。房地产税收的纳税人一般是房地产的开发者、拥有者、交易者。与此相联系的一个概念是负税人，负税人是指最终负担税款的单位和个人，在房地产交易活动中，房地产税收的纳税人与负税人有时是一致的，有时是分离的。如房屋租赁过程中营业税有时由承租人缴纳，营业税的纳税人是出租人，而负税人是承租人。

2. 课税对象

课税对象又称征税对象，是税法规定的课税目的物，是征税的根据。即对什么事物征税，是一种税区别于另一种税的主要标志。课税对象主要包括所得、商品、财产三大类，由此可将税收分成所得税、商品税、财产税。同时根据课税对象性质的不同，全部税种分为 5 大类：流转税、收益税、财产税、资源税和行为目的税。

3. 课税基础

课税基础也简称税基，是课税的依据，是准确确定征税额度的计算基础。课税基础有的是按照房地产物理量的大小计算的，这种税收称为从量征收的房地产税，如耕地占用税是按土地面积作为计税基础的，不管土地的质量好坏，相同面积的土地缴纳相同的税款。有的是从价征收的，即以房地产价值大小为课税标准。如房产税、营业税等。

4. 税率

税率是指国家征税的比率，它是税额同课税对象的比值。税率可划分为比例税率、定额税率和累进税率。比例税率是对同一课税对象，不论其数额的大小，统一按一固定的比例征税。定额税率也称固定税额，它是按课税对象的一定计量单位直接规定一个固定的税额，而不规定征收比例。累进税率是按课税对象数额的大小，划分若干等级，每一等级由低到高规定相应的税率，课税对象数额越大税率越高。累进税率分为全额累进税率和超额累进税率。

5. 附加、加成、减免

附加、加成、减免是对税收的一种调节措施。税收制度具有法定性和普遍性，不分区别的统一执行一项税收，必然会违背征税初衷，因此需要区别对待，进行适度调节。调节的措施通常以附加、加成、减免的方式，被设计在税收制度中。附加是地方政府在正税之外附加征收的一部分税款。加成，常常对特定纳税人加成征税，一般在收益课税中采用。减免是国家根据一定时期的政治、经济、社会政策的要求而对特定的经营活动或某些特定的纳税人给予的优惠。附加、加成、减免使税收法律制度能够因地制宜，使严肃性与灵活性密切结合，更好地发挥税收的调节作用。

二、房地产交易的主要税种

（一）契税

契税是在土地使用权或房屋所有权发生转移时，由承受人缴纳的一种税。办理有关土地、房屋的权属变更登记前必须完成契税的缴纳。1997 年 4 月 23 日国务院第 55 次常务会议通过《中华人民共和国契税暂行条例》，自 1997 年 10 月 1 日起施行。

1. 征税范围

在中华人民共和国境内转移土地、房屋权属，应当依照规定缴纳契税。转移土地、房屋权属包括下列行为：（1）国有土地使用权出让；（2）土地使用权转让，包括出售、赠与和交换，不包括农村集体土地承包经营权的转移；（3）房屋买卖；（4）房屋赠与；（5）房屋交换。

此外，可以视同土地使用权转让、房屋买卖或者房屋赠与的经济活动，也是契税征收范围，具体有：（1）以土地、房屋权属作价投资、入股；（2）以土地、房屋权属抵债；（3）以获奖方式承受土地、房屋权属；（4）以预购方式或者预付集资建房款方式承受土地、房屋权属。

2. 纳税人

契税的纳税人是房地产权利转移的承受人，包括土地使用权出让、转让的受让人，房屋的购买人、受赠人。以交换的形式转移土地使用权或房屋所有权，交换价格不相等的，多交付货币、实物、无形资产或者其他经济利益的一方为纳税人。以划拨方式取得土地使用权的，经批准转让房地产时应由房地产转让者补缴契税。

3. 计税依据

契税的计税依据是房屋产权转移双方当事人签订的契约价格。征收契税，一般以契约载明的买价、现值价格作为计税依据。为了保护产权交易双方的合法权益，体现公平交易，避免发生隐价、瞒价等逃税行为，征收机关认为有必要时，也可以直接或委托房地产估价机构对房屋价值进行评估，以评估价作为计税依据。因房地产交易内容和交易性质存在差异，因此不同情况下，契税计税依据的确定也有所不同，具体如下：

1）国有土地使用权出让、土地使用权出售、房屋买卖的，契税计税依据为房地产的成交价格，若成交价格明显低于市场价格并且无正当理由的，由征收机关参照市场价格进行核定，以核定价作为计税依据。

2）土地使用权赠与、房屋赠与的，由征收机关参照土地使用权出售、房屋买卖的市场价格进行价格核定，以核定价作为契税计税依据。

3）土地使用权交换、房屋交换的，契税计税依据为所交换的土地使用权、房屋的价格的差额，所交换土地使用权、房屋的价格的差额明显不合理并且无正当理由的，由征收机关参照市场价格核定，以核定价作为计税依据。

4）以划拨方式取得土地使用权的，经批准转让房地产的，房地产转让者补缴契税的计税依据是补缴的土地使用权出让费用或者土地收益。

4. 税率及纳税方式

契税实行比例税率，契税税率范围为 3%～5%。各地的适用税率，由省、自治区、直辖市人民政府根据当地情况在上述范围内确定，并报财政部和国家税务总局备案。如北京确定的契税税率为 4%，浙江省确定的契税税率为 3%。

契税应纳税额以人民币计算。转移土地、房屋权属以外汇结算的，按照纳税义务发生之日中国人民银行公布的人民币市场汇率中间价折合成人民币计算。

契税的纳税义务发生时间，为纳税人签订土地、房屋权属转移合同的当天，或者纳税人取得其他具有土地、房屋权属转移合同性质凭证的当天。纳税人应当自纳税义务发生之日起 10 日内，向土地、房屋所在地的契税征收机关办理纳税申报，并在契税征收机关核定的期限内缴纳税款。契税征收机关为土地、房屋所在地的财政机关或者地方税务机关。

5. 契税的减免

根据《契税暂行条例》的规定，减征、免征契税的项目主要有以下行为：

1）国家机关、事业单位、社会团体、军事单位承受土地、房屋用于办公、教学、医疗、科研和军事设施的，免征。

2）城镇职工按规定第一次购买公有住房的享受免征契税优惠，但仅限于第一次购买公有住房，并且是在国家规定标准面积以内购买公有住房，超过国家规定标准面积的部分，仍应按照规定缴纳契税。

3）因不可抗力灭失住房而重新购买住房的，酌情准予减征或者免征。

4）土地、房屋被县级以上人民政府征用、占用后，重新承受土地、房屋权属的，是否减征或者免征契税，由省、自治区、直辖市人民政府确定。

5）纳税人承受荒山、荒沟、荒丘、荒滩土地使用权，用于农、林、牧、渔业生产的，免征契税。

6）依照我国有关法律规定以及我国缔结或参加的双边和多边条约或协定的规定应当予以免税的外国驻华使馆、领事馆、联合国驻华机构及其外交代表、领事官员和其他外交人员承受土地、房屋权属的，经外交部确认，可以免征契税。

7）土地使用权交换、房屋交换，交换价格不相等的，由多交付货币、实物、无形资产或者其他经济利益的一方缴纳税款。交换价格相等的，免征契税。

此外，财政部、国家税务总局、住房和城乡建设部联合出台的《关于调整房地产交易环节契税、个人所得税优惠政策的通知》（财税[2010]94 号）中规定对个人购买普通住房，且该住房属于家庭（成员范围包括购房人、配偶以及未成年子女，下同）唯一住房的，减半征收契税。对个人购买 90 平方米及以下普通住房，且该住房属于家庭唯一住房的，按 1%税率征收契税。

对拆迁居民因拆迁重新购置住房的，对购房成交价格中相当于拆迁补偿款的部分免征契税，成交价格超过拆迁补偿款的，对超过部分征收契税。

通过无偿赠予取得房产的，受赠人需全额缴纳契税。

已购公有住房经补缴土地出让金和其他出让费用成为完全产权住房的，免征土地权属转移的契税。

经批准减征、免征契税的纳税人改变有关土地、房屋的用途，不再属于规定的减征、免征契税范围的，应当补缴已经减征、免征的税款。

（二）土地增值税

土地增值税是对有偿转让国有土地使用权及地上建筑物和其他附着物的单位和个人征收的一种税。

随着我国土地使用制度改革的不断深入和房地产业的迅速发展，土地使用权市场成为房地产市场的重要组成部分，土地使用权进入市场后，土地使用权的转让、出租、抵押活动日益增多，由此产生了土地收益的合理分配问题。为规范土地、房地产市场交易秩序，合理调节土地增值收益，维护国家权益，促进土地的合理利用。1993 年 12 月 13 日国家颁布了《中华人民共和国土地增值税暂行条例》，并于 1994 年 1 月 1 日起开始施行。

1. 征税范围

土地增值税的征税范围包括国有土地使用权、地上的建筑物及其附着物。转让房地产是指以出售或者其他方式有偿转让国有土地使用权、地上建筑物和其他附着物产权的行为。不包括以继承、赠与方式无偿转让房地产的行为。

2. 纳税人

转让国有土地使用权、地上的建筑物及其附着物（以下简称转让房地产）并取得收入的单位和个人，为土地增值税的纳税义务人（简称纳税人）。

各类企业单位、事业单位、国家机关、社会团体和其他组织，以及个体经营者、外商投资企业、外国企业及外国驻华机构以及外国公民、华侨、港澳同胞等均在土地增值税的纳税义务人范围之内。

3. 计税依据

土地增值税按照纳税人转让房地产所取得的增值额作为计税依据。

纳税人转让房地产所取得的收入减除规定扣除项目金额后的余额，为增值额。扣除项目有：

1）取得土地使用权所支付的金额。取得土地使用权所支付的金额，是指纳税人为取得土地使用权所支付的地价款和按国家统一规定交纳的有关费用。

2）开发土地的成本、费用。开发土地和新建房及配套设施（以下简称房地产开发）的成本，是指纳税人房地产开发项目实际发生的成本（以下简称房地产开发成本），包括土地征用及拆迁补偿费、前期工程费、建筑安装工程费、基础设施费、公共配套设施费、开发间接费用。开发土地和新建房及配套设施的费用（以下简称房地产开发费用），是指与房地产开发项目有关的销售费用、管理费用、财务费用。

3）新建房及配套设施的成本、费用，或者旧房及建筑物的评估价格。旧房及建筑物的评估价格，是指在转让已使用的房屋及建筑物时，由政府批准设立的房地产评估机构评定的重置成本价乘以成新度折扣率后的价格。评估价格须经当地税务机关确认。

4）与转让房地产有关的税金。转让房地产有关的税金，是指在转让房地产时缴纳的营业税、城市维护建设税、印花税，因转让房地产交纳的教育费附加税，也可视同税金予以扣除。

5）财政部规定的其他扣除项目。

纳税人有下列情形之一的，按照房地产评估价格计算土地增值税的征收数额：

1）隐瞒、虚报房地产成交价格的。

2）提供扣除项目金额不实的。

3）转让房地产的成交价格低于房地产评估价格，又无正当理由的。

4. 税率及计算

土地增值税实行四级超额累进税率。所谓超额累进税率，是指纳税人的计税收入，按级距分段计税，超过前一级收入数的部分，按该级适用税率分别计税，最后对各段税额进行累加。这种税率对所得多的多征税，所得少的少征税，无所得的不征税，体现了合理负税的原则。能促进房地产经营活动健康发展，同时抑制了通过房地产转让中可能出现的暴利。税率具体规定为：

增值额未超过扣除项目金额50%的部分，税率为30%。

增值额超过扣除项目金额50%、未超过扣除项目金额100%的部分，税率为40%。

增值额超过扣除项目金额100%、未超过扣除项目金额200%的部分，税率为50%。

增值额超过扣除项目金额200%的部分，税率为60%。

每级增值额未超过扣除项目金额的比例均包括本比例数。

为简化土地增值税税额计算，可按增值额乘以适用的税率减去扣除项目金额乘以速算扣除系数的方法来计算，具体公式如下：

（1）增值额未超过扣除项目金额50%

土地增值税税额＝增值额×30%

（2）增值额超过扣除项目金额50%，未超过100%

土地增值税税额＝增值额×40%－扣除项目金额×5%

（3）增值额超过扣除项目金额100%，未超过200%

土地增值税税额＝增值额×50%－扣除项目金额×15%

（4）增值额超过扣除项目金额200%

土地增值税税额＝增值额×60%－扣除项目金额×35%

公式中的5%、15%、35%为速算扣除系数。

5. 纳税方式

土地增值税的纳税人应在转让房地产合同签订后的七日内，到房地产所在地主管税务机关办理纳税申报，并向税务机关提交房屋及建筑物产权、土地使用权证书，土地转让、房产买卖合同，房地产评估报告及其他与转让房地产有关的资料。纳税人因经常发生房地产转让而难以在每次转让后申报的，经税务机关审核同意后，可以定期进行纳税申报，具体期限由税务机关根据情况确定。纳税人应按照税务机关核定的税额及规定的期限缴纳土地增值税。

对于在建工程转让时土地增值税的纳税方式，土地增值税条例规定，纳税人在项目全部竣工结算前转让房地产取得的收入，由于涉及成本确定或其他原因，而无法据以计算土地增值税的，可以预征土地增值税，待该项目全部竣工、办理结算后再进行清算，多退少补。具体办法由各省、自治区、直辖市地方税务局根据当地情况制定。

6. 土地增值税的减免

为了保证税收政策的连续性，支持某些微利项目的开发，鼓励普通标准住宅的建造，改善居民住房状况，国家对以下行为减免征土地增值税：

1）纳税人建造普通标准住宅出售，增值额未超过扣除项目金额20%的；普通标准住宅，是指按所在地一般民用住宅标准建造的居住用住宅。高级公寓、别墅、度假村等不属于普通标准住宅。普通标准住宅与其他住宅的具体划分界限由各省、自治区、直辖市人民政府规定。

2）因国家建设需要依法征用、收回的房地产。国家建设需要依法征用、收回的房地产，是指因城市实施规划、国家建设的需要而被政府批准征用的房产或收回的土地使用权。

3）个人因工作调动或改善居住条件而转让原自用住房，经向税务机关申报核准，凡居住满五年或五年以上的，免予征收土地增值税；居住满三年未满五年的，减半征收土地增值税。居住未满三年的，按规定计征土地增值税。

4）房产所有人、土地使用权所有人将房屋产权、土地使用权赠与直系亲属或承担直接赡养义务人的，不征收土地增值税。房产所有人、土地使用权所有人通过中国境内非营利的社会团体及国家机关将房屋产权、土地使用权赠与教育、民政和其他社会福利、公益事业的，不征收土地增值税。

（三）营业税

1. 营业税概念和特点

营业税是对在我国境内提供应税劳务、转让无形资产或销售不动产的单位和个人，就其所取得的营业额征收的一种税。营业税属于流转税制中的一个主要税种。现行的营业税税收制度《中华人民共和国营业税暂行条例》1993年11月26日发布，于1994年1月1日起施行。

营业税征税范围包括了在我国境内提供应税劳务、转让无形资产和销售不动产的经营行为，涉及国民经济中第三产业这一广泛的领域，直接关系着城乡人民群众的日常生活。

营业税的计税依据为各种应税劳务收入的营业额、转让无形资产的转让额、销售不动产的销售额（三者统称为营业额）， 税收收入不受成本、费用高低影响，收入比较稳定。营业税实行比例税率，计征方法简便。

营业税与其他流转税税种不同，它不按商品或征税项目的种类、品种设置税目、税率，而是从应税劳务的综合性经营特点出发，按照不同经营行业设计不同的税目、税率，即行业相同，税目、税率相同，行业不同，税目、税率不同。

2. 营业税纳税人

在中华人民共和国境内提供规定的劳务、转让无形资产或者销售不动产的单位和个人，为营业税的纳税义务人，应当缴纳营业税。

3. 营业税税率和计税方法

营业税的税目、税率依照《中华人民共和国营业税暂行条例》中的《营业税税目税率表》执行，不同的经营行业税目、税率设计不同。其中，销售不动产的营业税率规定为5%。

营业税的应纳税额的计税依据是，纳税人提供应税劳务、转让无形资产或者销售不动产的营业额。

纳税人的营业额为纳税人提供应税劳务、转让无形资产或者销售不动产向对方收取的全部价款和价外费用。例如进行外汇、有价证券、期货买卖业务，以卖出价减去买入价后的余额为营业额。

应纳税额计算公式：

应纳税额＝营业额×税率

应纳税额以人民币计算。纳税人以外汇结算营业额的，应当按外汇市场价格折合成人民币计算。

4. 营业税的缴交

（1）营业税纳税地点

纳税人转让土地使用权，应当向土地所在地主管税务机关申报纳税。纳税人转让其他无形资产，应当向其机构所在地主管税务机关申报纳税。

纳税人销售不动产，应向不动产所在地主管税务机关申报纳税。

（2）营业税纳税时间

营业税的纳税义务发生时间，为纳税人收讫营业收入款项或者取得索取营业收入款项凭据的当天。

营业税的纳税期限，分别为5日、10日、15日或者一个月。纳税人的具体纳税期限，由主管税务机关根据纳税人应纳税额的大小分别核定；不能按照固定期限纳税的，可以按次纳税。纳税人以一个月为一期纳税的，自期满之日起10日内申报纳税；以5日、10日或者15日为一期纳税的，自期满之日起5日内预缴税款，于次月1日10日内申报纳税并结清上月应纳税款。

5. 有关房地产的营业税政策规定

主要政策有：

1）纳税人营业额未达到财政部规定的营业税起征点的，免征营业税。

2）1999年7月29日《财政部、国家税务总局关于调整房地产市场若干税收政策的通知》指出，为了支持住房制度的改革，对企业、行政事业单位按房改成本价、标准价出售住房的收入，暂免征收营业税。

3）2006年5月30日为贯彻落实《国务院办公厅转发建设部等部门关于调整住房供应结构稳定住房价格意见的通知》，抑制投机和投资性购房需求，进一步加强个人住房转让营业税征收管理，国家税务总局发布了《关于加强住房营业税征收管理有关问题的通知》，通知中对营业税缴纳作了更细的规定。具体为：

① 2006年6月1日后，个人将购买不足5年的住房对外销售全额征收营业税。

② 2006年6月1日后，个人将购买超过5年（含5年）的普通住房对外销售，应持有关材料向地方税务部门申请办理免征营业税手续。地方税务部门对纳税人申请免税的有关材料进行审核，凡符合规定条件的，给予免征营业税。

③ 2006年6月1日后，个人将购买超过5年（含5年）的住房对外销售不能提供属于普通住房证明材料或经审核不符合规定条件的，一律执行销售非普通住房政策，按其售房收入减去购买房屋的价款后的余额征收营业税。

（普通住房是指在规划审批、土地供应以及信贷、税收等方面，给予优惠政策支持的住房。普通住房标准原则上应同时满足以下条件：住宅小区建筑容积率在1.0以上、单套建筑面积在120平方米以下、实际成交价格低于同级别土地上住房平均交易价格1.2倍以下。各地方普通住房标准允许单套建筑面积和价格标准适当浮动，但向上浮动的比例不得超过上述标准的20%，由各省、自治区、直辖市要根据实际情况确定。例如杭州市普通住房是指单套建筑面积在140平方米以下、实际成交价格低于同级别土地上住房平均交易价格1.44倍以下的住宅。

4）对个人按市场价格出租的居民住房，用于居住的，按其取得的租金收入减按3%的税率征收营业税。

5）个人将不动产无偿赠与他人，不征收营业税。

6）房地产开发企业及物业管理单位代收的住房专项维修基金，不征收营业税。

（四）城市维护建设税和教育费附加

1. 城市维护建设税

（1）税种介绍

城市维护建设税是对从事工商经营，缴纳增值税、消费税、营业税的单位和个人征收的一种税。1985年2月8日国务院正式颁布了《中华人民共和国城市维护建设税暂行条例》，并于1985年1月1日在全国范围内施行。

城市维护建设税，属于特定项目的税。具有两个显著特点：

① 具有附加税性质。它以纳税人实际缴纳的“三税”（增值税、消费税、营业税）税额为计税依据，附加于“三税”税额，本身并没有特定的、独立的征税对象。

② 具有特定目的。城建税税款专门用于城市的公用事业和公共设施的维护建设。

（2）城市维护建设税的纳税人

凡缴纳消费税、增值税、营业税的单位和个人，都是城市维护建设税的纳税义务人。

（3）城市维护建设税的征收范围

城市维护建设税的征收范围包括：城市、县城、建制镇、工矿区。根据行政区划作为划分标准。

（4）城市维护建设税的税率

纳税人所在地在市区的，税率为7%；

纳税人所在地在县城、镇的，税率为5%；

纳税人所在地不在市区、县城或镇的，税率为1%。

（5）城市维护建设税的计税依据

城市维护建设税，以纳税人实际缴纳的产品税、增值税、营业税税额为计税依据，分别与产品税、增值税、营业税同时缴纳。

（6）应纳税额的计算公式

应纳税额＝实际缴纳的增值税、消费税、营业税税额×适用税率

2. 教育费附加

（1）税种介绍

教育费附加是为发展教育事业而征收的一种专项资金。教育费附加由税务机关负责征收，其收入纳入财政预算管理，作为教育专项资金，由教育行政部门统筹安排，用于改善中小学教学设施和办学条件。

（2）纳税人

缴纳增值税、消费税、营业税的单位和个人（缴纳农村教育事业费附加的单位除外）。不包括外商投资企业、外国企业和外国人。

（3）计征依据和附加率

教育费附加以纳税人缴纳的增值税、消费税、营业税税额为计征依据，附加率为3%，与消费税、增值税、营业税同时缴纳。

（4）应纳税额的计算公式

教育费附加＝实际缴纳的增值税、消费税、营业税税额×附加率

（五）印花税

1. 印花税简介

印花税是对经济活动中签立的各种合同、产权转移书据、营业账簿、权利许可证照等应税凭证文件为对象所课征的税。它是一种兼有行为性质的凭证税，印花税具有征收范围广泛、税收负担轻及纳税人自行完成纳税义务等特点。

1988年8月，国务院公布了《中华人民共和国印花税暂行条例》，于同年10月1日起开始征收。

2. 印花税的一般规定

1）印花税的纳税人：中华人民共和国境内书立、领受印花税暂行条例所列举凭证的单位和个人，都是印花税的纳税义务人。具体有：①立合同人；②立账簿人；③立据人；④领受人。

2）印花税的征税对象：现行印花税只对印花税条例列举的凭证征税，具体有五类：经济合同，产权转移书据，营业账簿，权利、许可证照和经财政部确定征税的其他凭证。

3）印花税的计税依据：印花税根据不同征税项目，分别实行从价计征和从量计征两种征收方式。

① 从价计税情况下计税依据的确定。a. 各类经济合同，以合同上记载的金额、收入或费用为计税依据；b. 产权转移书据以书据中所载的金额为计税依据；c. 记载资金的营业账簿，以实收资本和资本公积两项合计的金额为计税依据。

② 从量计税情况下计税依据的确定。实行从量计税的其他营业账簿和权利、许可证照，以计税数量为计税依据。

4）印花税的税率：现行印花税采用比例税率和定额税率两种税率。

比例税率有五档，即千分之 1、千分之 4、万分之 5、万分之 3 和万分之 0.5。适用定额税率的是权利许可证照和营业账簿税目中的其他账簿，单位税额均为每件伍元。

5）应纳税额的计算。

按比例税率计算应纳税额的方法：应纳税额 = 计税金额×适用税率

按定额税率计算应纳税额的方法：应纳税额 = 凭证数量×单位税额

6）纳税环节和纳税地点：印花税的纳税环节应当在书立或领受时贴花。印花税一般实行就地纳税。

7）印花税的缴纳方法：印花税实行由纳税人根据规定自行计算应纳税额，购买并一次贴足印花税票（以下简称贴花）的缴纳办法。为简化贴花手续，应纳税额较大或者贴花次数频繁的，纳税人可向税务机关提出申请，采取以缴款书代替贴花或者按期汇总缴纳的办法。

3. 房地产经济活动中有关印花税的缴纳

1）房地产经济活动中印花税征税范围及纳税人。

房地产经济活动中印花税的课税对象是房地产交易中的各种凭证。应纳印花税的凭证在《中华人民共和国印花税暂行条例》中列举了 13 类。房屋因买卖、继承、赠与、交换、分割等发生产权转移时所书立的产权转移书据便是其中之一。印花税由应纳税凭证的书立人或领受人缴纳，具体地说，产权转移书据由立据人缴纳，如果立据人未缴或少缴印花税的，书据的持有人应负责补缴。

2）税率和计税方法。房屋产权转移书据，印花税按所载金额万分之五贴花。其应纳税额的计算公式为：应纳税额＝计税金额×适用税率。

3）减税、免税规定。房屋所有人将财产赠给政府、社会福利单位、学校所书立的书据，免纳印花税。印花税的税收优惠对房地产管理部门与个人订立的租房合同，凡用于生活居住的，暂免贴印花。

4）纳税地点、期限和缴纳方法。印花税在应纳税凭证书立领受时缴纳，合同在签订时缴纳，产权转移书据在立据时缴纳。印花税采取由纳税人自行缴纳完税的方式。整个缴纳完税的程序是：在凭证书立或领受的同时，由纳税人根据凭证上所载的计税金额自行计算应纳税额，购买相当金额的印花税票，粘贴在凭证的适当位置，然后自行注销。

注销的方法是：可以用钢笔、毛笔等书写工具，在印花税票与凭证的交接处画几条横线注销。不论贴多少枚印花税票，都要将税票予以注销，印花税票注销后就完成了纳税手续，纳税人对纳税凭证应按规定的期限妥善保存一个时期，以便税务人员进行纳税检查。

对有些凭证应纳税额较大，不便于在凭证上粘贴印花税票完税的，纳税人可持证到税务机关，采取开缴款书或完税证缴纳印花税的办法，由税务机关在凭证上加盖印花税收讫专用章。

（六）个人所得税

1. 个人所得税简介

个人所得税是以个人（自然人）取得的各项应税所得为对象征收的一种税。《中华人民共和国个人所得税法》于 1980 年 9 月 10 日由第五届全国人民代表大会第三次会议通过，1993 年 10 月 31 日第八届全国人民代表大会常务委员会第四次会议进行了第一次修订，1999 年 8 月 30 日第九届全国人民代表大会常务委员会第十一次会议进行了第二次修订，2005 年 10 月 27 日第十届全国人大常委会第十八次会议进行了第三次修订，2007 年 12 月 29 日第十届全国人大常委会第三十一次会议进行了第四次修订，第四次修订后的个人所得税法于 2008 年 3 月 1 日起实施。

个人所得税的纳税人是在中国境内有住所，或者虽无住所但在境内居住满一年，并从中国境内和境外取得所得的个人；以及无住所又不居住或居住不满一年，但从中国境内取得所得的个人，包括中国公民、个体工商户、外籍个人等。

个人所得税的征税对象是个人取得的应税所得。个人所得税法列举征税的个人所得共 11 项，具体包括：工资、薪金所得；个体工商户的生产、经营所得；对企事业单位的承包经营、承租经营所得；劳务报酬所得；稿酬所得；特许权使用费所得；利息、股息、红利所得；财产租赁所得；财产转让所得；偶然所得；其他所得。

2. 个人所得税中有关个人经营房地产的缴纳规定

（1）个人经营房地产缴纳个人所得税的征税范围

个人经营房地产缴纳个人所得税的征税范围包括财产租赁所得和财产转让所得。财产租赁所得，是指个人出租建筑物、土地使用权以及其他财产取得的所得。财产转让所得，是指个人转让建筑物、土地使用权以及其他财产取得的所得。

下列所得，不论支付地点是否在中国境内，均为来源于中国境内的所得：①将财产出租给承租人在中国境内使用而取得的所得；②转让中国境内的建筑物、土地使用权等财产或者在中国境内转让其他财产取得的所得。

（2）个人经营房地产中个人所得税纳税义务人

个人经营房地产的个人所得税纳税义务人是转让和租赁房地产交易活动中的转让人和出租人。

（3）个人经营房地产中个人所得税的适用税率和计税基础

财产租赁所得、财产转让所得适用比例税率，税率为 20%。

财产租赁所得，以一个月内取得的收入为一次。财产租赁所得，每次收入不超过4000元的，减除费用800元；4000元以上的，减除20%的费用，其余额为应纳税所得额。

财产转让所得，以转让财产的收入额减除财产原值和合理费用后的余额，为应纳税所得额。此处所说的财产原值，是指：①建筑物，为建造费或者购进价格以及其他有关费用；②土地使用权，为取得土地使用权所支付的金额、开发土地的费用以及其他有关费用。所说的合理费用，是指卖出财产时按照规定支付的有关费用（如实际支付的住房装修费用、住房贷款利息、手续费、公证费等费用）。纳税人未提供完整、准确的房屋原值凭证，不能正确计算房屋原值和应纳税额的，税务机关对其实行核定征税，即按纳税人住房转让收入的一定比例核定应纳个人所得税额。具体比例由省级地方税务局或者省级地方税务局授权的地市级地方税务局根据纳税人出售住房的所处区域、地理位置、建造时间、房屋类型、住房平均价格水平等因素，在住房转让收入1%～3%的幅度内确定。

个人出售已购公房，其应纳税所得额为个人出售已购公房的销售价，减除住房面积标准的经济适用住房价款、原支付超过住房面积标准的房价款、向财政或原产权单位缴纳的所得收益以及税法规定的合理费用后的余额。

（4）个人经营房地产中个人所得税的有关优惠政策

个人转让自用达5年以上，并且是唯一的家庭生活用房取得的所得，免征个人所得税。

个人出租房屋所得暂减按10%的税率征收个人所得税。

对被拆迁人按照国家有关城镇房屋拆迁管理办法规定的标准取得的拆迁补偿款，免征个人所得税。

对出售自有住房并拟在现住房出售后1年内按市场价重新购房的纳税人，其出售现住房所应缴纳的个人所得税，视其重新购房的价值可全部或部分予以免税，具体办法如下：

1）个人出售现住房所应缴纳的个人所得税税款，应在办理产权过户手续前，以纳税保证金形式向当地主管税务机关缴纳。税务机关在收取纳税保证金时，应向纳税人正式开具纳税保证金收据，并纳入专户存储。

2）个人出售现住房后1年内重新购房的，按照购房金额大小相应退还纳税保证金。购房金额大于或等于原住房销售额的，全部退还保证金；购房金额小于原住房销售额的，按购房金额占原住房销售额的比例退还保证金。

3）个人出售现住房后1年内未重新购房的，所缴保证金全部作为个人所得税上交。

三、房地产经营的主要费用

（一）房地产交易手续费

房地产交易手续费是指房地产管理部门设立的房地产交易机构为房地产权利人提供交易场所，对房地产交易行为进行审查鉴证、办理交易手续等活动的经营服务性收费。房地产交易由经批准建立的房地产交易机构提供交易服务，交易手续费在办理交易手续时收取。主要用于房地产交易中心人员经费，房屋、设备等固定资产折旧、维护和购置费用，办公费用及交纳税金等方面。

在房地分管体制下，房地产交易手续费依据交易对象的不同，分成房屋交易手续费和土地交易手续费两部分，并分别由房产管理和土地管理部门收取。另外，依据交易方式不同，房地产交易手续费又分为转让手续费和租赁手续费。值得注意的是，单一的地产出让、转让和租赁，涉及的交易手续费一般仅有土地交易手续费，而房屋转让因“地随房转”，故涉及的交易手续费既有房屋交易手续费，也有土地交易手续费。

1. 房屋交易手续费

房屋交易手续费包括房屋转让手续费和房屋租赁手续费。收费标准和缴费人如下：

（1）房屋转让手续费

按房屋建筑面积收取。收费标准为：新建商品住房每平方米 3 元，转让手续费由转让方承担；存量住房每平方米 6 元，转让手续费由转让双方各承担 50%。经济适用房减半计收，见表 7.2 和表 7.3。

表 7.2 浙江省住宅转让手续费标准

交易类型	计费基数	收费标准/（元/m^2）	收费对象
新建商品住房	建筑面积	3	转让方
经济适用房	建筑面积	1.5	转让方
存量住房	建筑面积	6	转让双方各承担 50%
房改房	建筑面积	3	受让方

表 7.3 浙江省非住宅转让手续费标准

交易类别	计费基数	收费标准/（元/m^2）	收费对象
新建商品房	建筑面积	6	转让方
存量房	建筑面积	12（每宗交易手续费超过 5000 元按 5000 元计）	转让双方各承担 50%

（资料来源：杭州房产信息网）

（2）房屋租赁手续费

按套收取，收费标准为每套 100 元，由出租人承担。

（以上收费标准为最高限额。省、自治区、直辖市价格主管部门可根据本地区住房交易量及经济发展状况确定具体收费标准）

2. 土地交易手续费

地产交易手续费包括地产转让手续费和地产租赁手续费。地产转让手续费只对存量房屋和土地资产在转让时收取；地产租赁手续费是对房地产出租收取的手续费（住宅出租除外）。浙江省土地交易手续费收费标准如下：

（1）地产转让手续费

存量住宅的计费地价总额按住宅所在地基准地价和土地证上标明的土地面积相乘的积计算确定。存量住宅以外的其他房地产及土地资产以评估确定的地价总额为计费依据。转让手续费由转让双方各承担 50%，具体收费标准见表 7.4。

表 7.4 浙江省土地转让手续费标准

交易类型	地价总额/万元	交易手续费/元
地产转让	10 以下（含 10）	100
	10～20（含 20）	200
	20～50（含 50）	300
	50～100（含 100）	600
	100～500（含 500）	1200
	500～2000（含 2000）	2500
	2000 以上	4000

（2）地产租赁手续费

计费地价总额按土地所在地基准地价和土地证上标明的土地面积相乘的积计算确定。租赁手续费按每份租赁合同确定的租赁期限为一个计收单位，由出租方承担。具体收费标准见表 7.5。

表 7.5 浙江省土地租赁手续费标准

交易类型	地价总额/万元	交易手续费/元
地产租赁	1 以下（含 1）	30
	1～3（含 3）	60
	3～10（含 10）	100
	10～50（含 50）	200
	50 以上	400

（资料来源：浙价服［2003］78 号）

（二）房屋所有权登记费

房屋所有权登记费是指县级以上地方人民政府行使房产行政管理职能的部门依法对房屋所有权进行登记，并核发房屋所有权证书时，向房屋所有权人收取的登记费，属于行政性收费。房屋所有权登记包括所有权初始登记、变更登记、转移登记、注销登记等内容。

1）对住房收取的房屋所有权登记费，一般为按套收取，每套收费标准为 80 元。住房以外其他房屋所有权登记费，一般为按宗定额收取，具体收费标准由省、自治区、直辖市价格、财政部门核定。

2）注销登记不收房屋产权登记费。

3）房屋他项权利（包括抵押权、典权等）登记费，参照房屋所有权登记费标准执行，具体收费标准由省、自治区、直辖市价格、财政部门核定。

4）房产行政管理职能的部门按规定核发一本房屋所有权证书免于收取工本费，但向一个以上房屋所有权人核发房屋所（共）有权证书时，每增加一本证书可按每本 5 元收取工本费。权利人因丢失、损坏等原因申请补办证书，以及按规定需要更换证书且权属状况没有发生变化的，收取证书工本费每本 5 元。

上述费用各省市具体规定有所不同，以杭州为例，杭州市房屋产权登记费收费标准见表 7.6 所示。

表 7.6　杭州市房屋产权登记费收费标准

项　目		收费标准	收费对象
房屋产权登记费	经济适用房	40 元/每套	申请人
	住宅	80 元/每套	申请人
	非住宅	550 元/每套	申请人
房屋登记费（个人、非企业房产抵押）	住宅	80 元/每套	申请人
	非住宅	550 元/每套	申请人
房屋权证工本费		向共有人核发房屋所（共）有权证书时，每增加一本证书收费 5 元	权利人
印花税		每证 5 元	申请人

（资料来源：杭州房产信息网）

（三）房地产中介服务费

房地产中介服务收费是指依法设立的房地产中介服务机构接受当事人委托，提供房地产咨询、房地产经纪、房地产评估等服务所收取的经营性收费。房地产中介服务收费由房地产中介服务机构向委托方收取。

房地产中介服务收费实行在国家价格政策调控、引导下，主要由市场形成价格的制度。实行“自愿委托、有偿服务”的原则，不得强制或变相强制服务、强行收费。根据房地产中介服务不同的项目，分别实行市场调节价和政府指导价。

实行市场调节价是房地产中介服务机构依据生产经营成本和市场供求状况等因素自主确定中介服务价格，是一种具有竞争性的价格。实行政府指导价的房地产中介服务收费，是按照各地区价格主管部门公布的基准价格（费率），在规定的浮动幅度内，和委托方协商确定的价格。

房地产经纪服务是指房地产中介服务机构接受委托，为委托方进行居间代理服务，包括房地产买卖代理、租赁代理以及代办手续等服务项目。房地产经纪服务收费不同地区执行不同的价格政策。通常，房屋买卖代理收费，按成交价格总额的 0.5%～2.5%计收。实行独家代理的，收费标准由委托方与房地产中介机构协商，可适当提高，但最高不超过成交价格的 3%。房屋租赁代理收费，无论成交的租赁期限长短，均按半月至一月成交租金额标准，由双方协商议定一次性计收。

以浙江省为例，2014 年浙江省物价局发布了《浙江省物价局、浙江省住房与城乡建设厅关于放开房地产咨询和经纪收费管理的通知》，该通知指出为充分发挥市场在资源配置中的决定性作用，决定放开房地产咨询和经纪服务收费，实行市场调节价管理。从9月15日起，浙江房地产中介服务机构开展房地产政策和技术咨询、房地产经纪服务的具体收费标准，由委托和受托双方根据服务内容、服务成本、服务质量、服务要求及市场供求状况等因素协商确定。目前，杭州我爱我家确定的经纪服务收费标准如表7.7。

表7.7　杭州市我爱我家经纪服务收费标准

收费项目	收费标准
房地产买卖代理	实行分段累计收费： 100万元（含）及以下买卖双方各付成交价的1.5%； 100万元以上买卖双方各付成交价的1%
租赁代理	出租方、承租方各支付月租金的50%
按揭代办服务	每单1000元

房地产评估收费一般按资产有效评估金额的大小划分收费档次，按档累进计费。表7.8为杭州市房地产评估收费标准。

表7.8　杭州市房地产评估收费标准

标的总额/万元	累进计费率/%	浮动幅度
100以下（含100）	0.35	可上浮20%，下浮不限
100以上至500（含500）	0.25	
500以上至2000（含2000）	0.1	
2000以上至5000（含5000）	0.05	
5000以上	0.01	

（资料来源：杭州市物价局浙价服[2005]04号文件规定）

（四）公证费

公证是国家专门设立的公证机关根据当事人的申请依法证明法律行为、有法律意义的文书和事实的真实性、合法性的非诉讼活动，是国家为保护法律的正确实施，维护社会经济、民事流转程序，预防纠纷、减少诉讼，保护公民、法人和非法人组织的合法权益而建立的一种预防性的司法制度。

公证处受理公证后，向申请人提供证明以及办理其他公证服务的，按各省公布的公证收费标准收取公证费。公证服务费的缴纳人为申请公证人。公证服务实行计件收费和按标的额比例收费。

例如，证明土地使用权出让、转让，房屋转让、买卖及股权转让，某省按下列标准收取：标的额200万元以下部分，收取比例为0.25%，按比例收费不到200元的，按200元收取；200万元以上～1000万元部分，收取0.2%；1000万元以上～5000万元部分，收取0.1%；5000万元以上～1亿元部分，收取0.05%；1亿元以上部分收取0.01%。

证明财产继承、赠与和遗赠，按受益额比率收费。20万元以下的按2%计收，20万元～50 万元部分按 1.5%计收，50 万元～100 万元部分按 1%计收，100 万元以上部分按 0.5%计收，最低收取 200 元。

任务 2　熟悉房地产交易中的税费计算

一、税费计算方法

房地产经纪服务主要是提供房地产交易环节的居间服务。因此，明确交易环节中的各种税费项目、缴交人和计税方法是房地产经纪人必须掌握的内容。需要特别说明的是，房地产交易环节的税费在不同城市之间以及在同一城市的不同时期可能是不同的。房地产经纪企业及经纪人必须到当地税务部门和房管部门获取房地产税费征收规定或办法，才能为委托人提供准确的税费咨询。

房地产交易中的税费负担项目繁多，为防止遗漏、明晰可见，房地产经纪企业一般会结合国家和地方税费制度政策等编制方便实用的交易税费计算表，依据计算表完成各项税费的计算，最后汇总得出购买方或出售方应缴的税费总额。如表 7.9 和表 7.10 是以杭州为例编制的二手房交易税费计算表，计算表列出了二手房交易双方所需缴纳的税费项目和具体计算规则，依据此表，结合交易实例可便捷地计算出交易双方的分项税费额和总额。

表 7.9　购买方税费计算表

税费名称	税费计算方法	纳税额
印花税	房屋成交总额的 0.05%（个人销售或购买住宅免征印花税）	
契税	90 平方米（含）以下普通住宅、属家庭唯一住房：房屋成交总额的 1% 90 平方米以上到 140 平方米（含）以下普通住宅、属家庭唯一住房：房屋成交总额的 1.50% 140 平方米以上住宅、属二套及以上住房：房屋成交总额的 3% 非住宅：房屋成交总额的 3%	
交易手续费	住宅：交易产权面积×3 元/平方米	
	非住宅及非普通住宅：交易产权面积×6 元/平方米	
土地出让金（划拨土地的房地产转让须补缴，如房改房上市、经济适用房上市）	土地等级对应的出让金缴纳标准×分摊的土地面积（具体见附表 1）	
产权登记及工本费	住宅：按每套 80 元；另收产权印花税 5 元/本	
	非住宅：按每套 550 元；另收产权印花税 5 元/本	
共有权工本费	5 元/本	
土地证工本费	5 元	
他项权登记费（有抵押的）	住宅：按每套 80 元；另收产权印花税 5 元/本	
	非住宅：按每套 550 元；另收产权印花税 5 元/本	

续表

税费名称	税费计算方法	纳税额
地产交易手续费	住宅：50元 （说明：存量住宅的计费地价总额按住宅所在地基准地价和土地证上标明的土地面积相乘计算确定。目前杭州普通住宅的地价总额一般不会超过10万，按照表7.4，地产交易手续费标准为100元，住宅转让交易由转让双方各承担50%，即为50元。）	
	非住宅：计算具体参见表7-4	
评估费（抵押贷款需，纯公积金按揭无需）	分档累进计费： 评估额100万元（含100万元）以下3.5‰，可上浮20%，下浮不限 评估额100-500万元（含500万元）2.5‰，可上浮20%，下浮不限 评估额500-2000万元（含2000万元）1‰，可上浮20%，下浮不限 评估额2000-5000万元（含5000万元）0.5‰，可上浮20%，下浮不限 评估额5000万元以上0.1‰，可上浮20%，下浮不限	
中介服务费（分档累进计费）	实行市场价，按中介机构收费标准收费 如，杭州我爱我家收费标准为：分段累计收费 100万元（含）及以下买卖双方各付成交价的1.5%； 100万元以上买卖双方各付成交价的1%	
合计总额		

附表1　土地等级缴纳标准

土地等级	一	二	三	四	五	六	七	八
缴纳标准	600	500	400	300	200	100	80	50

表7.10　出售方税费计算表

税费名称	税费计算方法	纳税额
印花税	房屋成交总额的0.05%（个人销售或购买住宅免征印花税）	
交易手续费	住宅：交易产权面积×3元/平方米	
	非住宅及非普通住宅：交易产权面积×6元/平方米	
地产交易手续费	住宅：50元	
	非住宅：计算具体参见表7.4	
营业税及附加（也称综合税，包括营业税、城市维护建设税和教育费附加）	5年以内普通住宅：房屋成交总额的5.6% 5年以上普通住宅：免营业税	
	5年以下非普通住宅：房屋成交总额的5.6% 5年以上非普通住宅及非住宅： （房屋成交总额－原购入价）×5.6%	
个人所得税	属于产权人唯一住房，且居住满5年免征	
	方式1：不能提供完整、准确的房屋原值凭证，不能正确计算房屋原值和应纳税额的，房屋成交总额的1%；	
	方式2：（转让收入－财产原值－合理费用）×20% 注：合理费用为装修、手续费等	

续表

税费名称	税费计算方法	纳税额
土地增值税	住宅：免征	
	非住宅：房屋成交总额的 0.5%	
中介服务费（分档累进）	实行市场价，按中介机构收费标准收费 如，杭州我爱我家收费标准为：分段累计收费 100 万元（含）及以下买卖双方各付成交价的 1.5%； 100 万元以上买卖双方各付成交价的 1%	
合计总额		

说明：非普通住宅是指：住宅小区建筑容积率在 1.0 以下（不含 1.0）；单套建筑面积在 140 平方米以上（含 140 平方米）；实际成交价格高于该区市场指导价 1.2 倍以上（不含 1.2 倍）；反之则为普通住宅。各省、自治区、直辖市要根据实际情况，制定本地区享受优惠政策普通住房的具体标准，允许单套建筑面积和价格标准适当浮动，但向上浮动的比例不得超过上述标准的 20%。

此计算表可作为缴纳交易税费的估算表，因税费政策时有调整，具体实际缴纳金额应以有关部门收取额为准。

二、税费计算案例

（一）案例 1

杨先生于今年 11 月 1 日委托杭州某中介公司购买了一套价值 215 万元的房子，杨先生购房前询问中介公司店员小王，问需要缴纳多少中介服务费，中介公司小王按该公司执行的房地产买卖代理服务费率，现场做了如下计算。

杨先生通过房地产中介达成房屋买卖交易，中介公司为买卖双方提供了完整的经纪服务，因此应向买卖双方收取等同的中介服务费。每一方应支付额度见表 7.11。

表 7.11　中介服务费一览表

	房地产买卖代理服务费率（分档累进）	计算过程	合计
中介服务费	100 万元（含）及以下买卖双方各付成交价的 1.5%	1000000×1. 5%=15000 元	26500 元
	100 万元以上买卖双方各付成交价的 1%	1150000×1%=11500 元	

房地产交易中，因市场供求状态不同，往往会出现税费转嫁现象，即在成交谈判时交易对方将应由其缴纳的税费转移给自己一方，这将增大交易费用的支出。本例中，若出售方要求以 215 万元的净价出售，那么杨先生将支付双方的中介服务费，共计 26500×2＝53000 元。

（二）案例2

小张 2012 年 3 月购得一套市区房屋，房屋面积为 92.7 平方米，处于该多层住宅（共 7 层）的四楼，房屋土地性质为出让土地，当时购入价格为 82 万元，2013 年他将该房挂到某中介代理公司出售，其中小王有意购买该房，并且打算进行抵押贷款，双方初步谈定价格为 95 万元，现双方急需中介机构提供交易税费咨询，具体要求中介店员给出双方各需支付哪些税费和税费额是多少的指导。

中介店员首先为购房人小王提供了事先制作的税费计算表，表中列出了小王应缴税费的全部项目和税率；接着根据双方谈妥的价格，为购房人小王逐一计算了各税项的应纳税额；最后将所有税费额累加，计算出购房人小王实际应缴纳的税费总额。计算结果填入表中，计算过程见表后。

1. 小王应支付的税费（见表 7.12）

表 7.12 购买方税费计算表

税费名称	税费计算方法	纳税额
印花税	房屋成交总额的 0.05%（个人销售或购买住宅免征印花税）	无
契税	90 平方米（含）以下普通住宅、属家庭唯一住房：房屋成交总额的 1% 90 以上到 140 平方米（含）以下普通住宅、属家庭唯一住房：房屋成交总额的 1.50% 140 平方米以上住宅、属二套及以上住房：房屋成交总额的 3% 非住宅：房屋成交总额的 3%	14250 元
交易手续费	住宅：交易产权面积×3 元/平方米； 非住宅及非普通住宅：交易产权面积×6 元/平方米	278 元
土地出让金（划拨土地的房地产转让须补缴，如房改房上市、经济适用房上市）	土地等级对应的出让金缴纳标准×分摊的土地面积 （具体见附表 1）	无
产权登记及工本费	住宅：按每套 80 元；另收产权印花税 5 元/本 非住宅：按每套 550 元；另收产权印花税 5 元/本	85 元
共有权证费	5 元/本	5 元
土地证工本费	5 元	5 元
他项权登记费（有抵押的）	住宅：按每套 80 元；另收产权印花税 5 元/本 非住宅：按每套 550 元；另收产权印花税 5 元/本	85 元
地产交易手续费	住宅：50 元 非住宅：计算具体参见表 7.4	50 元
评估费（抵押贷款需，纯公积金按揭无需）	100 万元以下部分 0.42%，100 万元以上至 500 万元部分 0.3%，500 万元以上至 2000 万元部分 0.12%	3990 元
中介服务费（分档累进）	实行市场价，按中介机构收费标准收费 如，杭州我爱我家收费标准为：分段累计收费 100 万元（含）及以下买卖双方各付成交价的 1.5%； 100 万元以上买卖双方各付成交价的 1%	14250 元
合计总额	32998 元	

计算过程：

契税 950000×1.5%=14250（元）（该房屋面积为 92.7 平方米，属于普通住宅，也是小王第一套购房，按照杭州目前契税有关政策，执行 1.50%的优惠税率）

交易手续费 92.7×3 =278（元）

土地出让金（该房土地属于出让用地，不需缴纳土地出让金）

产权登记及工本费 85（元）

他项权登记费及工本费 85（元）

共有权、土地证工本费 5+5=10（元）

地产交易手续费 50（元）

评估费 950000×0.42%=3990（元）（小王打算通过抵押贷款购房，故需委托房地产评估公司进行抵押评估，评估费一般按评估公司的收费标准由双方协商确定，评估公司的收费标准以物价局核定标准为依据，见表 7. 8，因此本项计算只作估算参考）

中介服务费 950000×1.5%=14250（元）（该中介公司实行分段累计收费，100 万元（含）及以下买卖双方各付成交价的 1.5%；本次交易 95 万小于 100 万，套 1.5%收费费率即可）

合计：32998（元）

因此小王购买该房应支付的税费（含中介服务费）是 32998（元）。

2. 小张应支付的税费（见表 7.13）

表 7.13　出售方税费计算表

税费名称	税 费 计 算 方 法	纳税额
印花税	房屋成交总额的 0.05%（个人销售或购买住宅免征印花税）	无
交易手续费	住宅：交易产权面积×3 元/平方米	278 元
	非住宅及非普通住宅：交易产权面积×6 元/平方米	
地产交易手续费	住宅：50 元	50 元
	非住宅：计算具体参见表 7.4	
营业税及附加（也称综合税，包括营业税、城市维护建设税和教育费附加）	5 年以内普通住宅：房屋成交总额×5.6% 5 年以上普通住宅：免营业税 5 年以下非普通住宅：房屋成交总额×5.6% 5 年以上非普通住宅及非住宅： （房屋成交总额 – 原购入价）×5.6%	53200
个人所得税	属于产权人唯一住房，且居住满 5 年免征	9500
	方式 1：不能正确计算房屋原值和应纳税额的，房屋成交总额×1%； 方式 2：（转让收入 – 财产原值 – 合理费用）×20%	
土地增值税	普通住宅：免征 非住宅：房屋成交总额×0.5%	无
中介服务费（分档累进）	实行市场价，按中介机构收费标准收费 如，杭州我爱我家收费标准为：分段累计收费 100 万元（含）及以下买卖双方各付成交价的 1.5%； 100 万元以上买卖双方各付成交价的 1%	14250 元
合计总额	77278 元	

计算过程：

交易手续费 92.7×3 =278（元）

地产交易手续费 50（元）

营业税及附加 950000×5.6%=53200（元）（个人将购买 5 年以下的普通住宅再出售时，按其房屋成交总额×5.6%征收营业税，本次交易中小张出售的该房为 2012 年购入不满 5 年，因此需缴纳营业税）

个人所得税 950000×1%=9500（元）（小张持有该房未超过 5 年，且不属于唯一房产，出售不享受个税免征条件，须缴纳，按其房屋成交总额的 1%征收个人所得税）

土地增值税（该房属于普通住宅，按政策优惠实行免征）

中介服务费 950000×1.5%=14250（元）

合计：77278（元）

因此小张出售该房应支付的税费（含中介服务费）是 77278 元。

任务 3 房地产交易中的税费实务操作

一、杭州房地产交易中的税费案例

（一）房地产交易税费咨询

1. 房地产交易税费

房地产经纪服务主要是提供房地产交易环节的居间服务。因此，明确交易环节中的各种税费项目、缴交人和计税方法是房地产经纪人必须掌握的内容。需要特别说明的是，房地产交易环节的税费在不同城市之间以及在同一城市的不同时期可能是不同的。房地产经纪企业及经纪人必须到当地税务部门和房管部门获取房地产税费征收规定或办法，才能为委托人提供准确的税费咨询。

房地产交易中的税费负担项目繁多，为防止遗漏、明晰可见，房地产经纪企业一般会结合国家和地方税费制度政策等编制方便实用的交易税费表。如表 7.9～表 7.10 是以杭州为例编制的税费表，依据该表可提供杭州二手房交易双方的税费咨询。

2. 房地产交易税费转嫁

房地产交易税费转嫁是指房地产交易过程中，纳税人将应由自己负担的税费转嫁给交易对方的一种现象。税费转嫁可能有两种情况：顺转和逆转。顺转，是出售方将自己所应负担的税费转嫁给购买者。逆转，则反之。税费转嫁会大大加重承受一方的负担。

税费转嫁能否实现，一般取决于当时的房地产市场状况。一般处于垄断地位的一方由于对价格的影响能力强，从而在税费转嫁中处于有利的地位，他们能更好地通过左右价格来转嫁税负。

房地产买卖、租赁环节的税收，一般会较多地发生顺转，即税费负担转给购房人和承租人。但在房地产供给大于房地产需求的市场情况下，购买者较之出售者处于一个有利的地位，从而有可能向房地产出售者转嫁税赋。

（二）易居房产交易税费案例

案 例 一

房东出售万家星城的已购商品房（房屋产权发证时间 2012 年 7 月）一套，出售时间 2014 年 1 月，出售价格 136.68 万，建筑面积 85.96 平方米，买家购该房属首套房，使用公积金贷款。买方、卖方客户实际缴纳的各种税费和中介服务费如下：

1. **卖方**

（1）印花税：无　　　　　　　　　（个人销售住宅免征印花税）

（2）交易手续费：3×85.96=257.88 元 （住宅按交易产权面积×3 元/平方米）

（3）地产交易手续费：50 元

（4）综合税：1366800×5.6%=76540.8 元（该房屋属于不满五年的 90 平方米以下的住宅）

（5）个人所得税：1366800×1%=13668 元（该房屋属于不满五年的住宅，不能正确计算房屋原值和应纳税额的，按房屋成交总额×1%）

（6）土地增值税：无　　　　　　　（该房屋属于普通住宅，免征）

（7）中介服务费：500000×1.25%+500000×0.875%+366800×0.5%=12459 元（易居执行分档累进计费办法，费率为 50 万以下 1.25%，50 万-100 万 0.875%，100 万-200 万 0.5%，200 万以上 0.3%）

卖方税费合计 90516.68 元，中介服务费 12459 元。

2. **买方**

（1）印花税：无　　　（个人购买住宅免征印花税）

（2）契税：1366800×1%=13668 元 （该房屋属于 90 平方米以下的唯一一套的住宅）

（3）土地出让金：无　　　　　（不属于划拨土地，无须缴纳出让土地金）

（4）交易手续费：3×85.96=257.88 元 （住宅按交易产权面积*3 元/平方米）

（5）产权登记费：85 元

（6）共有证工本费：5 元

（7）土地工本费：5 元

（8）地产交易手续费：50 元

（9）他项权利登记费：85 元 （办理贷款，须设立抵押登记，需要交付他项权利登记费）

（10）抵押评估费：无　（公积金贷款不属于商业贷款，不需要交付抵押评估费）

（11）中介服务费： 500000×1.25%+500000×0.875%+366800×0.5%=12459 元((易居执行分档累进计费办法，费率为 50 万以下 1.25%，50 万～100 万 0.875%，100 万～200 万 0.5%，200 万以上 0.3%）

买方税费合计 14155.88 元，中介服务费 12459 元。

案例二

房东将113.4373万元购入的一套写字楼出售，出售价格210万，建筑面积155.72平方米，买家商业按揭。买方、卖方客户实际缴纳的各种税费和中介服务费如下：

1. 卖方

（1）印花税：房屋总价2100000元×0.05%=1050元　　（非住宅 总价的0.05%）

（2）交易手续费：155.72平方米×6元/每平方米=934.32元 （写字楼为商业用房）

（3）地产交易手续费：300元　　（目前杭州非住宅收费标准）

（4）综合税：（2100000元-1134373元）×5.6%=54075.112元（非住宅 满五年 差价的5.6%）

（5）个人所得税：房屋总价2100000元×1%=21000元　　（非住宅 总价的1%）

（6）土地增值税： 2100000元×0.5%=10500元　　（非住宅 总价的0.5%）

（7）评估费：1000000元×0.42%+1100000元×0.3%=4200元+3300元=7500元（缴纳标准按杭州评估费标准上浮20%执行）

卖方税费合计：95359.432元

卖方中介服务费1000000×1.5%+1100000×1%= 26000元（以杭州我爱我家费率为例）

2. 买方

（1）印花税： 2100000×0.05%=1050元　　（非住宅 总价的0.05%）

（2）契税： 2100000×3%=63000元　　（非住宅）

（3）土地出让金： 无　　（不属于划拨土地，无须缴纳土地出让金）

（4）交易手续费：6×155.72平方米=934.32元　　（非住宅 6元/平方米）

（5）产权登记费：非住宅550元+印花税5元=555元

（6）共有证工本费：5元

（7）土地工本费：5元

（8）地产交易手续费：300元　　（目前杭州非住宅收费标准）

（9）他项权利登记费：非住宅550元+5元印花税=555元

（10）抵押评估费：1000000×0.42%+1100000×0.3%=4200+3300=7500元

买方税费合计：73904.32元

买方中介服务费1000000×1.5%+1100000×1%= 26000元（以杭州我爱我家费率为例）

二、实务操作

（一）工作任务——常见税费的测算

房东出售房改房住宅一套（非唯一住房），出售价格180万，建筑面积72.21平方米，该房屋立契时间1999年4月，房改房土地等级为3级，分摊土地面积10.3平方米，买家拟定商业按揭。买家为首套房。请计算买家、卖家客户应缴纳的各种税费和佣金。

（二）操作步骤

1. 列出买家、卖家应缴税费项

卖家：

1）印花税。

2）交易手续费。

3）地产交易手续费。

4）综合税。

5）个人所得税。

6）土地增值费。

7）中介服务费。

买家：

1）印花税。

2）契税。

3）交易手续费。

4）土地出让金。

5）产权登记费。

6）共有证工本费、土地工本费。

7）他项权利登记费。

8）地产交易手续费。

9）抵押评估费。

10）中介服务费。

2. 依据当前税费执行标准，计算税费额

卖家：

1）印花税：依据当前税费标准，住宅交易，印花税免征。

2）交易手续费：依据当前税费政策优惠，房改房且建筑面积90平方米以下的免征。

3）地产交易手续费：依据当前税费标准，住宅建筑面积90平方米以下，土地交易费50元。

4）综合税：由于房屋立契时间1999年4月，距离现在已满5年，依据当前税费标准，住宅建筑面积90平方米以下，居住满五年，免征综合税。

5）个人所得税：由于该房是满5年的非唯一住房，所以应按房价的1%，计征个人所得税，即1800000×1%=18000元。

6）土地增值税：依据当前税费标准，住宅建筑面积90平方米以下，土地增值税免征；

7）中介服务费：依据中介公司服务收费标准，卖家应支付佣金为 1000000×1.5%+800000×1%=23000元。

买家：

1）印花税：依据当前税费标准，住宅交易，印花税免征。

2）契税：买家为首套购房，属于唯一住房，且建筑面积 90 平方米以下，契税执行优惠税率 1%，契税纳税额为 1800000×1%=18000 元。

3）交易手续费：普通住宅收费标准为 3 元/平方米，本项费用为 72.21×3=216.63 元。

4）土地出让金：本房产属房改房，上市交易应补缴土地出让金，本房改房土地等级为 3 级，缴纳标准为 400 元/平方米，分摊土地面积 10.3 平方米，因此补缴土地出让金为 10.3×400=4120 元。

5）产权登记费：普通住宅：（80 元 + 5 元（产权印花税））/本。

6）共有证工本费、土地工本费：依据当前杭州税费政策，5 元/本，共 10 元。

7）他项权利登记费：普通住宅为（80 元 + 5 元（产权印花税））/本。

8）地产交易手续费：依据当前杭州税费政策，住宅交易，土地交易费 50 元/次。

9）抵押评估费：评估费实行分档累进计税，具体费率见表 7.8，因此本项收费为 100 000×0.42%+800 000×0.3%=6600 元。

中介服务费：依据中介公司服务收费标准，买家应支付佣金为 1000000×1.5%+800000×1%=23000 元。

3. 汇总计算税费总额，并提供解释和咨询

（1）买家

买家税费=1）印花税 +2）契税 +3）交易手续费 +4）土地出让金 +5）产权登记费 +6）共有证工本费、土地工本费 +7）他项权利登记费 +8）地产交易手续费 +9）抵押评估费=0+18000+216.63+4120+85+10+85+50+6600=29166.63 元

税费合计：29166.63 元

中介服务费：23000 元

买家支付总计：52166.63 元

（2）卖家

卖家税费=1）印花税 +2）交易手续费 +3）地产交易手续费 +4）综合税 +5）个人所得税 +6）土地增值税=0+0+50+0+180000+0=18050 元

税费合计：18050 元

中介服务费：23000 元

卖家支付总计：41050 元

（三）实训练习

任务一：请制作一张表格，将二手房交易涉及的各种税费、税率写在表格中，并进行介绍。

任务二：甲某 6 年前在东城区买了一套房子（建筑面积 65 平方米），现在想以 46.7 万元的价格卖给小娜，房子的评估价也是 46.7 万元。他们分别要缴纳的税费有哪些？税额为多少？（要求以杭州市现行房地产税费政策为依据进行测算）

任务三：李先生将两年前购入的一套房子出售给王先生，面积155平方米，售价185万。此套房产不是李先生的唯一住宅，王先生需办理银行按揭。他们分别要缴纳的税费有哪些？税额为多少？

项目小结

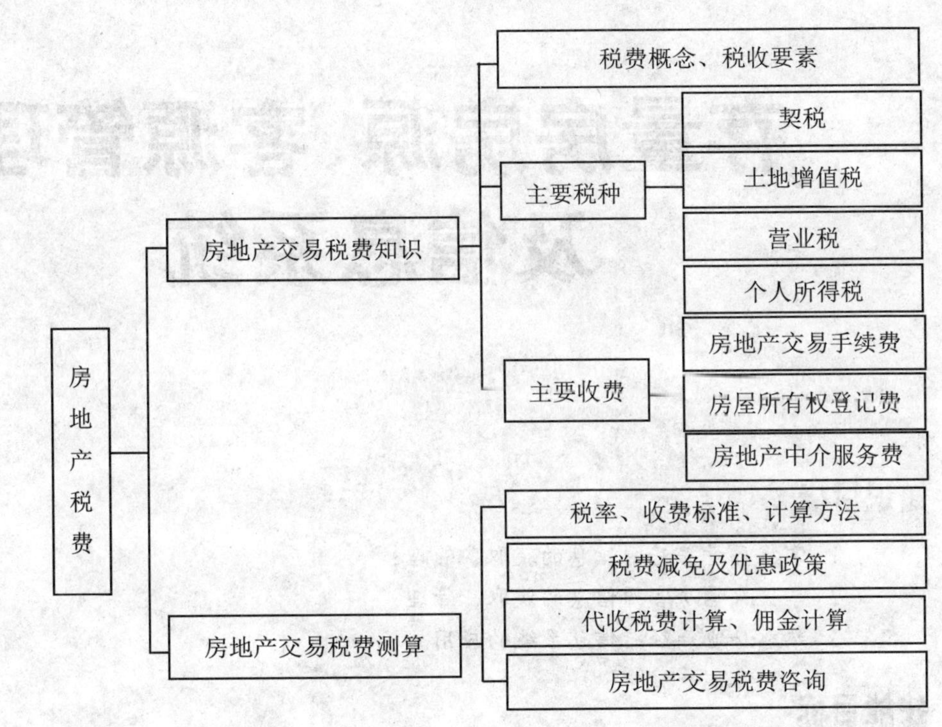

项目八

存量房房源、客源管理及信息系统

知识目标

1. 掌握存量房房源信息的获取、管理；
2. 掌握存量房客源信息的获取、管理；
3. 熟悉房地产经纪信息系统的应用。

技能目标

1. 能收集存量房源信息并进行管理；
2. 能收集存量客源信息并进行管理；
3. 能够运用房地产经纪信息系统进行存量房房源、客源管理。

21 世纪不动产有限公司置业顾问小张接待了一位买房客户林先生，林先生需要在杭州购买一套西湖区两居室的住房。小张在接待这位客户后利用公司开发的 21 世纪不动产经纪信息管理系统进行操作。首先小张通过客源管理→客源登记里，录入林先生的购房信息。接下来在“客户管理”→“客源跟进”模块中，单击“房客匹配”按钮，符合林先生要求的房源就会在经纪信息管理系统中显示。接下来小张带林先生实地查看房源，每次看房结束后，都相应地在经纪信息管理系统中记录看房信息。若看房成功，成交已确认，小张还需在经纪信息管理系统上对成交进行操作，在“客源管理”→“客源维护”→“看房客户”模块里，在林先生的信息里单击“成交确认”。通过公司开发的经纪信息管理系统，经纪人员可以准确、方便、快捷地查询房源、客源，提高了工作效率，并且能够对房源、客源进行动态跟踪管理。

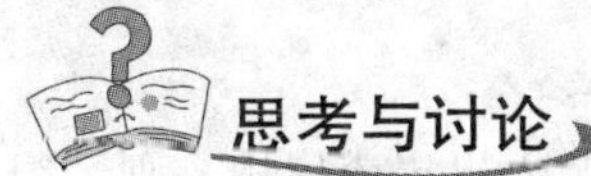

1. 房地产经纪公司是如何获取客源并进行管理的？
2. 房地产经纪公司是如何获取房源并进行管理的？

任务 1　掌握房源管理与客源管理

一、房源管理

房源是房地产经纪机构的重要资源。首先，房源是房地产经纪机构生存和发展的基础，房地产居间业务的特征决定房地产经纪机构是以撮合房地产交易双方实现交易为目标，如果没有房源或房源不符合买方的需求，就不能实现交易，经纪业务就无从谈起；其次，房源决定房地产经纪机构的竞争地位，一个房地产经纪机构所拥有的房源数量越多、类型越丰富，就能够为客户提供更多的选择，就越有可能满足他们的各种需求，从而也越容易获得成交，其市场竞争地位一般也就越高。因此，房地产经纪机构应重视房源的获取和管理。

（一）房源定义

房源定义包括广义和狭义两种，从广义上来讲，房源是指业主（委托方）及其委托出售或出租的物业。即不仅包括委托出售或出租的物业，还包括该物业的业主（委托方）。从狭义上来讲，房源仅指委托房地产经纪人出售或出租的房屋。在房地产经纪业务中，房源通常使用狭义的定义。

（二）房源属性

在房地产经纪实务中，房地产经纪机构会获得有关房源的数字、图像、文字等信息，这些信息不仅具有物理属性、法律属性，还具有心理属性。

房源的物理属性，是指房源自身及其周边环境的物理状态。如房源的区位（地段）、建筑外观、面积、朝向、间隔、新旧程度等。一般情况下。房源的物理属性在交易过程中是固定不变的。

房源的法律属性是指房源的用途及其权属状态等。在我国房源的用途并不是固定不变的，经过房地产相关管理部门的批准，房源的用途可以进行变更。

房源的心理属性是指业主（委托方）在委托过程中的心理状态。随着时间的推移、市场情况的变化，这种心理状态往往也会发生变化，进而对房源中的某些因素产生影响，影响交易结果，其中价格因素最容易受到影响。交易过程中，价格经常不断波动，正是因为业主的心理在不断变化。

（三）房源的特征

房源的特征是指某一房源自身所具备的特殊性质，是区别于其他物质的基本征象和标志。房源具有公共性、变动性和可替代性的特征。

1. 公共性

如果业主（委托方）只将自己的物业委托给一位房地产经纪人出售或出租，则经纪人在接受业主（委托方）委托后，该房源就是该签约经纪人所拥有的“商品”了，在这种情况下房源具有私有性。但在我国大多数的业主（委托方）同时委托多个经纪机构出售和出租物业，因此对我国的房地产经纪机构来说，大部分房源并不是房地产经纪机构所拥有的商品，而只是可利用的信息。房源在我国具有显而易见的“公共性”。

2. 变动性

房源的变动性主要包括两方面：一是其价格因素的变动；一是其使用状态的变动。

价格的变动是经常发生的，因为它可以随着市场的变化、业主（委托方）心态的变化而不断波动。相比较而言，在委托期间房源的使用状态（如闲置、居住或办公等）较少发生变化。正因为房源存在变动性这一特征，所以经纪人要不间断地与业主（委托方）联系，以便在房源的某些信息发生变动时，及时进行更新。

3. 可替代性

虽然每一套房屋都是唯一的，具有明显的个别性，但在现实生活中，人们对房屋的需求却并不是非买某一套不可。具有相似地段、相似建筑类型、相似房型的房屋，在效用上就具有相似性，对于待定的需求者而言，它们是可以相互替代的。这就令房源具有可替代性的特征。

（四）房源信息的获取

充足的房源信息是经纪业务的关键资源。在我国，房源信息的获取渠道目前主要有小业主和大业主两种。

1. 小业主（散户）

小业主指的是普通的消费者，他们单个拥有的房屋数量不多，一般为一套或几套。

但因为普通消费者数量众多，因此目前小业主这部分的房源是房地产经纪业务中最重要的房源来源。小业主房源获取的渠道见表 8.1。

表 8.1　小业主房源获取渠道

房源信息获取渠道	渠道介绍及优缺点
门店接待	门店接待是指房地产经纪人利用房地产经纪机构在小区附近或小区内的店面，获得客户上门咨询而提供房源信息的一种方式。 优点：容易取得客户信任、客户信息准确度高、较易和客户建立关系。 缺点：成本比较大、受店面的地理位置影响较大。
互联网	互联网是房地产经纪机构获取房源信息的重要渠道之一。发展成熟、业务量大的房地产经纪机构通常会建立公司门户网站，还有一线专业的存量房网站也为客户提供了一个免费、可靠、全方位的房源信息服务，客户也可以免费注册、免费发布租售信息，这些都为房地产经纪机构获取房源提供了帮助。 优点：可迅速找到房源。 缺点：房源信息筛选难度大。
老客户推荐	老客户推荐是房地产经纪人通过自身优质的服务获得老客户的信任，客户再推荐有房出售或出租的同事、亲属、朋友等给房地产经纪人的方式。 优点：节约成本，在质量和出售意向方面优于新开发的房源。 缺点：受房地产经纪人服务质量限制。
社区开发	房地产经纪人会通过在所在小区的出入口摆放路牌广告或房源板，派发宣传单，吸引过路者观看，以引起客户关注，进而获取房源信息。 优点：目标性强、会给周边居民留下深刻印象。 缺点：信息传播面较窄。
派发宣传单	房地产经纪机构通常会选择一些目标客户，通过邮寄、当面派发宣传单等方式，引起客户关注，获取房源信息。 优点：目标性强、成本低。 缺点：使用过多容易引起接受者反感。
电话访问	房地产经纪人在获知目标客户的电话号码后，对其进行电话访问，咨询其物业信息，是一种可以立即见效的获取房源的渠道。 优点：比较集中，针对性较强且可联系的人较多，不受地点的限制，不受天气影响，而且花费时间较少。 缺点：在一定程度上受时间的限制，比如上班时间不宜打扰；只能通过声音传达信息，可能缺乏人情味，容易遭受拒绝，客户印象不深刻等。
报纸广告	房地产经纪机构通过在报纸广告中刊登房源求购等信息，利用广告资源，吸引各类目标客户，获取房源信息。 优点：传递迅速、传播面广，容易扩大影响力。 缺点：报纸发行寿命短，利用率低。
人际关系开发	人际关系开发是房地产经纪人利用自己的交际圈去收集信息。 优点：有利于扩大获取房源的渠道。 缺点：需要长期开发，受房地产经纪人交际圈的限制。

2. 大业主

“大业主”是相对于小业主的概念而言的，通常指一些拥有批量物业的单位，如房地产开发企业、资产处理公司、银行等。

对于这些大业主，中介公司一般采用“主动出击”的方式去获得其房源资料，即根据这些大业主的具体情况，制定有关处理方案，并派专人（或工作小组）去洽谈、跟进。大业主主要有以下几类，详见表 8.2。

表 8.2　大业主房源获取渠道

大业主类型	房源信息获取渠道介绍
房地产开发企业	房地产开发企业的楼盘销售了一段时期后，会剩下一些“尾楼”。房地产经纪机构为了争取这些“尾楼”单位的独家代理权，会主动联系房地产开发企业，获取房源。
房地产相关行业	某些情况下，房地产开发企业由于资金的原因，会利用房产去抵偿工程款、材料款甚至广告费，从而令房地产相关行业的某些单位拥有批量房产。通常这些房地产相关行业的单位会委托房地产经纪机构进行销售。
大型企事业单位	大型企事业单位会拥有数量可观的待处理的房产。如与房地产开发商合作开发楼盘后“分得”的房产、单位员工集资开发的房产等。因为这些单位往往不具备销售或出租这些房产的专业资源，因此他们会将这些房产委托给房地产经纪机构销售。
资产管理公司	资产管理公司往往会拥有一些作为抵押物或不良资产的房产。房地产经纪机构与资产管理公司合作可以获得更多的房源。
银 行	与资产处理公司类似，银行有时也会拥有一些作为抵押物或不良资产的房产。银行采用拍卖的方式处理这些资产，房地产经纪机构可以为银行提供专业服务，使银行顺利将房产变现。

（五）房源信息的管理

1. 房源信息管理的内容

房源信息由六个部分组成：房源区位状况、房源实物状况、房源权属状况、房源权利人信息、房源交易条件、物业管理信息。

房源区位状况包括：①周边生活配套，如商场、超市、医院等；②周边交通配套，如地铁与公交车站、出行路线等；③教育设施，如幼儿园、中小学、大学以及本房源是否属于学区房等；④区位未来市政规划。

房源实物状况包括：①户型；②建筑面积；③建设年代；④装修状况；⑤建筑结构；⑥楼层与层高；⑦面积；⑧朝向等。

房源权属状况包括：①产权性质；②是否存在共有权；③是否设定抵押权；④是否属于征收拆迁范围等。

房源权利人信息包括：①权利人身份；②联系方式；③看房时间等。

房源交易条件包括：①交易价格，含出售价格、出租价格等；②如何付款；③随房源同时交易的配套设施；④价格协商合同；⑤交房日期；⑥税费支付方式等。

物业管理信息包括：①物业服务机构名称及评价；②物业服务费水平；③供暖方式以及费用；④是否存在欠交物业服务费、供暖费、水电费等。

2. 房源信息的更新

房源信息的时效性非常强，因此必须不断对房源信息进行更新，以保证其有效性。一般来说，对房源信息的更新要注意以下三点：

（1）周期性访问

对房源的业主（委托方）进行周期性访问，这是保证房源信息时效性的重要手段。对于一些较为“冷门”的房源，也应该组织定期访问，不应被遗忘。

（2）访问信息的累积

对房源的每一次访问，都应将有关信息记录下来，它可以反映业主（委托方）的心态变化，为以后的再次访问提供参考，提高工作效率。

（3）房源信息的循环利用

处在可售或可租状态的房源被称之“活跃房源”，它们在经纪业务中的作用不言而喻。已完成交易的房源属“不活跃房源”，它们的作用有时则会被经纪人忽略，因而也就将它们“打入冷宫”，不再注意对它们进行更新。这种做法是不科学的。因为随着时间的推移，这种“不活跃房源”也有可能再次变为“活跃房源”，从而再次实现交易。例如，房源A在去年1月份完成了买卖交易，但其新业主在住了一段时间后，想将其卖出，换一套更大的房子住。某房地产经纪人在对该“不活跃房源”进行访问时，发现了这一情况，从而获得了一个“活跃房源”的信息。至于一些租赁的成交个案，其房源更是经常在“活跃”与“不活跃”之间变换，因为其每一次的租期往往有限，而当上一次租期到期时，它就会从原来的“不活跃”状态转换成“活跃”状态。

二、客源管理

（一）客源的定义

客源是对买进或租赁房屋有现时需求和潜在需求的客户。需求包括为获得房产所有权的购买需求，也包括暂时获得房产使用权为目的的租赁需求。

（二）客源的分类

按照不同的标准客源有不同的分类：①按客户的需求类型分为买房客户和租房客户；②按购买目的分为自用客和投资客；③按客户需求的房产类型分为住宅客户、写字楼客户、商铺客户和工业厂房客户及其他；④按客户的性质分为机构客户和个人客户；⑤按与经纪机构打交道情况分为新客户、老客户、未来客户和关系客户，或曾经发生过交易的客户及正在进行交易的客户、即将进行交易的客户。

（三）客源的特征

指向性，即客户的需求意向是清楚的，是买或租，是哪个区域，哪类房屋，能承受的价格范围或希望的价格范围，有无特殊需要等，客户均有明确的指示。一个需求不清的客户是需要进行引导和分析的，使之需求明确，方能成为客源。

时效性，客户的需求是有时间要求的。客户在表达购买或租赁的需要时，均会有时间选择，可能是半个月或是几个月。如果客户对需求没有时间限定，房地产经纪人需要与客户进行沟通，以确认客户对房产需求的时间限制条件，即便一个持币待购的投资者，在提供信息时都需沟通和确认现在是否仍然需要。

潜在性，客源严格意义上是潜在客户，是具有成交可能的意向买房或租房的人，他们的需求只是一种意向，而不是像订单客户那样肯定，而能否成为真正的买方或租家，不仅取决于房地产经纪人提供的房源服务，还取决于客户本身。

（四）客源信息的获取

房地产经纪人只有不断挖掘潜在的客源，才能不断创造经纪成果。一个成功的经纪人必须确保潜在客户的数量。客源和房源的获取渠道有的时候是相同的，一个渠道既可以获得房源信息，也可以获得客源信息，但客源也有自己独特的渠道，目前客源的获取有如下几种渠道，见表 8.3。

表 8.3 客源的获取渠道

客源信息获取渠道	渠道介绍及优缺点
门店接待法	门店接待是指房地产经纪人利用房地产经纪机构在小区附近或小区内的店面，获得客户上门咨询而获得客源信息的一种方式。 优点：容易取得客户信任、客户信息准确度高、较易和客户建立关系。 缺点：成本比较大、受店面的地理位置影响较大。
广告法	房地产经纪机构在当地主流媒体、门店橱窗等媒介上发布房源信息，以吸引潜在客户，获取客源信息。 优点：受众面广、信息量大。 缺点：成本高，时效性差。
互联网开发法	互联网也是房地产经纪机构获取客源信息的重要渠道之一。发展成熟、业务量大的房地产经纪机构通常会建立公司门户网站，同时还利用一线专业的存量房网站提供的一个免费、可靠、全方位的房源信息服务，获取客源。 优点：更新速度快，时效性强。 缺点：信息量大，客源筛选难度较大。
客户介绍法	客户介绍是房地产经纪人通过自身优质的服务获得老客户的信任，客户再推荐需要购房或租房的同事、亲属、朋友等给房地产经纪人的方式。 优点：节约成本，客户都是真实可靠的。 缺点：受房地产经纪人服务质量限制。
人际关系法	人际关系开发是房地产经纪人利用自己的交际圈去收集客源信息。 优点：成本低，简便易行，介绍来的客户效率高，成交可能性大。 缺点：需要长期开发，受房地产经纪人交际圈的限制。
社区开发	房地产经纪人会通过在所在小区设摊或挂横幅、派发宣传单等方式，吸引过路者观看，以引起客户关注，进而获取客源信息。 优点：目标性强、会给周边居民留下深刻印象。 缺点：信息传播面较窄。
讲座揽客法	讲座揽客法是通过向社区或团体或特定人群举办讲座来发展客源的方法。在讲座时房地产经纪机构可以发放介绍自己、公司和服务的免费资料，创造客户接触机会，增加客源。 优点：培养客户的信赖和专业信赖，减少客户未来交易难度。 缺点：对讲座的组织准备工作要求较高。

总的来说，对于不同的区域、不同房产市场和不同的客户类型，适用的客源获取渠道可能有很大差异。经纪人要通过实战，不断总结不同方法的适用条件和效果，针对目标客户采用最有效的一种或几种方法的组合，以提高开拓效率。

（五）客源信息的管理

客源管理是从收集客户信息、整理客户信息并存档开始。对客源的记录、储存、分析和利用的一系列动作。

1. 客源信息管理的内容

（1）基础资料

客户姓名、性别、年龄、籍贯；家庭地址、电话、传真、E-mail；家庭人口、子女数量、年龄、入学状况、行业、工作单位、职务；教育程度等。

（2）需求状况

所需房屋的区域、类型、房型、面积；目标房屋的特征如卧室、浴室、层高、景观、朝向；特别需要如车位、通信设施，是否有装修；单价和总价、付款方式、按揭成数；配套因素的要求，如商场、会所、学校等。

（3）交易记录

委托交易的编号、时间；客户来源；推荐记录、看房记录、洽谈记录、成交记录；有无委托其他竞争者等。

客源管理实际上就是建立一个以客户为中心的记录或数据库，是对客源信息进行分类和系统管理。不仅包括曾经作为委托人完成交易的人，也包括那些提出需求或打过电话的潜在客户和与交易活动有关的关系人或供应商，还可包括那些被经纪人定为目标想进行交易的潜在客户或委托人。

2. 客源信息的更新

客户从发出需求信息到完成交易往往需要十日甚至数月时间。不断寻找提供符合客户需要和选择范围的房源，逐步逼近客户目标，是客源利用必不可少的工作。在这个过程中，保持和客户的联络和沟通，把握其需求的动态，同时也关注其和其他竞争者的联系，采取必要措施留住客户，这样才能充分利用客源，提高客源利用效率。若长时间不和客户联系，客源信息往往会失效，要么需求已变化，要么已选择其他经纪人的服务。只有保持与客户的联系，不断有信息交流，才能激活客源信息，促成交易。

任务 2　熟悉房地产经纪信息管理

一、房地产经纪信息管理概述

（一）房地产经纪信息的含义

信息是指可以传递、传送的消息。通过信息，可以减少或消除风险发生的可能性。随着现代科学技术的进步与生产力的发展，物质生产的自动化程度不断提高，同时社会生产的专业化分工越来越细，经济活动日益网络化，使得经济活动效率的提高更多地依赖于信息传输和利用的效率。虽然信息本身并不是财富，但由于它所传递的内容可以优化资源配置，从而带来财富，推动社会进步，因此将它视为无形财富。但在实际生活中，有用的信息还是很稀缺的。因此信息的重要性就更加凸显。信息可分为客观信息和人工信息。客观信息是指客观存在的信息，是来自物质世界的和已经发生的；人工信息是指客观信息经过人脑加工而成的信息。

房地产经纪信息是反映房地产经纪活动并为房地产经纪活动服务的信息。它通常包括四个方面的信息：房源信息、客源信息、市场信息和房地产经纪行业信息。这四方面缺一不可，没有房源信息犹如无米之炊；没有客源信息，就找不到服务对象；没有市场信息，就无法把握市场的动向；没有房地产经纪行业信息，就无法掌握行业发展和竞争对手的实际情况，就无法在竞争中立于不败之地。

房地产经纪信息由若干要素组成，主要是语言要素、内容要素和载体要素三个方面。语言是传递信息的媒体，也是信息的表现形式和工具，房地产经纪信息通常可以用文字性语言表现，也可以用形象性语言来表现。内容则是关于其所涉及对象（如房源）的表象、属性、特征、本质和运动规律等的确定性描述。信息本身不具有实体物质形态，必须依附于某一介质或载体如纸张、胶片、磁带、磁盘等才能被传递、加工和整理。如楼盘所在的地理位置、小区的周边环境、小区内部的环境、智能化情况、楼盘的价格及售楼地址等许多内容，使消费者了解楼盘的情况，进而激发潜在消费者的购买欲望。以上所述的语言、内容并不孤立存在，要依附于报纸纸张等物质载体，传递到千家万户并得以保存。

（二）房地产经纪信息的特征

信息的性质、作用及时效，是由信息和信号所含的具体内容和意义来决定的。人们是通过信息来认识事物的，因此要求信息从不同侧面来反映事物的某些特征。房地产经纪信息既具有一般信息所具有的共同特征，又具有一些自身的个别特征。具体而言，包括以下几个方面。

1. 共享性

房地产经纪信息具有正外部性，不会因为使用者的增加而减少每个使用者所获得的信息。信息的共享很重要，通过共享，使更多的人获得信息，给更多的人带来价值，最后使整个社会的经济效益增加。但是并不是所有信息都需要共享，对于一些机密或具有排他性的信息，应注意保护。

2. 多维性

多维性即一条房地产经纪信息在具有不同的价值观或不同认识层次的人那里会有不同的价值含义，人们在不同时段、不同的环境下对同一房地产经纪信息有不同的认识，当经纪信息的属性和内容与人们的需求相联系时，其使用价值就能发挥出来。

3. 积累性

房地产经纪信息可以重复使用，随着信息的累积，会有新的价值产生。在房地产经纪活动中，信息使用后要加以保存。通过对积累信息进行分析还能加深对市场的了解。

4. 传递性

通过经纪信息的传递，使获得信息的人大大增加；通过对大量相关的信息进行综合分析能够得到新的信息；通过对经纪信息进行收集、加工和整理，将其物化于房地产实物上，还能增加房地产实物的附加值。

（三）房地产经纪信息的作用

从特定意义上讲，房地产经纪活动和房地产经纪人本身是由于房地产市场主体对房地产信息的需求而产生的。房地产交易双方通常并不知道交易对方的存在，也不可能完全掌握房地产市场上所有的供求信息，或是虽然能够获得有用信息，但需支付大于有用信息所带来的收益的费用。房地产市场就是一个信息不充分的市场，房地产信息的不对称会导致市场机制失灵、市场效率低下等现象。一个优秀的房地产经纪人就是要通过自己所掌握的大量经纪信息将闲置资源加以利用，来减少市场效率低下等不利情况的发生。

房地产经纪信息是房地产经纪人的重要资源，是开展房地产经纪活动的前提。具体而言，它有以下三方面的内容。

1. 实现房地产经纪活动的基本功能

房地产交易的成功与否就在于是不是能够找到匹配的交易双方。客户由于受到自身情况的限制，缺乏充分的信息，通常不能找到合适的交易对象。房地产经纪人由于掌握了一定的房地产信息并具备针对问题快速有效收集信息的技能，因而能尽快找到匹配的交易双方，使交易尽早完成，从而实现房地产经纪的基本功能。

2. 有利于提升房地产经纪服务的附加值

房地产经纪人拥有众多的房地产经纪信息能够使其更好地为客户服务，提高房地产经纪服务的附加值。在房地产经纪活动中，向房地产开发企业传递有价值的信息，能让开发企业及时了解市场状况，减少盲目开发，提高房地产的有效供给，提高企业的经营效益；向消费者提供有用信息，能使消费者在交易过程中减少人力、物力、财力的付出；通过向交易双方提供信息，可以在一定程度上避免因信息不对称而使交易中一方处于优势而另一方处于劣势，减少交易纠纷，规范房地产市场。

3. 有利于活跃和规范房地产经纪行业

房地产经纪信息还有利于房地产经纪人和房地产经纪机构充分了解和把握同行业的发展现状和趋势，及时有效地修正自身的业务运作方式，提高业务运作水平，从而活跃和规范整个房地产经纪行业。

（四）房地产经纪信息管理

1. 房地产经纪信息管理的含义

房地产经纪信息管理是指对房地产经纪信息的收集、加工整理、存储、传递与应用等一系列工作的总称。

2. 房地产经纪信息管理的内容

（1）房地产经纪信息的收集

房地产经纪信息是房地产经纪活动中非常重要的资源，但经纪信息不是自然而然地被房地产经纪人所掌握，而是要采用一定的方法和途径才能将其收集起来。总的来看，收集渠道可以分为两大类：

一是直接渠道，一般包括门店接待、上门服务、沟通有房源的单位、利用聚众场所宣传和收集相关信息、直接去管理部门进行调查和咨询等。

二是间接渠道，一般包括媒体广告、网络信息、相关文件、上级部门、同行信息共享以及熟人推介等。

（2）房地产经纪信息的加工整理

通过各种渠道获取的房地产经纪信息，其本身的内容、形式各种各样，这给接下来的查询、储存、利用带来了很大的难度，所以需要进一步对收集的房地产经纪信息进行加工整理。通常房地产经纪信息加工整理包括鉴别、筛选、整序、编辑和研究这五个环节。

① 鉴别。鉴别就是对房地产经纪信息的真实性、可靠性进行分析，剔除人为、主观部分，使之准确、客观。鉴别是房地产经济信息加工整理的第一步，是一项非常重要的基础工作。

② 筛选。筛选就是对已鉴别的房地产经济信息进行挑选。在挑选的过程中，既要考虑到当前的需要，又要考虑到以后的需要，通过筛选可以剔除无用的信息，减少信息量，为后续整理加工减少了时间。

③ 整序。整序就是将不同的、杂乱无序的房地产经纪信息按一定标准、方法加以整理归类。整序的主要方法就是分类，将相同的信息归为一类，将性质相似的类别排在一起。这样做的目的是为了便于查询，能够减少查询时间。

④ 编辑。编辑就是对整序后的信息进行具体的文字整理过程，是整个加工整理过程中最关键的工作。在编辑的过程中要注意简单明了、重点突出，同时要注意语义表达的准确性。

⑤ 研究。研究是一种较高层次的信息加工整理步骤。它是在对大量信息综合分析的基础上，经过分析、判断、思考，产生具有深度和新价值的信息。房地产经纪人要经常对信息进行综合的分析和研究，以提高自身判断、思考能力，在挖掘市场内在规律的基础上，对其未来发展有一个相对准确的判断。

（3）房地产经纪信息的存储

在房地产经纪信息的管理中，除了房地产经纪信息的收集和加工整理外，还应该注意房地产经纪信息的储存。因为房地产信息并不是完全依靠文字就可以描述的，例如：户型设计、建筑外观、地理位置等这些信息必须依靠图形进行描述，必要的时候还需要影像资料的辅助才能很好地展示房产信息。这就需要一种可靠的、能够存储多种媒体信息的方式，将同一个房源的不同资料放在一起，方便查询和维护。

3. 房地产经纪信息管理的原则

（1）重视房地产经纪信息的系统性

房地产经纪活动需要的信息是大量的、系统的、连续的，它不仅数量大，而且涉及房地产经纪活动的方方面面，只有通过有效的结合才能有全面的认识。房地产经纪活动总是不断地向前发展的，所以房地产经纪信息也总是不断产生，因而房地产经纪人要不断地收集、加工、传递和利用房地产经纪信息，通过房地产经纪信息的连续性及时了解房地产市场的变化和趋势，以便房地产经纪活动顺利进行。

（2）加强房地产经纪信息的目的性

房地产经纪信息直接作用于房地产经纪活动的过程之中，它具有比其他信息更明显的目的性特征。房地产经纪信息的管理，包括收集、加工、整理和利用都应针对房地产经纪活动的目的，如某一个楼盘的销售、某一套房源的出售，以及房地产经纪机构自己所专注的某类市场、某类客户。只有这样，才能将信息资源转化为经济效益。

（3）提高房地产经纪信息的时效性

由于房地产市场环境和市场主体都在不断地发生变化，房地产经纪信息的有效性也随时间而发生变化，因此房地产经纪信息的利用应提高时效性。一方面要及时更新信息库中的信息内容，另一方面要提高信息利用的效率，尽量使信息在最短的时间内发挥作用。如根据市场信息和同行业信息及时调整经营方式、经营类型，及时向客户提供最新市场信息、政策信息，用以提升服务的附加值。

（4）促进房地产经纪信息的网络化

房地产经纪机构在房地产经纪信息利用中引入计算机网络可改变原有的信息管理和查询方式，提高经济效益，而且网络传递的多媒体信息，包括汉字、图片以及三维动态模拟，其传递的信息量也不是传统媒体所能够达到的。另外，计算机网络可以突破时间、空间的限制，能够在不同的地方、任何时间为客户提供服务。因此，房地产经纪机构应积极促进房地产经纪信息网络化。

二、房地产经纪信息计算机管理系统

（一）房地产经纪信息计算机管理系统的主要类型

1. 数据管理的信息系统

这类系统把现有房源信息、销售合同、费用凭证、需求客户等都以一定的数据格式录入到计算机里，以数字的形式保存起来，可以随时查询，实现企业内部信息的数字化，并可通过局域网连接互联网来实现企业与外部信息的交流。

2. 具有流程控制功能的信息系统

这类系统把企业已经规范的一些流程以软件程序的方式固化下来，使得流程所涉及岗位员工的工作更加规范高效，可减少人为控制和“拍脑袋”的管理行为，同时也能提升客户满意度。比如客户前来付款，财务人员打开信息系统，输入客户的名称和交易代码，就可以直接显示该客户的详细交易信息，如何时前来咨询、何时登记、何时签订合同等信息，并且显示出该客户已付多少、本次支付金额，以及下次需支付金额和时间等信息，而这些都是通过不同岗位的信息得到的。

3. 类似具有辅助决策功能的信息系统

这类系统通过对那些信息化的原始数据进行科学的加工处理，运用一定的计算模型，起到对管理和决策的支持作用。比如说成本和费用控制是每个管理者都重视的内容，但以前我们只能在每个月报表出来后才知道哪里超了、哪里省了，那是事后控制。运用信息化手段，第一层面的工作完成后，也就是每笔费用、销售都录入电脑以后，就可以清晰地归纳各科目费用，可以按岗位、按部门、按项目来汇总。同时可以对那些关键控制的费用或费用率给出一个计划值（这个计划值是根据历史数据和增长规律，通过专业的标准模型拟合出来），并计算实际发生值与计划值的差额，一旦超标立即报警，或停止授权，这样就可以对这些费用进行实时控制。

（二）使用房地产经纪信息计算机管理系统的必要性

房地产经纪机构每天都接到大量的房源和客源信息，并且每天都需要对这些信息进行查询、跟进，很难想象成千上万条房源信息如何用纸张或黑板来记录。计算机系统在保存大量资料方面有着其固有的优势，在资料查询方面具有准确、方便、快捷的特点，同时，计算机系统可以通过数据备份和恢复的方式来保证数据的安全性。目前有专业的房地产中介软件可以提供房源客源管理、跟进管理、加密房管理、任务分派、广告管理、业务交流、成交业绩等管理功能。

目前虽然许多房地产经纪机构已经拥有公司网站，对外发布自己的房源信息，树立企业形象。而中介业务管理软件则主要基于公司内部管理，包括房源、客源、跟进、成交、任务、计划、统计等企业日常经营管理。目前，深圳、广州、上海的大中型房地产经纪机构都同时拥有两套系统：在“网上”通过网站向外发布房源信息，在“网下”通过业务管理软件来进行公司的日常经营管理，两者相辅相成，共同构建企业的信息化系统。

（三）使用房地产经纪信息计算机管理系统之前的准备工作

1. 独立门店单机使用

电脑一台，安装好 Windows+Office 软件。

2. 独立门店局域网使用

电脑多台，一台为服务器，其他为客户端，使用的网络协议是 TCP/IP，所有客户端电脑在“网上邻居”中都可以查看到服务器的共享文件夹。

3. 多个门店联网使用

1）如同第 2 项所述每个门店都配置好各自的局域网。

2）多个门店联网交换时必须指定一个门店（或总部）作为数据中心，作为数据中心的机构必须是 ADSL 上网，或者能够获得外部 IP 的其他宽带上网方式，其他机构可以通过互联网访问到数据中心。

3）数据中心之外的各个门店的服务器都必须配置有 ADSL 或 Modem 能够拨号上网。

（四）房地产经纪信息管理系统的使用流程

1. 信息采集

信息采集包括对房源信息的采集和对客源信息的采集。大量信息的采集为经纪人后期的工作提供了必要的物质基础。信息采集的途径多种多样。本章任务 1 详细介绍了房源和客源信息的获取渠道，经纪人可利用上述渠道采集房源和客源的信息。

2. 信息录入

通过各种形式获取的房地产经纪信息，信息本身的内容、形式各种各样，而且信息本身的真假也具有不确定性。这给后期的整理、录入带来了很大的难度。所以要对采集来的房地产信息进行整理、电话核实后再录入房地产经纪信息系统。一般的房地产经纪信息管理系统的房源信息录入如下：单击系统中房源管理→房源信息模板里的新增按钮，按照系统的提示对房源信息进行录入。对房源信息录入需要注意：经纪人应全力跟进信息的准确性，对房源地址、联系电话、房东姓名、面积、房屋属性、建筑年代、楼层及户型认真进行填写，以保证所录入房源信息的真实有效性。客源信息的录入：单击系统中的客源管理→客源信息模块里的新增按钮，按照系统的提示对客源信息进行录入。对客源信息进行录入需要注意：要将客户的有效联系方式以及需求的面积、价格、区域等一一进行核实，准确录入各项信息，这样可以较为准确地为客户匹配相应的房源。

3. 信息审核

信息审核包括对房源信息的审核和对客源信息的审核。经纪人在录入客源信息时，相同的联系方式在系统中是可以通过的。即多个经纪人可以将同一个客户分别录入自己的系统中，同时对此客户进行跟踪。根据目前实际的需要以及信息制度的规定，在房地产经纪信息管理系统中录入的房源具有唯一性，因此对房源信息要进行两次审核。第一次是对房屋详细地址的审核，相同地址的房源不能重复录入，后者录入时，系统会自动提示有相同房源地址存在，此时该套房源就没有录入成功。第二次是对有相同联系方式的审核，同一个电话已经录入过一套房源，再录入房源时，系统会自动提示有相同联系方式存在。此时该套房源就进入了人工审核，信息部门将根据实际情况对此房源作出审核，若通过就会在房源信息里显示，即该套房源已录入成功。若未通过则说明此套房源未录入成功。

4. 信息维护

经纪人不仅要做到采集信息、录入信息，更重要的是要做到对自己信息的维护。为了保持信息的时效性和准确性，现行信息制度规定：一套房源录入后，一般要求在两天之内完成实地勘察，7天内完成第一次电话回访，售房房源有效期为两个月，租房房源有效期为一个月，超期未回访会自动失效。在客源信息方面一般要求求购客户信息隔天回访，求租客户信息每天跟踪回访。回访信息具体按照以下步骤在系统中操作，在“房源维护”模块里选中要修改的房源信息，单击上面的修改按钮，对要修改的项目依次进行更改，更改完毕后单击保存按钮。对房源回访时，要单击“房源维护”里的回访按钮，在回访日志里将要回访的内容添加进去。对房源评价时，在“房源信息”模块里单击“评价”按钮，在评价内容里将评价信息添加进去。对“客源信息”的修改在客源信息模块里单击修改按钮进行更改。对客源信息的回访与评价和房源信息的操作相同，这里不再赘述。

5. 信息配对

信息配对准确与否，直接关系到经纪人的个人业绩。一名优秀的经纪人，在此环节上应该运用技巧，勤于思考，善于总结，勇于实践。这是经纪人挑战高薪的关键之所在。经纪人要每天第一时间对新上的房源进行浏览，从中选出适合自己客户的房源，及时致电至房源门店对该套房源的核心信息进行问询，并以最快的速度与客户进行联系。房源方将此问询信息认真登记，等待成交后备查。

6. 信息稽查

为了更大限度地促使信息共享，提高信息资源的利用率，信息制度中，对门店的信息未及时上报、恶意保留、恶意抢单、信息泄露、拒报房源等信息违规行为，都规定了相应的处罚措施。

7. 信息分成

为充分保证房源方的利益，信息制度规定在签订一份售房合同后，由信息部对成交分成进行审核，信息部将本着公平、公正的原则，依照信息制度的规定作出审核。同时信息部将成交的房源改为内部成交，此时该房源处于实效状态。成交方按照信息部审核的结果，将业绩在系统财务报表中，划成给房源方。目前直营店之间租房不用分成。直营与加盟、加盟与加盟之间的租房利益分成同售房。

8. 信息失效

经纪人在回访的过程中，要将已经成交的房源与客源信息进行失效。在房地产经纪信息管理系统中的操作具体如下：在“房源维护”模块里，选中待失效的房源，单击修改按钮，将界面里的房源状态改为失效，单击保存。此时该房源处于失效状态。对客源信息的修改，在“客源信息”模块里，直接单击待修改信息后的修改按钮，将界面里的客源状态改为失效，单击保存。此时就完成了对该客源信息的失效。

三、房地产经纪业务的网络化运作

（一）房地产经纪业务网络化

在网络时代，传统房地产经纪业务逐渐萎缩，迫使房地产经纪机构创新求变，由此房地产经纪业务网络化应运而生。而传统的房地产经纪机构在与网络结合时，具有明显的优势：一是传统的房地产经纪机构具有坚实的业务基础，如客户的详细资料、通畅的销售渠道、在实践中积累起来的对市场的敏锐分析能力等；二是聚集了大量拥有丰富专业知识的人才，这是经纪机构最重要的资产，也是嫁接新经济后最快升值的资源。

房地产经纪业务网络化是指以房地产经纪机构为单元，通过基于计算机、数字媒介及其他智能终端的互联网络及信息系统相互联系，并逐渐实现其沟通运作方式的虚拟化和交互化，最终带动整个行业的沟通运作方式向互联网转移的趋势及过程。在这个过程中一方面房地产经纪机构开设了网上门店，房地产经纪人可以利用“三维城市地图、视频”等先进的技术提供大量及时更新的、丰富的房源信息，呈现自己的电子名片，并通过店铺留言和网民实现沟通；另一方面各大房地产专业网站和知名门户网站也开设了房地产频道，提供形式多样的房地产相关指数，如房地产景气指数、中原城市指数等，有些网站还为房地产经纪人提供网上虚拟地盘，即赋予某个特定的经纪人某个特定区域的版主地位，由该经纪人负责对该区域的房源、区域环境等信息进行维护，同时相应地授权给予该经纪人优先在该区域的版面上重点推介自己的房源。因此不管是二级还是三级市场，消费者都无须四处出击，只需点击鼠标便可轻松了解市场行情，更方便、更全面地获取楼盘信息，进行充分的比较，节省收集资料的时间。

同时房地产经纪业务网络化也带来了便利的网上成交，还能大大减少消费者的交易成本。房地产交易涉及的环节很多、税费繁杂，传统的交易方式往往让消费者大费周折。网络技术能简化整个购房过程，通过网上选房下订、电子转账支付房款、访问行政机构的网上窗口等方法，可以简化手续、节约时间、降低交易费用。

此外，在房地产经纪网络化模式的辅助下，还将大大减低开发商的劳动力成本、咨询成本、推广成本、项目失败的风险成本。全方位网络地产策略，将成为传统房地产经纪机构实行标新立异的竞争手段和确保持久竞争地位的信心来源。

（二）经纪人工作辅助系统

在经纪人的日常工作中，需要进行各种案头工作，如客户购房能力评估、贷款还款额计算、对外发布信息的文件（如房型图、房源视频等）制作，目前一些专业化的软件为房地产经纪人提供了丰富的信息化辅助工具，大大方便了房地产经纪人，如某软件为房地产经纪人提供了五大类二十多种辅助工作，包括：

1）制作类。包括视频制作、全景图制作、房源介绍制作（单页、多页）、房型图制作、网上门店制作器、地图集成等。

2）计算器。包括购房能力评估、等额本息还款计算、提前还款计算、等额本金还款计算、个人住房公积金贷款计算、税费计算等。

3）发布器。包括网站发布器、报纸发布器、短信发布器、邮件发布器等。

4）文本类。包括通信录、记账本、工作日志（计划安排）、文本工具（公文秘书）、辅助决策（置业顾问）等。

5）其他。包括业务提醒、钥匙管理、聊天工具、房源搜索器等。

此外，房地产经纪机构的管理人员，也可以借助一些专业化的房地产经纪管理辅助系统，对门店、机构进行管理，如门店经理通过门店管理辅助系统，对店内的房源、客源和各经纪人的业务进展情况进行监控，借助系统的统计功能对门店的业务、经营情况进行分析，利用系统的业务流程管理功能进行审批、发布指令等管理程序，通过系统向上级部门报告门店的相关业务、经营信息和重要文件。

一些专业网站还通过提供网上交流工具（类似于 MSN、QQ），为其注册房地产经纪人提供了“虚拟”的社交圈，为房地产经纪人与同行进行信息交流、开展合作开辟了新的渠道。房地产专业网站的海量信息及其搜索、定制功能，也为房地产经纪人获取房地产市场、政策、宏观经济等相关信息提供了一条更方便、快捷和精准的渠道。

（三）房地产电子商务

房地产电子商务是指以网络为基础进行的房地产商务活动，包括商品和服务的提供者、广告商、消费者、中介商等有关各方行为的总和。现阶段房地产电子商务涉及线上和线下两部分，只要在线上完成商品展示和交易意向达成，并通过房地产电子商务平台支付交易意向保证金的，均可看作是房地产电子商务的行为，属于房地产电子商务范畴。即电子商务理念和技术在房地产业中的应用。应用范围已包括：房地产材料采购、房地产营销业务、房地产中介、物业管理等领域。

目前我国房地产经纪业内已出现专业性、开放性的房地产电子商务平台。房地产电子商务平台向房地产经纪机构、卖房者和买房者全面开放。房地产经纪机构与房地产电子商务平台签订合作协议后，即可登录房地产电子商务平台的后台，可将自己已接受经纪服务委托的新建商品房楼盘和存量房房源在房地产电子商务平台上发布。个人买房者也可以通过独家委托该平台，由平台向其推荐数名业绩优良的房地产经纪机构，买房者从中选定房地产经纪机构后，由房地产经纪机构将其欲出售的房源在平台上发布。买房者登陆房地产电子商务平台后可选择不同议价方式的房源区（如出卖方报底价买房者竞价区、买房者自行报价出卖方选择买房者的议价区、出卖方报固定价买房者应价即成交的“一口价”区）选择房源。所有卖方和有意竞买的买方都需向房地产电子商务平台的支付宝支付保证金，线下签署认购合同后，房地产电子商务平台退还卖方的保证金，并将买方的保证金转入卖方的银行账户。从而大大提高了房源、客源的真实性，减少了交易双方悔约的可能性。

所有与房地产电子商务平台合作的房地产经纪机构都可以销售平台上所有的新建商品房和二手房房源。形成了一个楼盘或一套房源由众多房地产经纪机构及其人员同时销售的局面，买房者可以 24 小时随时上网了解房源信息，也可以就近到与房地产电子商务平台合作的门店了解电子商务平台上的任何房源、联系实地看房事宜，大大克服了房地产市场传统的信息不充分缺点。房地产电子商务平台上的房源一旦成交，卖方房地产经纪机构获得卖方的佣金，买方房地产经纪机构获得买方的佣金。因而形成了房地产经纪机构间的广泛合作，提高了房地产交易的效率。

任务 3　公众房网经纪信息管理系统案例

一、房产中介业务管理系统

（一）系统登录

1. 登录界面

登录界面如图 8.1 所示。

图 8.1　系统登录界面

2. 系统主界面

登录后系统主界面如图 8.2 所示。

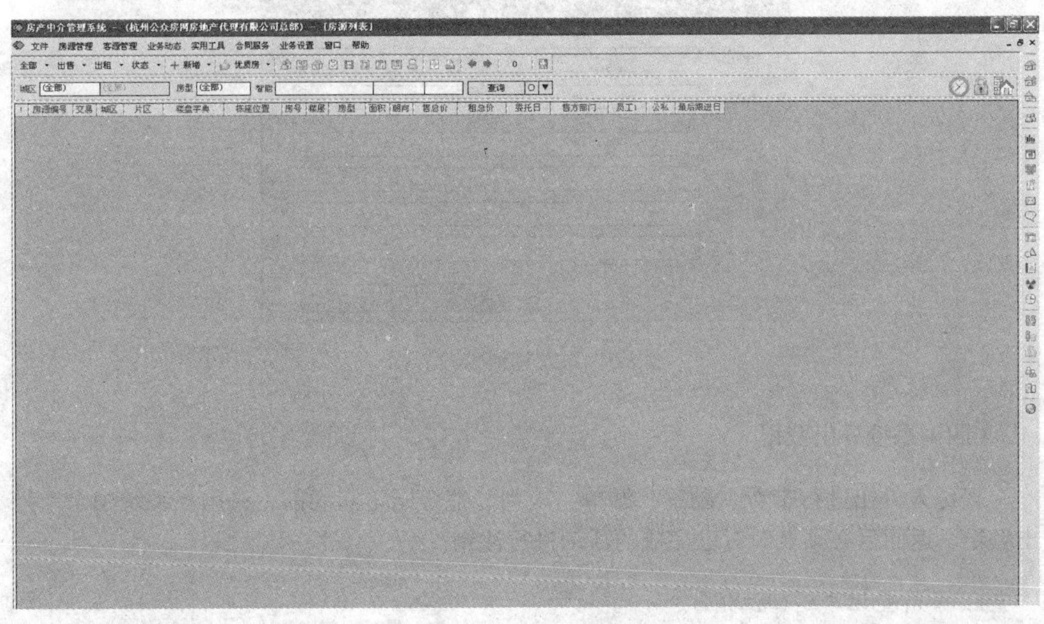

图 8.2　系统主界面

（二）系统考勤

上班系统考勤操作：点击系统软件，每天首次登录时间为系统上班考勤时间，登录系统后会弹出考勤登记成功界面。如图 8.3 所示。

下班系统考勤操作：打开系统软件，点击“实用工具”下拉菜单中的“电子考勤”中“登记考勤”，选择“下班”弹出如下图 8.4 的对话框，点击保存即可。

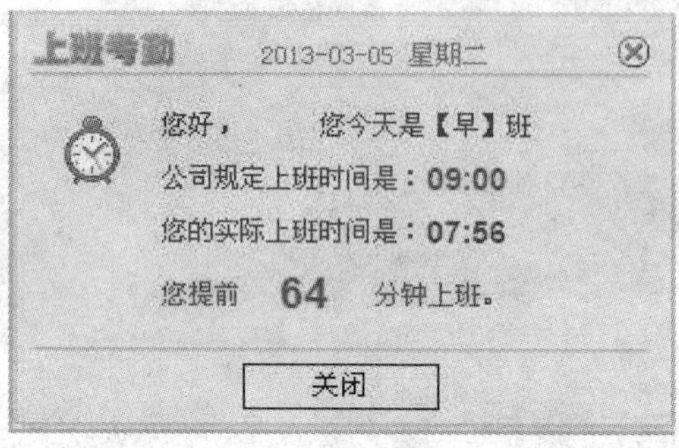

图 8.3　考勤登记成功界面

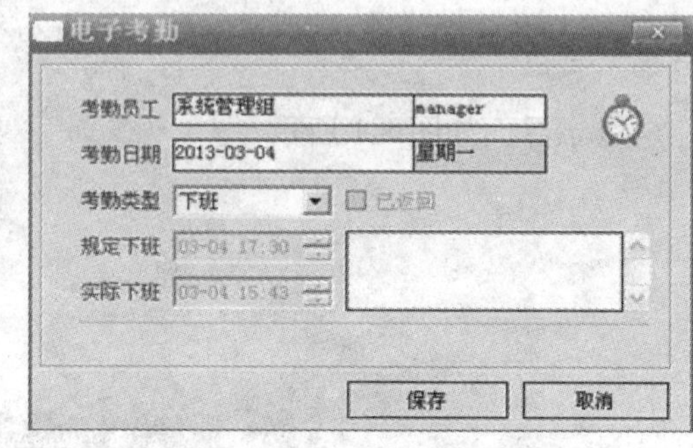

图 8.4　下班考勤操作界面

考勤的查询系统操作：点击系统上方工具条“实用工具”中“电子考勤”查询即可。

（三）系统账号密码修改

系统操作：进入系统软件界面，点击系统软件左上角“文件”下拉菜单中的“个人资料”，弹出如图 8.5 所示的对话框，进行密码修改，保存即可。

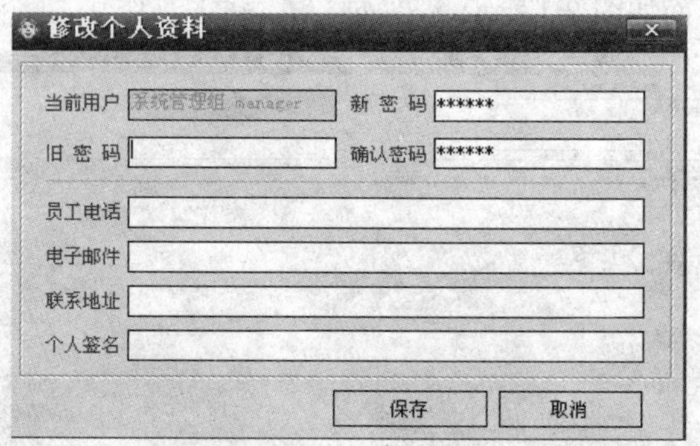

图 8.5　系统密码修改界面

（四）系统外出登记

经纪人外出进行带看、勘察、派单、谈判、签合同等活动前，必须在系统中录入外出登记。返回后必须及时对已完成的活动进行注销。

1. 带看登记与返回注销

操作 1 带看登记（1）：点击系统界面上部导航栏“客源管理”，查询出带看客源信息，点击“写跟进”选择“看房”，选择“看房房源”保存即可。如图 8.6 所示。

操作 2 带看登记（2）：点击系统界面上部导航栏“实用工具”，选择“电子考勤”中“登记考勤”保存即可。如图 8.7 所示。

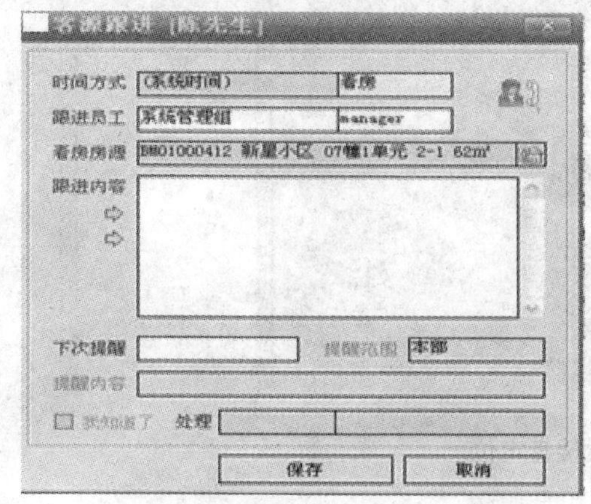

图 8.6　带看登记

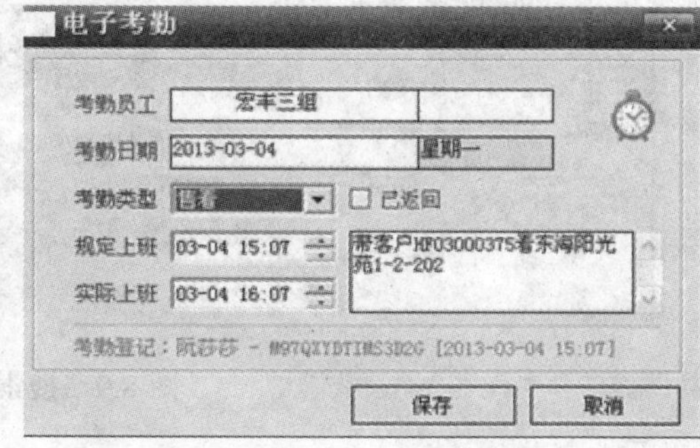

图 8.7　带看登记

操作 3 带看返回注销：点击系统界面上部导航栏“实用工具”，选择“电子考勤”在电子考勤中找出外出登记，点“已返回“保存即可。

2. 外出勘察、会见客户、陌生拜访、贴条派单登记

外出勘察、会见客户、陌生拜访、贴条派单登记等参照“带看登记与注销”操作。如图 8.8 所示。

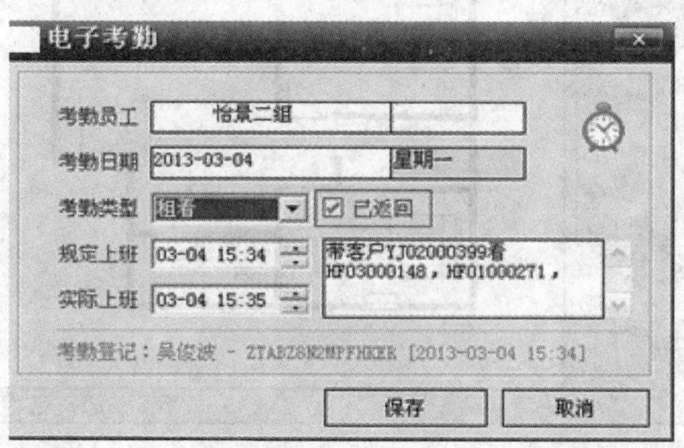

图 8.8　其他外出登记

（五）网上看盘

系统操作：点击系统软件工具栏中“实用工具”/“网上看盘”，右上角输入楼盘名称即地图定位。如图 8.9 所示。

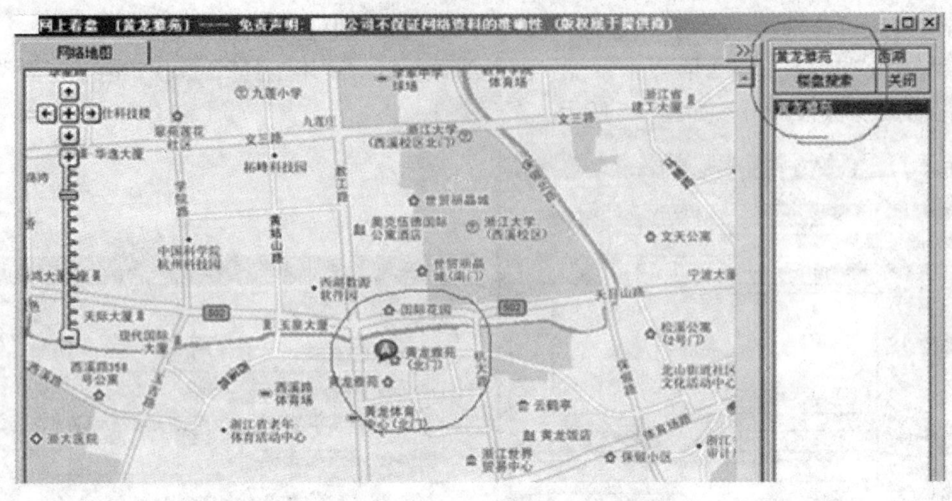

图 8.9　搜索楼盘定位

（六）户型图设计

系统操作：点击系统软件工具栏中“实用工具”/“户型图设计器”，利用左边的功能键，设计户型图。如图 8.10 所示。

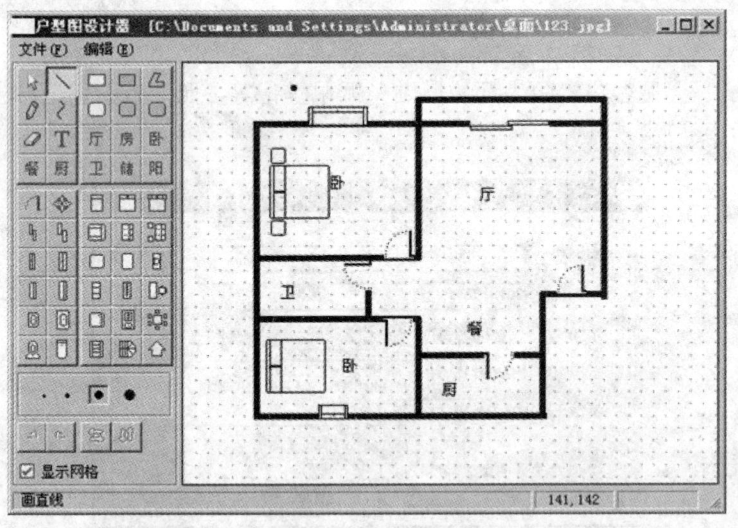

图 8.10　户型图设计界面

（七）员工资料查询

系统操作：点击系统软件工具栏中“实用工具”/“员工通讯录”。

（八）员工薪资查询

系统操作：点击系统软件工具栏中“实用工具”/“财务查询（薪资）”，可以通过类别选择查询本人的薪资以及计算依据。如图 8.11 所示。

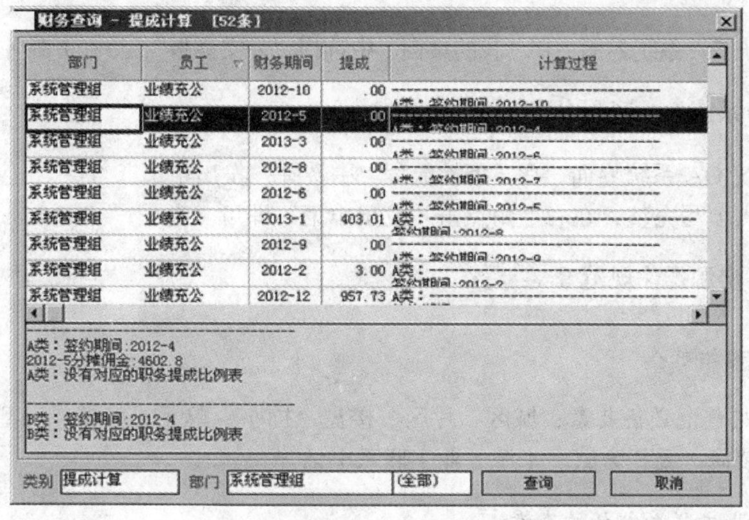

图 8.11　薪资查询

（九）系统其他操作

1）员工论坛。系统操作：点击系统软件工具栏中“业务动态”/“员工论坛”。
2）情报站。系统操作：点击系统软件工具栏中“业务动态”/“情报站”。
3）通知发文。系统操作：点击系统软件工具栏中“业务动态”/“新闻公告”。
4）统计报表。系统操作：点击系统软件工具栏中“业务动态”/“业绩排行榜”。

（十）系统 OA 登陆

系统操作：点击系统软件工具栏中“实用工具”/“网站浏览”。登录系统 OA，用户名为系统用户名，密码为系统登录密码。如图 8.12 所示。

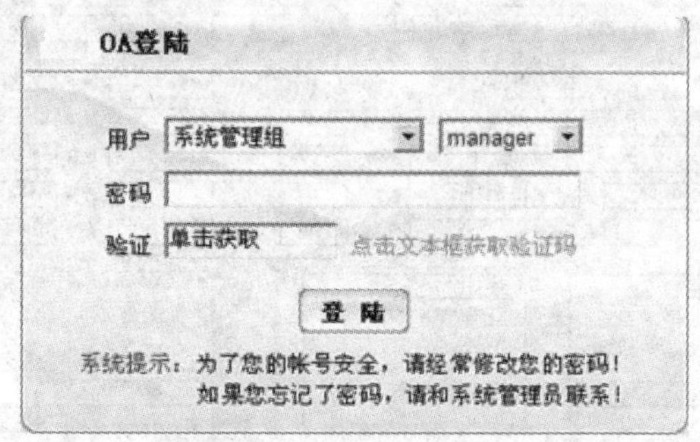

图 8.12　OA 登录

（十一）系统 OA 制度查看

登录系统 OA 界面，在“我的桌面”中选择“规章制度”，浏览公司各项制度。

（十二）系统 OA 公文模板下载

登录系统 OA 系统界面，在“我的桌面”中选择“公文模板”，点击下载各类文本模板。

（十三）系统 OA 请假申请

登录系统 OA 系统界面，在“审批流程”中选择“发出申请”，选择相应的“门店请假申请”进入填写完整，在右上角点击“发出申请”即可。

（十四）房源操作规范

1. *房源初始录入*

房源初始登记必备要素：城区、片区、楼盘、栋座、单元、房号、房型、面积、朝向、价格、装修、委托方式、来源、业主联系电话。

2. *房源业主联系电话的查看*

对共享区域范围内的房源皆可查看业主联系电话，查看业主联系电话必须与业主联系并做有效跟进。（虚假跟进的界定，详见《公众房网信息管理办法》）

3. *房源信息录入*

房源录入：点击系统界面上部导航栏“房源管理”中“新增”，登记房源各项信息，保存即可。（产、附、交、贷、看、税、动）填写要求根据《公众房网信息管理办法》如图 8.13 所示。

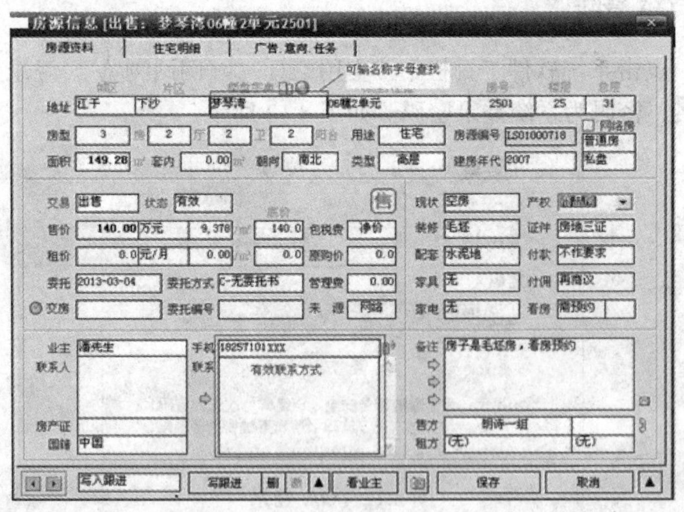

图 8.13　房源信息录入界面

产：房屋产权

（1）联系人与产权人关系（如为产权人本人，写“产权人本人”；如非产权人，写与

产权人关系）

（2）三证是否齐全（如已办齐，写“三证齐”；如还未办出，写办出时间）

附：附属设施

（1）装修情况（在“装修”栏内选择）

（2）有无车位 / 车库 / 地下室 / 储藏室，是否另计（如没有，此条取消）

交：交房时间

（1）交房时间（在“交房时间”栏内选择）

（2）是否有租赁关系（在“现状”栏内选择）

贷：房屋贷款

是否有贷款，贷款还剩多少

看：看房时间

（1）可以看房的时间

（2）钥匙在哪里（在“看房”栏内填写）

（3）如有租客，租客联系方式，看房联系房东还是租客（如没有，此条取消）

税：交易税费

（1）是否有营业税，是否有个税

（2）非普通住宅或非住宅必须写清楚买入价

动：卖房动机

（1）投资

（2）改善

（3）急用钱

4. 房源匹配客户

当获取较为优质的房源时，为了快速成交，发挥快速共享的能量，可对该套房源查找匹配客户，并和相关客户方经纪人联系，进行销售推荐。

系统操作 1：经纪人打开房源管理，选择房源右击选择“客源快速配对”，弹出界面，点击开始匹配，查询出符合该房源的客户。

系统操作 2：经纪人打开房源管理，选择房源点击“ ”图标，弹出界面，点击开始匹配，查询出符合该房源的客户。

5. 房源查询

为方便尽快地帮助经纪人查询符合客户要求的房源信息，经纪人可通过快速查询找出相应的房源，如图 8.14 所示。

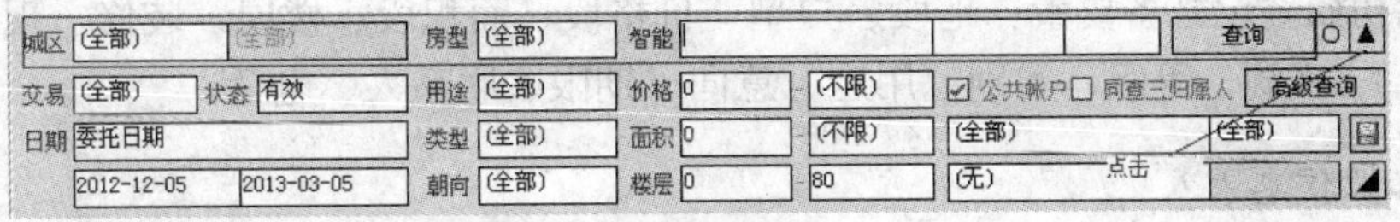

图 8.14 房源查询

6. 房源跟进

当经纪人与客户进行电话沟通、看房、勘察等发现该房源的相关信息及相关结果时，需及时地在跟进中填写。

系统操作：经纪人打开房源管理，点击房源信息，房源左下角“写跟进”中书写相关的跟进信息，并保存即可。

7. 房源列表显示界面的调整

可以通过系统房源列表显示界面的调整来满足个性化房源显示。

系统操作：经纪人打开房源管理，点击界面第二行“▦”自选列，弹出界面，根据个人需求调整房源列表显示界面，调整完毕保存即可。

8. 房源操作常用功能

通过常用功能可快速查询相对应的房源信息。

1）优质房：**操作**：在房源列表显示界面中点击“优质房”，即可查询公司内部“优质房”。

2）钥匙房：**操作**：在房源列表显示界面中点击“优质房”，选择“钥匙房”即可查询公司内部“钥匙房”。

3）聚焦房：**操作**：在房源列表显示界面中点击“优质房”，选择“聚焦房”即可查询公司内部“聚焦房”。

4）特盘：**操作**：在房源列表显示界面中点击“优质房”，选择“特盘”即可查询公司内部“特盘”。

5）封盘：**操作**：在房源列表显示界面中点击“优质房”，选择“封盘”即可查询公司内部“封房”。

6）房源对比：**操作**：在房源列表中选择两套或三套房源，在显示界面中点击“▦”房源对比图表，弹出对比结果。

7）今日房源：**操作**：在房源列表中点击左上角“全部”“出售”“出租”选择查询时间段，即可。

8）房客转介：**操作**：经纪人打开房源管理，选择“房客转介”，点击“登记转介”，填写相关信息，保存即可。

（十五）客源操作规范

1. 客源初始录入

客源初始登记必备要素：地段、户型、价格段、面积段、楼层、装修、现住（当前居住情况）、来源、等级、类别、用途、意向、期限、联系人、电话。

2. 客源信息录入

客源录入：点击系统界面上部导航栏“客源管理”中“新增”，登记客源各项信息，保存即可。五大客户深入需求（人、动、几、首、购）填写根据《公众房网信息管理办法》如图 8.15 所示。

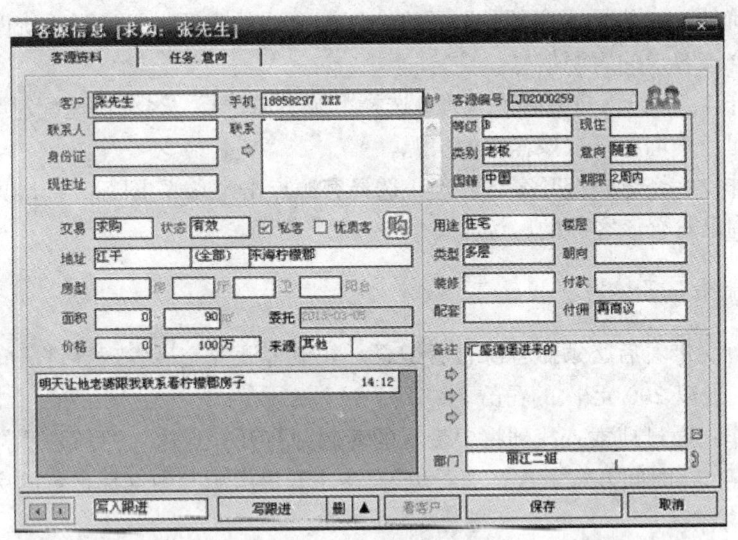

图 8.15　客源登记界面

1）人：购买人，做主的人，谁买。

2）动：买房动机，买房的目的是什么。

3）几：几次购买了，购房者名下几套房。

4）首：首付以及资金情况。

5）购：购房经历（在我们接到电话之前有没看中房子的，或近期是否一直在看房的，或对房产了解的程度，或什么时候买好房子的）。

3. 客源跟进及情况调整

经纪人每与客户接触（电话回访、每次带看、每一次见面、谈单进度）后都必须及时做跟进，并调整“客户情况”的状态及其他发生变化的求购需求。

系统跟进：在客户列表中点击弹出“客源信息”对话框，在对话框下栏，点击“写跟进”，选择跟进的时间方式，写进需要跟进的内容，点击“保存”即可。

4. 客源的快速查询

为方便尽快地帮助经纪人查询客户信息，经纪人可通过快速查询找出相应的客源，如图 8.16 所示。

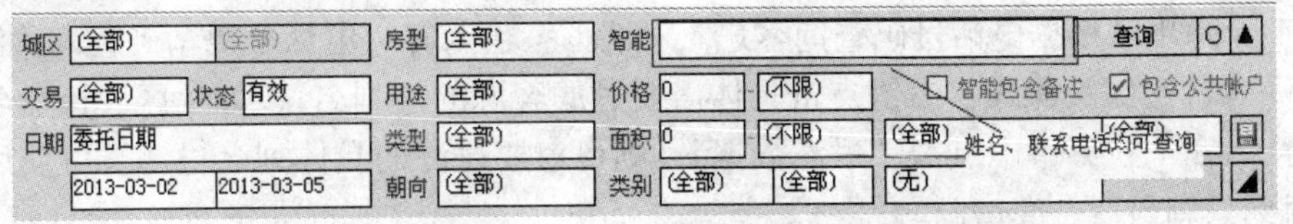

图 8.16　客源查询操作界面

5. 客户匹配房源

为了准确快速地为输入完整的购买客户匹配合适的房源，可通过系统匹配来快速准确地查找适合该客户的房源信息。

系统操作 1：经纪人打开客源管理，选择客源右击选择“客源快速配对”，弹出界面，点击开始匹配，查询出符合该客户的房源。

系统操作 2：经纪人打开客源管理，选择客源点击“ ”图标，弹出界面，点击开始匹配，查询出符合该客户的房源。

6. 客户带看记录填写

经纪人每次带看后必须做客源带看记录。如该客源成交后发现签订居间或合同前未做带看记录，处以 200 元/次的罚款。

系统操作：通过搜索查找到将要带看的客源并打开，点击 “写跟进”，弹出窗口，根据窗口内容，在时间方式上选择“看房”，在“看房房源”中选择带看的房源信息，保存即可。

7. 客源显示界面的调整

可以通过系统房源显示界面的调整来满足个性化客源显示，一目了然，操作更加简单。

系统操作：经纪人打开客源管理，点击界面第二行“ ”自选列，弹出界面，根据个人需求调整客源列表显示界面，调整完毕保存即可。

8. 客源操作常用功能

通过常用功能可快速查询相对应的客源信息。

1）优质客：**操作**：在房源列表显示界面中点击“优质客”，即可查询“优质客”。

2）快速查询：**操作**：在客源显示界面中点击“常用功能”，在下拉菜单中选择“快速查询”，按最近多少时间快速查询客户。

3）本人客户：**操作**：在客源显示界面中点击“常用功能”，在下拉菜单中选择“本人客户”，即可显示自己的客户。

4）所有公客：**操作**：在客源显示界面中点击“常用功能”，在下拉菜单中选择“所有公客”，即可按跟进时间显示 2000 条公客。

5）到期租客：**操作**：在客源显示界面中点击“常用功能”，在下拉菜单中选择“到期租客”，即可显示还有 15 天将到期的租房客户。

6）电话查询：**操作**：在客源显示界面中点击“常用功能”，在下拉菜单中选择“电话查询”，弹出“根据电话号码查询客户”对话框，输入客户电话号码精确查询房源。

7）客源过滤：**操作**：右键点击具体需要过滤客源的“列名”（如片区、楼盘名称、几房等），在下拉菜单中点击“过滤数据”，则可对要过滤的具体列名过滤。可使用多次过滤直到只剩最后一套房源。

8）添加与删除收藏客源。对近期重点客户，可以利用“添加收藏”来实现为下次查找该客户提供便利。当该客源已不是自己重点关注的客源时则可以删除收藏。

操作 1 添加收藏客源：在客源列表界面，右键点击具体要收藏的客源，在下拉菜单中点击“添加收藏”，弹出系统提示对话框，点击“是”，则增加到了收藏夹，点击客源列表界面上部导航栏中的“收藏夹”即可看到所有收藏的客源。

操作 2 删除收藏客源：在客源列表界面，点击上部导航栏中的“收藏夹”，再选中收藏夹中要删除的客源，然后点击右键，在下拉菜单中点击“删除收藏”，弹出系统提示对话框，点击“是”，则从收藏夹中删除了该客源。

二、公众房网系统软件实务操作（计算机操作）

经纪人小吴在外网发布了一条房源信息，李先生看到信息，致电经纪人小吴，在接到这个客户后应如何操作呢？（操作包括录入客户、寻找合适的房源、带看和成交）

小吴在接到客户后，首先要获取客户基本信息及需求，获取信息越多越好。客源初始登记必备要素：地段、户型、价格段、面积段、楼层、装修、现住（当前居住情况）、来源、等级、类别、用途、意向、期限、联系人、电话。

例如小吴了解到的王先生购房的要求是：江干区下沙，建筑面积在 90～120m^2，价格在 100～120 万元之间等信息。小吴根据客户的信息录入系统软件中，如图 8.17 所示。

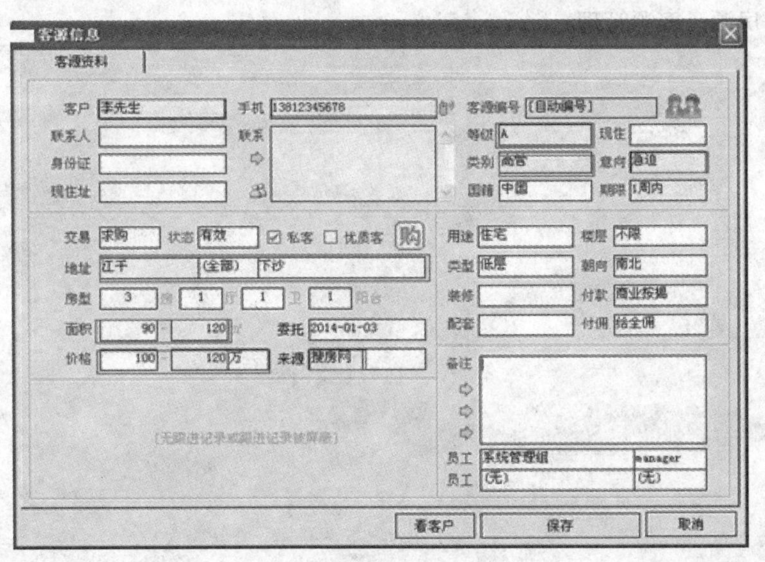

图 8.17　客户信息录入

客户信息录入完毕后，右击客户信息，如图 8.18，点击房源快速配对，对客户需求进行配对。当配对满足客户需求信息时，通知客户有合适的房源并进行预约带看。预约带看详见本节内容——**系统外出登记。**

客户看房并有购买意向后，经纪人小吴帮助客户进行价格协商，并最终确定价格签订买卖双方协议——《房地产买卖协议书》。

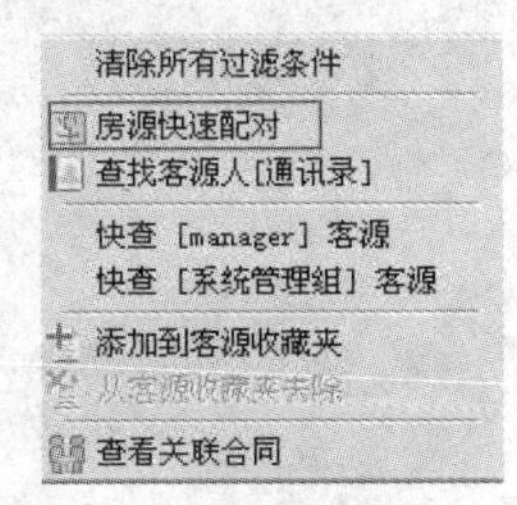

图 8.18　房源快速配对选择菜单

三、实训项目

实训目的：通过实训，了解公众房网系统软件各模块的使用。

实训内容：公众房网系统软件实训（计算机操作）。

1. 外网收集求租、求购、出租、出售意向的客户。
2. 在系统中录入收集的求租、求购客户各一个，出租、出售房源各一套。
3. 对录入的房源和客户进行匹配。
4. 对匹配好的房源客源录入成交。
5. 了解公众房网其他模块的操作。

项目小结

项目八从案例导入入手，首先讲述了房源与客源管理的定义、特征、获取及管理的内容，接下来介绍了房地产经纪信息管理相关概念、计算机管理系统及网络化的运作，最后以公众房网经纪信息管理系统为例阐述了房地产经纪信息系统的实务操作。通过学习与实训能够掌握存量房房源、客源信息的获取与管理；能够运用房地产经纪信息系统进行存量房房源、客源管理。

项目九

房地产经纪企业管理

知识目标

1. 能清楚了解房地产经纪企业业务流程管理、财务管理的主要内容；

2. 能了解房地产经纪企业的客户关系管理的内容；

3. 能根据企业人力资源管理内容，分析房地产经纪企业薪酬的构成和激励机制；

4. 能准确识别房地产经纪企业经营中的主要风险并提出风险防范措施；

5. 能了解房地产经纪门店的开设要求，会对门店进行日常管理；

6. 能了解售楼处的设置要求和日常管理。

技能目标

1. 房地产经纪业务流程再造的主要方法；

2. 房地产经纪企业薪酬制度的分析；

3. 房地产经纪企业风险分析和预防；

4. 房地产经纪门店的开设和日常管理；

5. 售楼处的设置和日常管理。

案例导入

2010年，伟业顾问和我爱我家强强联手组建伟业我爱我家集团。集团突破房地产一、二手界线，以全产业链服务、全界面营销、全中国落地为特色，业务涵盖房地产投资顾问、营销代理、商业地产管理、房地产金融、房屋租赁、二手房买卖、房产过户、个人房产金融服务，以及高端住宅、商业地产、旅游地产和投资类地产的跨界营销与异地销售。集团将在整个房地产产业链上，面向开发商、投资机构、企业，以及广大个人客户，提供全程化、专业化、集成化的综合服务。

伟业我爱我家集团以客户数据库为核心，突破一、二手房销售的传统界线，打破房地产营销的区域局限，适应不同消费者的行为模式和消费习惯，为广大的客户提供全天候24小时零距离的抵近式销售。伟业我爱我家集团凭借丰富的产品服务链，庞大的营业规模，加上伟业顾问16年的发展历史，我爱我家10年的成长历程，使集团积累了大量的一手房客户数据、二手房客户数据和金融理财等衍生服务的客户数据。丰富的客户数据，通过CRM的精准梳理和有效管理，形成了海量的优质客户资源。伟业我爱我家集团的客户资源管理系统CRM，包含数百万份动态客户资料和客户房产消费与投资趋势分析数学模型的客户管理系统，时时支持相关研究和房地产投资顾问及销售。集团通过会员俱乐部的形式，保持着与这些客户的联系和互动，及时地发掘和满足客户的相关需求。

伟业我爱我家集团拥有经验丰富，训练有素，勤奋敬业的专业房地产经纪人15000名。在中国首创房地产"全能经纪人"概念，掌握新房、二手房、房屋租赁和按揭贷款操作方法，通晓投资、金融、理财知识，为客户提供全面、专业、周到的房地产相关服务。优秀的管理团队，不乏从基层一路成长而起的业务及管理精英，更有来自世界500强企业的青年才俊。

伟业我爱我家集团通过采用ERP企业管理系统，对整个集团的业务数据和流程数据加以时时监控和远程管理，使得办公、业务、客户服务信息化、流程化、规范化，从而极大地提高了业务绩效和办公效率，提高了管理层决策的及时性、科学性和准确性，为集团实现全国信息共享，开展新型业务提供了无限的可能性。

（资料来源：http://news.sz.soufun.com/2010-12-11/4183353_1.html）

思考与讨论

1. 伟业顾问和我爱我家合并之后在企业管理方面的优势有哪些？
2. 房地产经纪企业的日常运营管理应包含哪些方面？

【引例解析】

1. 伟业我爱我家集团在企业管理方面的优势有如下几点：①强大的营销渠道；②丰富的客户资源；③卓越的人才团队；④完善的客户资源管理系统CRM和ERP企业管理信息系统；⑤规范化的业务流程管理。

2. 房地产经纪企业的日常运营管理包含以下几个方面：①企业运营模式的选择；②企业的客户关系管理；③企业的人力资源管理；④企业的财务管理和风险管理。

任务 1　熟悉房地产经纪企业的运营管理

一、房地产经纪企业业务流程管理

（一）房地产经纪企业业务流程管理的必要性和意义

房地产经纪企业运营的核心内容就是开展房地产经纪业务。这些业务涉及房地产经纪企业内部的不同部门和人员，而这些部门和人员的活动存在着一定因果关系和先后次序要求。为了高效地开展房地产经纪业务，房地产经纪企业内各部门及各类人员相互之间需要持续不断地进行信息交流、传递，从而保证各部门、各人员的活动能满足房地产业务活动的内在关联及先后次序要求。这就必须对房地产经纪企业实施业务流程管理，即对房地产经纪业务活动的先后次序、部门及人员分工以及信息传递等制定规则，并监督实施。

在业务流程管理中，信息传递是关键。和其他行业一样，房地产经纪企业内业务运营过程中信息传递的传统方式是通过会议、谈话等人与人之间的直接交流来进行的。在这种情况下，往往会出现信息传递的失误，造成管理者和被管理者的迷失。因此，随着信息技术的不断发展，越来越多的企业开始选择信息化的企业业务流程管理，房地产经纪企业也是如此[1)]。

从宏观环境来说，我国房地产市场已经逐渐趋于成熟，市场信息的产生、流通以及供求双方信息互动的速率不断加快。此外，政府不断出台政策，使市场环境日益公平、公正。随之而来的，以信息为基础的竞争转变为以房地产经纪企业管理能力为基础的竞争。这就要求以提供信息为主要服务内容的房地产经纪企业要适应市场环境的不断变化和改善，提高自身信息管理的能力。

房地产经纪企业业务流程管理，可以使房地产经纪企业利用信息技术，摆脱企业信息的人为管理，走向制度化、信息化的业务流程管理，提高房地产经纪企业的管理能力。同时房地产经纪企业业务流程管理也有利于提高房地产经纪企业业务的规范化运作，提高经纪人员的工作效率，从而有利于树立良好的房地产经纪企业的品牌。总的来说，业务流程管理成熟度已经成为衡量房地产经纪企业是否规范化的标志，它是体现房地产经纪企业管理水平的重要标志，是决定房地产经纪企业竞争力的重要方面。

（二）房地产经纪企业业务流程管理的内容

企业业务流程管理（business process management，BPM）作为企业管理的一种新

1）中国房地产估价师与房地产经纪人学会编写，张永岳、崔裴主编《房地产经纪概论》（第六版），第 134 页，北京：中国建筑工业出版社，2012 年。略作改动。

思想和新方法，20 世纪 90 年代一经企业界提出，便引起了管理学者及企业界的普遍关注，世界各地的企业纷纷开始将业务流程管理应用到自己的管理运作与组织设计中。就房地产经纪业务的流程而言，实际上就是为完成促成客户房地产交易这一目标而进行的一系列逻辑相关活动的有序集合。其中，活动（如带客户看房）是最小单位的、不可分的行为。活动与活动通过串联、并联与反馈三种逻辑关系组织起来，从而实现一定的目标。一般而言，房地产经纪企业业务流程管理要包括业务流程管理和业务流程再造两重境界。

1. *房地产经纪企业业务流程管理*

首先，房地产经纪企业业务流程管理是相对于职能管理的一种管理思想。在该思想框架下，房地产经纪企业的管理者按照流程的思想来设计房地产经纪业务的流程，并以此检查企业的运行是否顺畅，是否存在人力和能力配备上等的浪费或者疏漏。房地产经纪企业业务流程管理的核心是对房地产经纪业务的流程的设计及其实施中的监控。

（1）房地产居间业务流程管理

首先，要进行房地产居间业务流程设计，其主要内容包括房源开发流程设计和交易流程设计两部分。房源开发流程主要分收集资料、约定拜访、拜访、签订委托、资料审核、广告企划与执行、信息回馈、更改附表和逾期服务等阶段。交易流程主要包括了解房源、介绍房源、实地带看、洽谈、收订、签收订金收据、签约前准备、签订合同等阶段。在详细的流程设计中，要进行每一阶段的子流程设计，子流程中注明活动内容，同时应注明每一活动的负责人、交接人、具体事务和流程、注意事项等。

其次，在房地产居间业务流程实施上，要注意流程实施过程中的监控。一般是通过一些关键数据来进行监控。比如在房源开发流程中，可以通过委托客户回馈申诉率（委托客户对回馈状况不满意提出申诉的比率）、委托客户申诉率（委托客户对委托状况不满意提出申诉的比率）、24 小时输入延迟比率（委托情况于委托合同签订 24 小时后未输入系统的比率）等来查看房源开发业务流程执行的情况。

最后，在房地产居间业务流程的管理上，要注意选择重要的管制点进行管理，以提高管理效率。

（2）房地产代理业务流程管理

目前，我国的房地产经纪企业代理业务以商品房代理销售业务为多，所以现在以商品房销售代理业务为例介绍一下。在商品房代理销售业务流程设计中，主要包括销售前准备、销售、客户分派、开具认购书、退定、换房、退房、签约、办证、销售人员岗位分配等主要阶段。同房地产居间业务流程设计一样，在详细的流程设计中应对每一阶段进行子流程的设计，在子流程中注明具体活动内容及每一活动的负责人、交接人、具体事务、注意事项等。同时，和房地产居间业务相似，也要对业务流程进行监控，业务流程管理中也要找出监控点。

2. 房地产经纪企业业务流程再造

企业流程再造就是以业务为中心和改造对象，以关心和满足顾客的需求为目的，对现有经营流程进行根本性的再思考和再设计，利用先进的信息技术及现代的管理手段，最大限度地实现功能集成和管理上的职能集成，打破传统的职能型组织结构，建立起过程型组织结构，以实现企业在速度、质量、效率、成本和顾客满意度等方面经营性能的巨大提高。流程再造提出了“合工”的思想，即借助信息技术，以重整业务流程为突破口，将原先被分割得支离破碎的业务流程再“组装”起来。房地产经纪企业业务流程再造是房地产经纪企业通过对多种可以选择的商业模式的反思和观察，来系统设计新企业的商业模式和业务运行框架。由此看来，房地产经纪企业业务流程再造更适合房地产经纪企业的变革阶段，而不是经常性的运营阶段。一般来说房地产经纪企业业务流程再造包括业务流程分析和重组及业务流程改造两大内容。

（1）业务流程分析和重组

1）对现有流程进行调研。

2）绘制现有流程，对流程中的每个活动进行描述。

3）组织小组讨论，找出流程中每个阶段存在的问题。

4）将问题分类，确定解决问题的先后顺序。

5）寻找解决问题的方法。

6）选择最好的解决方案，安排专人负责实施。

7）评估实施结果，修正解决方案，重新实施。

8）进行下一个问题的解决。

9）进行新一轮的流程分析。

（2）业务流程改造

业务流程改造的基本原则是：执行流程时，插手的人越少越好；在流程服务对象（顾客）看来，越简单越好。根据这一原则，可以采用下面两个改造策略。

1）将几个工序合并，由一个人完成。企业可以凭借信息技术的支持，把分割成许多工序或工作的流程按其自然形态组装回去。例如，可以将与房屋有关的各种协议、合同、确认书以及合同的变更、撤销等合并到合同签订信息流程进行统一管理。

2）将完成几道工序的人员组成小组或团队共同工作，构造新流程。如将负责客户的房屋查询、登记和勘察评估等业务的人员组成团队，构造咨询评估信息流程。以团队方式开展流程中的工作，将是多数企业进行流程改造的重要策略。

小资料

北京某房地产经纪有限公司招聘业务流程师，其岗位职责如下：通过调研对业务流程进行分析与诊断；对存在问题的流程进行完善或再造；对流程进行标准化建制，完善对流程的控制体系；监督并推动流程的再造与实施；流程管理方面的其他工作；配合IT部门对流程进行电子化；完成上级交办的其他工作。任职资格：大学本科以上学历，企业管理相关专业优先；有房地产公司流程运作和管理实践、业务流程管理经验或者知名咨询机构大型企业流程业务咨询和变革咨询经验；精通企业流程管理咨询与实施，熟练使用流程管理工具、具有扎实的文字功底；较强的管理沟通能力，良好的策划及组织能力；思维敏捷、严谨，工作踏实、认真，有较强的敬业精神；有较强的团队协作精神，能承受较大工作压力；掌握常用的数据分析方法，并可使用相关方法分析解决实际问题。

（资料来源：http://www.jobui.com/job/37670509/，略作改动。）

（三）房地产经纪企业业务流程管理模式的建立

目前，在我国的房地产经纪企业中，采用不同经营模式的企业采用不同的业务流程管理模式。比如在上房置换公司直营连锁模式运作中，公司对于代理人的业务流程管理采取“五个统一”，即由“上房置换网”管理中心对各连锁店的业务流程实施集约化统一管理；由“上房置换网”科研培训中心对各连锁店的从业人员开展统一培训；由“上房置换网”网络中心为各连锁店统一布设“置换物业资讯远端存取系统”的软硬件配置；由“上房置换网”评估中心对各连锁店提供统一的标准化评估指导；由“上房置换网”档案中心为各连锁店收缴的客户资料提供统一的保管；由“上房置换网”交易中心为各连锁店的置换业务统一代办相关手续并结算经营利润。在这种管理下，公司将业务流程中的某些环节从业务门店上移到管理中心层面，比如“在委托环节签订委托协议书要到管理中心去签订”，“交易合同签订阶段要到管理中心签订”等。在“五个统一”的业务流程管理体制下，能够保证中介业务的规范化运作，保证交易安全，克服“飞单”等不良现象。而在21世纪不动产特许经营连锁模式下，所有业务流程都在业务门店店内完成，可有效地避免因业务“上移”而可能导致的效率的损失。因为上移意味着业务员和客户要到管理中心内而非门店内去签订合同，对于客户而言是时间的消耗；对于企业而言，门店的人员配置和交通成本等可能增加[1]。

无论在何种经营模式下，要想通过业务流程管理模式取得成功，房地产经纪企业必须做好以下几个方面的基础工作。

1. 建立有效的组织保障

运用业务流程管理模式主要在于处理好各流程之间的关系，合理地在各流程之间分配资源。因此，房地产经纪企业必须建立有效的组织保障，这样才能保证流程管理工作的连续性和长期性。有效的组织保障包括：建立业务流程管理机构，这一机构可以归入管理流程中；配备强有力的领导来负责内部的流程管理工作；制定各流程之间的动态关系规则。通过实施流程管理模式，传统组织中的组织图将不复存在，取代它的是流程管理图。

2. 建立流程管理信息系统

流程管理需要大量的信息，必须以快速而灵敏的信息网络来支持。通过流程管理信

1）岳昉. 中国房地产中介组织运营与管理模式研究. 华东师范大学博士论文 .2005. 略作改动.

息系统，决策者可以及时掌握必需的决策信息。信息系统的建设，一方面要构造公司内部的信息网络；另一方面要与公司外部的信息网络连接，充分利用外部的信息资源。

3. 重塑企业文化

以流程管理模式来构造企业的运行规则，这与传统的企业运行规则是完全不同的。因此，企业必须建立与流程管理相适应的企业文化。与流程管理相适应的文化基础是团队精神，即小组成员之间的信任感、默契感和积极向上的精神风貌。

4. 培养复合型人才

为了给顾客提供满意的服务，以及充分利用知识和信息的价值，经纪企业需要对员工进行相关工序和作业能力的培训。通过业务流程重新整合，对外部的顾客来说，流程变得更为简便，但内部的工作将变得更加复杂。复杂的工作需要配备高素质、全能的人才。因此，运用流程管理模式的经纪企业，必须加强对员工的教育、培训和辅导。

二、房地产经纪企业的财务管理

财务管理是集财务预测、财务决策、财务计划、财务控制和财务分析于一身，以筹资管理、投资管理、营运资金管理和利润分配管理为主要内容的管理活动，在企业管理中居于核心地位。

（一）企业财务管理的含义、目标、内容

财务管理是企业管理的一个组成部分，它是根据财经法规制度，按照财务管理的原则，组织企业财务活动，处理财务关系的一项经济管理工作。它通过对资金运动和价值形态的管理，像血液一样渗透贯通到企业的生产、经营等一切管理领域。

1. 企业财务管理的含义

企业财务管理，是指依据国家的政策、法规，根据资金运动的特点和规律，科学地组织企业资金运动，正确地处理企业财务关系，以提高资金使用效率与企业经济效益的管理活动。具体来讲，企业财务管理又是企业生产经营活动所需各种资金的筹集、使用、耗费、收入和分配，进行预测、决策、计划、控制、预算、分析和考核等一系列工作的总称。

企业财务管理的含义包括以下几个方面：

1）财务管理是一项综合性管理工作。

2）财务管理与企业各方面具有广泛联系。

3）财务管理能迅速反映企业生产经营状况。

2. 企业财务管理的目标

企业财务管理的目标是指在国家法规政策的指导下，通过科学地组织财务活动，正确地处理财务关系，以尽可能少的资金运用与耗费，努力追求利润最大化和所有者权益

的扩大化。财务管理目标又称理财目标，是企业进行财务活动所要达到的根本目的，它决定着企业财务管理的基本方向。

3. 企业财务管理的内容

企业财务管理的对象就是企业的资金运动及其所反映的财务关系。企业财务管理的基本内容主要包括资金筹集管理、资金运用管理和资金回收与分配管理。

（1）资金筹集管理

资金筹集管理是指企业为保证生产经济活动的正常进行，对通过多种渠道筹措与集中的资金所进行的管理活动。包括筹资量的确定、筹资渠道与方式的选择、资金的实际取得等决策与管理行为。

（2）资金运用管理

资金运用管理是指为保证生产经营目标的实现，对生产经营中及时而有效地运用企业资金所进行的管理活动。资金运用包括两个方面：一是对资金占用和耗费进行管理；二是对外投资的管理。

（3）资金回收与分配管理

资金回收与分配管理是指企业对有效回收资金和合理分配资金所进行的管理活动。活动内容主要包括两个方面：一是加强产品（服务）销售管理，最大限度地回收货币资金；二是对回收资金进行合理地分配。

（二）房地产经纪企业的财务管理

1. 房地产经纪企业财务管理的内容

房地产经纪企业财务管理的内容主要包括以下三个方面。

（1）组织财务资源

经纪企业的资金管理首先要根据企业经营的资本要求，来组织财务资源，即启动公司所需的资金，企业的资本要求取决于企业组织结构类型和业务内容。以下是一些基本费用要求：法律费用（组建公司）、财务费用（咨询费、建立账目）、通信费、加盟网络和专业协会的费用、办公室（押金、装修、租金）、办公设备（电脑、传真机、复印设备、办公桌椅、文件柜等）、办公用品、印刷品（徽标、标志、文具等）、促销及广告宣传、标牌等。

额外的费用开支，比如购买一辆车，还要考虑租赁还是购买好。另外还要求一定的配套流动资金储备及其资金预算，比如足够的资本金来弥补阶段性的支出。

企业的资金来源包括企业内部筹资、银行贷款、资本市场等筹资渠道。

（2）进行经营预算

营业收入是指企业从事经营和提供劳务所取得的各项收入。包括主营业务收入和其他业务收入。收入的实现会导致企业净资产的增加。

佣金是房地产经纪企业最主要的收入来源，一般包括销售人员所带来的佣金和与其他经纪人合作获取的佣金。将客户的服务清单列出，收入的计算基础就是单项服务取费。

房地产经纪企业提供的其他服务还包括评估、物业管理、提供保险、产权办理、契约委托抵押贷款等服务。对这些服务，在明确标价和顾客同意的情况下，房地产经纪企业也可以收取到相应的服务费用。

经营收入还包括加盟店的加盟费等其他收入。

经营费用分为固定费用和流动费用，其中固定费用包括房租、工资、税收、保险和折扣；流动费用包括广告宣传、促销活动、市政开支、设备用品、销售成本、租赁费用、银行收费、支付给销售人员和经纪人的酬金、各项服务费、备用金和各项杂费。流动费用需要很大的管理力度来控制。

由于房地产经纪企业的特殊性质，需要将以下几类费用详细进行描述。

1）前期的考察、项目接洽等费用的预算。房地产经纪企业在确定经营某项业务之前必须先付出一笔资金作为预备资金。

2）市场营销与宣传广告费用。这里包括制定市场营销和广告战略费用以及资料设计费用，还包括发布广告、形象广告、招牌以及社团赞助费用、礼物派发等费用。

3）销售成本。销售人员的薪酬、现场销售日常费用以及所要上缴的相关税收（包括营业税、所得税、交易费用）。

利润是企业经营活动所取得的净收益，是企业的经营成果，是反映企业的经营效益和管理水平的重要指标，包括营业利润、投资净收益、营业以外的收支净额。

（3）账务管理

1）财务管理。房地产经纪企业的财务管理按照管理项目来分，可分为日常经营财务管理，投资项目财务管理与筹资财务管理。

① 日常经营财务管理。主要是对公司日常经营的资金控制费用开支等，还包括对一年的经营成果进行分析，并制定出下一年的服务计划等工作。相应地，需制定房地产经纪企业的资金控制制度、费用开支标准制度、财务分析制度、内部稽查制度。

② 投资项目财务管理。进行投资项目财务管理可确保公司投资有效及投资可以快速收回，带来更大的收益。相应地，房地产经纪企业需要建立投资档案管理等制度。

③ 筹资财务管理。通过筹资财务管理可以更有效地筹集资金，并有效地降低资金成本。相应地，房地产经纪企业需要建立筹资管理制度；另外，还需要建立税收筹划的相应管理制度。

2）财务数据管理。公司财务数据的管理包含大量的簿记工作，一般包括收入和支出账簿、应收应付账款、佣金和工资记录，以及银行及监管账户报表。财务数据管理就是要通过财务数据的收集、验证、存档等具体程序来建立资料数据库，以便房地产经纪企业的领导人通过财务数据库来谨慎地监督并控制公司多方面的运作。

2. 加强房地产经纪企业财务管理的途径

1）建立健全以财务管理为核心的管理体系。房地产经纪企业的各项管理都要服务和服从于经营需要，有利于改善和提高工作效率及经济效益，不能搞形式主义，更不能各自为政。它们之间应以财务管理为核心，相互配套，相互补充，相互协调和相互衔接。单项管理制度或方法的改变要统筹考虑其对整个管理体系的影响。

2）建立健全会计信息和统计信息相结合的电算化管理。通过迅速、高效的电算化管理，将企业经营情况与财务情况及时客观地反映出来，并深入分析，寻找经营管理中的薄弱环节，提出措施，堵塞漏洞，提高效益。

3）各项决策包括筹资决策、投资决策、经营决策等要在保证企业持续经营和发展的基础上进行。企业对其发展目标要量力而行，平衡好眼前利益与长远利益的关系，充分考虑各种影响因素，运用科学方法进行严密的可行性分析和成本效益测算。

4）加强成本管理，在保证正常生产经营的情况下需要寻找新的利润来源；另一方面要不断对现时的利润结构进行分析和调整，尤其要加强和扩大主营业务利润，避免短期行为，保证和提高利润的质量。

5）加强风险管理。市场历来是机遇和风险并存的，低风险低收益的谨慎和高风险高收益的诱惑，往往使企业在决策面前进退两难。风险管理就显得尤为重要。充分衡量风险的程度，结合自身的承受能力，通过比较、分析等方法权衡得失，选择最佳方案以较小风险取得较大效益，是现代企业所共同追求的。但需要注意的是，在决策之前要针对不同风险制定一系列防范、保全和补偿措施，使企业在风险出现时不致惊慌失措，束手无策。

三、房地产经纪企业人力资源管理

无论军队或企业在竞争过程中，人都是影响结果最主要的因素。人力资源的发展有助于其他资源发挥最大的功效，引导组织追求卓越的成就与成长，而个人也从而获得最大的满足与尊敬。所以如何造就人才、活用人才、应用人才，把他们所具有的力量作无限的发挥，便成为组织内极重要的课题。

（一）人力资源管理概述

1. 人力资源管理的含义

人力资源管理是指企业的一系列人力资源政策以及相应的管理活动。这些活动主要包括企业人力资源战略的制定，员工的招募与选拔，培训与开发，绩效管理，薪酬管理，员工流动管理，员工关系管理，员工安全与健康管理等。

2. 人力资源管理的目标

人力资源管理的最终目标是促进企业目标的实现。英国学者迈克尔·阿姆斯特朗对人力资源管理体系的目标作了如下规定：

1）企业的目标最终将通过其最有价值的资源——它的员工来实现。

2）为提高员工个人和企业整体的业绩，人们应把促进企业的成功当作自己的义务。

3）制定与企业业绩紧密相连，具有连贯性的人力资源方针和制度，是企业最有效利用资源和实现商业目标的必要前提。

4）应努力寻求人力资源管理政策与商业目标之间的匹配和统一。

5）当企业文化合理时，人力资源管理政策应起支持作用；当企业文化不合理时，人力资源管理政策应促使其改进。

6）创造理想的企业环境，鼓励员工创造，培养积极向上的作风；人力资源政策应为合作、创新和全面质量管理的完善提供合适的环境。

7）创造反应灵敏、适应性强的组织体系，从而帮助企业实现竞争环境下的具体目标。

8）增强员工上班时间和工作内容的灵活性。

9）提供相对完善的工作和组织条件，为员工充分发挥其潜力提供所需要的各种支持。

10）维护和完善员工队伍以及产品和服务。

3. 人力资源管理的内容

一般来讲，企业人力资源管理的内容包括十个方面：①职务分析与设计；②人力资源规划；③员工招聘与选拔；④绩效考评；⑤薪酬管理；⑥员工激励；⑦培训与开发；⑧职业生涯规划；⑨人力资源会计；⑩劳动关系管理。

（二）房地产经纪企业人力资源管理的含义和特征

房地产经纪企业的人力资源管理是指房地产经纪企业运用现代管理方法，对人力资源的获取（选人）、开发（育人）、保持（留人）和利用（用人）等方面所进行的计划、组织、指挥、控制和协调等一系列活动，最终达到实现企业发展目标的一种管理行为。这些活动主要包括企业人力资源战略的制定，员工的招募与选拔，培训与开发，绩效管理，薪酬管理，员工流动管理，员工关系管理，员工安全与健康等。

房地产经纪企业人力资源构成较为复杂，对人员专业性的要求也与一般企业有所不同。房地产经纪企业的构成人员通常包括有专业技能的房地产估价师、房地产经纪人、策划专员、投资顾问、物业管理代表、抵押贷款代表，及其管理人员等。其中，房地产经纪人是构成房地产经纪企业的主体。房地产经纪企业人力资源管理具有以下几个特征：

1）合法性。房地产经纪企业的人力资源管理符合房地产经纪行业管理中有关房地产经纪人员职业资格注册管理的规定。

2）人本性。人力资源管理必须采取人本取向，始终贯彻员工是企业的宝贵财富的主题，强调对人的关心、爱护，把人真正作为资源加以保护、利用和开发。

3）互惠性。人力资源管理必须采取互惠取向，强调管理应致力于获取组织的绩效和员工的满意感与成长的双重结果；强调组织和员工之间的“共同利益”，并重视发掘员工更大的主动性和责任感。

4）战略性。人力资源管理应聚焦于组织管理中为组织创造财富、创造竞争优势的人员的管理上，即以员工为基础，以知识员工为中心和导向，是在组织最高层进行的一种决策性、战略性管理。人力资源管理是对于全部人员的全面活动和招聘、任用、培训、发展的全过程的管理。

（三）房地产经纪企业人力资源管理的原理和内容

1. 房地产经纪企业人力资源管理的原理

和任何一个企业一样，房地产经纪企业的人力资源管理必须遵循企业人力资源管理的基本原理。

（1）能级层序原理

人的能力是有差别的，因而在进行人力资源配置时要根据能力强弱分配不同的工作，这既能发挥个人作用，又能使组织内部容易协调。这是人力资源配置的基本原理。

（2）同素异构原理

同样数量的人，用不同的组合办法，可以产生不同的结果，同素异构原理是组织设计与进行人员配置时必须遵循的重要原理。要将适合的人安排在适合的岗位上，这在招聘期间与考察期间都要注意到。

（3）适应原理

人与事之间的适应是相对的，不适应是绝对的，要保持动态平衡，不断调整人的岗位。公司的岗位设置、薪资水平都要有一定的灵活性，以保持公司结构的弹性。

2. 房地产经纪企业人力资源管理的内容

与一般企业一样，房地产经纪企业人力资源管理的内容包括以下十个方面：

（1）职务分析与设计

对房地产经纪企业中的各个工作职位的性质、结构、责任、流程以及胜任该职位工作人员的素质、知识、技能等，在调查分析所获取相关信息的基础上，编写出职务说明书和岗位规范等人事管理文件。

（2）人力资源规划

把企业人力资源战略转化为中长期目标、计划和政策措施，包括对人力资源现状分析、未来人员供需预测与平衡，确保企业在需要时能获得所需要的人力资源。

（3）员工招聘与选拔

根据人力资源规划和工作分析的要求，为企业招聘、选拔所需要的人力资源并安排到一定岗位上。根据新员工的招聘来源不同，可分为外部招聘和内部选拔。外部招聘是指从公司外部吸收具备相应能力和资格的人员，然后编制到相关岗位的过程。外部招聘的程序分为编制宣传手册、广告宣传、招聘测试、招聘决策等。内部选拔是填补空缺的一个重要途径，是对员工的一种有效激励。内部选拔的优点是有利于提高员工的士气和工作绩效，有利于激励主管人员奋发向上，较易形成企业文化；缺点是不易吸收优秀人才、自我封闭、可能使企业缺乏新鲜的活力。内部选拔分为内部调用和内部提升两种。内部调用是指需要的岗位与原来的岗位层次相同或者略有下降。内部提升是在公司内部将员工的职位提高到比原来更高的层次。

（4）绩效考评

对员工在一定时间内对企业的贡献和工作中取得的绩效进行考核和评价，及时做出反馈，以便提高和改善员工的工作绩效，并为员工培训、晋升、计酬等人事决策提供依据。

（5）薪酬管理

包括对基本薪酬、绩效薪酬、奖金、津贴以及福利等薪酬结构的设计与管理，以激励员工更加努力地为企业工作。

（6）员工激励

采用激励理论和方法，对员工的各种需要予以不同程度的满足或限制，引起员工心理状况的变化，以激发员工向企业所期望的目标而努力。

（7）培训与开发

通过培训提高员工个人、群体和整个企业的知识、能力、工作态度和工作绩效，进一步开发员工的智力潜能，以增强人力资源的贡献率。

（8）职业生涯规划

鼓励和关心员工的个人发展，帮助员工制订个人发展规划，以进一步激发员工的积极性、创造性。

（9）人力资源会计

与财务部门合作，建立人力资源会计体系，开展人力资源投资成本与产出效益的核算工作，为人力资源管理与决策提供依据。

（10）劳动关系管理

协调和改善企业与员工之间的劳动关系，进行企业文化建设，营造和谐的劳动关系和良好的工作氛围，能够保障企业经营活动的正常开展。需要注意的是：当房地产经纪企业需要终止与员工的劳动关系时，必须慎重考虑解除的前提和法律方面的问题，严格遵守终止合同关系要遵循的相关程序，并将这些行为内容做成人事管理文件存档以规避可能出现的纠纷。

（四）房地产经纪企业人力资源管理的主要方法

1. 设计科学的薪酬制度

房地产经纪企业薪酬制度是在房地产经纪企业与房地产经纪人员之间的经济关系的基础上建立的。薪酬是房地产经纪企业员工的劳动所得，薪酬的多少、是否合理等会直接影响到员工的工作士气和业绩。而这些都有赖于建立科学、规范、良好的薪酬制度。实践证明，良好的薪酬制度不但能使企业员工士气旺盛，勇往直前，敬业地为企业服务，而且能吸引其他企业的卓越人才进入本企业服务。所以研究与设计良好的薪酬制度是促使房地产经纪企业成功的关键因素之一，也是房地产经纪企业人力资源管理的核心内容之一。

（1）薪酬制度的制定原则

一般来说，薪酬制度的制定要遵循底薪与奖金分离；简明扼要、易于执行；管理方便、符合经济原则；在同行业中有竞争力；有一定弹性、能配合商业变动；在企业内部各类、各级职务的奖酬基准上，适当地拉开差距等基本原则。而更为重要的是房地产经纪企业的薪酬制度一定要遵循公平合理，同时有激励作用的原则。

首先，薪酬制度的公平合理是指薪酬制度要体现外部公平性和内部公平性。外部公平性是指同一行业或者同一地区或同等规模的不同企业中，类似职务的薪酬应该基本相似。内部公平性是指同一企业中不同职务所获得的奖酬应当正比于各自的贡献。外部公平性，可以保证企业工作团队的稳定性，尽量减少人才的流失和企业人员的高流动性。内部公平性可以增强企业的团队建设，凝聚团队力量，从而更好地促进企业内部环境，减少不必要的内部摩擦。

其次，薪酬制度要有激励作用是指薪酬制度的设计应体现对企业工作人员能力的肯定和褒奖。房地产经纪企业的薪酬制度设计应和绩效考核制度、岗位聘任制度等密切配合，根据企业对员工工作业绩的考核进行必要的奖励与惩罚设计，同时和岗位聘任制度挂钩，岗位能上能下，这样有利于有才能的、业务能力强的员工脱颖而出，也有利于鼓励企业员工不断进取，不断提高能力，完善素质，做出成绩。

（2）薪酬支付方式

在我国房地产经纪企业中，薪酬的支付方式大体分为以下几种：

① 固定薪金制。即有保障底薪，维持最低所得，对企业员工生活最有保障，人员流动率最低，与顾客的关系容易保持常态。但其最大的缺点是不具有激励性。

② 佣金制。即没有保障底薪，其收入完全视个人业绩而定，业绩高则薪酬高，业绩低则薪酬低，甚至没有薪金。佣金制激励大，刺激性强，业务员的"危机意识"最高。但由于无底薪，公司在管理上存在较大的难度，人员流动大。有些业务员为了取得业绩，甚至不择手段，可能对公司的信誉产生严重的影响。

③ 混合制。即将固定薪金制和佣金制混合运用。比如，工资加代理佣金、销售佣金加提成比例等。这种方式融合了上述两种支付方式的优点，并避免了它们的缺点。

2. 建立有效的激励机制

（1）房地产经纪企业激励机制原理

任何一个企业，都应当建立企业员工的激励机制。所谓激励是企业员工从事的工作所带来的激励，包括工作目标激励、工作过程激励和工作完成激励。工作目标激励是企业和员工共同提出的具有一定挑战性的工作目标。工作过程激励是员工工作本身所具有的重要性、挑战性、趣味性和培养性等，这会使员工珍惜自己的工作和尽最大努力去干好工作。工作完成激励是员工完成工作目标时所产生的对企业、社会和国家的贡献感，对自己的抱负和价值得到实现时的自豪感，对自己的能力得到发挥的得意感，以及由此而产生的成就感，从而导致员工内在性需要得到满足而产生的激励。激励机制的建立，既会激发员工的事业心，又会留住人才。

企业实行激励机制的最根本的目的是正确地诱导员工的工作动机，使他们在实现组织目标的同时实现自身的需要，增加其满意度，从而使他们的积极性和创造性继续保持和发扬下去。由此可见激励机制运用的好坏在一定程度上是决定企业兴衰的一个重要因素。如何运用好激励机制也就成为各个企业面临的一个十分重要的问题。

房地产经纪企业通过激励机制的建立和合理使用，可以吸引、保留、激励企业所需要的人力资源，激发员工工作热情，调动工作积极性，强化员工的归属感和责任感，鼓励员工尽其所能创造优秀的业绩。

（2）房地产经纪企业激励方式

① 目标激励。目标激励就是通过目标的设置来激发人的动机、引导人的行为，使被管理者的个人目标与组织目标紧密地联系在一起，以激励被管理者的积极性、主动性和创造性。房地产经纪企业可以通过设置适当的目标，把员工的需要与目标紧密联系在一

起，从而调动员工的积极性。心理学家认为，个体对目标看得越重要，估计实现的可能性大，这个目标所起的作用就越大。因此，设置目标要合理、可行。在选择和确立目标时，要对目标的效果和实现目标的概率作出科学的价值评估与判断，使目标的设置具有科学性。只有长远与近期相结合，集体利益和个人利益相结合，经过努力能够实现，实现之后能够获得利益的目标，才是具有激励作用的目标。

② 情感激励。积极的情感可以焕发出惊人的力量，消极的情感会严重妨碍工作。领导者如能和员工建立起真挚的感情，用自己积极的情感去感染员工，打动和征服员工的心，就能起到激励作用。领导关心员工，关心员工家属，信任员工并给员工以热情的支持，那将是一股巨大的无形力量，可以增强员工战胜困难的信心和勇气，从而使他们千方百计地克服困难，战胜困难，取得突出成绩。

③ 尊重激励。尊重是加速员工自信力爆发的催化剂，尊重激励是一种基本激励方式。上下级之间的相互尊重是一种强大的精神力量，它有助于企业员工之间的和谐，有助于企业团队精神和凝聚力的形成。如果管理者不重视员工感受，不尊重员工，就会大大打击员工的积极性，使他们认为工作仅是为了获取报酬，激励从此大大削弱。这时，懒惰和不负责任等情况将随之发生。

④ 参与激励。现代人力资源管理的实践经验和研究表明，现代的员工都有参与管理的要求和愿望，创造和提供一切机会让员工参与管理是调动他们积极性的有效方法。毫无疑问，很少有人参与商讨和自己有关的行为而不受激励的。因此，让员工恰当地参与管理，既能激励员工，又能为企业的成功获得有价值的意见。通过参与，形成员工对企业的归属感、认同感，可以进一步满足员工自尊和自我实现的需要。

企业发展需要员工的支持，员工不是一种工具，其主动性、积极性和创造性将对企业生存发展产生巨大的作用。而要取得员工的支持，管理者就必须在组织当中灵活运用不断创新的激励机制，提升员工的满意度，增强组织的活力和凝聚力，这样企业就会在竞争中立于不败之地。

四、房地产经纪企业客户关系管理

（一）现代企业的客户关系管理

1. 客户关系管理的含义

客户关系管理（customer relationship managment，CRM），是一种以客户为中心的经营策略，它以信息技术为手段，通过对相关业务流程的重新设计及相关工作流程的重新组合，以完善的客户服务和深入的客户分析来满足客户个性化的需要，提高客户满意度和忠诚度，从而保证客户终生价值和企业利润"双赢"策略的实现。

可以从三个层面理解客户关系管理：

1）客户关系管理是一种企业管理的指导思想和理念，为企业提供全方位的管理视角；赋予企业更完善的客户交流能力，实现企业和客户利益的双赢。

2）客户关系管理是创新的企业管理模式和运营机制，是自动化的以客户为中心的商业过程。

3）客户关系管理是企业管理中信息技术、软硬件系统集成的管理方法和应用解决方案的总和。

客户关系管理的核心思想是：客户是企业的一项重要资产，客户关怀是中心，客户关怀的目的是与所选客户建立长期和有效的业务关系，在与客户的每一个“接触点”上都更加接近客户、了解客户，最大限度地增加企业的市场份额和利润水平。

2. 客户关系管理的功能

客户关系管理功能主要表现在营销方式、销售管理、客户服务支持管理以及客户分析等四个方面的提高和改进。

（1）改进营销方式

传统的营销活动主要包括广告，展销会等，随着房地产市场的发展与科技的进步，房屋供应量不断增加，产品更加多样化，在增加了客户选择余地的同时，也加大了营销的难度，在房地产经纪服务中引入 CRM 是必然的要求。CRM 系统提供了更为个性化的营销手段，可以根据客户的需求、偏好、年龄、职业和收入情况等来推销不同的产品；同时 CRM 系统还能够通过对不同来源途径(如电话、展销会、网上留言、客户俱乐部等)所获得的信息进行分析，筛选出一批潜在客户。

个性化的营销方法既克服了大众营销高成本的弊端，又通过针对性地服务，提高了营销的成功率。此外，CRM 营销管理部分还包括自动业务处理功能，能够自动处理客户索取资料的要求，将客户索取的资料，如产品详细介绍、报价单等以电子邮件、传真、邮递等途径快速无误地送到客户手中，扩大了信息的传递范围和传递效率。

（2）加强销售管理

以前房地产经纪企业的业务处理过程主要采用人工处理，数据统计和核实工作非常繁重，各个业务部门收集和存储的数据主要是销售业绩情况，对销售过程中的信息没有记载，也没有保留曾经前来门店或售楼处访问、咨询，但最终未成交的潜在客户的信息。大量客户信息散落在各个售楼点及销售人员的手中，一旦销售人员离开，就会带走有用的客户信息。CRM 系统凭借电话销售、移动销售、远程销售、电子商务等多种销售工具，用自动化的处理过程代替手工操作，缩短了销售周期，使得销售活动流程更为科学化、合理化，从而提高销售活动的效益。

客户关系管理可以为企业建立起一套规范的信息管理系统。通过记录活动过程信息和信息共享，销售人员可以及时获取并分析与客户所有的交往历史，从整个企业的角度认识客户，理顺企业资源与客户需求之间的关系，实现全局性销售，从而增加获利能力。

通过系统对销售全过程的追踪管理，有利于内部的销售控制，减少销售人员抢单、撞单等现象的发生，有利于对销售人员业绩的评估。

（3）提供更好的客户服务支持

以往在房地产经纪企业中，销售、市场营销、客户服务等部门无法共享客户资料，企业难以对客户进行一致的服务和关怀；无法实现对客户服务、客户投诉的及时处理、跟踪、反馈和维护。客户关系管理通过统一的客户服务中心，涵盖售前、售中、售后所有的过程，使客户服务没有断点。

客户服务支持管理一般包括了客户账号管理，服务合约管理，服务请求管理，联系活动管理，以及客户普查等功能。通过这些功能，服务人员能快速地查询客户的服务合约，确定客户的服务级别，可为特殊的客户提供个性化服务，为其所需提供一揽子综合解决方案。同时，服务人员还可以随时查询与客户的联系记录以及服务请求的执行情况，连续对客户使用情况进行跟踪，为其提供预警服务和其他有益的建议，以使客户能安全、可靠地使用各项业务。

（4）协助客户分析

以往的房地产经纪企业对客户的分析缺少信息技术的支持，分析水平比较低，不科学，也不全面。CRM 利用数据库、数据挖掘、多媒体等信息技术，挖掘与分析现有客户信息以预测客户的未来行为，促使其重复购买和吸引新客户。它能帮助企业在正确的时间，向正确的客户推销正确的产品与服务。

客户分析系统一般包括客户分类分析，市场活动影响分析，客户联系时机优化分析，以及交叉销售与增量销售分析。通过客户分类分析，可以找出企业的重点客户，使企业可以将更多的精力投放在能为企业带来最大效益的重点客户身上；通过市场活动影响分析，企业知道客户最需要什么；通过客户联系时机优化分析，企业员工可以掌握与客户联系的时机，例如多长时间与客户联系一次，应该通过何种渠道联系等。通过交叉销售与增量销售分析，企业可以知道应该向某一特定的客户推销什么样的产品。CRM 要做到与不同价值客户建立合适的关系，使企业盈利得到最优化。

3. 客户关系管理的内容

为赢得客户的高度满意，建立与客户的长期良好关系，在客户关系管理中应开展多方面的工作。

（1）客户分析

该项工作主要分析谁是企业的客户、客户的基本类型、个人购买者、企业客户的不同需求特征和购买行为，并在此基础上分析客户差异对企业利润的影响等问题。

（2）企业对客户的承诺

承诺的目的在于明确企业提供什么样的产品和服务，尽可能减低客户在购买过程中可能面临的各种各样的风险，使客户满意。

（3）客户信息交流

它是一种双向的信息交流，其主要功能是实现双方的互相联系、互相影响。从实质上说，客户关系管理过程就是与客户交流信息的过程，实现有效的信息交流是建立和保持企业与客户良好关系的途径。

（4）以良好的关系留住客户

首先要取得客户的信任，同时，经常进行客户关系情况分析，采取有效措施保持企业与客户的长期友好关系。

（5）客户反馈管理

客户反馈对于衡量企业承诺目标实现的程度、及时发现在为客户服务过程中的问题等方面具有重要作用。投诉是客户反馈的主要途径，如何正确处理客户的意见和投诉，对于消除客户不满、维护客户利益、赢得客户信任都是十分重要的。

（二）房地产经纪企业的客户关系管理

1. 房地产经纪企业客户关系管理的含义

房地产经纪企业的客户关系管理，包含客户关系管理的两个方面，它是以管理理念为指导，以信息技术为支撑，实现对客户资源的整合应用，以达到提高核心竞争力，保持企业长远持续发展的目的。

2. 房地产经纪企业客户关系管理的必要性

首先，从外部环境来讲，房地产经纪企业客户消费理念、消费方式随着经济的发展而产生了变化，这是房地产经纪企业实施客户关系管理的前提。

虽然房地产商品价值量大，客户重复购买的几率比一般普通商品小，但客户关系管理的理念强调房地产消费者的生活周期，提出终身客户的概念。随着我国二手房交易市场的发展，住房梯级消费观念正在培育和形成，年轻人刚就业时选择租房或购买小户型公寓，结婚时购买二居室或三居室，事业有成时购买别墅，老年时入住老年住宅。所以一个客户在其生命的不同阶段，都会产生新的房屋交易需求，因而终身都有可能成为房地产经纪企业的客户。对于居间企业而言，在写字楼租赁市场上，由于业务的扩展或调整，原有的写字楼不能满足要求。或是有设施更加先进、价格更具有吸引力的写字楼落成。那些国际性的大企业会每隔几年更换一次办公地点，一些小的企业更换更为频繁。在住宅租赁市场上，由于人才流动加快，考虑到就近居住的要求，消费者会频繁换房。基于这样的分析，CRM 认为客户不是经纪企业业务供应链的终端，而是企业一切经营活动的起点和归宿。实施有效的客户关系管理，就是以客户为中心，利用数据库、数据挖掘、多媒体等信息技术，对客户进行系统化的研究，对客户实行关怀，以改进对客户的服务水平，建立企业与客户良好的信任关系，帮助企业维持老客户，吸引和开发新客户，创造更大的效益和竞争优势。

其次，“以客户为中心”的概念被不断强化，这是房地产经纪企业实施客户关系管理的内部要求。随着房地产经纪服务市场的不断成熟发展，以及消费者维权意识的不断增强，房地产经纪企业的服务将进一步体现在提升服务手段和提供更合理的产品建议上。传统的客户服务意识将面临巨大的市场挑战。未来市场的竞争，将逐渐过渡到客户信息的竞争、客户满意度的竞争、客户服务手段的竞争上。好的服务是提高客户满意度、增强客户忠诚度最直接的手段和途径。如何将这些散落、分割的服务环节有机地结合起来，建立立体化、多层次的客户服务体系，加强服务手段的管理与集成，真正为客户带来一站式服务，不断提高客户的满意度，将是目前房地产经纪企业高层管理者所面临的紧迫问题。所以伴随着“以客户为中心”概念的强化，中国的房地产经纪企业有必要通过成功的客户关系管理，重塑经纪服务的全过程。通过基础平台的建立和完善，最终使中国的房地产经纪企业有能力参与到更激烈的国际化竞争中来。

3. 房地产经纪企业客户关系管理的作用

实施客户关系管理对房地产经纪企业具有非常重要的意义。房地产经纪业的业务流程相对简单，不同企业提供的服务相似程度更高，因此，实施客户关系管理相对于生产型企业而言显得尤为重要。房地产经纪企业在制定发展战略时也要充分考虑到这层因素，作为战略指向的一个重点。总体来说，房地产经纪企业客户关系管理有如下作用。

（1）提高经纪企业相关业务效果

经纪企业通过客户关系管理，对业务活动加以计划、执行、监视和分析，通过调用经纪企业外部的电信、媒体、中介机构、政府部门等资源，与客户发生关联。同时，在协调企业其他经营要素的同时，在企业内部达到资源共享，提高企业相关业务部门的整体反应能力和事务处理能力，强化业务活动效果，从而为客户提供更快速更周到的优质服务，吸引和保持更多的客户。

（2）为服务研发提供决策支持

客户关系管理的成功在于数据仓库和数据挖掘。经纪企业通过收集的资料可了解客户，发现具有普遍意义的客户需求，合理分析客户的个性化需求，从而挖掘具有市场需求而企业尚未提供的服务内容、类型，以及需要完善和改进之处等高附加价值的深加工信息，集合赢利模型进行测算，在经纪企业研发环节中为确定服务品种、内容等提供决策支持。

（3）是技术支持的重要手段

客户关系管理使经纪企业有了一个基于电子商务的面向客户的前端工具。经纪企业通过客户关系管理，借助通信、互联网等手段，利用企业以及合作企业的共享资源，对已有的客户自动化地提供个性化的解释、解答、现场服务等支持和服务，并优化其工作流程，使之更趋于合理化，从而更有效地管理客户关系。

（4）为选择对待客户策略提供决策支持

在客户关系管理中，通过挖掘和分析客户信息来预测客户的未来行为，这能使经纪企业在正确的时间，向正确的客户提供正确的服务。客户分析系统一般包括客户分类分析、市场活动分析、客户联系及优化分析等。通过客户分类分析，可以找出企业的重点客户，使企业可以将更多的精力投放在能为企业带来最大效益的重点客户身上；通过市场活动影像分析，企业知道客户最需要什么；通过客户联系时机优化分析使企业学会掌握与客户联系的时机。客户关系管理要做到与不同价值客户建立合适的关系，使企业盈利最大化。

（5）为适时调整内部管理提供依据

经纪企业客户关系管理系统是企业整个内部管理体系的重要组成部分，经纪企业通过反馈信息的认识，可以检验企业已有内部管理体系的科学性和合理性，以便及时调整内部管理各项政策制度。

4. 房地产经纪企业客户关系管理的核心内容

房地产经纪企业客户关系管理的核心内容是从客户的角度出发，充分运用客户的生命周期理论，对客户进行研究，努力提高客户的信任度、忠诚度和满意度，实现留住老客户，吸引更多新客户的目的。

（1）留住客户

房地产的消费具有生命周期，客户有可能会重复购买，而且相对于获取新的客户而言，保持客户的成本要比吸引新客户低得多，因此房地产经纪企业要通过满足客户需求来留住他们。具体可以从以下四个方面入手：

1）提供个性化服务。要想留住客户必须为客户提供迅捷、满意的服务，这就要求房地产经纪人员要掌握专业知识，熟悉市场，了解客户需求。通过对成交客户资料的研究，分析客户的行为特点，确定客户的服务级别，可为特殊的客户提供个性化服务。比如，对于来自国外的客户，由于文化、生活习惯的差异，导致居住偏好有很大的区别，通过研究成交资料，可以了解他们的居住及生活偏好，并运用在销售过程中，以帮助他们及时准确地找到满意的物业，从而提高客户的满意度。

2）正确处理投诉。通过对投诉的正确处理，可以将因失误或错误导致的客户失望转化为新的机会，并显示房地产经纪企业诚信经营和为客户服务的品牌形象。即使问题不是由经纪企业过错造成的，企业也应该及时给予解释并尽可能地给予协助解决，给客户留下良好的印象，从而提高客户感知价值。

3）建立长久的合作关系。对于机构客户，在房地产经纪服务中，经纪企业通常可以通过介入开发商的项目前期运作，与开发商形成稳定的结构纽带关系；通过成功的项目合作与开发商形成长久的合作伙伴关系。对于个人客户，经纪企业要根据客户价值，挑选出最有价值的个人客户，建立长期合作的关系。

4）与客户积极沟通。房地产经纪企业的沟通对象包括开发商、业主、购买者和承租人等，经纪企业要与他们进行积极的，及时的沟通。客户俱乐部是经纪企业与客户有效沟通的载体，经纪企业除了基本的会员服务，诸如免费发放会刊杂志、丰富的楼盘或房源信息、政策法规咨询、优先优惠认购等，还可以定期安排一些会员活动，比如会员沙龙、投资分析讲座、家居服务活动等，增进对客户的了解，为客户提供力所能及的帮助，建立起与客户的友好关系，取得客户的信任甚至信赖，才能真正赢得客户。

（2）争取新客户

房地产经纪企业除了留住客户外，还需要积极争取更多的客户，可以从下列几方面入手：

1）鼓励客户推荐。可以通过折扣返点，推荐积分等手段鼓励已买房客户介绍朋友购买。

2）给新客户提供附加服务，比如有奖销售、限时优惠，吸收新客户加入时会享受各种会员服务等。另外，考虑到业主缺少置业经验或者工作繁忙，给他们提供一些装修和购置家具等方面的建议，以提高客户的满意度；如果租赁客户是刚来我国的外国人，在为客户寻找到满意的房子后，为他们提供一些生活细节上的帮助，比如介绍他们购物、餐饮娱乐的场所、交电话费的方式、旅游信息等，也是相当受欢迎的；对于开发商客户，为其提供新楼盘设计、市场定位的指导建议，也是建立良好客户关系的有效办法。附加服务体现了企业对客户的关怀，对完善企业形象很有好处，能够从侧面促进企业业务的发展。

5. 房地产经纪企业客户关系管理系统的设计

（1）客户关系管理系统的构成

房地产经纪企业客户关系管理系统是信息技术、软硬件系统集成的管理方法和应用解决方案在房地产经纪企业的应用。

该系统由客户联络中心、客户资料数据库、客户分析子系统、决策支持子系统等构成，其中，客户资料数据库是客户关系管理的核心。

（2）客户数据库的建立和维护

客户数据资料库是由房地产经纪信息及销售管理信息所组成。

建立客户数据资料库包括信息的输入与存储，整理分析，数据输出等工作。

在客户数据资料库中，客户信息可通过客户电话咨询、登门访问及电子商务门户收集（即客户访问企业网站）获得，这些信息的形式包括电话记录，访问表格，电子邮件及网页（HTML）表单等，信息整理后被导入客户数据资料库。

客户资料库作为经纪企业的客户数据仓库，是开展经纪工作的基础，必须进行实时备份以保证数据的完整性和安全性。

（3）客户分析子系统

把保存在资料库中的客户信息按客户群体分类整理后，利用客户分析子系统对其进行管理和分析，通过数据挖掘，揭示客户的基本特点、影响其购买行为的主要因素并对客户进行有针对性的分类，对重点客户进行有效的识别和重点关注。

客户分析子系统可以提供和输出客户表单管理、营销表单管理、客户资料管理、营销服务质量分析以及客户行为分析等的分析结果。

（4）决策支持子系统

利用决策支持系统，企业可以根据客户分析的结果，全面了解和把握企业的营销质量是否有显著的提高；能够及时发现客户关系管理中存在的问题；发现企业整个经营活动各个环节是否协调一致，并在此基础上，制定企业下一步的经营决策。

上述客户关系管理系统是无形的客户组织，房地产经纪企业还可以将客户俱乐部（又名“客户会”）作为有形的客户资料库，纳入其客户关系管理系统。通过举办讲座、沙龙、论坛、看房等活动，吸引客户和潜在客户加入客户会，增加与客户的交流，扩大企业的社会影响，既达到项目对外宣传推广的目的，还可能创造出新的商业机会。在与客户的交流中，经纪企业还可以不断征询客户的意见和采纳客户的合理化建议，使得今后的业务活动更具有针对性，以增加客户的满意度和忠诚度。客户会能够为客户数据库提供大量的数据，是企业与客户直接沟通的纽带，因而是客户关系管理系统的一部分。

五、房地产经纪企业风险管理

企业的风险管理通常是指企业按照既定的经营战略，利用各种风险分析技术，找出业务风险点，并采取恰当的方法降低风险的过程。房地产经纪企业如何在内外部环境日益复杂，企业间竞争日益激烈，企业经营风险不断提高的大环境下，对企业的经营风险进行准确的辨别、分析、控制和防范，已成为房地产经纪企业内部控制管理的重要内容之一。

（一）企业风险与风险管理

1. 企业风险的含义

风险是指导致损失产生的不确定性。其定义包含了损失与不确定性两个非常重要的因素，企业风险就是企业难以确定会在何时、何处、何种程度发生损失的可能性。在企业的发展历程中，风险无时不在，也无处不在，既有源于企业外部的不可控因素所导致的风险，如社会动荡、自然灾害等，也有源自企业内部可控因素所导致的风险。

2. 企业风险类型

企业风险可大致分为三种类型，即总体风险、个别风险和意外风险。总体风险是指所有企业都会遇到的风险，这类风险一般由外部环境的变化引起，可控性较差，当这类风险发生时所有企业和相关机构都会受到影响。总体风险包括政策风险和市场风险。个别风险是指由于种种不利因素的影响，而给个别企业内部带来的不确定性。个别风险包括经营风险、财务风险、决策风险等。意外风险指人们无法预料到的风险，包括自然灾害（例如地震、暴雨、台风等不可抗力灾害的发生）和意外（如人们的过失行为）所带来的风险。

3. 企业风险规避的步骤

风险规避过程由以下几个步骤构成：

第一步，针对预知风险进行进一步调研。

第二步，根据调研结果，草拟消除风险的方案。

第三步，将该方案与相关人员讨论，并报上级批准。

第四步，实施该方案。

4. 企业风险管理

企业风险管理是指企业通过对风险的认识、衡量和分析，以最小的成本对风险实施有效的控制，期望取得最大安全保障的管理方法。企业风险管理最主要的目标是控制与处置风险，以防止和减少损失，保障企业生产经营顺利开展和有序运作。风险管理的基本程序是：风险识别→风险估测（分析）→风险评价（风险管理对策选择）→风险控制（风险管理措施实施）→管理效果评价。

（二）房地产经纪企业的风险管理

所谓房地产经纪企业的风险管理，是指房地产经纪企业对风险进行识别、衡量、分析，并在此基础上有效地处置风险，以最低成本实现最大安全保障的科学管理方法。根据我国目前房地产经纪行业的特点，如相关的法律、法规还在不断地完善当中，行业本身涉及面广、不确定性多，容易产生各类纠纷等，必须制订系统的风险防范措施以规避风险。

1. 房地产经纪企业风险的构成

房地产经纪业务所涉及的交易方式、合作单位、客户、信息等，其特征都较为复杂，也较容易发生变化，这就令房地产经纪业务所面临的风险也具有复杂、多变等特点。房地产经纪业务中可能出现的风险主要包括以下几种：

（1）信息欠缺引起的风险

信息欠缺，指的是房地产经纪企业或经纪人因为客观条件的限制或一些主观上的原因，对房源的相关信息掌握得不全面。比较常见的是房屋的质量、产权、上市许可等问题，因为这些问题往往需要深入调查才能了解清楚，而一般的房地产经纪企业很难组织人力对每一套房源进行深入调查。在房源信息欠缺的情况下开展经纪业务，有些房地产经纪人会凭自己的“推理”对有些信息加以补充，如当客户问房源的质量状况时，经纪人觉得自己看到的该房源质量好像没什么问题，于是就随口回答说：“没有问题。”而万一客户在成交后发现，该房源存在某些质量隐患，就极有可能与经纪人或房地产经纪企业发生纠纷，从而引发风险事件。

（2）操作不规范引起的风险

目前，房地产经纪人在开展经纪业务时，由于许多具体的操作由经办人直接办理，许多操作无法集中处理，因而存在不少由于不规范的业务操作引起的风险事故，如虚报成交价、乱收费、伪造客户签名等，这些不规范的操作容易与客户发生纠纷，从而给房地产经纪企业带来经济或名誉上的损失。

（3）承诺不当引起的风险

房地产经纪人对客户进行承诺时，如果没有把握好分寸，一味的迎合客户的心理，做出无法兑现或其他不适当的承诺，就容易引起纠纷，有时甚至会带来不必要的经济损失，也给经纪公司的形象带来损害。在房地产经纪业务开展过程中，容易出现承诺不当现象的环节有：房源的保管、协议的签订等。

（4）资金监管不当引起的风险

房产交易不像其他商品那样可以当场“银货两讫”，如何确保交易资金的安全成为房地产交易中最为核心的问题。为保障交易安全，房地产经纪企业通常会接受买卖双方的某些委托代管款项，如定金、交易费用等，在合同条件成立的情况下依合同约定代为支付上述款项。而这些资金少则几百，多则几十万上百万，对于房地产经纪企业而言，依法正确、有效地监管这种代收代付资金显得非常重要。有些经纪企业没有设立房款的专用账户，而是使用私人账户代收客户房款，缺少第三方的监督，这就产生了一定的资金风险，严重的可能留下经纪人卷款而逃的隐患，给房地产经纪企业的经营带来不可估量的损失。

（5）产权纠纷引起的风险

产权风险就是指买卖双方签订买卖合同甚至交付房款后才发现，由于房屋产权的种种问题，房屋无法交易，也无法过户。房地产经纪人必须意识到产权确认在存量房交易中的重要性。这些在交易签约前未作产权确认而引发的纠纷大量出现，不仅浪费了经纪人、买卖双方大量的时间和精力，甚至给客户造成了经济损失，同时也给房地产经纪企业带来经济或名誉上的损失，影响了存量房市场的健康发展。

（6）经纪业务对外合作的风险

房地产经纪公司有时会通过对外合作拓展经纪业务，如与房地产开发商合作取得楼盘的独家代理销售权，或受业主委托开展房屋行纪业务。如果房地产经纪企业对合作项目不了解，或对合作的条款把握不清楚，或对合作方的不良行为认识不到，或对自己公司的业务能力估计不足等，就很容易出现风险。房地产经纪企业常见的合作单位还有商业银行、按揭机构、评估公司和保险公司等。选择具备合法资质的合作伙伴，对促成交易、保障交易安全有着非同小可的意义。否则，由于合作带来的不可预见的风险则会接踵而至。

（7）房地产经纪人员的道德风险

某些房地产经纪人为了个人利益，会置房地产经纪企业的利益于不顾，做出一些损害公司利益与形象的举动，主要表现为：将房源或客源外泄；利用公司房源与客户资源私下促成双方交易为自己赚取服务佣金；私自抬高房源的售价，赚取其中的“差价”；私自收取客户的房款后逃跑等。这种房地产经纪人的道德风险也是房地产经纪企业要重点防范的，尤其是在财务监管制度不够完善的公司，房地产经纪人的“可乘之机”较多，风险发生的机会也就比较大。

（8）客户道德风险

房地产经纪企业在与道德较差的客户打交道时，稍有不慎，就会发生风险事故，有些事故还可能带来比较严重的后果。如买卖双方联合“跳单”给经纪公司带来损失，这些客户为了逃避支付服务佣金，会在不引起经纪人注意的情况下给对方留下电话号码，然后私下达成交易或者不放心私下成交而跳到另一家经纪公司代办以减少佣金支出。个别客户接受服务后，拒付佣金。甚至有些客户提供伪造的假房产证、假身份证进行诈骗，造成交易风险。

2. 房地产经纪企业风险的规避

房地产经纪企业的风险管理主要通过风险识别、风险估计、风险驾驭、风险监控等一系列活动来规避和防范风险。房地产经纪企业的风险规避，主要以预防为主。针对房地产经纪企业可能存在的上述风险，其措施和方法包括以下几个方面：

（1）加强对房地产经纪人员的教育和培养

加强房地产经纪人的教育和培养，提高其法律意识、职业道德水平，业务能力。通过法律意识的提高以及对房地产交易相关法律的了解和把握，可以有效杜绝产权纠纷引起的风险，减少房地产经纪人道德风险的发生；通过房地产经纪人的职业道德、职业操守的教育，也是减少房地产经纪人道德风险发生可能性的重要途径；通过房地产经纪人业务能力和业务水平的提高，强化职业操守，就可以减少信息缺失、操作不规范以及承诺不当引起的风险。

（2）完善企业自身的制度建设和日常管理

房地产经纪企业可以通过完善企业自身的制度建设，强化日常业务的监督与管理，以减少各种风险发生的可能性。通过企业内部监督制度的建立，对房地产经纪人的行为进行有效的约束和监督；通过对日常业务接洽和合同签订的管理和跟踪回访，尤其是通过合同签订前的审查，比如：签约法人资格、签约方履约能力以及合同内容的审查等，可以有效避免客户道德风险的发生；通过薪酬制度和激励制度的建立以及企业文化的建设，强化房地产经纪人的企业认同感、归属感和企业的荣誉感，也是风险规避的有效措施。

（3）建立有效的风险识别和警示系统

房地产经纪企业可以通过建立较为系统的风险识别系统，主动识别和发现企业中可能出现的风险；同时，通过房地产经纪人风险防范教育，提高其风险意识和风险识别能力。此外，还可以通过风险报告制度，明确风险报告程序，风险警示办法等，使企业的风险防控制度日常化。

任务 2　房地产经纪门店管理与商品房售楼处管理

一、房地产经纪门店管理

（一）房地产经纪门店的开设

1. 门店开设的工作程序

目前在我国，以存量住房经纪业务为主的房地产经纪机构，大多采用有店铺经营模式。门店是房地产经纪机构承接、开展存量房经纪业务的基层组织和具体场所，是房地产经纪机构企业形象展示的主要窗口。开设房地产经纪门店必须充分考虑房地产经纪机构的经营范围和目标市场定位，以符合房地产经纪机构自身的长远发展为前提，周密筹划，合理设置。具体而言，一般应按照以下步骤依次进行：

第一，区域选择。也就是确定在哪个(或哪些)区域设置门店。首先要确定目标市场，找准服务对象，然后再依据目标市场、服务对象选择最佳的区域。

第二，店址选择。也就是在所确定的城市区域内选择最佳位置的店铺。当门店所在区域确定后，必须进行周密的市场调查，对区域内现有的商业网点，包括竞争的门店、客流集中地段、客流量和客流走向、交通路线、停车位等，进行实地调查。如果区域内有竞争对手，还要深入调查竞争对手的客户上门量、看房量等指标。

在市场调查充分完成的前提条件下，一般同一区域应确定若干备选门店(至少不低于两个)，对备选门店的成本、广告性、客流量、潜在交易量等指标进行对比分析，并在此基础上测算每个门店的投资回报率，通过权衡选择最优的门店。

第三，租赁谈判和签约。选定门店，应及时与门店业主进行谈判。通过市场调查及筛选可确保谈判具有客观性及合理性，能切入谈判要点和重点。待双方达成租赁共识，便签订正规的租赁合同。

第四，开业准备。确定门店的具体位置后，需要抓紧时间投资改造、装修，并拟定切实可行的实施方案，以保证门店开业前的准备工作有条不紊的进行。

2. 门店设置的区域选择

由于城市内部不同区域存量房市场的客源、房源以及市场状况均有差异，房地产经纪机构应根据自身的目标市场定位来选择设置存量房业务门店的具体区域。对于房地产经纪机构而言，目标区域的选择是否准确，将直接关系到经营的好坏。

具体而言，就是要根据各区域客户的消费形态、结构，同类型客户和业主的集中程度，以及房地产产品的存量、户型、周转率、价格等与房地产经纪机构目标市场的吻合程度来选择设置门店的区域。可根据市场定位和选择的条件，通过网络对比或地图，初步作出寻找门店的区域及区域内的理想位置。要做的具体工作包括：找到在该区域内已有的可能产生竞争的其他房地产经纪公司或门店及可能形成客户聚集的相关配套网点；标示出该区域内的交通线路和公交站点的分布；描绘该商圈的人口分布，特别要标出房地产经纪业务比较活跃的人口密集区。在综合各方面因素的基础上进行评估，然后选择若干可行地点作为店铺的备选区域。

选择目标区域前，房地产经纪机构首先应对所在城市的存量房市场进行调查和分析。调查和分析的内容主要应包括：

（1）房源状况

1）区域内业主置业情况，可按初次置业、二次置业、多次置业进行区分。

2）区域内业主户数及结构，包括现有业主的年龄、性别、职业、文化程度等基本情况。

3）区域内房屋转让率及出租率。这两个指标将直接影响到区域内市场开拓的潜力。

（2）客源状况

客源状况主要是指客流量，包括现有客流量和潜在客流量，客流量大小是门店经营成功的关键因素。通常门店应尽量设置在潜在客流量最多、最集中的地点，以便最大限度吸纳客户。对客流量的分析包括多方面的因素：

1）客流类型。门店的客流通常分为三种类型，即自身的客流，是指专门为购房或租房而寻求中介的客流；分享客流，指从临近的竞争对手的客流中获得的客流；派生客流，指事先没有购买目标、无意中进店了解相关知识及信息等所形成的客流。

2）客流的目的、速度和滞留时间。不同区域客流规模虽可能相同，但其目的、速度、滞留时间存在较大差异，须经过实地调查和分析后，作为门店选址的重要依据。

（3）竞争因素

同业竞争是不可避免的，同业门店与门店之间的竞争所产生的影响是不可忽视的。所以，在门店选址时必须分析竞争形势。通常情况下，在开设地点附近如果同业竞争对手众多，但店铺经营独具特色，会吸引一定的客流。与之相反，则要避免与同业门店毗邻。另外，寻求差异化竞争，也是避免同业竞争的方式之一，随着房地产市场对专业化程度要求的不断提升，市场细分也是必然的。

（4）周边环境

门店周围有无专业市场、是不是商业集中区域或居民社区人流旺地等因素，都对门店选址有较大的影响。

3. 门店的选址

（1）门店选址的原则

1）保证充足的客源和房源。门店必须通过实现客户与业主交易需求来实现自身的利润目标。门店应有一定规模的目标客户，这是保证经营达到一定规模的重要条件。通常情况下，门店的影响力在区域内通常有一个相对集中、稳定的范围。一般是以门店设定点为圆心，以周围1000m距离为半径划定的范围作为该区域设定考虑的可辐射市场。

半径在500m内的为核心区域，通常门店可在该区域内获取本门店客户总数的55%～70%；半径在500～1000m期间的为中间区域，门店可从中获取客户总数的15%～25%；半径在1000m以外的为外围区域，门店可从中获取客户总数的5%左右。界定区域时，应力求较大的目标市场，以吸引更多的目标客户，因此门店所处位置不能偏离选定区域的核心。

2）保证良好的展示性。存量房经纪业务门店不仅是直接承揽存量房经纪业务的场所，还是房地产经纪机构对外展示企业形象的主要窗口，因此选择店址应尽量保证其有良好的展示性。具体而言，一个好的门店必须具有独立的门面，而且门面应尽量宽一些。同时，门店前不应有任何遮挡物。

3）保证顺畅的交通和可达性。门店周围的交通是否畅通是检验店址优良与否的重要标志之一。一般来说，要求与门店有关的街道人流量要大、要集中，交通方便，道路宽阔，车辆进出自由且停车方便，如果锁定的是高端客户群的话，这一点便显得尤为重要。

4）确保可持续性经营。门店选址时，必须具有发展眼光，不仅要对目前的市场状况进行深入的研究，同时对未来的市场发展也要有一个准确的评估和预测。在门店的经营过程中，外部环境的变化是无时不在的，如交通状况、同行竞争等因素往往会随时发生变化，所有这些可变的因素最好能在门店开设初期就有所考虑。就门店选址而言，选定的地址应具有一定的商业发展潜力，在该地区具有竞争优势，以保证在以后一定时期内能够持续经营并赢利。

（2）门店选址的方法

1）从众法。即在目标区域内寻找客户最容易到达的、相对人流较大的位置。如公交站点、超市（大卖场）、证券公司、学校、公园、住宅区的出入口等人口集中或人们常去的位置。

2）竞争法。即选在房地产经纪活动已经比较成熟、房地产经纪门店相对比较集中的地方。因为，房地产商品的差异性和房地产经纪企业经营定位的差异性决定了房地产经纪门店不仅可以共存，而且对品牌公司来说，还可以通过自己的实力，降低进入市场和占领市场的成本，减少开店的盲目性和缩短客户培育期；对小公司、小门店来说，也可通过错位经营、个性服务来减少进入市场和寻找客户的成本。

3）定量法。即在对目标区域内的建筑数量和类型、人员数量和结构、房地产交易量等基本情况充分了解的基础上，对备选位置进行人员流量和流动人员构成做出相对精确的实地勘察、测量、统计，在其中最主要的路段上选址。

4）速决法。好的位置好的门店，能够预先获知，当然是比较理想的，但更多的往往刚一露市就已被人租用，所以要当机立断，发现好的（能够满足主要条件且有较高性价比）店铺要迅速地拿下，以防节外生枝，错失良机。

5）分步法。是对于房地产经纪企业战略布局的重要区域，一时又找不到合适店铺的，只要位置和门店可以接受，价格比较低廉的，可以采取先做起来，抢占市场，然后，再在经营中不断关注和捕捉机会的方法。

（3）竞争对手分析

房地产经纪机构在进行门店选址时，首先要对竞争对手进行详尽调查，以选定门店的地点为中心，对 1000m 半径、尤其是 500m 半径距离内的同业门店的发展状况、营运状况进行调查。调查对手的目的是为了了解竞争对手的经营动向、服务手段及技巧。一般可以采取观察法、电话咨询法、假买法等。通过竞争对手分析还可以掌握选择区域目标客户群的真实特性，并针对客户的真正需求，有针对性地制定诸如改进服务形象、完善售后服务等经营策略。

另外，对竞争对手经营效益的分析也是至关重要的工作。经营效益分析的主要内容包括：各竞争门店的经营成本和成交额估算、所占市场份额、区域市场的潜在成交额及目前市场的饱和程度、介入竞争后可能获取区域内的市场份额等。

（4）门店环境研究

1）临路状况。门店所面临的街道是门店客流来源的通道，其通达程度对门店的客流量有很大影响。大多数情况下，街道与街道的交接之处（如转角、十字路口、三岔路口），客流较为集中，越往道路中间，客流则逐渐减少。门店如能设置在这种地方，店面会较为显眼，便于吸引客流。因此在门店布置时，应尽量将门店的正门设置在人流最大街道的一面。

① 对房地产经纪门店而言，对门店业务的影响主要是公交线。对公交线主要考虑客流来去方向对房地产经纪业务的影响。店铺选在地铁、轻轨站比火车站好；店铺面向车站的要比背向车站的好；店铺选在下车客流向的要比上车客流向的好；店铺选在终点站比中途站好，终点站客流量大且停留时间相对比中途站长。

② 在区域干道旁边，要注意干道两边的栅栏对门店的影响。相对来说，人行道宽而车行道窄的街的两边店铺，行人很容易自然地看到并进入记忆，在走过时也容易进入，在需要时最容易想到。

③ 交通管理状况也会对门店造成一定的影响。如单行道、禁止自行车通行的快速车道、上街沿街封闭且距离横道线较远的，都会造成客流的相对减少。

2）方位。方位是指门店正门的朝向。门店正门的朝向会影响到门店的日照程度、时间和受风情况，从而在一定程度上影响客流量。通常门店正门朝南为佳。

① 坐北朝南的店铺比坐南朝北的好，坐西朝东的店铺比坐东朝西的好；交叉路口、拐角上的位置比路中段、高架下、桥坡旁要好。

② 店铺门前宽敞且无遮挡的，比店铺门前狭窄、有栅栏、有绿化阻挡的好。

③ 店铺面街直视正前方无树干、电线杆、建筑物等有碍视觉物的，比有的要好。

④大型综合居住区的主进出口的两侧往往是房地产经纪企业开设门店的必争之地。

3）地势。门店的地势高于或低于所面临的街道，都有可能会减少门店的客流。通常门店与道路基本同处一个水平面上是最佳的。

4）与客户的接近度。客户的接近度是指目标客户是否容易接近门店。接近度是衡量待选门店客户是否容易接近门店的准则。门店与客户接近度越高越好。通常衡量接近度应考虑以下几点因素：门店前道路的宽度、人流量及停留性；人流的结构及行为特点；

道路的特性；邻居类型、同业门店的情况；离社区主入口的距离以及是否便于停车。如道路过宽，特别是一些快速主干道反而聚不起人气；高速公路、高架、大桥的两侧和下匝道不是房地产经纪门店的理想所在，是不适宜设店的。

（5）门店开设的可行性研究

门店开设的可行性研究是在对区域的市场存量、客户需求程度、周转率、交易的活跃和关注程度等机会因素分析的基础上，通过盈亏分析，以确定是否投资、投资的方式、投资的数额及规模等的过程。门店可行性研究中关键的指标包括经营成本、损益平衡销售额和区域必要市场占有率等。其中经营成本的估算，包括以下项目：

1）门店购买费用或门店租金，一般采用租赁的形式，租金按合同采用年付、季度付或其他付款方式。

2）门店装修费（包括招牌、橱窗、灯光、地段、墙面等）。

3）门店登记注册费。

4）办公用品购置费（电脑、复印机、打印机、收银用设备等）。

5）员工工资福利。

6）广告费。

7）水电费、物业管理费。

8）税费和管理费。

9）办公用品费（纸、笔、宣传手册等）。

10）其他杂费。

门店租赁费用、员工工资福利费用、广告费、办公用品费用是主要费用，其中投入最大的是门店租赁费用和广告推广费用。房地产经纪机构可根据自身的发展规划进行适当的调整，由以上费用的累计总和，可以估算出计划期限（如月、季度）内的经营成本。

计划期限内的经营成本加上同期门店应得的正常利润，即为门店损益平衡点的销售额。损益平衡点的销售额占门店所在区域市场的比例即为该门店的区域必要占有率。若选择区域销售额所要求的区域必要市场占有率比较低，则风险较低，反之，风险就越高。假设选择区域的市场规模为每月1000万元，只要销售额达300万元即可达到损益平衡点，即30%的区域占有率，风险便不高。若销售额每月需达700万元才可达损益平衡点，那么70%的区域占有率是非常高的指标。当然，具体多少区域必要市场占有率才可作为门店选址的依据，应根据目标区域内的行业竞争情况，以及本公司门店在类似区域市场上的市场占有率情况来决定。

4. 门店的租赁

租到一个符合公司定位需求的店铺，并不是一件简单的事，而且还有一个如何保障自己合法权益的问题。因此，在办理房屋租赁手续时，应注意以下要点：

（1）了解出租人是否有权出租店铺

了解出租人是否具有房地产权证或预售合同及银行抵押合同等证明产权的文件非常重要。并要求出租人出示身份证件，对照是否与房产证明吻合。若店铺为公司物业，应该由公司法人同意或董事会同意。如果是转租店铺的话，要有店铺所有权人同意转租的证明。

（2）了解门店实际状况

门店使用条件的好坏将直接影响门店以后的经营活动，所以一定要仔细查看包括门面大小、墙体、地板、空调系统、消防系统、水、电、通信及安全性能等实际情况，是否符合开店需求。同时要了解周边门店租金大致的水平。对门店实际状况进行全面了解，有利于与出租人协商签约的细节，并详细写入合同中。

（3）协商租赁条件

门店经营成本中租金所占成本的比率很高，所以必须谨慎考虑和核算，全面考虑门店经营的可行性和延续性，特别要注意以下环节的协商：

1）租金价格及调整。确定首年度租金，再确定递增或递减的起始年度及增减比例，同时还要确定租赁所产生的税费的缴付问题，租赁税费通常包含在租金中，由店铺所在地相关税收部门纳税。租金价格的谈判以尽可能降低租赁成本为原则，列出客观、合理的降价理由。

2）缴付方式。门店租金的缴付方式有多种，最常见的有按月结算、定期缴付两种。选择哪种缴费方式要根据房地产经纪机构本身情况和出租人条件来定。一般情况下，出租人会收取相当于两个月月租的资金作为押金（退租后应按双方合同签署条件退还），签约前两年租金一般不作递增，两年后按双方约定比率逐年递增。

3）租赁期限。要明确约定租赁年限和租赁的具体起止日期，并注意以下问题：①租赁期限不宜过短。由于房地产经纪门店的店铺从租赁到开张需要经过装修、配置、布置的过程，房地产经纪业务需要有一个从沟通到确认的过程，因而房地产经纪门店的店铺租用期限应该与所在房地产经纪企业的战略定位相适宜。②转租必须在有效期内。即租赁期限不能超过转租方原有租赁合同（协议）中的有效期。③争取免租期。一般租赁用于房地产经纪门店的店铺，要满足房地产经纪企业自身形象宣传的需要，都会对所租用的店铺进行装修，而这段时间是不能接待、营业的，所以应尽可能争取出租人同意在交房后有一定时间不收取租金（俗称“免租期”），并在租赁合同中对交房时间、免租期和租赁的实际起止时间作明确表述。但在免租期中承租人仍需承担所发生的水、电、煤气等费用。④租赁期内产权人如需出售该物业，承租人是否拥有优先购买权。⑤租赁期内承租人是否可以转租，租赁到期后承租人是否可以延期、是否有优先承租权。

4）附加条件。附加条件的谈定不可忽略，因为附加条件可以起到一定的降低成本的作用。如招牌位及停车位的实际确认，要确认真正使用时和选址时所观察到的招牌位大小是否一致；门店格局改造、系统修缮等费用是否由出租方承担或在租金中扣除。这些做法有利于调整经营策略时妥善处理租赁双方的关系。

（4）合同签订

签订合同应遵照《国家城市房屋租赁管理办法》的规定，签订由政府主管机关统一印制的房屋租赁合同，并在当地房产管理部门进行备案。这样操作的目的是为了保护门店租赁双方的利益，保证租赁关系的合法性。同时，在办理营业证照及税费登记时，也必须提供正式的房屋租赁合同。

5. 门店的布置

具有强烈视觉冲击力和美感的门店形象设计、布局以及舒适的门店环境有时甚至强于服务本身对客户的吸引，良好的门店形象有助于增强门店的竞争力，创造有利的外部经营环境。

（1）门店的形象设计

1）门店形象设计的基本原则。门店的形象设计与装修，要符合房地产经纪业的基本特征，并充分考虑客户的消费心理等因素。它必须符合下列基本原则：

① 符合房地产经纪机构的形象宣传。根据经纪业务的经营特征，制定相应的装修措施。设计风格要与经纪机构的形象宣传、主色调等保持一致，尽量给人简约、干练的视觉感受。

② 注重个性化。设计风格要独具匠心，个性化，便于识别，做到“出众”但不“出位”。这一点对新开业的房地产经纪机构来说尤为重要。门店设计既要显示出房地产经纪行业的特点，又要显示出自身与众不同的个性追求。

③ 注重人性化。门店设计要符合房地产经纪机构本身的目标客户群的“口味”，突出针对性，提升门店给客户带来的亲切感。

2）门店形象设计的要点。

① 招牌的设计。门店招牌往往就是吸引顾客的第一个诱因。门店招牌是一种十分重要的宣传工具。招牌的种类较多，通常情况下门店所拥有的招牌位是上横招牌，即位于门店正上方的条形招牌。招牌在设计的时候可突出经纪机构的形象标识，业务范围及经营理念等元素，字形、图案造型要适合房地产经纪机构的经营内容和形象。在顾客的招揽中，招牌起着不可缺少的作用。招牌应是最引人留意的地方，必须符合易见、易读、易懂、易记的要求。反之，便会降低招牌的宣传效果。

小资料

门店招牌设计：①宽度。门店招牌一般设置在门店的店门之上，与店面等宽。由于房地产经纪的门店相对较小，因此门店的门面一般也不会很宽，所以在做店招时尽可能宽，但如超出店面本身的宽度未必能取得好的效果，甚至给人以杂乱的感觉。②高度。门店招牌的高度在不影响左右上下相邻关系的情况下应尽可能不低于面宽的 20%。可视现场实际有所调整，但不宜过于悬殊。③字体与颜色。尽可能醒目和容易识别。④内容。可包含公司标识、公司名称或公司简称、门店的店名和店号，虽然门店的电话出现在门店招牌上能够方便客户与门店的联系，但需得到工商、市容相关管理部门的审批。

（资料来源：上海市房地产经纪行业协会《房地产经纪门店店长执掌》）

② 门脸与橱窗的设计。门店的门脸和橱窗十分重要，是门店形象的重要组成部分。精心设计的门脸与橱窗是门店形象设计的重要内容。门脸的设计一般采用半封闭型的设计。门店进口适中、玻璃明亮，客户能一眼看清店内情形，然后被引进店内。橱窗是向

客户展示物业信息及塑造公司形象的窗口，所以在设计时一定要便于客户观看，同时要突出经纪机构的特色，注重美观和良好品质。

（2）门店的内部设计

门店的形象设计是一个整体，内外和谐统一才算成功。原则上内部设计风格要与外观风格保持一致，重视统一性、协调性、注重灯光效果，合理利用墙体等展示空间。

门店的内部设计不仅包括建筑表面的装饰，还包括内部布局的设计。门店的布局设计包含了内部场地的分配、交通方式、设备与用具的摆放等。良好的内部布局会给客户和业主带来一种宾至如归的享受。基于房地产经纪业务具有标的大、隐私性等特点，并结合经纪业务流程的特点，在布局方面应进行适当的功能区分，设置接待区、会谈区、签约区、工作区及洗手间等功能区域，满足在为客户和业主服务流程各阶段的服务对环境的需求。在设计风格上住宅类门店可突出居家的特征，可考虑音乐背景等的衬托，增强客户及业主的舒适感及安全感。

另外，在布局设计方面还必须考虑网络及电话的合理布线、电脑配置等事宜。同时，房地产经纪业务人员的工作服装配备也是内部设计不可缺少的一个环节，这种重要性在针对高端客户群中表现得尤为明显。工作服装的颜色应考虑与整体色调的和谐，同时要注重工作服装的品质及领带、丝巾、工牌等细节的配备。由于工作服装的品质和细节的统一，可以反映出经纪机构的实力和管理水平，而且还可能影响到客户对服务品质的感知和评价。

小资料

房地产经纪门店设计和布局时，可着重考虑以下因素：①平面。房地产经纪门店的平面布局一般宜根据各自的功能特点，划分成接待区和办公区等数个功能区。接待区的面积应尽可能的大，办公区则只要满足使用即可。②墙面。房地产经纪门店因政府相关部门的要求，有许多内容必须公示，张贴也有一定要求，因此，墙面的基层一定要清洁、防腐、防起壳、防脱落，墙面的布置既要满足功能需要，又要尽可能注意整体协调。切忌随心所欲，为挂而挂、为贴而贴。③顶面。灯光设计与布局要足够，地面与顶面的距离以不超过 2.8 米为好，但最好也不要低于 2.4 米。④地面。地面的颜色要与店面的内部设计及办公用品的颜色相协调，材料应注意耐久、防滑、易清洁。⑤设备。房地产经纪门店的主要设备有能满足店铺恒温需要的空调机；保证对外联系和方便客户联系的电话、传真机；有条件的应配备能满足经营需要的电话，以提高信息储存、查询、处理的能力；如在门店收款的，应配备有质量保证的验钞机、点钞机。

（资料来源：上海市房地产经纪行业协会《房地产经纪门店店长执掌》）

6. 门店的人员配置

门店内应配置的主要人员就是房地产经纪人员和门店的管理人员（店长或店经理）。其中，业务人员通常应配置 6～10 人。对于发达城市，由于门店租金较高，为了充分提高门店资源的利用率，降低单位佣金收入的门店租金本钱，可分两班（或以上）配置经纪人员，规模可达15～20人。一个门店通常应该配置一名店长或店经理；假如门店内分两组（或以上）配置经纪人员，则可对各业务组配置经理，并由其中的一名经理兼任店长或店经理。对于单店模式的房地产经纪机构，应配置会计、出纳人员（可由具有相应资质的管理人员兼任）。

（二）房地产经纪门店的日常管理

1. 店长岗位职责

店长是门店日常管理的责任主体，其岗位职责通常包括：

1）门店日常管理工作，规范房地产经纪人员行为，确保完成和超额完成本门店的考核指标。

2）接受公司领导及所在区域的总监、区域经理的指导和帮助。

3）参与并了解本门店经纪人员的每单业务的洽谈，并促成合同的签订。

4）关心本门店经纪人员的业务进程，协调解决门店内、外经纪人员之间的业务纠纷。

5）经营门店业务，提高业绩，降低门店成本。对日常操作业务的风险严格把关，树立以公司利益高于一切的经营管理意识。

6）落实公司及各部门的各项工作要求。

7）开好晨会。

8）参加公司的各类会议和培训。

9）及时上传各类表单。

10）及时了解并关心经纪人员的思想动态，与公司经常性地沟通。

11）协助解决门店内的投诉、抱怨及其他各类问题。

12）做好每套业务的售前、售中、售后服务工作，特别是客户回访工作。

13）建立业务档案，做好网络无效信息的清理。

14）保管好相关客户的财务和资料，相关费用及时上交。

15）严格执行公司的培训带教制度，严格培训带教所在门店的经纪人员。

小资料

某房地产经纪机构店长的一天工作行程

上班路上，盘算晨会的内容。

8:30，准时到店，检查店面，准备晨会。

9:00，召开门店晨会,督促经纪人各就其位，迎来门店当天的第一位客户。发现前台A经纪人埋头写报表，丝毫没有半点反应，没有补位意识。在客户走后婉转提醒A经纪人。

9:30，按照上月制定的新进的同仁带教计划，找新同仁聊一聊。

10:10，检核库存房源和客源；派人员去开发物业，分发DM和派报；坚持让经纪人轮流查看物业登记记录情况，拓展商机。

10:30，安排留店经纪人对客户进行回访，每位客户的回访基本保证2次/周。

10:45，抽查回访电话，并对B经纪人的做法给予点评。

11:30，经纪人陆续回店，询问看房情况，为客户做好签约前的各项准备。

12:30，午餐过后，休息时间关注报纸新闻，收集相关信息，以备说服客户。

13:00，经纪人初勘回来，上网后马上自动配对并利用网络系统将房源和客源推荐给各个门店。

14:00，有套合同要签，和C经纪人准备资料，提醒客户准备好必备资料。

16:45，因为前期沟通工作做得较好，合同签订非常顺利，回店后组织分享和记录成交案例。

18:00，召开夕会，分享案例和论单。

19:30，提醒经纪人做好带看预约和日清表。

（以上案例由我爱我家房地产经纪公司杭州分公司提供。）

2. 门店的任务目标管理

门店的营业绩效，以每月业绩的表现为衡量标准，而业绩目标的设定或分配，原则上必须依据经营计划订立目标，内容不仅涵盖佣金收入金额，也需根据包括委托数量、带看数量、成交单数、其他营业收入等其他项目设定营业目标。只有控制好过程才能控制结果。

（1）门店目标的设定

店长根据门店年度营业计划及月度利润目标设定当月营业收入目标，设定时需要参考上月营业实绩、人员现状等要素。

（2）目标设定原则

1）数量化：必须有明确的数量表示。

2）细分化：必须细分至分段时间及人员指标。

3）挑战性：衡量团队的能力，每月设定一定的超额量。

4）可行性：不能设定不切实际的目标，那将毫无意义。

5）及时调整：遇到条件因素影响或团队的不断成熟，需阶段性调整目标。

（3）目标设定参考因素

经纪人员上月业绩；经纪人员的数量；经纪人员操作技能及工作态度；营销及广告力度；未来市场的动向及营业额的预测；季节性的变动；新客户开发的可能性；利润目标及成本控制。

（4）营业目标定位

房地产经纪门店的营业目标包括：营业收入目标（团队及个人）；利润目标（成本控制目标）；租售签约单数（团队及个人）；需求/房源委托签约数量（团队及个人）。

（5）门店经营目标的分解

1）把业务量、佣金等指标按季度、月度分解。门店经营目标的分解不是平均分配，而是按房地产经纪的交易淡旺季规律分解，如第一季度因元旦、春节假期长，2月份天数少，一般就为淡季，指标可低些；而9、10月份一般是旺季，指标可高些。

2）把业务和佣金指标落实到人。按门店内房地产经纪人、助理人员职级，按责、权、利统一原则，职级高的经纪人应承担较多的业务量和佣金收入指标。

（6）营业目标的分配方法

1）店长自行估计法。由店长单方面授予经纪人员业务指标额的方法。实行此办法，店长必须正确地掌握每一个经纪人员的工作能力。但若完全由店长单方面设定业务指标额，经纪人员完全没有参与时，经纪人员将缺乏达成目标的共识。

2）经纪人员自行预估法。由经纪人员自行设定个人目标之方法，实施此办法的优点在于经纪人员会产生达成分配额的责任感。相反，其缺点在于易产生因分配额过大或过小，导致公平性与可靠性的欠缺。

3）历史实绩推估法。由过去的实绩推算出其分配额的方法，此法唯一可取之点是具有数字上的客观性，其缺点就是光看实际情况，难以反映置业顾问的达成动机。

4）共同责任分担法。将团体目标额平均分配于各置业顾问的方法，必须将团队的目标融入个人的目标、团队的意愿融入个人的意愿。缺点在于若原封不动根据实际分配下去，长期不求变通的话，易流于形式化、表面化。

（7）制定个人目标的过程

1）根据公司目标和个人历史业绩确定业务目标。

2）确定月度日标，分解成交量化。

3）确定开发房源目标。

4）确定开发客户目标。

5）确定每日工作量目标。

3. 门店目标客户管理

目标客户基本上由其对应的经纪人员自行管理，但目标客户亦是门店的珍贵资产，只有在经纪人员自行管理的基础上结合店长的集中管理，确定其成交可能性，进而运用店长丰富的房地产经纪经验，加速其成交，方是最可行有效的管理方式。

（1）目标客户的定义标准

门店的目标客户通常分为两大类：委托出售/出租目标客户、委托求购/求租目标客户。根据目标客户成交的可能性的大小，可将目标客户进行等级划分，见表9.1。

表9.1　房地产经纪门店目标客户分级

客户等级	委托出售/出租目标客户	委托求购/求租目标客户
0级—成约客	即将委托	即可成交
A级—有望客	7天内	一个月内/7天内
B级—希望客	1个月内	2个月内/2周内
C级—潜在客	比较条件再说	半年内/到期客户
D级—暂弃客	会先选择别家	有兴趣、时间不定
E级—无望客	已选择别家	目前不可能

通常作如上分类，但实际上会因店长的资历、能力而异，同时客户分类级别亦会因

经纪人员的努力而使其级别不断提升直至成交，店长应设定详细的指标，有效地指导置业顾问分类判断并实施有效跟进。

（2）目标客户管理方式

1）目标客户管理的方式及差异分析。房地产经纪门店的目标客户管理，有经纪人员个人管理和门店店内集中管理两种形式。这两种管理方式各有所长，其对比分析见表 9.2。

表 9.2　目标客户管理的方式及差异分析

项目	门店店内集中管理	经纪人员个人管理
优点	1. 较易实施目标客户的分类管理 2. 能准确把握目标客户的分类，易于整理 3. 客户不易漏失	1. 能整体掌握自己的目标客户 2. 可迅速掌握目标客户动向 3. 店长较易查核 4. 个人易订立工作计划、创造优异业绩 5. 能适切地掌握每个目标客户
负责人	店长或行政助理	经纪人员本人
资料保管	店长或行政助理保存	经纪人员个人保管
注意事项	1. 资料不可遗失 2. 需紧迫盯人，不容懈怠 3. 目标客户的真正需求及迅速跟进实施	1. 所制作的目标客户资料不仅可供本人之用，亦并可与店内其他同仁间流通 2. 要与个人其他档案有所区别 3. 对目标客户的补充、客户访问计划，需及时与店长进行沟通 4. 要求经纪人员定期提出报告

根据上述方式分析，应采取在个人客户管理基础上实行店长集中管理制度。一是提高跟进效率，二是提高成交效能。

2）集中管理办法。

① 由于目标客户是经纪人员个人开发、募集或轮值时门店接待而产生的，所以在前一个阶段的目标客户应由经纪人员自行管理（7～15 天）；第二阶段则应由店长以多年的实务经验来考量，评估目标客户是否值得继续下工夫。

② 房地产经纪门店目标客户集中管理的效能包括：店长充分掌握目标客户资料，易预估当月或下月全店成交的可能情况；经纪人员的时间安排与拜访洽谈工作预定行程会更具效率；店长可根据每一个目标客户的特性，给予经纪人员相应的建议；能够把握目标客户的总数，对目标客户的补充工作较易掌握；集中管理目标客户，故对客户的成交可能性可排出先后顺序且知道如何取舍，进而减少对目标客户的漏失。

二、商品房售楼处管理

（一）商品房售楼处的设置

1. 售楼处设置的工作程序

严格来讲，售楼处设置并不是房地产经纪机构的工作，而是房地产开发商在项目规划设计时就应予以考虑的。但是，目前在我国商品房市场上，有些开发商未能在项目前期进行充分考虑，以致到了项目销售阶段，房地产经纪机构不得不帮助开发商来进行售楼处的设置。还有一种较常出现的情况是，房地产经纪机构的服务越来越向商品房开发的前期延展，在项目前期就与开发商建立了业务关系，作为一种服务，代理或协助开发商进行售楼处设置的工作。在这种情况下，售楼处设置一般应按照以下程序进行：

（1）确定售楼处的主要功能

售楼处的基本功能是展示商品房项目的信息、提供商品房销售的场所。但是，展示商品房信息的内容会因商品房项目情况的不同有很大差异。如是否包含样板房，与项目的工程进度有关。如有些项目在开盘时无法提供真实的样板房展示，则售楼处现场就有必要按 1∶1 比例提供搭建的样板房仿真品。再如，销售的商品房是全装修房，售楼处就必须提供装修建材、设备的样品展示。此外，房地产开发商有时会对售楼处的功能有多样化的考虑（如以后改作会所、商展等）。而售楼处的功能，直接影响售楼处的面积大小、选址要求、视觉形象等。因此，设置售楼处的第一步就需要房地产经纪机构充分了解房地产开发商的要求和项目的特性，并与开发商充分沟通、认真研究后确定售楼处的主要功能。

（2）售楼处的选址

售楼处所处的位置，对售楼处的功能实现具有直接影响。但售楼处位置的选择，受到项目自身条件（地理位置、规划布局、施工进度等）的制约。房地产经纪机构应根据具体项目的售楼处的功能定位与项目条件，认真研究，寻找到两者的平衡点，据此选定售楼处的位置。

（3）售楼处布置

售楼处布置包括售楼处户外功能布置、内部功能区域布置、人流动线设计、装修装饰风格及档次设计。售楼处布置应根据售楼处的功能、项目目标客户的类型（收入、年龄、职业等）、经费预算等因素，综合考虑后确定布置方案。

（4）制定售楼处管理制度

售楼处管理制度包括工作流程、销售说辞、接待时间、保洁要求等。其中工作流程是最为核心的部分，主要包括客户接待的流程、签约流程、收款流程、交房流程等。关键内容说辞，是对销售人员向客户解说重要事项（如房源、合同条款、价格、交房时间、贷款办理、交易登记与产权等）时具体内容、表述方式的规定。应根据项目的具体情况和项目营销方案进行制定。

（5）组建售楼处工作团队

售楼处的工作团队包括销售人员、管理人员和辅助人员三大类。应根据项目的房源数量、销售期、市场推广方式等情况综合考虑而定。

2. 售楼处的选址

如前所述，售楼处选址应在售楼处功能要求与项目自身条件约束之间寻求平衡点。售楼处选址包括两个层次：一是选位。即选择什么区位设置售楼处，比如是在工地现场还是另行选择区位？或者两者兼设？二是定址。地区选定以后，具体选择在该地段的什么位置设置售楼处，也就是说，在已选定的区位内选定一片土地作为售楼处的具体位置。比如决定选在工地，究竟应该在工地的什么地段。有些精明的开发商将楼盘的会所先建好，拿来作售楼处用，既节省了售楼处的大笔建设费用，会所的豪华又彰显尊贵气派。

售楼处选址的基本要求有：

1）保证售楼处的可视性。尽量保证从项目周边的主要道路上能看到售楼处。

2）保证售楼处的通达性。保证车辆能从项目周边的主要道路上直接行驶到售楼处门口。

3）保证售楼处的空间容纳性。在销售关键环节（如开盘、交房）或举行重大活动时，售楼处会集聚大量的人流，要保证售楼处室内、室外容纳大量人流的空间，室外还要考虑停车、举行仪式的场地。

4）保证售楼处与项目（特别是样板房）之间通达的便捷性。虽然售楼处一般都设在项目现场，但受项目规模、出入口安排、建筑施工状况等因素影响，不同位置的看房路线长短是不一样的，应尽量在靠近样板房、出入口的位置设置售楼处。当然，对于规模较大的项目，要综合考虑各销售期通行的便捷性。

5）保证进出售楼处人员的安全性。由于商品房预售时，项目施工尚在进行之中，因此，售楼处选址应尽量设置在项目较早完工或可在销售工作结束后再行施工的部分，以减少安全隐患。

6）尽可能减少售楼处的浪费。搭建临时售楼处，会产生大量的浪费，并产生很多建筑垃圾，既不环保，也不经济。如果商品房项目中具有能满足售楼处基本功能的建筑单位（如会所、商展等），应尽量在这些建筑单位中设置售楼处。

3. 售楼处的布置

（1）售楼处的功能分区

售楼处一般设有：接待区、模型展示区、洽谈区、休息娱乐区、签约区、办公区等，见图 9.1 所示。

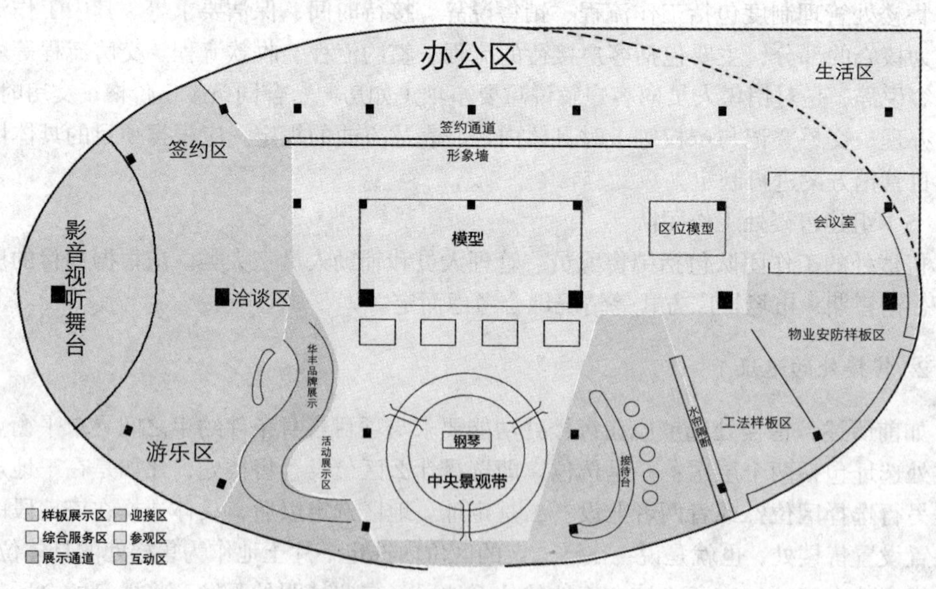

图 9.1　售楼处布局示意图

① 接待区主要是为客户进入售楼处提供一个接待场所，便于销售人员有序接待。一般设在入口处。

② 模型展示区主要陈设区域位置图、项目沙盘、单体模型等，供客户参观和销售人员讲解所用。

③ 洽谈区是提供客户深入了解楼盘及销售情况的场所，洽谈是前期参观咨询的补充与深入，也是签约的前奏。

④ 休息娱乐区是给客户提供休息的场所，也可供随行的儿童游玩娱乐。

⑤ 签约区是当客户对楼盘满意时提供专门的签约场所。若将签约放在洽谈区，会影响到其他顾客。同时签约也是一件比较秘密的事情，有许多东西不能公开，因而要特设一个签约区，签约区要隐秘一些，不要太张扬。

⑥ 办公区主要是售楼处进行行政办公的区域。

（2）售楼处形象确定及布置

售楼处的形象主要包括两大类：一是售楼处的建筑设计形象，既要新颖、醒目，给购房者造成视觉冲击，直接吸引客户注意；又应与楼盘建筑风格相吻合，包括造型设计、立面色彩、建筑用材等都要与楼盘呼应，达到和谐、相得益彰的整体效果。二是售楼处的理念形象，主要是指通过意识形态上的处理，赐予楼盘一定的精神风貌，对购房者在心理与情感上产生呼唤，同时也给人一种精神上、理念上的识别。理念形象要与楼盘的开发主题、营销主题、推广意念等方面协调、吻合。如普通住宅的温馨、高档住宅的尊贵豪华、写字楼的庄重等。

二是售楼处布置，即售楼处的包装，具有识别、美化楼盘的作用，可以吸引购买、指导消费。在售楼处现场，包装是软广告，是“无声的推销员”。销售中心的内外空间要尽可能通透；接待区要布置在离入口处较近，且方便业务员看到来往客户的位置；展示区要与洽谈区相邻或融为一体；在接待区要通过背景板营造视觉焦点，背景板可以展示楼盘的标识、名称，也可以用图片展示一种气氛；在必要的地方布置小饰品和绿色植物；室内灯光要明亮，重点的地方要有灯光配合作为强调，如展板、灯箱、背景板等，洽谈区的灯光要经特别处理，做到整体和局部的结合；天花板的造型要特别新颖，让客户难以忘怀。

（3）户外功能布置

售楼处的户外功能包括广告功能、广场功能、停车场功能、通往样板房的道路功能。可在售楼处的高处设置项目标识，在售楼处外靠近主要道路的位置设置大型户外广告牌。室外应有较大面积的空地，以作为举行项目营销活动时的广场，客流多时也可作为人流驻留的场地。室外场地应专门开辟停车场，以备有车客户停车。如果项目开设看房专车，还要另设专用的停车区及供客户候车的座椅、凉棚等。项目有真实样板房的，要开辟从售楼处通往样板房之间的通道。

（4）人流动线设计

为了保证各类信息的充分展示，应对售楼处内的客户人流动线进行合理设计，并据此安排不同功能区域的具体位置。以下是某售楼处分别对首次来访客户和二次来访客户的流动线设计：

①首次来访客户

停车→进/出口→接待台→休息区→影音展示区→模型展示区→示范单位→建材展示→开发商品牌展示→洽谈区→休息区→进/出口。

②二次来访客户

停车→进/出口→接待台→洽谈区→进/出口。

（5）装修装饰风格

售楼处的建筑外形、外墙立面用材、色调，均应与项目本身的建筑风格协调、统一；内部装修风格和档次应根据目标客户的偏好进行设计；家具、装饰品等应选择有利于激发客户购买欲的品种；并可适当地配置背景音乐烘托气氛，但要注意音乐文化属性与项目定位的统一。

4. 售楼处的人员配置

1）销售人员的数量。项目五：新建商品房销售代理中已有该内容，此处不再赘述。

2）售楼处管理人员的数量。售楼处的管理人员即案场经理，是非常关键的人员，他（她）对案场团队的管理能力，直接影响项目的销售业绩。应根据项目的特性、销售难点及房地产经纪机构内相关资质人员的过往经历、业绩情况，合理选择配置。售楼处也是收取定金、首付款的场所，因此应配置专门的会计和出纳人员。

3）售楼处辅助人员的数量。此外，根据房地产经纪机构对销售过程管理的制度，可相应配置办证员（负责办理登记、贷款等手续）、文员（负责文件准备、填写报表等）、网管（负责计算机系统、影音展示设备维护）、司机（负责看房车辆使用与维护）、保安（负责售楼处安全、秩序维护）、保洁等人员。

（二）商品房售楼处的日常管理

1. 商品房售楼处的物业管理

作为销售楼盘的前沿，售楼处（包括样板间）的地位日渐提升。售楼处（包括样板间）在展示、沟通、交易等基本功能的基础上，除了在设计建造的“硬件“方面张扬项目个性、凸显项目品质之外，通过加强”软件“层面的开发——对售楼处（包括样板间）的管理和服务，从而使其功能得以进一步扩展。

对于购房者及投资人，在参观样板间或在售楼处进行买卖洽谈时，置身于整洁有序的环境并感受到细致周到的良好服务是十分重要的。置业专家在洽谈买卖合同时，为客户提供其所关心的和需要了解的诸如物业服务收费标准、服务项目、安全措施等涉及后期物业管理方面的资讯，享受超前提供的专业化物业管理服务，已成为现时房地产项目传递营销理念、展现楼盘特色、营造销售气氛、树立企业形象的有效辅助手段，对促进产品销售具有一定作用。

因此，对于售楼处的管理将秉承既往的管理经验，运用成熟先进的管理理念，配备专业的管理服务人员，致力于为售楼处及样板间打造超卓的管理服务。售楼处（包括样板间）日常物业管理工作主要包括如下内容：

1）接待服务：负责售楼处（包括样板间）客户的接待服务工作，委派适合的工作人员热情接待并解答客户关于项目后期物业管理的咨询，体现高档次的服务水准和管理水平。

2）工程技术服务：负责售楼处（包括样板间）及外围附属区域的设施设备的运行及维护保养，以及日常的工程小修工作等。

3）保安服务：负责维持车场秩序及大门迎送客户工作，负责售楼处（样板间）物业设施的安全。

4）保洁服务：负责售楼处（包括样板间）及外围附属区域的日常保洁维护工作。

5）售楼处（样板间）日常物业管理工作的内容详见表 9.3。

表 9.3　售楼处（包括样板间）日常物业管理工作的内容

服务项目	服务内容
接待服务	迎宾准备茶、饮
	清洁接待处
	提供客户物业管理事项咨询
工程技术服务	设施设备的运行及维护保养
	日常小修工作
保安服务	门岗服务
	停车场交通管理
	售楼处周边巡视
	看房通道提供指引及维护服务
	防火、防盗
清洁服务	日常服务
	样板间清洁
	卫生间保洁
	售楼处清洁
	垃圾清理
	定期保洁服务
	特殊装修材料清洁（大理石、木地板、地毯等）

2. 商品房售楼处的业务员管理

（1）售楼处销售人员岗位职责

① 业务准则。

a. 销售工作必须坚持企业利益导向以及客户满意导向。

b. 在对外业务交往中，不得泄露公司机密。

c. 一切按财务制度办事，客户交款应到售楼处办理，个人不得收取客户定金及房款。

d. 业务员在工作中，不得以任何形式收取客户钱物及接受客户宴请，如有必要须事先向经理请示。

e. 所有客户均为公司所有，员工不得私自保留客户或向客户推荐其他项目。

f. 业务员不得再为其任何房地产开发企业策划、接洽其他物业。

g. 业务员必须遵守销售流程，完成接听电话、接待客户、追踪客户、签订认购书、签署合同、协助办理贷款、督促客户按期付款、办理入住等手续。

② 客户接待流程及要求（见图 9.2）。

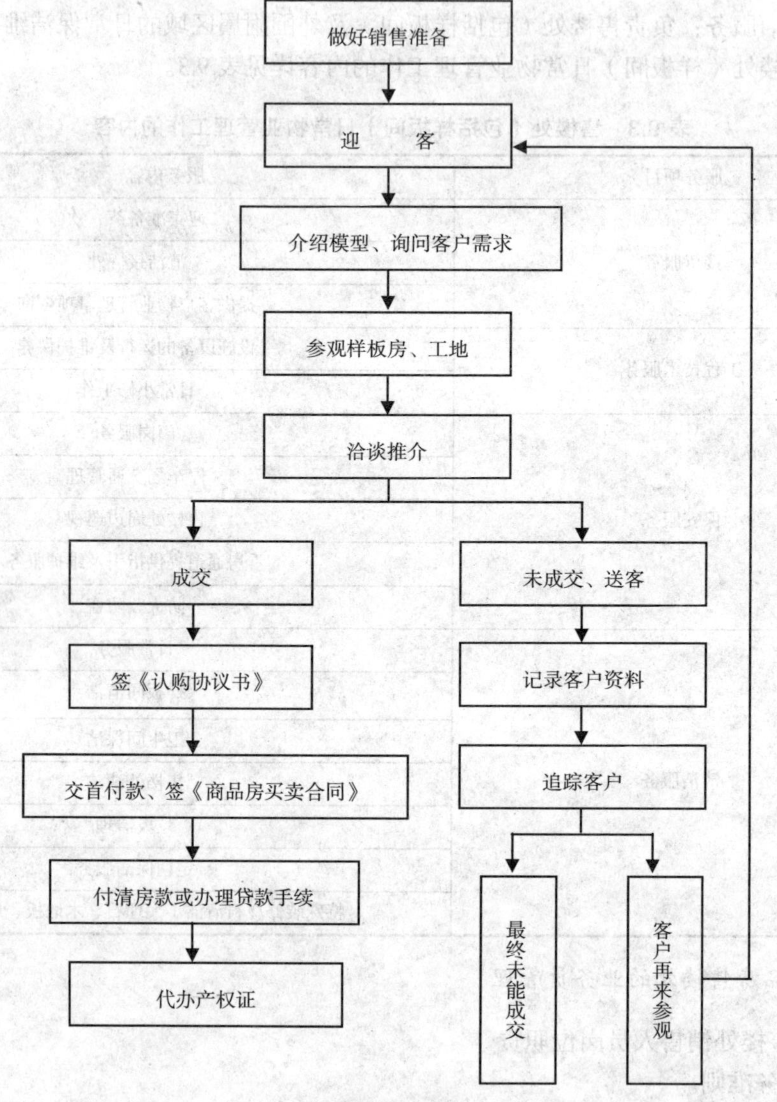

图 9.2　客户接待流程

a. 业务员按顺序接待客户（顺序由经理事先排定），今日最后接待者的后一名业务员即为次日第一个接待者，依次顺延。

b. 当日负责楼面接待客户的业务员在接待区、洽谈区等候，其余人员在工作区接听电话，追踪、联系客户。

c. 楼面接待的业务员负责向客户详尽地介绍项目情况，带客户参观样板间，利用销售说辞和技巧促使客户下定单，并与客户签订房屋认购书。

d. 业务员应积极主动接待客户，认真解答客户的提问，不得使用“不知道、不了解”等用语，如遇不明白的问题应及时向有关人员了解，落实清楚后再答复客户，不得以生硬、冷漠的态度接待客户。

e. 严格按照开发商的承诺和答客问向客户介绍，不准超范围承诺。

③ 客户登记要求。

a. 售楼处员工应每日及时、详细、真实地填写客户来电登记表、客户来访登记表，并及时按经理要求定期上报。如有隐瞒或上报虚假客户的行为，一经发现，将按公司的有关规定处理。

b. 客户的确认，均以第一次接听电话、接待客户时登记为准。

c. 业务员之间严禁争抢客户，在工作中对客户的确认有争议时，应立即通报经理，由经理调查、协调后裁定。裁定后双方不应再有争议，否则，对由此引起的不良后果由当事人自己承担责任。

（2）物业管理人员岗位职责

物业管理人员岗位职责包括：售楼处、样板间物业管理服务的日常运作及监督、控制；解答客户关于后期物业管理事项的咨询；收取及审阅售楼处、样板间各工作岗位记录，跟进所列问题；记录员工考勤，员工排班，检查员工仪容仪表是否符合标准；售楼处水吧服务，保持高档次水准；对售楼处、样板间、外围清洁总体工作负责；按照各项清洁标准监督、检查清洁员的工作；做好清洁员的岗前训示、工作分派；负责售楼处保安工作；做好岗前训示、分派岗哨有关工作；不定时巡视、督促各岗位，及时纠正、处理违章违纪现象；熟悉公司背景、了解公司组织架构；熟悉公司员工手册之各项规定；熟悉售楼处、样板间、园区环境、设备，熟悉保安监控的重点；检查售楼处水吧饮料登记单，核实账物是否相符；检查样板间各类用品、设施，保证其完好与正常使用，避免丢失与人为损坏；检查售楼处库房登记单，核实账物是否相符。

（3）工程技工岗位职责

工程技工岗位职责包括：做好售楼处的各种设施、设备的日常维护保养工作；每天定时对售楼处的设施设备等部位认真巡查，发现问题，马上解决；对提出的报修、维护等问题立即做出反应，争取尽快解决问题；对随时发生的情况要予以大力配合，并在售楼处举行的各种活动中予以工程上的支持；对各种设备建立档案，定期进行检修并做好检修记录，对重要设备进行运行记录；制定切实可行的节约能源措施，提出实施方案。

（4）保安员岗位职责

保安员岗位职责包括：为售楼处提供安全、高效、礼貌的保安及迎宾服务；保持整洁的仪容仪表；维持停车场的秩序，保持畅通和有序状态，维护企业形象；坚持礼貌用语，保持正确的站立、运作姿势，以微笑来迎接光临售楼处的客户，并尽可能对客户的提问给予满意的答复；对可疑人员应及时报告；发现有客户遗留物品应立即报告并上交，严禁擅自打开遗留物品；下雨天应站在门前发放雨伞套，协助客户将雨伞装入伞套后再进入售楼大厅；夜班定时巡查外围、走廊和各区域重点设施；检查大厅内灭火器是否正常、照明指示灯是否正常工作；夜间停车场无停闲杂车辆；如发现设施被毁坏须予以记录并通知经理；如果发现火警，迅速赶到现场扑灭初起发生的火灾并查明原因。

（5）保洁员岗位职责

保洁员岗位职责包括：为售楼处提供高效、高质量的清洁维护服务；保持仪容仪表；对客户询问礼貌解答；负责大厅地面、大厅内各种设施、卫生间、办公区域、门窗清洁以及样板间的清洁及成品保护和外围清洁。

任务 3　房地产经纪机构企业管理案例分析

一、公众房网企业管理案例

（一）门店结构与相关岗位职责

公众房网门店一般设立 2 条组，每条小组设一名店经理，每位店经理配备 7~9 名经纪人。店经理负责组内经纪人的日常事务和管理。不负责具体业务的开展。

门店的组织架构设立为：

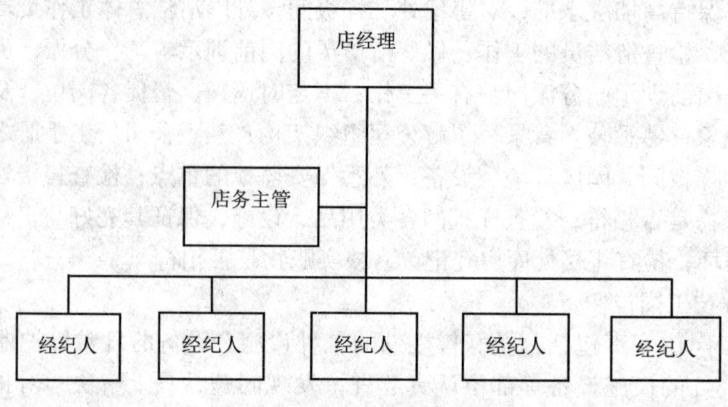

图 9.3　门店组织架构图

1. 店经理岗位职责

1）负责门店员工的招聘与带教。

2）负责门店责任盘的建设与管理。

3）负责与核心资源（房源）更早、更好的连接，建立关系。

4）负责门店意向促成、签单。

5）负责门店员工客户服务质量的提升。

2. 店务主管工作职责

1）负责与总部的联系工作，包括电话及 E-mail 的沟通。
2）整理房源信息，包括房源信息卡的更新。
3）贯彻监督公司政策执行。
4）公司办公用品的采购。
5）店内书信及文件的起草。
6）安排、分发、收取和整理公司行政、财务、人事及业务等各类应用表格。
7）协助店经理整理提交公司阶段性经营报表。
8）保持办公室整洁与专业职场环境。
9）对已有的成交记录进行备案和查阅。
10）处理其他公司行政、事务工作。

3. 经纪人工作职责

1）按照公众房网服务标准，向委托客户提供一致化的高质量服务。
2）保持积极的态度，努力不断学习，树立并提高专业形象。
3）按照公司和上级要求，制定个人工作目标与计划，并在实际工作中严格执行。
4）按照公司要求，参加所有培训、销售会议和团队活动。
5）正确使用各种一致化业务工具：公司介绍、各种业务表格等。
6）完成对潜在客户跟踪开发，建立业务，不断努力提高业务量，扩大公司市场份额。
7）充分利用所有的客户推荐机会。
8）建立与委托客户的诚恳关系，提高客户对公司的信任度。
9）组织、撮合、协调委托客户就交易进行谈判，并良好的控制交易节奏。
10）制作委托客户档案，努力培养长期客户。
11）处理业务中的一般性具体问题：业务咨询、电话沟通、谈判组织、价格协调、物业交割、售后服务等。

4. 店经理的工作方法

1）制定目标：通过早会制定自己与员工的工作目标。
2）过程带教：根据工作目标对员工进行工作执行的带教、辅导。
3）及时激励：过程中发现员工工作亮点及优秀之处及时给予现场激励及组织分享。
4）不断总结：各项工作目标成果达成后的总结、分析。

5. 门店管理的核心是什么

（1）决策

1）决策错了，就如一艘船开错了方向；没有决策就如航行的船没有了目的地、好的开始是成功的一半！
2）决策——门店各项目标的设定及相关措施的制定。

（2）制度

1）制度定了就要去执行。

2）店经理有情、管理无情、制度绝情。

3）管理一定要公平。

（3）会议

注意事项：

1）重点资源、意向推动消化。

2）前台观察、带动、对接、落实。

3）结合系统软件的数据盘点。

（4）增员—招聘

1）掌握自身的培养人的技能。

2）增员是每时每刻的，保持合理的人员流动是销售团队正常的现象。

3）每个阶段经常要思考、关注：员工想要什么。

4）每到一个阶段评估团队里员工的职业规划和上升空间。

（5）培训

1）培训是经理人的基本功。

2）培训是常态，你每天都在做，每天都要做。

3）经理人自我充实与提升的工具。

4）把你的真功夫“卖弄”出来。

（6）绩效

1）绩效是对个人能力最好的总结。

2）绩效产出可能含有偶然成分，但绝对是各项工作综合所产出的。

3）绩效的产出：关注人、关注房源、客源；关注基础活动量、关注重点资源。

注：报表运用：A、日志　　B、日报表　C、优房销售表　D、会议记录

（二）公众房网门店业务操作及管理标准

1. 经纪人的日常管理

经纪人的考评：以经纪人的有效工作计单位，当日必须完成 5 个工作单位，如未完成，在夕会后独自完成。店经理根据商业计划总体要求，进行总体的量化管理，并根据经纪人的个人情况进行工作安排上的适当调整。

具体标准如下：

（1）100 份派报 = 0.5 个单位

注：店经理可根据楼盘的难易程度进行相应的数量调节，并进行 5%的抽检。

（2）5 个有效上门拜访 = 1 个单位（买进卖出须留下联系方式及书面材料）

注：店经理以楼盘的拜访表作为考评标准，每个有效拜访必须填写三项以上的信息，并要做好归档工作，进行信息积累。留下电话号码算 1 个有效上门拜访。

（3）1 小时驻守 = 1 个单位

（4）10 组电话联络 = 1 个单位

注：以检查《客户跟踪维护表》或《房源跟踪维护表》的记录为准，经纪人必须在联系后记录下内容和联系时间，店经理保持 5%的抽检率。

（5）签订 1 个房源委托 = 1 个单位（变价）

注：1 个有效房源委托必须要确保委托书内容填写完整，并拥有身份证或产权证复印件，才算一个有效委托，不然视作无效，店经理应保持 20%的抽检率。（独家委托算 2 个单位）

（6）1 次带看 = 1 个单位

注：每次带看前的配对必须经得店经理同意，带看前必须填写客户服务确认书，并交客户签字。带看后如客户开价，并且开价范围在 5%以内的，本次带看可算 2 个单位。

（7）1 次客户的当面沟通 = 1 个单位

（8）客户 1 次意向书的签订 = 2 个单位

注：在店经理的指导下准确、完整填写意向书，并收取 5%以上的意向金。

（9）房东 1 次意向书的签订 = 2 个单位

注：必须产权人亲自签字确认，并收取意向金的 3%，必须取回产权证。

（10）陪同合同（买卖、租赁、贷款）签订 1 次 = 2 个单位

注：以店经理或法务为主签订合同，经纪人需做好解释和协调工作。

（11）物业交接 1 次 = 1 个单位

注：填写《物业交接单》，并且由客户双方签字确认，特别注意水、电、煤物业费用的校验。在买卖交易中需确认房东的户口情况，买卖的物业交接可算 2 个单位。

（12）电话开发 30 组 = 1 个单位

注：只有在以下情况才进行电话开发。

1）有目标客户无适当房源，进行有目的的开发。

2）有客户名单，在店经理的安排下进行电话开发。

除以上项目外，其他事项不计入工作单位，如需调整要经店经理同意后方算有效。

2. 业务操作标准

在操作每一个案子的过程中，为了保证服务质量、提高成交几率、保证门店和客户的交易安全，每一位经纪人和店经理必须按照以下的操作标准进行：

（1）房源的委托签订或无委托房源的处理

在一切有可能的情况下，经纪人必须尽力与房东签订委托协议，店务主管对委托协议有管理、发放和存档的职责，经纪人应到店务主管处领取已有公章的空白委托书。签订委托书的房源必须填写产权人的有效证件号或产权证编号，并附产权证和有效证件的复印件交店务主管，独家委托或根据店经理要求必须对所委托房源亲自察看，并附手绘房型图，才算稳定有效房源委托；对实在无法签订委托书的，必须完整填写客户登记表交店务主管存档。

流程如图 9.4 所示。

（2）房源推广

1）每日早会中进行房源交流，每一位经纪人要对每一套房源进行记录，由专人组织

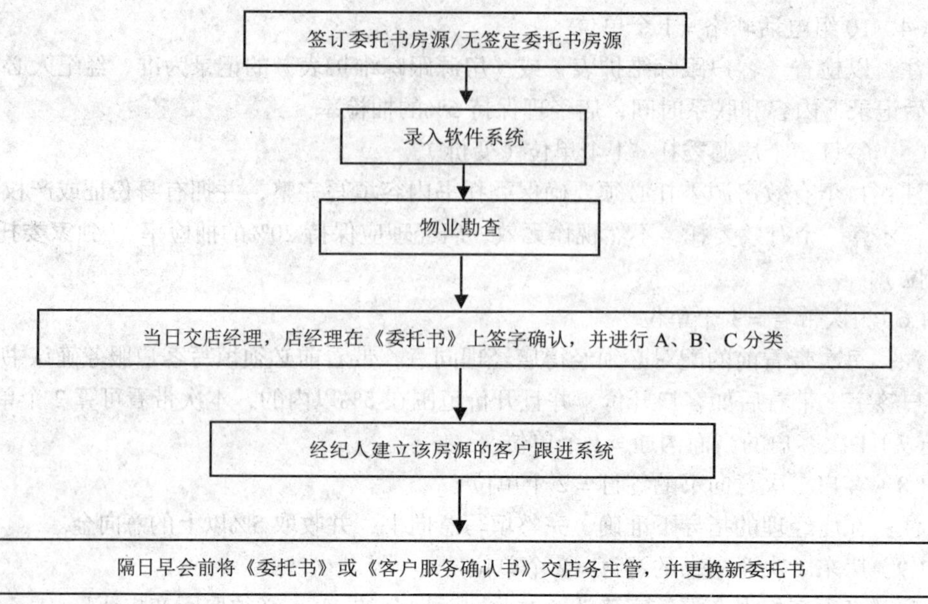

图 9.4　房源委托流程图

分析，并对可以形成带看的进行及时配对。

2）每周五的夕会中进行房源熟悉度的抽查，每位经纪人对店内 A、B 分类的房源熟知度需达 90%。

3）对非本商圈的房源，原则上不主张进行客户开发和配对，除非已有现成的客户。

4）在当日夕会上一旦出现 A 类房源，该经纪人必须在会后将该房源写在店内的房源公告栏上。

5）店经理应确定店内最有市场竞争力的房源，店务主管将此张贴在门头最为醒目之处。

（3）客户信息的处理

目前的三级市场情况是，市场已逐步趋向于供求平衡，原先大多数门店只进行房源管理，而不注意客户信息的管理，这种情况应该有所改善。

流程如图 9.5 所示。

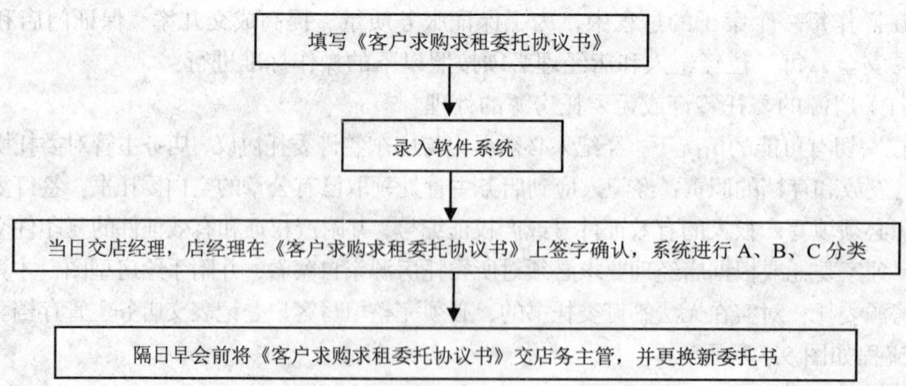

图 9.5　客户信息管理流程图

（4）客源信息推广

每日夕会中进行客户信息的交流，每一位经纪人要对每一位客户的信息进行记录，由专人组织分析，并对可以形成带看的进行及时配对。

对非本商圈的客户需求信息，原则上不主张进行房源开发和配对，除非已有现成的房源。获得非本商圈客户需求信息的经纪人应该在获取房源的隔日将房源以电子邮件的形式群发推广至本地区的所有加盟店，对需求周边的加盟店有必要进行电话跟踪。

在当日夕会上一旦出现A类客户信息，该经纪人必须在会后将该客户信息写到店内的公告栏上。

（5）房源及客户的维护

对于房源及客户的维护，实行分类维护原则，分类以A、B、C分类原则为准。分类时不但需考虑价格因素，也要考虑市场的供求量因素，考虑客户或房东提出的成交时间。如某一楼盘目前的成交均价为15000元/平方米单价求购，此客户可定义为A类。

注：不论是电话沟通、见面沟通或带看，每一次的接触，必须将内容和结果填写入系统软件，方便下次跟踪。店经理对每一个客户维护进行5%的电话抽查。

A类房源及客户的维护：

该类客户的游动性很高，本店的信息同样也会在同商圈的其他门店内出现，因此这类客户和房源很快会被市场消化。对于这类的客户和房源，一定需要采取最为快速的处理方案。

当店内带看全部完成但不能产生意向、或带看量不能达到3组以上时，经纪人需第一时间与区域内其他门店联络组织带看。

如果使用所有资源还未产生意向的，必须与客户保持每2天一次以上的联络，另外，根据客户需求可对房源情况进行定向的开发。

因为目前客户的游动性很高，所以为了减少市场竞争的压力，在报价时可以接近实价，甚至就是实价。

B类房源及客户的维护：

对于B类房源及客户，是市场中较为普遍的一类客户，此类客户的需求或卖价略偏离市场的实际成交价。此类客户也是体现门店营运能力的一类客户，经纪人如果首先得知他们的需求被调整到市场成交价的范围内，也就可以在第一时间进行操作，并且不会像A类客户那样有很多的竞争对手。

具体操作：

1）开始阶段时保持一天2～3组的带看量，如无意向则逐步递减，但保持每两周在一次以上的带看，并在带看过程中通过房东或客户的表现，来改变他们的需求。

2）每周保持两次以上的电话联络（内容：对带看结果的回访、其他中介公司的信息等），及时掌握客户的心理变化。

3）一旦得知客户的需求被调整到市场成交价的范围内，马上进入A类客户的操作程序。

C类客源及客户的维护：

C类房源及客户也是一种常见群体，但经常被经纪人所忽视，但只要有需求，随着市场和需求心理因素的变化，此需求最终还是会被市场所消化的。此类客户以维护和建立长期感情为主。

具体操作：

1）开始阶段可在一周内组织 1 至 2 次的带看，通过对房东或客户的表现，来尝试改变他们对市场的判断，使之向 B 类和 A 类靠拢。

2）如果不能马上改变其判断，保持两周一次的电话沟通，注意其需求变化。如能形成带看，不论是房源还是客户可以作为一个陪衬，同时调整其心理。

3）如其需求改变可达到 A 或 B 类标准，可按相应标准进行操作。

（6）配对与带看

1）配对。

2）带看前的准备工作。

① 在店务主管处领取《客户服务确认书》；

② 在店务主管处填写，店务主管核对数据库，看房源和客户信息是否属实，否则不得发放，签订完毕后交店务主管备案存档；

③ 在带看前必须作好与房东、客户的确认工作。

3）带看过程中的工作：①必须亲自带领客户完成整个带看过程，并做好解释工作；②注意不让房东与客户进行价格谈判和互通联系方式；③一般情况下把客户送上交通工具才算完成整个看房过程，如遇客户需要查看周边环境，经纪人必须亲自陪同完成（注：整个看房过程以客户开价为主要目的）。

4）带看后的工作：①把带看情况填写入系统软件；②如客户开价应及时通知店经理，进入价格谈判阶段；③如客户没开价，事后必须与房东和客户电话联系，但一般先与客户联系，看客户是否会事后开价或则要求复看（一般在第一次带看中就要避免复看）、

（7）意向书签订

1）经纪人不得独立签订意向书，必须在以下人员陪同下签订（顺序从前至后按优先级排列）：店经理、资深经纪人。以上人员不得因休息或工作时间以外等理由不参加意向书签订。

2）意向书内的各项事项必须填写清楚、完整，并给客户解释清楚。

3）意向金由店经理、店务主管（顺序从前至后按优先级排列）收取，并在 1 个工作小时内交总部财务处，经纪人不得收取。注：店内所有的业务款项流转都是以此为标准。

4）经纪人不得独立送意向书给房东签订，必须在店经理陪同下签订。以上人员不得因休息或工作时间以外等理由不参加意向书签订。意向金由陪同人员掌管，并亲自交房东签收。

（8）交易流程中的经纪人工作

1）经纪人必须陪同客户参加每一次合同的签订，包括：租赁合同、买卖合同、交易过户、贷款的相关合同。在店经理指导下参加交易过程中的款项支付和划转，原则上经纪人不得接触现金。

2）房屋交接：交接过程中经纪人、房东方、客户方必须签订房屋物业交接书；经纪人需做好水电煤等各项物业费用的结算和抄表工作；经纪人陪同做好各种器具的质量验

收；在买卖过程中还需拿到房东的户口迁移证明或空户证明，事后经纪人必须将交接中的所有表单进行汇总管理。

二、伟业我爱我家集团薪酬福利案例

伟业我爱我家集团的薪酬体系主要由三个部分构成（如图 9.6 所示）。

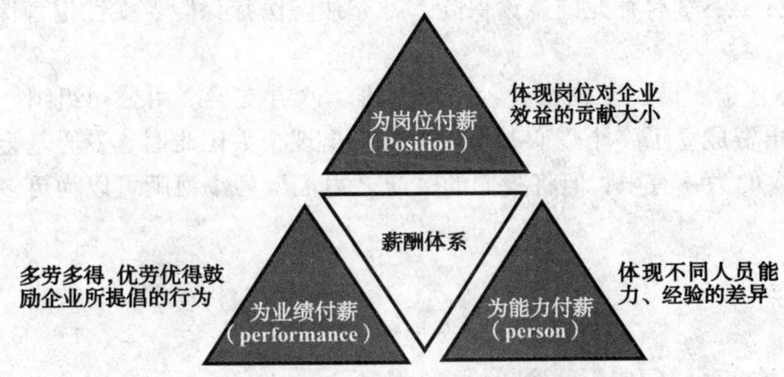

图 9.6　伟业我爱我家集团薪酬体系

1）基本工资：满足员工日常生活基本要求的保障性薪酬。

2）业绩提成：激励业务人员完成业绩的利润分成，上不封顶，优秀的经纪人年薪可达几十万。

3）绩效奖金：有耕耘就有收获，对绩效表现优秀的员工，公司从来不吝啬奖励。

公司非常关注员工生活的各项保障，在为员工提供国家规定的各项社会保险的基础上，更贴近员工生活，制定了丰富多样的综合福利（如图 9.7 所示），主要的福利项目有：

1）体检。“身体是革命的本钱”，公司关注每一名员工的身体状况，每年一次在正规体检机构为员工定制全套体检服务。

2）带薪休假。“工作是为了更好地生活”，在工作之余，公司提倡员工充分地休息。每位员工转正后即享有带薪休假，随着工龄的增长，带薪假的天数也将增加。

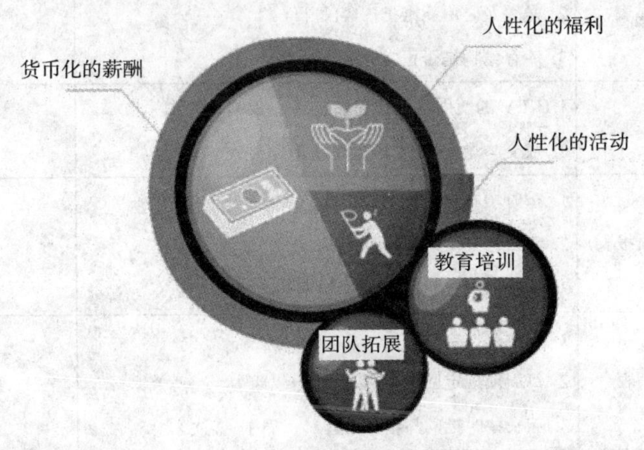

图 9.7　伟业我爱我家集团福利构成

3）节假日慰问。中秋、圣诞、春节、妇女节……各类传统和现代节日里，公司都为员工准备了精美的礼品，同欢乐、共庆祝。

4）优惠购房。所有的公司员工，通过公司达成房屋买卖交易均可享受一定额度上减免服务费的员工优惠。

5）商业补充医疗保险。公司为每名员工投保了商业补充医疗保险，在原有社会保险之外，员工还享有补充门急诊保险、补充住院医疗保险、女性生育保障、团体定期寿险等。

6）爱心基金。员工互助友爱，一人有难、八方支援。由公司组织，由员工自愿捐赠和公司出资成立了一个爱心基金，当员工出现个人困难时，爱心基金将及时给予帮助。一个人的力量有限，但将我们的微薄之力汇聚为小河就可以为更多的人伸出援助之手。

三、实务操作

（一）房地产经纪门店管理诊断

诊断项目及衡量标准见表 9.4。

表 9.4　房地产经纪门店管理诊断表

诊断项目		衡量基准	评分	优缺点/改善建议
日常店务管理	出勤记录	1. 是否有迟到、早退现象 2. 人员休假是否正常		
	会议记录	1. 早、晚会是否按时召开、内容是否过于空洞单一 2. 会议记录是否记录翔实		
	契据管理	店长是否有详细审核契据之使用情形及签名确认		
	库存案源表	1. 是否有系统性的分类(按房型及楼盘名称) 2. 是否及时更新维护内容(每日) 3. 库存结构是否正常		
	钥匙管理	1. KEY 的使用是否有登录 2. 成交与逾期 KEY 的处理情形		
人员表单管理	营业人员日报表	1. 按时填写与行程是否相同(70%) 2. 明日计划及组数是否落实 3. 店长按时批阅与指导内容(每日)		
	回报管理表	1. 委托案件皆有记录 2. 每周依规定回报 1～2 次与记载翔实 3. 店长按时批阅与指导内容（每周 1～2 次）		

续表

诊断项目		衡量基准	评分	优缺点/改善建议
	客户资料表	1. 看详细客户需求资料 2. 有每周联系及记载带看情况 3. 店长按时批阅与指导内容(每周 1-2 次)		
安全作业管理	签立委托	1. 签立委托时确认是否为特殊物件 2. 是否确认签立委托人之身份及文件 3. 委托书内容填写是否合法、完整、正确，店长审核后是否在《出售案源调查表》上面签字确认		
	收意向金、佣金	1. 确认单据填写是否完整 2. 确认意向金、佣金等收取状况是否符合公司规定		
	成交建档	买卖合约书之特约事项是否签名，有完整建档所需资料（委托书、意向书、成交输入登记表、客户资料；秘书整理店长签名审核）		
其他	商圈耕耘	1. 大楼建档数与维护情形 2. 计划与执行情形，翔实记载执行日期		
	行销执行	1. 派报、录入外网或广告等执行情况 2. 执行次数是否适宜		
	带看确认书	1. 店长是否陪同看房 2. 客户是否于带看确认书上签字确认店长陪同看房		
	清洁工作	1. 是否每日清洁维护 2. 整体工作环境是否杂乱		

评分标准：5 分→1 分（最好→最差）　　　　填表人：　　　　日期：

（二）房地产经纪企业薪酬制度分析

案例分析

浙江 Y 房地产经纪有限公司的薪酬制度状况如下，请根据该公司的薪酬制度现状分析其薪酬管理模式的优点。

浙江 Y 房地产经纪有限公司是从个体房产中介开始经营起来的，当时它的薪酬制度是没有底薪的，直接按提成率提成。与附近的个体中介比起来，它以 45%的提成率吸引了一批员工，再借助当时房产业发展的红火趋势，公司的生意比较好，经营也比较成功。但随着公司的发展，企业人员多了，单一的薪酬结构就显得不利于吸引和管理员工，影响公司的进一步发展。为了公司的长远发展，公司决定按自身的特点，对薪酬制度进行改革。Y 房地产经纪有限公司改革后的员工薪酬包括保底工资、提成、补贴等（其薪酬确定办法如表 9.5 所示），具体算法如下。

表 9.5　Y 房地产经纪有限公司置业顾问薪酬确定办法

员工薪级	保底工资	提成比率	升降级办法	二次提升
试用期	300 元	20% 25%	月业绩总计超过 3000 元，予以转正。	月业绩过 1500 元升一级。
置业顾问	500 元	20% 30% 35%	三个月总业绩的和低于 5000 元降一级。十个月内，月业绩超过 5000 元达到 4 次，提升为高级顾问。	月业绩过 5000 元达到 2 次，升一级。
高级顾问	700 元	30% 35% 40%	三个月总业绩的和低于 7500 元降一级。一年内，月业绩超过 8000 元达到 5 次，提升为资深顾问。	月业绩过 8000 元达到 2 次，升一级。
资深顾问	1000 元	35% 40% 45%	三个月总业绩的和低于 10000 元降一级。	月业绩过 11000 元达到 2 次，升一级。
店长	无底薪	总业务量×1%＋个人业务量×50%		
业绩奖金：月业绩达到 10000 元以上，奖金 300 元。月业绩达到 15000 元以上，奖金 1000 元。月业绩达到 20000 元以上，奖金 2000 元。				

注：基本工资为月业绩为零的保底工资，以上制度规定每位成员三个月内业绩达不到要求，降一级。试用期三个月，特殊情况可以延长试用期。

员工总收入＝基本工资＋佣金提成＋值班补贴＋业绩奖金－经纪人保留金－纪律处罚

其中：

1. 基本工资=保底工资×(实际上班天数/月天数)(旷工不计工资)
2. 佣金提成=业务佣金×提成比率(提成比率见附表)
3. 经纪人保留金=佣金提成×15%
4. 值班补贴=值班次数×5 元
5. 纪律处罚=迟到次数×5 元+(事假天数−2)×5 元+(病假天数−3)×5 元

（以上案例来自 http://ask.dichan.com/show-14368.html，略作改动。）

案例解析：

Y 房地产经纪有限公司的薪酬管理模式具有如下优点：

1. 该套薪资管理模式比纯佣金模式有了一定进步。该模式是保底工资、佣金、奖金混合模式，它的工资提成法是在保底工资的基础上把工作业绩与工资报酬、奖金相联系、相挂钩的，兼顾了纯工资模式和纯佣金模式的优点，从而使经纪人的收入既有固定工资作保证，又与销售业绩挂钩；既有提成的刺激，又给员工提供了相对稳定的基本收入，使员工不至于对未来收入产生恐慌。

2. 该模式还考虑到各个经纪人工作的独特性，就业绩格外好的员工的月业绩和年业绩而给予奖励，也收到了工作激励和人力资源管理的效果。当然，保底工资、佣金、奖金混合模式的操作难度大，需考虑多方面的因素和问题，但对于中小房产中介企业来说是可行的，因为他们员工数量不是很多，操作管理起来还是一目了然的。

3. 员工工资清算表，除了注明工资的具体提成、该月该员工工资结算中的特殊内容外，还应附上该员工本月业绩汇总，这种让员工充分了解自己的工资结算方法，体现了企业管理中以人为本的思想，增加薪酬管理的透明度，能促进员工的自我激励和自我管理。

4. 根据业绩提升经纪人职位和薪酬的员工职位升级制度，事实上是一种以成就工资的形式激励人员的做法，即当经纪人工作卓有成效时，企业以提高保底工资、提成率和职位的形式肯定员工的成绩，该做法可以充分发挥薪酬在调动员工积极性方面的激励作用，使员工获得工作成就感和晋升的优越感。

5. 为了防范员工不顾公司利益，外带客户的风险，企业在薪酬管理时按提成佣金的15%预提了保留金，这也对员工起到了一定的约束管理作用。

（三）房地产经纪企业风险分析

案例分析

根据以下案例，分析案例中房地产经纪公司存在的风险，并提出有效预防的措施。

“签合同时，我就要求对方提供产权证原件，可房产中介公司却说，已经看过原件了，没有问题。”现在，张小姐为她当时没有坚持己见后悔不已。原来，售房人是房客，却冒充房东将房子挂牌出售，张小姐因而受骗，房产中介也必须为“不专业”埋单。

去年9月20日，张小姐获悉友情路有一套二室一厅房产出售。在中介公司工作人员的陪同下，张小姐实地看房，对房子相当满意，当即支付了定金1000元。一个星期后，张小姐在中介公司和卖房人周先生见面，同时签订了《杭州市房地产买卖合同》，当日张小姐又支付了4.9万元。双方约定，该房总房价为95万，由张小姐先行支付45万现金给周先生作为首期房款，周先生用该款偿还银行贷款，办理抵押注销手续。其余款项则通过银行贷款方式支付周先生。

去年10月19日，中介工作人员陪同张小姐、周先生到农业银行办理还贷手续，张小姐取出了45万元现金交给了周先生。由于张小姐临时有事，先行离开了，于是由中介公司工作人员陪同周先生继续办理还贷手续。途中，周先生忽然提出肚子饿了想吃饭，于是他留下产权证给中介公司工作人员后，便再也没回来。久等不到的中介工作人员感到不妙，立刻到房地产交易中心查询，被告知这名周先生提供的产权证是假的，被当场予以没收。

“去年8月，这个自称‘周先生’的客户到我们公司挂牌出售房屋，我们要求他出示了身份证、房产证、户口簿，并进行了复印。”中介公司人员说，去年9月26日，中介公司到房产交易中心进行产权调查，证实房屋产权人的确写的就是周先生的名字。直到“周先生”携款逃跑之后，才知道他的产权证、身份证、户口簿都是伪造的。但是，产证上的宗地图（地基图）缺少了条形码、宗地图、街道等字样，专业的中介公司却没有发现这一疏漏。法院发现，友情路的这套房屋产权人的确是周先生。但是在2006年8月22

日，这套房屋就被自称是王海的人承租。2 天后，王海自称“周先生”并携带房屋的假产权证、周先生的假身份证和户口簿到中介公司处挂牌出售该房。

法院认为，中介公司如果故意隐瞒与订立合同有关的重要事实或者故意提供虚假情况，损害他人利益的，不得要求支付报酬并应当承担损害赔偿责任。根据双方提供的证据，中介公司在双方签约之前已将“周先生”提供的产权证、身份证、户口簿进行了审查，因此，中介公司并不存在故意隐瞒假房产证或故意提供虚假情况的事实。张小姐 50 万元的经济损失，是由于第三人实施诈骗的犯罪行为直接引起，依法应由犯罪行为实施人来承担相应的赔偿责任。但法院同时认为，作为专业的房产中介机构，履行居间义务不当，已构成违约。最终法院判决由房产中介公司赔偿张小姐经济损失 15 万元。

（资料来源：http://news.xinhuanet.com/house/2007-05/15/content_6100591.htm，略作改动。）

【案例解析】

该中介公司存在以下风险：

1. 信息欠缺引起的风险。经纪人因为主观上的原因，对房源的产权信息掌握得不全面，产权的真假往往应在第一时间进行核实，而恰恰是在这一步，由于经纪人没有进行深入调查，仅凭自己已有的经验和知识认定房源是真的，客户签完合同，并且已经交了房款才发现是房客冒充房东卖房，骗走首付款导致企业遭受经济损失。

2. 业务操作不规范引起的风险。在本案例中，中介公司的工作人员由于疏忽和不专业，没有及时发现客户伪造假房产证和身份证，导致轻易相信客户，并为其出售房屋，使张小姐利益受损。

3. 客户道德风险。客户王海提供伪造的假房产证、假身份证冒充房主周先生进行诈骗，造成交易风险。

以上存在的风险给房地产经纪公司造成了经济和名誉上的双重损失，所以房地产经纪企业一定要树立起风险防范意识，以减少各种风险发生的可能性。

具体方法如下：首先企业要提高经纪人的风险防范意识，这是提高风险识别能力的基本前提；其次加强经纪人的各项专业能力，制定标准化业务操作流程，同时加强对经纪人的培训和服务督察，有效控制服务过程中可能发生的风险。除了上述防范风险的措施外，房地产经纪企业同时也要重视风险发生后的弥补，分析风险产生于哪个服务过程的哪个环节，据此进一步完善标准流程，加强服务督察和培训。

防范风险的具体措施：在核实房源信息方面，由经纪人主动到客户家进行友善拜访，意在实地考察所售房源的房屋的真实性、有效性、合法性，对房屋的套型结构、装修风格、小区绿化覆盖率、周边环境及配套设施有充分的了解；核实房屋、车库等面积、建造年限、房屋属性、土地属性等三证资料，明确产权人卖房的真正意图等；在资金监管方面，与银行合作开设交易资金监管账户，存入购房款首付款并与房地产经纪企业、银行签订委托监管协议，买卖双方将交易资金委托给银行，不必再为资金安全担心。

项 目 小 结

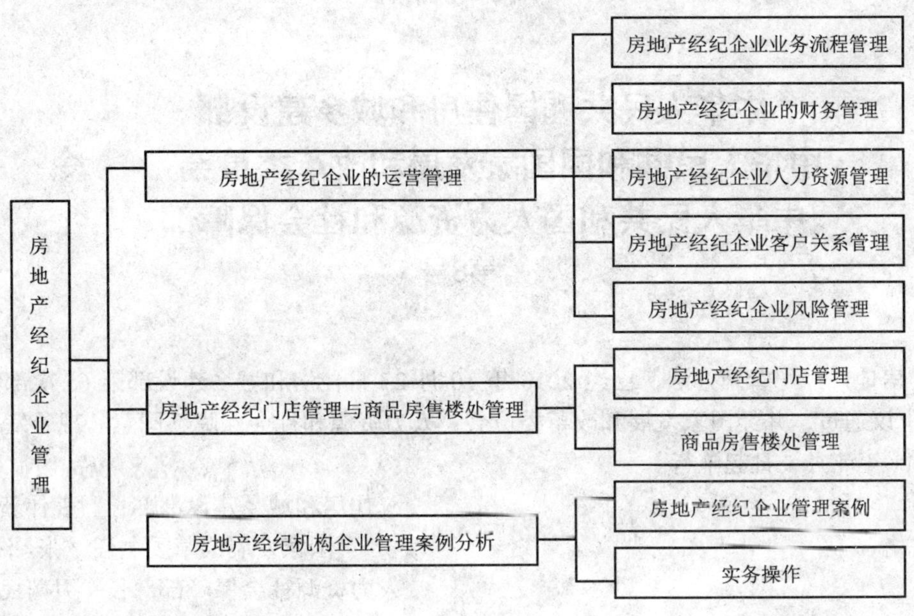
房地产经纪企业管理
房地产经纪企业的运营管理
房地产经纪企业业务流程管理
房地产经纪企业的财务管理
房地产经纪企业人力资源管理
房地产经纪企业客户关系管理
房地产经纪企业风险管理
房地产经纪门店管理与商品房售楼处管理
房地产经纪门店管理
商品房售楼处管理
房地产经纪机构企业管理案例分析
房地产经纪企业管理案例
实务操作

附录 1

中华人民共和国住房和城乡建设部
中华人民共和国国家发展和改革委员会　　令
中华人民共和国人力资源和社会保障部

第8号

《房地产经纪管理办法》已经 2010 年 10 月 27 日住房和城乡建设部第 65 次部常务会议审议通过，并经国家发展和改革委员会、人力资源和社会保障部同意，现予发布，自 2011 年 4 月 1 日起施行。

住房和城乡建设部部长　姜伟新

国家发展改革委主任　张 平

人力资源社会保障部部长　尹蔚民

二〇一一年一月二十日

房地产经纪管理办法

第一章　总　　则

第一条　为了规范房地产经纪活动，保护房地产交易及经纪活动当事人的合法权益，促进房地产市场健康发展，根据《中华人民共和国城市房地产管理法》、《中华人民共和国合同法》等法律法规，制定本办法。

第二条　在中华人民共和国境内从事房地产经纪活动，应当遵守本办法。

第三条　本办法所称房地产经纪，是指房地产经纪机构和房地产经纪人员为促成房地产交易，向委托人提供房地产居间、代理等服务并收取佣金的行为。

第四条　从事房地产经纪活动应当遵循自愿、平等、公平和诚实信用的原则，遵守职业规范，恪守职业道德。

第五条　县级以上人民政府建设（房地产）主管部门、价格主管部门、人力资源和社会保障主管部门应当按照职责分工，分别负责房地产经纪活动的监督和管理。

第六条　房地产经纪行业组织应当按照章程实行自律管理，向有关部门反映行业发展的意见和建议，促进房地产经纪行业发展和人员素质提高。

第二章　房地产经纪机构和人员

第七条　本办法所称房地产经纪机构，是指依法设立，从事房地产经纪活动的中介服务机构。

房地产经纪机构可以设立分支机构。

第八条　设立房地产经纪机构和分支机构，应当具有足够数量的房地产经纪人员。

本办法所称房地产经纪人员，是指从事房地产经纪活动的房地产经纪人和房地产经纪人协理。

房地产经纪机构和分支机构与其招用的房地产经纪人员，应当按照《中华人民共和国劳动合同法》的规定签订劳动合同。

第九条　国家对房地产经纪人员实行职业资格制度，纳入全国专业技术人员职业资格制度统一规划和管理。

第十条　房地产经纪人实行全国统一大纲、统一命题、统一组织的考试制度，由国务院住房和城乡建设主管部门、人力资源和社会保障主管部门共同组织实施，原则上每年举行一次。

房地产经纪人协理实行全国统一大纲，由各省、自治区、直辖市人民政府建设（房地产）主管部门、人力资源和社会保障主管部门命题并组织考试的制度，每年的考试次数根据行业发展需要确定。

第十一条　房地产经纪机构及其分支机构应当自领取营业执照之日起 30 日内，到所在直辖市、市、县人民政府建设（房地产）主管部门备案。

第十二条　直辖市、市、县人民政府建设（房地产）主管部门应当将房地产经纪机构及其分支机构的名称、住所、法定代表人（执行合伙人）或者负责人、注册资本、房地产经纪人员等备案信息向社会公示。

第十三条　房地产经纪机构及其分支机构变更或者终止的，应当自变更或者终止之日起 30 日内，办理备案变更或者注销手续。

第三章　房地产经纪活动

第十四条　房地产经纪业务应当由房地产经纪机构统一承接，服务报酬由房地产经纪机构统一收取。分支机构应当以设立该分支机构的房地产经纪机构名义承揽业务。

房地产经纪人员不得以个人名义承接房地产经纪业务和收取费用。

第十五条　房地产经纪机构及其分支机构应当在其经营场所醒目位置公示下列内容：

（一）营业执照和备案证明文件；

（二）服务项目、内容、标准；

（三）业务流程；

（四）收费项目、依据、标准；

（五）交易资金监管方式；

（六）信用档案查询方式、投诉电话及 12358 价格举报电话；

（七）政府主管部门或者行业组织制定的房地产经纪服务合同、房屋买卖合同、房屋租赁合同示范文本；

（八）法律、法规、规章规定的其他事项。

分支机构还应当公示设立该分支机构的房地产经纪机构的经营地址及联系方式。

房地产经纪机构代理销售商品房项目的，还应当在销售现场明显位置明示商品房销售委托书和批准销售商品房的有关证明文件。

第十六条 房地产经纪机构接受委托提供房地产信息、实地看房、代拟合同等房地产经纪服务的，应当与委托人签订书面房地产经纪服务合同。

房地产经纪服务合同应当包含下列内容：

（一）房地产经纪服务双方当事人的姓名（名称）、住所等情况和从事业务的房地产经纪人员情况；

（二）房地产经纪服务的项目、内容、要求以及完成的标准；

（三）服务费用及其支付方式；

（四）合同当事人的权利和义务；

（五）违约责任和纠纷解决方式。

建设（房地产）主管部门或者房地产经纪行业组织可以制定房地产经纪服务合同示范文本，供当事人选用。

第十七条 房地产经纪机构提供代办贷款、代办房地产登记等其他服务的，应当向委托人说明服务内容、收费标准等情况，经委托人同意后，另行签订合同。

第十八条 房地产经纪服务实行明码标价制度。房地产经纪机构应当遵守价格法律、法规和规章规定，在经营场所醒目位置标明房地产经纪服务项目、服务内容、收费标准以及相关房地产价格和信息。

房地产经纪机构不得收取任何未予标明的费用；不得利用虚假或者使人误解的标价内容和标价方式进行价格欺诈；一项服务可以分解为多个项目和标准的，应当明确标示每一个项目和标准，不得混合标价、捆绑标价。

第十九条 房地产经纪机构未完成房地产经纪服务合同约定事项，或者服务未达到房地产经纪服务合同约定标准的，不得收取佣金。

两家或者两家以上房地产经纪机构合作开展同一宗房地产经纪业务的，只能按照一宗业务收取佣金，不得向委托人增加收费。

第二十条 房地产经纪机构签订的房地产经纪服务合同，应当加盖房地产经纪机构印章，并由从事该业务的一名房地产经纪人或者两名房地产经纪人协理签名。

第二十一条 房地产经纪机构签订房地产经纪服务合同前，应当向委托人说明房地产经纪服务合同和房屋买卖合同或者房屋租赁合同的相关内容，并书面告知下列事项：

（一）是否与委托房屋有利害关系；

（二）应当由委托人协助的事宜、提供的资料；

（三）委托房屋的市场参考价格；

（四）房屋交易的一般程序及可能存在的风险；

（五）房屋交易涉及的税费；

（六）经纪服务的内容及完成标准；

（七）经纪服务收费标准和支付时间；

（八）其他需要告知的事项。

房地产经纪机构根据交易当事人需要提供房地产经纪服务以外的其他服务的，应当事先经当事人书面同意并告知服务内容及收费标准。书面告知材料应当经委托人签名（盖章）确认。

第二十二条 房地产经纪机构与委托人签订房屋出售、出租经纪服务合同，应当查看委托出售、出租的房屋及房屋权属证书，委托人的身份证明等有关资料，并应当编制房屋状况说明书。经委托人书面同意后，方可以对外发布相应的房源信息。

房地产经纪机构与委托人签订房屋承购、承租经纪服务合同，应当查看委托人身份证明等有关资料。

第二十三条 委托人与房地产经纪机构签订房地产经纪服务合同，应当向房地产经纪机构提供真实有效的身份证明。委托出售、出租房屋的，还应当向房地产经纪机构提供真实有效的房屋权属证书。委托人未提供规定资料或者提供资料与实际不符的，房地产经纪机构应当拒绝接受委托。

第二十四条 房地产交易当事人约定由房地产经纪机构代收代付交易资金的，应当通过房地产经纪机构在银行开设的客户交易结算资金专用存款账户划转交易资金。

交易资金的划转应当经过房地产交易资金支付方和房地产经纪机构的签字和盖章。

第二十五条 房地产经纪机构和房地产经纪人员不得有下列行为：

（一）捏造散布涨价信息，或者与房地产开发经营单位串通捂盘惜售、炒卖房号，操纵市场价格；

（二）对交易当事人隐瞒真实的房屋交易信息，低价收进高价卖（租）出房屋赚取差价；

（三）以隐瞒、欺诈、胁迫、贿赂等不正当手段招揽业务，诱骗消费者交易或者强制交易；

（四）泄露或者不当使用委托人的个人信息或者商业秘密，谋取不正当利益；

（五）为交易当事人规避房屋交易税费等非法目的，就同一房屋签订不同交易价款的合同提供便利；

（六）改变房屋内部结构分割出租；

（七）侵占、挪用房地产交易资金；

（八）承购、承租自己提供经纪服务的房屋；

（九）为不符合交易条件的保障性住房和禁止交易的房屋提供经纪服务；

（十）法律、法规禁止的其他行为。

第二十六条 房地产经纪机构应当建立业务记录制度，如实记录业务情况。

房地产经纪机构应当保存房地产经纪服务合同，保存期不少于5年。

第二十七条 房地产经纪行业组织应当制定房地产经纪从业规程，逐步建立并完善资信评价体系和房地产经纪房源、客源信息共享系统。

第四章　监督管理

第二十八条　建设（房地产）主管部门、价格主管部门应当通过现场巡查、合同抽查、投诉受理等方式，采取约谈、记入信用档案、媒体曝光等措施，对房地产经纪机构和房地产经纪人员进行监督。

房地产经纪机构违反人力资源和社会保障法律法规的行为，由人力资源和社会保障主管部门依法予以查处。

被检查的房地产经纪机构和房地产经纪人员应当予以配合，并根据要求提供检查所需的资料。

第二十九条　建设（房地产）主管部门、价格主管部门、人力资源和社会保障主管部门应当建立房地产经纪机构和房地产经纪人员信息共享制度。建设（房地产）主管部门应当定期将备案的房地产经纪机构情况通报同级价格主管部门、人力资源和社会保障主管部门。

第三十条　直辖市、市、县人民政府建设（房地产）主管部门应当构建统一的房地产经纪网上管理和服务平台，为备案的房地产经纪机构提供下列服务：

（一）房地产经纪机构备案信息公示；

（二）房地产交易与登记信息查询；

（三）房地产交易合同网上签订；

（四）房地产经纪信用档案公示；

（五）法律、法规和规章规定的其他事项。

经备案的房地产经纪机构可以取得网上签约资格。

第三十一条　县级以上人民政府建设（房地产）主管部门应当建立房地产经纪信用档案，并向社会公示。

县级以上人民政府建设（房地产）主管部门应当将在日常监督检查中发现的房地产经纪机构和房地产经纪人员的违法违规行为、经查证属实的被投诉举报记录等情况，作为不良信用记录记入其信用档案。

第三十二条　房地产经纪机构和房地产经纪人员应当按照规定提供真实、完整的信用档案信息。

第五章　法律责任

第三十三条　违反本办法，有下列行为之一的，由县级以上地方人民政府建设（房地产）主管部门责令限期改正，记入信用档案；对房地产经纪人员处以1万元罚款；对房地产经纪机构处以1万元以上3万元以下罚款：

（一）房地产经纪人员以个人名义承接房地产经纪业务和收取费用的；

（二）房地产经纪机构提供代办贷款、代办房地产登记等其他服务，未向委托人说明服务内容、收费标准等情况，并未经委托人同意的；

（三）房地产经纪服务合同未由从事该业务的一名房地产经纪人或者两名房地产经纪人协理签名的；

（四）房地产经纪机构签订房地产经纪服务合同前，不向交易当事人说明和书面告知规定事项的；

（五）房地产经纪机构未按照规定如实记录业务情况或者保存房地产经纪服务合同的。

第三十四条 违反本办法第十八条、第十九条、第二十五条第（一）项、第（二）项，构成价格违法行为的，由县级以上人民政府价格主管部门按照价格法律、法规和规章的规定，责令改正、没收违法所得、依法处以罚款；情节严重的，依法给予停业整顿等行政处罚。

第三十五条 违反本办法第二十二条，房地产经纪机构擅自对外发布房源信息的，由县级以上地方人民政府建设（房地产）主管部门责令限期改正，记入信用档案，取消网上签约资格，并处以 1 万元以上 3 万元以下罚款。

第三十六条 违反本办法第二十四条，房地产经纪机构擅自划转客户交易结算资金的，由县级以上地方人民政府建设（房地产）主管部门责令限期改正，取消网上签约资格，处以 3 万元罚款。

第三十七条 违反本办法第二十五条第（三）项、第（四）项、第（五）项、第（六）项、第（七）项、第（八）项、第（九）项、第（十）项的，由县级以上地方人民政府建设（房地产）主管部门责令限期改正，记入信用档案；对房地产经纪人员处以 1 万元罚款；对房地产经纪机构，取消网上签约资格，处以 3 万元罚款。

第三十八条 县级以上人民政府建设（房地产）主管部门、价格主管部门、人力资源和社会保障主管部门的工作人员在房地产经纪监督管理工作中，玩忽职守、徇私舞弊、滥用职权的，依法给予处分；构成犯罪的，依法追究刑事责任。

第六章 附 则

第三十九条 各地可以依据本办法制定实施细则。

第四十条 本办法自 2011 年 4 月 1 日起施行。

附录 2

关于发布《房地产经纪执业规则》的通知

中房学[2013]1号

各地方房地产经纪行业组织、房地产经纪机构和房地产经纪人员：

为加强对房地产经纪机构和人员的自律管理，经广泛深入调查研究，认真总结房地产经纪行业自律管理经验，并充分征求意见，我会对 2006 年发布的《房地产经纪执业规则》进行了修改。修改后的《房地产经纪执业规则》已经 2012 年 11 月 26 日我会第二届第五次理事会审议通过，现予发布，自 2013 年 3 月 1 日起施行。

中国房地产估价师与房地产经纪人学会

二〇一三年一月十八日

房地产经纪执业规则

第一条 为加强对房地产经纪机构和人员的自律管理，规范房地产经纪行为，保证房地产经纪服务质量，保障房地产交易者的合法权益，维护房地产市场秩序，促进房地产经纪行业健康发展，根据《中华人民共和国城市房地产管理法》、《房地产经纪管理办法》等法律法规的规定，制定本规则。

第二条 本规则是房地产经纪机构和人员从事房地产经纪活动的基本指引，是社会大众评判房地产经纪机构和人员执业行为的参考标准，是房地产经纪行业组织对房地产经纪机构和人员进行自律管理的主要依据。

第三条 本规则有关术语定义如下：

（一）房地产经纪，是指房地产经纪机构和人员为促成房地产交易，向委托人提供房地产代理、居间等服务并收取佣金的行为。

（二）房地产经纪机构，是指依法设立，从事房地产经纪活动的中介服务机构。

（三）房地产经纪人员，是指从事房地产经纪活动的房地产经纪人和房地产经纪人协理。房地产经纪人在房地产经纪机构中执行房地产经纪业务；房地产经纪人协理在房地产经纪机构中协助房地产经纪人执行房地产经纪业务。

（四）房地产经纪人，是指通过全国房地产经纪人资格考试或者资格互认，依法取得房地产经纪人资格，并经过注册，从事房地产经纪活动的专业人员。

（五）房地产经纪人协理，是指通过房地产经纪人协理资格考试，依法取得房地产经纪人协理资格，并经过注册，在房地产经纪人的指导下，从事房地产经纪活动的协助执行人员。

（六）房地产代理，是指房地产经纪机构按照房地产经纪服务合同约定，以委托人的名义与第三人进行房地产交易，并向委托人收取佣金的行为。

（七）房地产居间，是指房地产经纪机构按照房地产经纪服务合同约定，向委托人报告订立房地产交易合同的机会或者提供订立房地产交易合同的媒介服务，并向委托人收取佣金的行为。

（八）房地产经纪服务合同，是指房地产经纪机构和委托人之间就房地产经纪服务事宜订立的协议，包括房屋出售经纪服务合同、房屋出租经纪服务合同、房屋承购经纪服务合同和房屋承租经纪服务合同等。

（九）房地产经纪服务，是指房地产经纪机构和人员为促成房地产交易，向委托人提供的相关服务，包括提供房源、客源、价格等信息，实地查看房地产，代拟房地产交易合同等。

（十）独家代理，是指委托人仅委托一家房地产经纪机构代理房地产交易事宜。

（十一）佣金，是指房地产经纪机构向委托人提供房地产经纪服务，按照房地产经纪服务合同约定，向委托人收取的服务费用。

（十二）差价，是指通过房地产经纪促成的交易中，房地产出售人（出租人）得到的价格（租金）低于房地产承购人（承租人）支付的价格（租金）的部分。

第四条 房地产经纪人员应当认识到房地产经纪的必要性及其在保障房地产交易安全、促进交易公平、提高交易效率、降低交易成本、优化资源配置、提高人民居住水平等方面的重要作用，应当具有职业自信心、职业荣誉感和职业责任感。

第五条 房地产经纪机构和人员从事房地产经纪活动，应当遵守法律、法规、规章，恪守职业道德，遵循自愿、平等、公平和诚实信用的原则。

第六条 房地产经纪机构和人员应当勤勉尽责，以向委托人提供规范、优质、高效的专业服务为己任，以促成合法、安全、公平的房地产交易为使命。

第七条 房地产经纪机构和人员在执行代理业务时，在合法、诚信的前提下，应当维护委托人的权益；在执行居间业务时，应当公平正直，不偏袒交易双方中任何一方。

第八条 房地产经纪机构应当成为学习型企业，加强对房地产经纪人员的职业道德教育和业务培训，鼓励和支持房地产经纪人员参加继续教育活动，督促其不断增长专业知识，提高专业胜任能力，维护良好的社会形象。

第九条 房地产经纪机构应当关心房地产经纪人员的成长和发展，营造人文关怀的企业文化，吸引和留住优秀人才。

倡导房地产经纪机构和人员积极参加社会公益活动，勇于承担社会责任。

第十条 房地产经纪机构之间、房地产经纪人员之间，应当相互尊重，公平竞争，共同营造良好的执业环境，建立优势互补、信息资源共享、合作共赢的和谐发展关系。

第十一条 房地产经纪机构及其分支机构应当在其经营场所醒目位置公示下列内容：

（一）营业执照和备案证明文件；

（二）服务项目、服务内容和服务标准；

（三）房地产经纪业务流程；

（四）收费项目、收费依据和收费标准；

（五）房地产交易资金监管方式；

（六）房地产经纪信用档案查询方式、投诉电话及 12358 价格举报电话；

（七）建设（房地产）主管部门或者房地产经纪行业组织制定的房地产经纪服务合同、房屋买卖合同、房屋租赁合同示范文本；

（八）法律、法规、规章规定应当公示的其他事项。

分支机构还应当公示设立该分支机构的房地产经纪机构的经营地址及联系方式。

房地产经纪机构代理销售商品房项目的，还应当在销售现场醒目位置公示商品房销售委托书和批准销售商品房的有关证明文件。

房地产经纪机构及其分支机构公示的内容应当真实、完整、清晰。

第十二条 房地产经纪人员在执行业务时，应当佩戴标有其姓名、注册号、执业单位和照片等内容的胸牌（卡），注重仪表、礼貌待人，维护良好的职业形象。

第十三条 房地产经纪业务应当由房地产经纪机构统一承接。分支机构应当以设立该分支机构的房地产经纪机构名义承接业务。房地产经纪人员不得以个人名义承接房地产经纪业务。

第十四条 房地产经纪机构和人员不得利用虚假的房源、客源、价格等信息引诱客户，不得采取胁迫、恶意串通、阻断他人交易、恶意挖抢同行房源客源、恶性低收费、帮助当事人规避交易税费、贬低同行、虚假宣传等不正当手段招揽、承接房地产经纪业务。

房地产经纪机构和人员未经信息接收者、被访者同意或者请求，或者信息接收者、被访者明确表示拒绝的，不得向其固定电话、移动电话或者个人电子邮箱发送房源、客源信息，不得拨打其电话、上门推销房源、客源或者招揽业务。

房地产经纪机构和人员采取在经营场所外放置房源信息展板、发放房源信息传单等方式招揽房地产经纪业务，应当符合有关规定，并不得影响或者干扰他人正常生活，不得有损房地产经纪行业形象。

第十五条 房地产经纪机构和人员不得招揽、承办下列业务：

（一）法律法规规定不得交易的房地产和不符合交易条件的保障性住房的经纪业务；

（二）违法违规或者违背社会公德、损害公共利益的房地产经纪业务；

（三）明知已由其他房地产经纪机构独家代理的经纪业务；

（四）自己的专业能力难以胜任的房地产经纪业务。

第十六条 房地产经纪机构承接房地产经纪业务，应当与委托人签订书面房地产经纪服务合同。

房地产经纪服务合同应当优先选用建设（房地产）主管部门或者房地产经纪行业组织制定的示范文本；不选用的，应当经委托人书面同意。

房地产经纪机构承接代办房地产贷款、代办房地产登记等其他服务，应当与委托人另行签订服务合同。

第十七条 房地产经纪机构与委托人签订房地产经纪服务合同，应当向委托人说明房地产经纪服务合同和房地产交易合同的相关内容，并书面告知下列事项：

（一）是否与委托房地产有利害关系；

（二）应当由委托人协助的事宜、提供的资料；

（三）委托房地产的市场参考价格；

（四）房地产交易的一般程序及可能存在的风险；

（五）房地产交易涉及的税费；

（六）房地产经纪服务的内容及完成标准；

（七）房地产经纪服务收费标准和支付时间；

（八）其他需要告知的事项。

房地产经纪机构根据交易当事人需要提供房地产经纪服务以外的其他服务的，应当向委托人说明服务内容、收费标准等情况，并经交易当事人书面同意。

书面告知材料应当经委托人签名（盖章）确认。

第十八条 房地产经纪机构与委托人签订房屋出售、出租经纪服务合同，应当查看委托人的身份证明、委托出售或者出租房屋的权属证明和房屋所有权人的身份证明等有关资料，实地查看房屋并编制房屋状况说明书。

房地产经纪机构与委托人签订房屋承购、承租经纪服务合同，应当查看委托人的身份证明等有关资料，了解委托人的购买资格，询问委托人的购买（租赁）意向，包括房屋的用途、区位、价位（租金水平）、户型、面积、建成年份或新旧程度等。

房地产经纪机构和人员应当妥善保管委托人提供的资料以及房屋钥匙等物品。

第十九条 房地产经纪机构对每宗房地产经纪业务，应当选派或者由委托人选定注册在本机构的房地产经纪人员为承办人，并在房地产经纪服务合同中载明。

第二十条 房地产经纪服务合同应当由承办该宗经纪业务的一名房地产经纪人或者两名房地产经纪人协理签名，并加盖房地产经纪机构印章。

第二十一条 房地产经纪机构和人员不得在自己未提供服务的房地产经纪服务合同等业务文书上盖章、签名，不得允许其他单位或者个人以自己的名义从事房地产经纪业务，不得以其他单位或者个人的名义从事房地产经纪业务。

第二十二条 房地产经纪机构和人员对外发布房源信息，应当经委托人书面同意；发布的房源信息中，房屋应当真实存在，房屋状况说明应当真实、客观，挂牌价应当为委托人的真实报价并标明价格内涵。

第二十三条 房地产经纪机构和人员不得捏造、散布虚假房地产市场信息，不得操控或者联合委托人操控房价、房租，不得鼓动房地产权利人提价、提租，不得与房地产开发经营单位串通捂盘惜售、炒卖房号。

第二十四条 房地产经纪人员应当根据委托人的意向，及时、全面、如实向委托人报告业务进行过程中的订约机会、市场行情变化及其他有关情况，不得对委托人隐瞒与交易有关的重要事项；应当及时向房地产经纪机构报告业务进展情况，不得在脱离、隐瞒、欺骗房地产经纪机构的情况下开展经纪业务。

第二十五条 房地产经纪人员应当凭借自己的专业知识和经验，尽职调查标的房地产状况，如实向承购人（承租人）告知所知悉的真实、客观、完整的标的房地产状况，不得隐瞒所知悉的标的房地产的瑕疵，并应当协助其对标的房地产进行查验。

第二十六条 房地产经纪机构和人员不得诱骗或者强迫当事人签订房地产交易合同，不得阻断或者搅乱同行提供经纪服务的房地产交易，不得承购或者承租自己提供经纪服务的房地产，不得将自己的房地产出售或者出租给自己提供经纪服务的委托人。

第二十七条 房地产经纪机构和人员应当向交易当事人宣传、说明国家实行房地产成交价格申报制度，如实申报成交价格是法律规定；不得为交易当事人规避房地产交易税费、多贷款等目的，就同一房地产签订不同交易价款的合同提供便利；不得为交易当事人骗取购房资格提供便利；不得采取假赠与、假借公证委托售房等手段规避国家相关规定。

第二十八条 房地产经纪机构和人员应当严格遵守房地产交易资金监管规定，保障房地产交易资金安全，不得侵占、挪用或者拖延支付客户的房地产交易资金。

房地产经纪机构按照交易当事人约定代收代付交易资金的，应当通过房地产经纪机构在银行开设的客户交易结算资金专用存款账户划转交易资金。交易资金的划转应当经过房地产交易资金支付方和房地产经纪机构的签字和盖章。

第二十九条 房地产经纪机构和人员不得在隐瞒或者欺骗委托人的情况下，向委托人推荐使用与自己有直接利益关系的担保、估价、保险、金融等机构的服务。

第三十条 佣金等服务费用应当由房地产经纪机构统一收取。房地产经纪人员不得以个人名义收取费用。

房地产经纪机构不得收取任何未予标明或者服务合同约定以外的费用；在未对标的房屋进行装饰装修、增配家具家电等投入的情况下，不得以低价购进（租赁）、高价售出（转租）等方式赚取差价；不得利用虚假信息骗取中介费、服务费、看房费等费用。

第三十一条 房地产经纪机构未完成房地产经纪服务合同约定的事项，或者服务未达到房地产经纪服务合同约定标准的，不得收取佣金；但因委托人原因导致房地产经纪服务未完成或未达到约定标准的，可以按照房地产服务合同约定，要求委托人支付从事经纪服务已支出的必要费用。

第三十二条 房地产经纪机构转让或者与其他房地产经纪机构合作开展经纪业务的，应当经委托人书面同意。

两家或者两家以上房地产经纪机构合作开展同一宗房地产经纪业务的，只能按照一宗业务收取佣金；合作的房地产经纪机构应当根据合作双方约定分配佣金。

第三十三条 房地产经纪机构和人员对已成交或者超过委托期限的房源信息，应当及时予以标注，或者从经营场所、网站等信息发布渠道撤下。

第三十四条 房地产经纪机构应当建立健全业务记录制度。执行业务的房地产经纪人员应当如实全程记录业务执行情况及发生的费用等，形成房地产经纪业务记录。

第三十五条 房地产经纪机构应当妥善保存房地产经纪服务合同和其他服务合同、房地产交易合同、房屋状况说明书、房地产经纪业务记录、业务交接单据、原始凭证等房地产经纪业务相关资料。

房地产经纪服务合同等房地产经纪业务相关资料的保存期限不得少于5年。

第三十六条 房地产经纪机构和人员应当保守在执业活动中知悉的当事人的商业秘密，不得泄露个人隐私；应当妥善保管委托人的信息及其提供的资料，未经委托人同意，不得擅自将其公开、泄露或者出售给他人。

第三十七条 房地产经纪机构应当建立房地产经纪纠纷投诉处理机制，及时妥善处理房地产交易当事人与房地产经纪人员的纠纷。

第三十八条 房地产经纪机构应当建立健全各项内部管理制度，加强内部管理，规范自身执业行为，指导、督促房地产经纪人员及相关辅助人员认真遵守本规则。

房地产经纪机构依法对房地产经纪人员的执业行为承担责任，发现房地产经纪人员的违法违规行为应当进行制止并采取必要的补救措施。

第三十九条 本规则由中国房地产估价师与房地产经纪人学会负责解释。

第四十条 本规则自 2013 年 3 月 1 日起施行。2006 年 10 月 31 日发布的《房地产经纪执业规则》（中房学[2006]15 号）同时废止。

参考文献

常淑娟．2006．二手房买卖指导．北京：机械工业出版社．

陈林杰．2011．房地产经纪实务．北京：机械工业出版社．

房地产经纪人实务手册编写组．2006．房地产经纪人实务手册．北京：机械工业出版社．

胡平．2011．房地产经纪实务．北京：机械工业出版社．

黄武双，朱平．2006．房屋交易法律原理与案例精点．上海：上海交通大学出版社．

黄英．2010．房地产开发与经营．北京：机械工业出版社．

廖俊平，史小明，徐斌．2006．房地产中介理论与实务．广州：广东经济出版社．

刘梅．2008．房地产经纪业管理者培训教程．北京：中国电力出版社．

刘梅．2008．房地产经纪业经纪人培训教程．北京：中国电力出版社．

刘薇．2010．房地产经纪．北京：化学工业出版社．

彭玉蓉．2008．房地产经纪综合实践．北京：中国建筑工业出版社．

四川省房地产业协会．2007．房地产经纪基础． 北京：中国林业出版社．

孙勇飞．2007．房地产中介实务．北京：中国物资出版社．

吴微辉.2004.上海房地产经纪企业发展战略研究.华东师范大学硕士研究生论文．

吴微辉．2004．上海房地产经纪企业发展战略研究．华东师范大学硕士研究生论文．

熊帅梁．2013．房地产经纪实务．第3版．大连：东北财经大学出版社．

岳昉．2005．中国房地产中介组织运营与管理模式研究．华东师范大学博士论文．

张泓铭，庞元．2006．中国城市房地产管理——原理、方法和实践．上海：上海社会科学院出版社．

中国房地产估价师与房地产经纪人学会．2011．房地产经纪概论．第5版．北京：中国建筑工业出版社．

中国房地产估价师与房地产经纪人学会．2011．房地产经纪实务．第5版．北京：中国建筑工业出版社．

中国房地产估价师与房地产经纪人学会．2013．房地产基本制度与政策．第6版．北京：中国建筑工业出版社．

中国房地产估价师与房地产经纪人学会．2013．房地产经纪概论．第6版．北京：中国建筑工业出版社．

中国房地产估价师与房地产经纪人学会．2013．房地产经纪实务．第6版．.北京：中国建筑工业出版社．

周柳．2007．房地产经纪．北京：中国建筑工业出版社．